新版 一冊でわかるイラストでわかる 図解戦国史

成美堂出版

ひと目でわかる！戦国史年表

戦国史のおもな出来事をまとめた年表です。いつ、何がおこったのかを一覧できます。

室町時代

年	出来事	参照
1429 永享1年	足利義教が6代将軍に就任	
1438 永享10年	永享の乱（～1439年）	P14
1440 永享12年	結城合戦（～1441年）	P14
1441 嘉吉1年	**嘉吉の変**	P14
1449 宝徳1年	足利義政が8代将軍に就任	
1452 享徳1年	細川勝元が管領に再任	
1454 享徳3年	**享徳の乱**（～1482年）	P19
	畠山義就と政長の家督争いが激化	P15
1455 康正1年	足利成氏が古河に入る（古河公方）	
1458 長禄2年	足利政知が伊豆に入る（堀越公方）	
1465 寛正6年	足利義尚が誕生	P15
1467 応仁1年	**応仁・文明の乱が始まる**	P16
1473 文明5年	山名持豊、細川勝元が病死	
1477 文明9年	応仁・文明の乱が終結	
1485 文明17年	**山城の国一揆**（～1493年）	P23
1487 長享1年	山内上杉家と扇谷上杉家の争いが激化	
1488 長享2年	加賀の一向一揆が発生	P30
1493 明応2年	**明応の政変**	P20
	北条早雲が堀越公方を滅ぼす	P28

戦国時代（室町時代）

年	出来事	参照
1561 永禄4年	長尾景虎が関東管領職と上杉氏を継承	
1563 永禄6年	三河の一向一揆（～1564年）	
1564 永禄7年	徳川家康が三河を統一	P60
1565 永禄8年	松永久秀らが13代将軍足利義輝を暗殺	P61
1567 永禄10年	**織田信長が美濃を攻略**	P58
1568 永禄11年	**織田信長が足利義昭を奉じて入京**	P62
1569 永禄12年	徳川家康が遠江を併合	
1570 元亀1年	姉川の戦い	P64
	第1次信長包囲網が形成される	P68
	石山戦争が始まる	
1571 元亀2年	織田信長が延暦寺を焼打ち	P69
1572 元亀3年	三方ヶ原の戦い	P70
1573 天正1年	**武田信玄が病死**	
	織田信長が足利義昭を追放	P71
	織田信長が朝倉義景を滅ぼす	
	織田信長が浅井長政を滅ぼす	
1574 天正2年	織田信長が伊勢長島の一向一揆を鎮圧	
1575 天正3年	**長篠の戦い**	P76

安土桃山時代

年	出来事	参照
1583 天正11年	**賤ヶ岳の戦い**	P102
	大坂城の築城を開始	P116
1584 天正12年	沖田畷の戦い	P106
	小牧・長久手の戦い	P103
1585 天正13年	羽柴秀吉が紀伊を平定	
	長宗我部元親が四国を統一	P104
	羽柴秀吉が関白に就任	
	羽柴秀吉が四国を平定	P105
1586 天正14年	徳川家康が秀吉に臣従	
	羽柴秀吉が豊臣姓を賜る	
1587 天正15年	豊臣秀吉が九州を平定	P108
1588 天正16年	刀狩令	P115
1589 天正17年	摺上原の戦い	P110
1590 天正18年	小田原攻め	P112
	豊臣秀吉が全国統一を完成	P113
	徳川家康が関東に移封	
1591 天正19年	**豊臣秀吉が諸大名に検地帳などの提出を命じる**	P115
1592 文禄1年	文禄の役	P118

戦国時代（室町時代）

1508 永正5年	大内義興が入京	▼P31
1517 永正14年	今川氏親が遠江を併合	▼P34
	毛利元就が武田元繁を破る（有田合戦）	▼P32
1536 天文5年	今川義元が家督を相続	▼P35
1537 天文6年	武田信虎と今川義元が同盟を結ぶ	▼P35
1538 天文7年	第1次国府台の戦い	▼P34
1541 天文10年	武田晴信（信玄）が父・信虎を追放	▼P37
1542 天文11年	天文の乱	▼P33
1543 天文12年	**鉄砲が日本に伝来**	▼P43
1546 天文15年	河越夜戦	▼P36
1549 天文18年	**三好長慶が京都を制圧**	▼P40
	ザビエルが来日	▼P46
1551 天文20年	長尾景虎（上杉謙信）が越後を統一	▼P48
	織田信長が家督を相続	▼P56
1552 天文21年	斎藤道三が主君の土岐頼芸を追放	▼P39
	北条氏康に敗れた上杉憲政が越後へ逃亡	
1553 天文22年	武田信玄に敗れた村上義清が越後へ逃亡	
	川中島の戦い（～1564年、全5回）	▼P50
1554 天文23年	甲相駿三国同盟	▼P49
1555 弘治1年	**厳島の戦い**	▼P47
1559 永禄2年	織田信長が尾張を統一	
1560 永禄3年	**桶狭間の戦い**	▼P57

安土桃山時代

1575 天正3年	明智光秀が丹波・丹後の攻略を命じられる	▼P81
	柴田勝家が越前北ノ庄を与えられる	▼P80
1576 天正4年	波多野秀治が織田信長に反逆	
	織田信長が安土城の築城を開始	▼P91
	上杉謙信が織田信長との同盟を破棄	▼P77
1577 天正5年	**織田信長が安土に楽市令を出す**	▼P90
	手取川の戦い	▼P78
	織田信長が松永久秀を滅ぼす	
	羽柴秀吉が中国地方の攻略を命じられる	▼P83
1578 天正6年	**上杉謙信が病死**	▼P78
	御館の乱（～1579年）	▼P79
	別所長治が織田信長に反逆	
	荒木村重が織田信長に反逆	
	耳川の戦い	▼P106
1580 天正8年	**石山戦争が終結**	▼P92
	柴田勝家が加賀の一向一揆を鎮圧	
1582 天正10年	天正遣欧使節が出発	▼P88
	織田信忠、滝川一益が武田勝頼を滅ぼす	▼P93
	滝川一益が上野と信濃の一部を与えられる	▼P82
	本能寺の変	▼P94
	山崎の戦い	▼P100
	清洲会議	▼P101

江戸時代

1597 慶長2年	慶長の役（～1598年）	▼P120
1598 慶長3年	五大老・五奉行を設置	▼P114
	豊臣秀吉が病死	▼P123
1599 慶長4年	前田利家が病死	▼P128
1600 慶長5年	徳川家康が上杉景勝征伐に出陣	▼P130
	石垣原の戦い	▼P138
	関ヶ原の戦い	▼P132
	長谷堂城の戦い	▼P136
1603 慶長8年	**徳川家康が征夷大将軍に就任**	▼P140
1605 慶長10年	徳川秀忠が2代将軍に就任	
1606 慶長11年	**江戸城の増築工事を開始**	▼P141
1609 慶長14年	島津家久が琉球王国を征服	▼P143
1611 慶長16年	徳川家康と豊臣秀頼が二条城で会見	
1612 慶長17年	江戸幕府が直轄領にキリスト教の禁教令	
1613 慶長18年	江戸幕府が全国にキリスト教の禁教令	
1614 慶長19年	方広寺鐘銘事件	▼P144
	大坂冬の陣	▼P145
1615 元和1年	**大坂夏の陣**	▼P146
	一国一城令	
	武家諸法度（元和令）を制定	▼P149
1616 元和2年	徳川家康が病死	

さがしやすい
わかりやすい

武将別年表

おもな戦国武将別に出来事をまとめた年表です。
知りたい武将の情報へすぐにたどり着けます。

織田信長

1534年	天文3	尾張勝幡城で誕生	
1548年	天文17	斎藤道三の娘・帰蝶（濃姫）と結婚	▼P56
1551年	天文20	父・信秀が急死し、家督を相続	▼P56
1559年	永禄2	尾張を統一	
1560年	永禄3	桶狭間の戦い	▼P57
1562年	永禄5	徳川家康と同盟を結ぶ	▼P60
1567年	永禄10	美濃を攻略し、居城を岐阜城に移す	▼P58
1568年	永禄11	足利義昭を奉じて入京	▼P62
1570年	元亀1	姉川の戦い	▼P64
		第1次信長包囲網が形成される	▼P68
		石山戦争が始まる	▼P92
1571年	元亀2	比叡山延暦寺を焼打ち	▼P69
1572年	元亀3	三方ヶ原の戦い	▼P70
1573年	天正1	足利義昭を京都より追放	▼P71
1575年	天正3	長篠の戦い	▼P76
1576年	天正4	安土城の築城を開始	▼P91
		第2次信長包囲網が形成される	▼P77
1577年	天正5	手取川の戦い	▼P78
1580年	天正8	石山戦争が終結	▼P92
1582年	天正10	武田勝頼を攻め滅ぼす	▼P93
		本能寺の変	▼P94

豊臣秀吉

1537年	天文6	尾張中村で誕生	
1554年	天文23	このころ、織田信長に仕える	
1561年	永禄4	浅野長勝の養女ねねと結婚	
1570年	元亀1	金ヶ崎撤退戦で活躍	▼P64
1573年	天正1	北近江を与えられ、長浜城主となる	
1577年	天正5	信長に中国地方の攻略を命じられる	▼P83
1582年	天正10	本能寺の変後の山崎の戦いで勝利	▼P100
		清洲会議	▼P101
1583年	天正11	賤ヶ岳の戦い	▼P102
		大坂城の築城を開始	▼P116
1584年	天正12	小牧・長久手の戦い	▼P103
1585年	天正13	関白に就任	▼P105
		四国を平定	▼P105
1586年	天正14	豊臣姓を賜る	
1587年	天正15	九州を平定	▼P108
1590年	天正18	小田原攻め	▼P112
		全国統一を完成	▼P113
1592年	文禄1	文禄の役	▼P118
1593年	文禄2	淀殿との間に秀頼が誕生	▼P123
1597年	慶長2	慶長の役	▼P120
1598年	慶長3	伏見城で病死	▼P123

徳川家康

1542年	天文11	三河岡崎城で誕生	
1549年	天文18	今川義元の人質となる	▼P60
1560年	永禄3	今川義元が戦死、岡崎城に戻る	▼P60
1562年	永禄5	織田信長と同盟を結ぶ	▼P60
1564年	永禄7	三河を統一	▼P60
1569年	永禄12	遠江を併合	▼P60
1570年	元亀1	姉川の戦い	▼P64
1572年	元亀3	三方ヶ原の戦い	▼P70
1575年	天正3	長篠の戦い	▼P76
1582年	天正10	織田軍の武田家征伐に参加、駿河を併合	▼P93
		本能寺の変、甲斐・信濃を併合	
1584年	天正12	小牧・長久手の戦い	▼P103
1586年	天正14	豊臣秀吉に臣従	▼P103
1590年	天正18	関東に移封となり、江戸城に入る	▼P114
1592年	文禄1	文禄の役で名護屋に在陣	▼P118
1600年	慶長5	関ヶ原の戦い	▼P132
1603年	慶長8	征夷大将軍に就任	▼P140
1605年	慶長10	将軍職を徳川秀忠に譲る	▼P140
1614年	慶長19	大坂冬の陣	▼P145
1615年	元和1	大坂夏の陣	▼P146
1616年	元和2	駿府城で病死	

北条5代

1487 長享1年	早雲、甥の今川氏親の家督相続を助ける ▼P28
	早雲、興国寺城に入る ▼P28
1493 明応2年	早雲、堀越公方を攻め滅ぼす ▼P28
1495 明応4年	早雲、小田原城を奪取 ▼P28
1516 永正13年	早雲、相模を統一 ▼P28
1518 永正15年	早雲、氏綱に家督を譲る
1519 永正16年	早雲、韮山城で病死
1537 天文6年	氏綱、河東(東駿河)をめぐり今川義元と抗争(河東の乱) ▼P35
1538 天文7年	第1次国府台の戦い ▼P34
1541 天文10年	氏綱病死、子の氏康が家督を継ぐ
1546 天文15年	河越夜戦 ▼P36
1552 天文21年	氏康、関東管領上杉憲政を越後に追放 ▼P36
1554 天文23年	甲相駿三国同盟 ▼P49
1559 永禄2年	氏康、家督を氏政に譲る
1561 永禄4年	上杉謙信が小田原城を攻囲
1569 永禄12年	武田信玄が小田原城を攻囲
1571 元亀2年	氏康、小田原城で病死
1578 天正6年	氏政、御館の乱で弟の上杉景虎を支持 ▼P79
1580 天正8年	氏政、氏直に家督を譲る
1582 天正10年	氏政、織田軍の武田家征伐に参加 ▼P93
	氏政、本能寺の変後に上野に侵攻 ▼P100
1586 天正14年	豊臣秀吉が関東・東北に惣無事令を出す
1590 天正18年	秀吉の小田原攻め、氏政切腹、氏直追放 ▼P112

北条早雲

北条氏康

武田信玄・勝頼

1521 大永1年	甲斐要害山城で誕生
1541 天文10年	父・信虎を駿河に追放し、家督を相続 ▼P37
1542 天文11年	信濃の諏訪頼重を攻め滅ぼす ▼P37
1546 天文15年	四男・勝頼が誕生
1547 天文16年	分国法「甲州法度之次第」を制定
1550 天文19年	北信濃の村上義清に大敗(砥石崩れ) ▼P37
1553 天文22年	村上義清を攻め、義清は越後へ逃亡 ▼P37
	第1次川中島の戦い ▼P50
1554 天文23年	甲相駿三国同盟 ▼P49
1555 弘治1年	第2次川中島の戦い ▼P50
1557 弘治3年	第3次川中島の戦い ▼P50
1561 永禄4年	第4次川中島の戦い ▼P50
1564 永禄7年	第5次川中島の戦い ▼P50
1567 永禄10年	長男・義信を自害させる
1569 永禄12年	北条氏の小田原城を攻囲
	駿河を併合 ▼P60
1571 元亀2年	遠江、三河に侵攻 ▼P70
1572 元亀3年	三方ヶ原の戦い ▼P70
1573 天正1年	信濃で病没、勝頼が家督を相続
1574 天正2年	徳川家康の支城・高天神城を攻略 ▼P76
1575 天正3年	長篠の戦い ▼P76
1578 天正6年	御館の乱で上杉景虎を裏切り、景勝を支持 ▼P79
1582 天正10年	滝川一益に敗れ、自害 ▼P93

武田信玄

武田勝頼

上杉謙信・景勝

1530 享禄3年	越後春日山城で誕生
1548 天文17年	長尾家の家督を継ぐ ▼P48
1551 天文20年	越後を統一 ▼P48
1552 天文21年	関東管領上杉憲政を越後に迎える ▼P36
1553 天文22年	北信濃の村上義清を越後に迎える ▼P48
	第1次川中島の戦い ▼P50
1555 弘治1年	第2次川中島の戦い ▼P50
1557 弘治3年	第3次川中島の戦い ▼P50
1561 永禄4年	北条氏の小田原城を攻囲 ▼P48
	上杉氏の名跡と関東管領職を継承 ▼P48
	第4次川中島の戦い ▼P50
1564 永禄7年	第5次川中島の戦い ▼P50
	長尾顕景を養子とする(上杉景勝)
1570 元亀1年	北条三郎を養子とする(上杉景虎)
1576 天正4年	信長との同盟を破棄
1577 天正5年	手取川の戦い ▼P78
1578 天正6年	春日山城で病死、家督争いが勃発(御館の乱) ▼P79
1579 天正7年	上杉景虎が自害し、上杉景勝が家督を相続 ▼P79
1586 天正14年	上洛し、豊臣秀吉と会見
1598 慶長3年	会津120万石に移封 ▼P114
1600 慶長5年	関ヶ原の戦いで西軍に味方する ▼P130
1601 慶長6年	米沢30万石に減封 ▼P137
1623 元和9年	米沢城で病死

上杉謙信

上杉景勝

新版 一冊でわかる イラストでわかる

図解

戦国史

第3章

織田信長の台頭

このマークがついている項目は、図版を大きく用いて見開き2ページで解説しています。

第4章 織田勢力の拡大

豊臣秀吉の時代

このマークがついている項目は、図版を大きく用いて見開き2ページで解説しています。

第6章 徳川幕府の成立

このマークがついている項目は、図版を大きく用いて見開き2ページで解説しています。

●河川、湖沼、海岸などは、時代によって変化が激しいため、原則として現在の状態を図示しています。
●改元の年は、改元した月日に関係なく、新元号を使用しています。

第1章

室町幕府の崩壊

室町時代の情勢

室町時代の情勢

将軍の没落は戦乱への序曲

時代概説

武家政権の安定には強力な将軍権威が欠かせない。鎌倉幕府を倒し、後醍醐天皇を退けて政権を築いた足利尊氏だが、南北朝の動乱や観応の擾乱などの内紛が続き、安定にはほど遠かった。また、守護に大きな権限を与えたことで、領国の支配権を確立して守護大名に成長する者もおり、相対的に将軍権威は弱まっていく。

南北朝の合一を果たした3代将軍義満は、美濃・尾張・伊勢3カ国の守護だった土岐氏の勢力を削いだ(土岐氏の乱)ほか、一族で11カ国の守護を兼ねて「六分の一殿」と称された山名氏の勢力を明徳の乱で削減。港湾都市の堺と博多を掌握していた大内義弘を討つ(応永の乱)など有力守護を抑えて将軍権威を高めたが、室町時代においてこれは例外的だったといえる。以後、室町幕府は足利将軍家と守護大名の絶妙なパワーバランスで安定を保ったが、長続きはしなかった。6代将軍義教が守護大名に暗殺される嘉吉の変に続き、有力守護大名の家督争いに端を発した応仁・文明の乱が勃発。さらに、守護大名細川氏が10代将軍義稙(義材)を京都から追放する明応の政変が起きると、室町幕府は中央政権としての力を失い、世は群雄割拠の戦国時代へと突入していった。

15世紀後半の守護配置

山内上杉氏
[関東管領]
関東管領上杉氏の一族。足利尊氏の外戚として活躍した上杉氏の宗家として権勢を振るった。▶P19

富樫氏
加賀土着の豪族で、平安末期までに勢力を築いた。足利尊氏に従い加賀の守護となった。

佐竹氏
平安後期に活躍した源義光の孫を祖とする源氏の名門。足利尊氏に従い、常陸の守護に任じられた。

古河公方足利氏[鎌倉公方]
足利尊氏の子・基氏の子孫が鎌倉公方を世襲していたが、享徳の乱で鎌倉を追われ、下総古河に本拠を移した。▶P19

扇谷上杉氏[関東管領]
関東管領上杉氏の一族。15世紀後半に重臣・太田道灌(どうかん)の活躍で勢力を拡大した。▶P19

武田氏
源頼朝に仕えた武田信義を祖とする源氏の名門。室町時代には安芸、若狭にも分派した。

今川氏
足利氏の支流。駿河の守護を世襲し、幕府と鎌倉府との抗争では幕府軍として活躍した。

堀越公方足利氏[鎌倉公方]
享徳の乱後、8代将軍義政の弟・政知が鎌倉公方に任じられたが、鎌倉に入れず、伊豆堀越を本拠とした。▶P19

斯波氏[三管領]
足利氏の一門。室町幕府の創設に大功をあげる。東北にも派遣され、子孫は最上氏や大崎氏の祖となった。▶P14, 15

第1章 略年表

1429年	永享1	足利義教が6代将軍に就任
1438年	永享10	永享の乱（～1439年）
1440年	永享12	結城合戦（～1441年）
1441年	嘉吉1	**嘉吉の変** ▼P14
1449年	宝徳1	足利義政が8代将軍に就任
1452年	享徳1	細川勝元が管領に再任
1454年	享徳3	**享徳の乱**（～1482年）▼P19 畠山義就と政長の家督争いが激化 ▼P15
1455年	康正1	足利成氏が古河に入る（古河公方）
1458年	長禄2	足利政知が伊豆に入る（堀越公方）
1465年	寛正6	足利義尚が誕生 ▼P15
1467年	応仁1	**応仁・文明の乱が始まる** ▼P16
1473年	文明5	山名持豊、細川勝元が病死
1477年	文明9	応仁・文明の乱が終結
1485年	文明17	**山城の国一揆**（～1493年）▼P23
1487年	長享1	山内上杉家と扇谷上杉家の争いが激化
1493年	明応2	**明応の政変** ▼P20

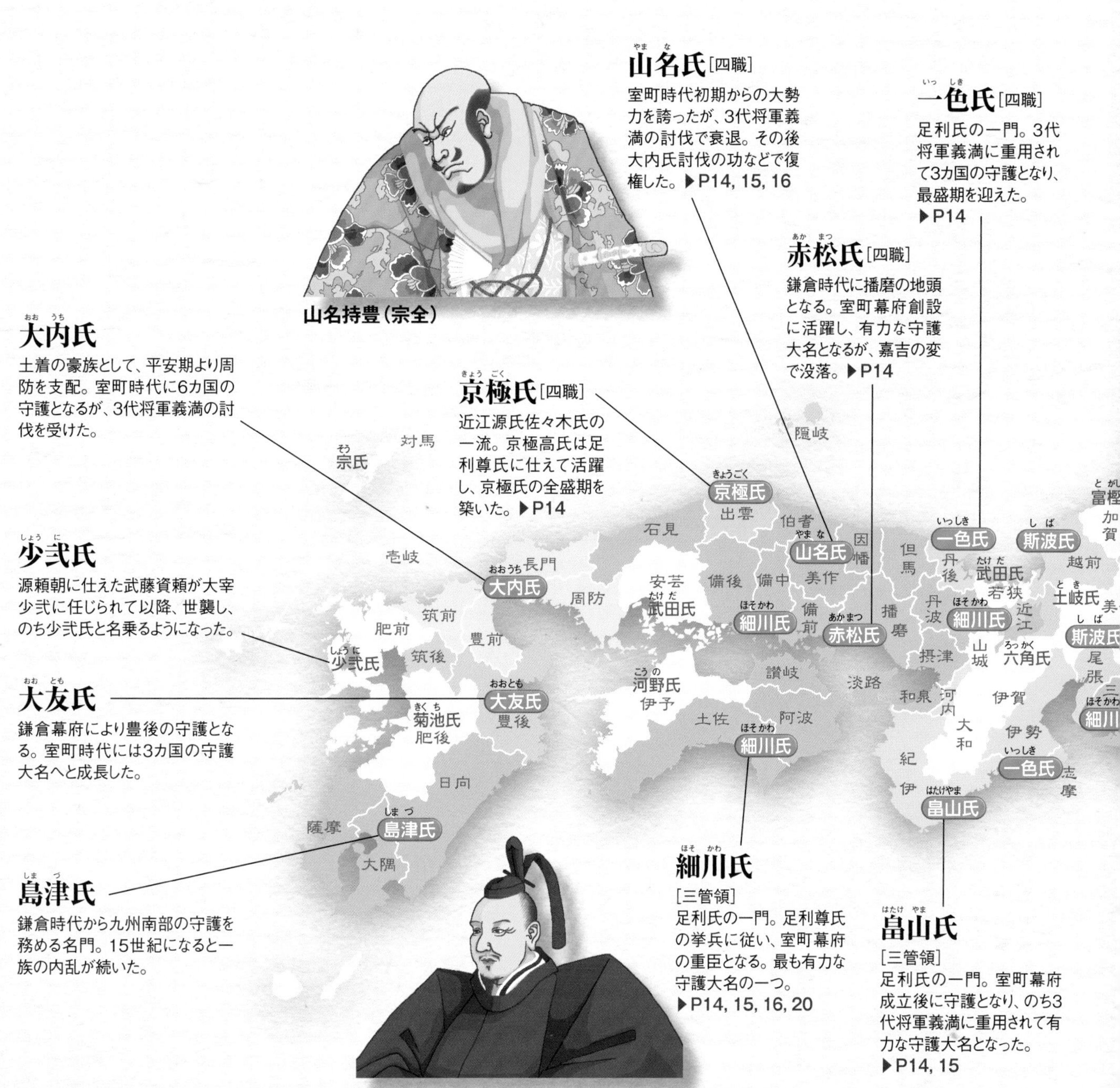

山名持豊（宗全）
細川勝元

1 室町幕府の動揺

前代未聞の将軍暗殺 幕府の衰退が始まる

有力守護の合議制に反発した強権将軍が暗殺された。これが、室町幕府が衰退する大きなきっかけとなった。

専制政治の返り血を浴びた6代将軍足利義教

1338（暦応1）年に**足利尊氏**が開いた幕府は、3代将軍**義満**が京都の室町に建てた将軍邸「**花の御所**」にちなんで**室町幕府**とよばれた。義満は**三管領**（斯波、細川、畠山）、**四職**（山名、赤松、京極、一色）といった幕府の機構を整える一方、南北朝期に力を蓄えた有力**守護**を統制して将軍権力の強化も図っている。

続く4代将軍義持は父・義満の路線を修正し、三管領・四職など有力守護の合議で幕政を運営した。死に際して後継者を決めず、合議で6代将軍（5代義量は早世）を定めるよう遺言したほどだ。

その結果、石清水八幡宮のくじによって義持の弟の**義教**が将軍に選ばれた。兄とは異なり将軍権力の強化を狙った義教は、守護の家督相続に干渉したほか、鎌倉公方足利持氏を討伐し、有力守護の一色義貫、土岐持頼を謀殺するなど反抗する者には容赦しなかった。この義教専制で政治不安が高まり、1441（嘉吉1）年、義教は疑心暗鬼に駆られた赤松満祐に暗殺される。この**嘉吉の変**で足利将軍家の権威は大いに揺らぐこととなった。

室町時代の機構と各地の反乱

将軍権力の伸張を図った6代将軍足利義教は、鎌倉府や有力守護を粛清。しかし、その反動で赤松満祐に暗殺された。

室町幕府の主要な役職

- 将軍：室町幕府の頂点。足利氏の世襲。（足利氏）
- 管領：将軍の補佐役。有力守護の持ち回り。三管領（斯波氏・細川氏・畠山氏）
- 侍所所司：京都の警護・裁判担当。有力守護の持ち回り。四職（山名氏・赤松氏・京極氏・一色氏）

1440〜41年 ❷結城合戦
関東管領上杉氏と対立する下総の結城氏朝が足利持氏の子を擁して挙兵するが、討伐される。

1441年 ❸嘉吉の変
四職家の有力守護赤松氏の家督に介入した将軍足利義教を赤松満祐が暗殺。のちに討伐された。

1438〜39年 ❶永享の乱
幕府に反抗し、関東管領上杉憲実（のりざね）とも対立する鎌倉公方足利持氏を、幕府軍が討伐。

鎌倉府
関東8カ国と伊豆、甲斐、出羽、陸奥を統括する。
- 鎌倉公方：足利尊氏の子、基氏の子孫が世襲する鎌倉府の長官。（足利氏）
- 関東管領：上杉氏が代々世襲する鎌倉公方の補佐役。（上杉氏）

出羽　陸奥　下野　常陸　上野　武蔵　下総　甲斐　相模　鎌倉　上総　安房　伊豆　京都

鎌倉府の管轄地域（出羽、陸奥は1392年以降）
❶〜❸ 発生順

足利家略系図

- 足利尊氏①
  - 義詮②
    - 義満③
      - 義持④ — 義量⑤
      - 義教⑥ — 義勝⑦、義政⑧（▶P15）、義視（▶P15）、政知（▶P19）
        - 義政 — 義尚⑨（▶P15）
        - 義視 — 義稙⑩（▶P20）
        - 政知 — 義澄⑪（▶P20）
          - 義澄 — 義晴⑫（▶P40）、義維（▶P40）
            - 義晴 — 義輝⑬（▶P61）、義昭⑮（▶P62）
            - 義維 — 義栄⑭（▶P61）
  - 鎌倉公方：基氏❶ — 氏満❷ — 満兼❸ — 持氏❹（▶P19） — 成氏❺（▶P19）

将軍による専制政治を強行したため、独立意識の高かった鎌倉府と対立した。

①〜⑮ 室町将軍就任順
❶〜❺ 鎌倉公方就任順
―― 血縁関係

「洛中洛外図屏風（歴博甲本）」に描かれた将軍邸「柳の御所」。応仁・文明の乱で消失した「花の御所」の代わりに建てられた。　国立歴史民俗博物館所蔵

2 応仁・文明の乱前夜

御家騒動の連鎖が未曽有の大乱に発展

単独相続によって激化した家督争いの波は、管領家の畠山氏や斯波氏、足利将軍家にも波及した。

●足利義政将軍就任～応仁・文明の乱
1449～67年

応仁・文明の乱直前の対立関係

足利将軍家と名門守護家の後継者争い、室町幕府内部の権力争いがいくつも積み重なる形で対立が加速していき、のちの応仁・文明の乱へとつながっていった。

応仁・文明の乱前史年表

1441年	**嘉吉の変** ▶P14 山名持豊の活躍で鎮圧。山名氏は赤松氏旧領を与えられる
1449年	**足利義政、将軍に就任**
1452年	**細川勝元、管領に再任** 以後、12年間にわたり管領職を独占
1454年	**畠山氏の家督争いが激化**
1458年	**勝元の支援で赤松氏が再興** ▶山名氏の対立勢力だったため、勝元と持豊の関係が悪化
1459年	**斯波義敏、対立する重臣を攻撃** 義敏は将軍義政に追放され、斯波義廉が家督を継ぐ
1460年	**畠山政長が家督を相続、畠山義就は追放**
1464年	**将軍義政、弟・義視を後継者とする**
1465年	**足利義尚が誕生** ▶日野富子と足利義視が対立
1466年	**将軍義政、義敏を許し、家督を与える** 義廉は山名持豊を頼り、義敏から家督を奪回
1467年	**将軍義政、義就を許し、政長を管領職から罷免**
	上御霊神社の戦い

応仁・文明の乱へ突入! ▶P16

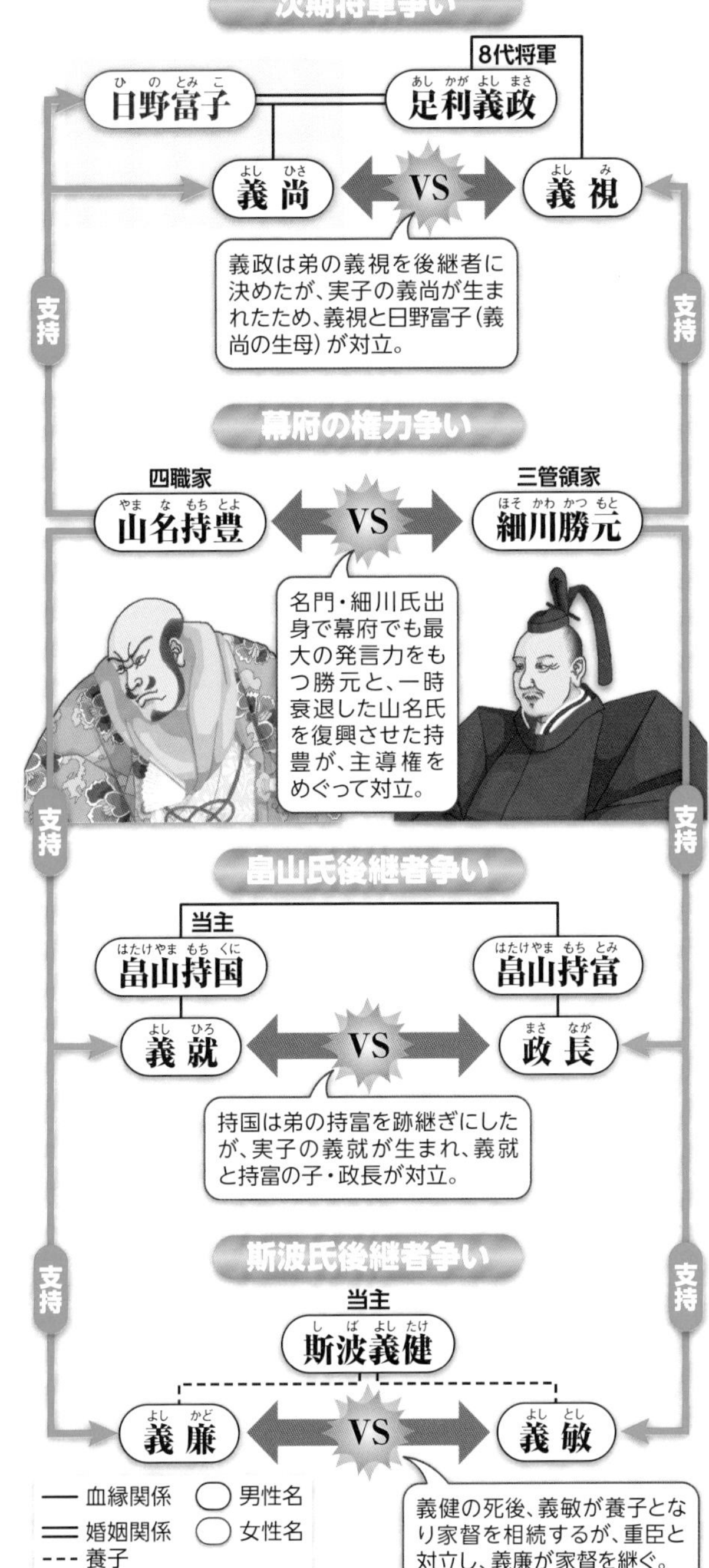

家督争いから生じた二大勢力対立の構図

6代将軍**足利義教**の跡を継いだ子の義勝が夭逝すると、1449(宝徳1)年、義勝の弟**義政**が8代将軍に就任した。年少の将軍が続いたことで守護の合議による幕政が復活したが、赤松氏が**嘉吉の変**で没落する一方、細川・山名両氏が勢力を伸ばすなど、有力守護の勢力均衡は崩れていた。また、政治に興味がない義政に代わり、生母の日野重子や政所執事の伊勢貞親ら側近が幕政に介入した。

1464(寛正5)年、実子がいなかった義政は弟の**義視**を後継者に指名したが、翌年、夫人の**日野富子**が**義尚**を産んだことで将軍継嗣争いの火種となった。これに先立ち、管領家の**畠山氏**と**斯波氏**でも家督争いが起きている。当時の武家社会は勢力が分散する分割相続から単独相続に変わっており、家督争いが激化しやすくなっていた。特に畠山氏の家督争いは激しく、当主持国の死後、実子の**義就**と甥の**政長**が対立。政長が**細川勝元**を頼って家督を継ぎ、義就は追放された。

また、斯波氏の家督争いに介入していた伊勢貞親は将軍継嗣問題でも暗躍。1466(文正1)年には義視暗殺を企図したが、発覚して京都を追われた。これで貞親らの側近政治は終わり、幕政は細川勝元と、その舅である**山名持豊**(**宗全**)の主導権争いの場と化す。そして、畠山氏、斯波氏、将軍家内などの対立勢力が各陣営に支持を求めたことで、二大勢力が対立する構図ができあがったのである。

人物 日野富子

(1440～96年) 8代将軍足利義政の正室。将軍家と縁戚関係にあった名門日野氏の出身。実子の義尚を将軍にするため、山名持豊に後見を依頼し、応仁・文明の乱を引き起こす遠因となった。義政が政治に無関心だったため、直接政治に関与。関所の設置や高利貸しなど資産運用に長けていたといわれる。義尚の死後は出家し尼となったが、影響力は衰えていたものの、晩年も政治に関与し続けた。

東西両軍が激突 激戦で京都は荒廃

有力守護や将軍家の家督争いから始まった応仁・文明の乱は、戦いの大義を失って混乱、長期化し、主戦場となった京都を荒廃させた。

敵味方が激しく入れ替わる大義なき戦乱の末路

畠山氏の家督争いに際し、当初、**細川勝元**、**山名持豊（宗全）**はともに**畠山政長**に味方して**畠山義就**を攻めていた。しかし、その後持豊は吉野に逃れていた義就と結び、大軍を率いて上洛させる。そして1467（応仁1）年1月、将軍**足利義政**に義就の赦免と家督相続を認めさせた。これで追い詰められた政長は同月18日、京都の上御霊神社で挙兵。対する義就は、同じ持豊派である**斯波義廉**の家臣**朝倉孝景**とともに政長を撃退した。応仁・文明の乱の始まりだ。

緒戦で出遅れた勝元は畿内や四国にある領国の兵を京都へ集結させ、5月には市街戦を始める。さらに勝元は花の御所を占拠して将軍足利義政、**義視**、**義尚**を手中に収めたため、持豊はやむなく自邸に陣を遷した。この両陣営の位置関係から、勝元派を東軍、持豊派を西軍とよぶようになる。将軍を押さえて勢いにのる東軍だったが、8月には西国の雄・**大内政弘**が加わった西軍が盛り返す。翌1468（応仁2）年には、東軍総大将だった義視が西軍に投降して将軍に祭り上げられ、東西幕府が分立する事態となった。

その後、京都は大内氏が制圧しつつあったが、1471（文明3）年には西軍主力の朝倉孝景が東軍に寝返ったこともあり、膠着状態となる。ただし、それまでの戦闘で京都は壊滅状態になっていた。1473（文明5）年に勝元と持豊が相次いで病死したあとも散発的な戦闘は続いたが、翌年、山名政豊が東軍に帰参する形で**細川政元**と講和すると、諸大名は徐々に領国へと引きあげていき、1477（文明9）年に大内氏が撤収して、京都での戦乱はようやく終息した。

一方、大乱のきっかけを作った畠山氏の義就と政長は以後も河内や大和で争いを続けたが、1485（文明17）年、山城国の国人衆が結んだ**山城の国一揆**（▼P23）に双方撤退を迫られ、ついに矛を収めた。

比叡山 延暦寺

⑥足利義視、西軍へ合流

伊勢へ出奔していた足利義視が帰京するも、再び逐電。延暦寺で西軍に合流し、洛中の斯波義廉邸へ移ると「西幕府」を建てる。東西幕府の対立となり、全国へ戦火が広がった。

吉田山

東岩倉の戦い
応仁元年(1467年)9月〜

知恩院

八坂神社

被害が大きかった寺社

建仁寺

六波羅蜜寺

四条

五条坊門

高辻

福田寺

樋口

六条坊門

揚梅

六条

佐女牛

七条坊門

京都でのおもな戦い

1467年
1月 ①上御霊神社の戦い
応仁・文明の乱が始まる
5月 ②市街戦が激化（一条大宮の戦いなど）
6月 細川勝元の東軍が「幕府軍」となる
8月 ③大内氏上京、西軍へ加わる
④東軍総大将の足利義視が伊勢へ出奔
10月 ⑤相国寺の戦い

1468年
3月 稲荷山の戦い
11月 ⑥足利義視、再度出奔後に西軍へ合流
東西幕府対立へ
全国に戦火が拡大

足軽たちの乱暴狼藉

戦国時代には「弓足軽」や「鉄砲足軽」として組織化された軽装歩兵の足軽だが、もとは村落などから集められた傭兵で、戦闘において敵方市中への放火といった後方攪乱を行うゲリラ的な雑兵だった。応仁・文明の乱ではこの足軽の活動が注目され、京都での戦闘では足軽集団が主要戦力となることもあった。ただし、統制が取れていたとは言い難く、彼らの放火・強盗といった乱暴狼藉が、京都の町を荒廃させる大きな原因となったのである。

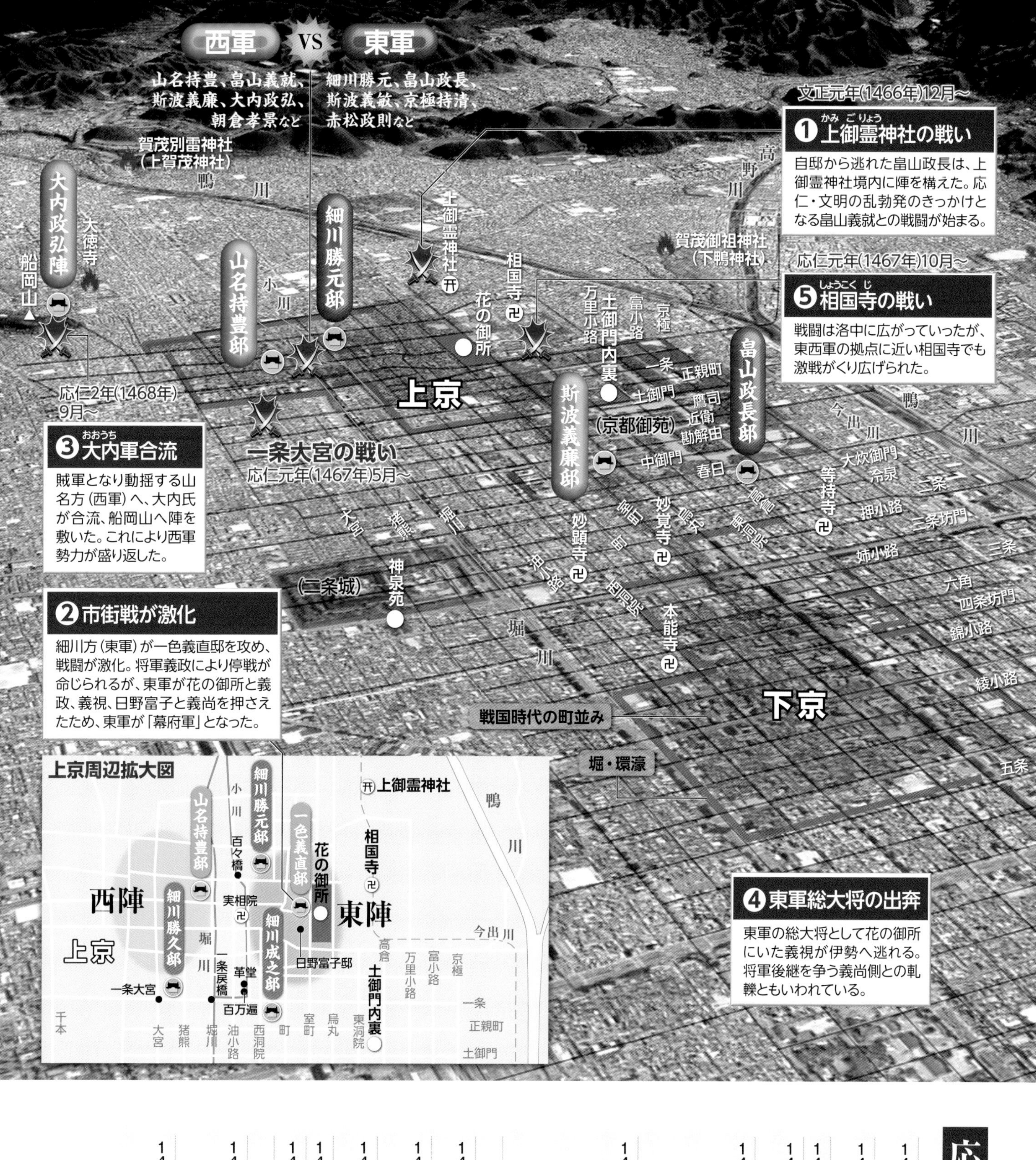

応仁・文明の乱年表

1460年	畠山政長、細川勝元の援助で家督を相続
1461年	斯波義廉、将軍足利義政の命で家督を相続
1464年	義政、弟・義視を後継者とする
1465年	義政の正室・日野富子が義尚を産む
1467年	応仁・文明の乱始まる 東軍 足利義政、義視、義尚 細川勝元、畠山政長 斯波義敏 西軍 山名持豊、畠山義就、斯波義廉、大内政弘
1468年	東西幕府の対立 東軍 足利義政、義尚、細川勝元、畠山政長、斯波義敏 西軍 足利義視、山名持豊、畠山義就、斯波義廉、大内政弘
	全国へ戦火が拡大
1471年	西軍斯波義廉の家臣朝倉孝景が東軍に寝返り、越前守護になる
1473年	山名持豊、細川勝元が病死
	義政、将軍職を義尚に譲る
1474年	山名政豊、細川政元と講和し、西軍から東軍へ移る
1475年	斯波義廉、尾張に下る
1477年	畠山義就、河内へ引き上げ
	応仁・文明の乱終結
1482年	細川政元・畠山政長が義就追討に出陣
	政元、ひそかに義就と和睦
1485年	畠山政長と義就が宇治川周辺で戦闘 山城の国一揆により両軍撤退

おもな対立関係

- 畠山義就 VS 畠山政長
- 斯波義廉 VS 斯波義敏
- 足利義視 VS 足利義尚

京都の大乱と連動した各地方での戦闘

後方攪乱や家督争いなど、それぞれの勢力の思惑が複雑に入り混じり、戦乱は地方に波及した。

1467年時点での東西陣営の領国

応仁・文明の乱では、九州南部と信濃以東を除く各地で、東軍・西軍に分かれた争いがくり広げられた。

東軍守護の領国
西軍守護の領国
両軍勢力の伯仲
人名 東軍の守護
人名 西軍の守護

越前
西軍 斯波義廉家臣
VS
東軍 斯波義敏 朝倉孝景

東軍に寝返った朝倉孝景は、斯波義敏討伐の名目で越前に下向。主君だった斯波義廉家臣の甲斐敏光を退けた。

播磨・備前・美作
西軍 山名氏一族
VS
東軍 赤松政則家臣

赤松政則は、嘉吉の変を起こした赤松満祐の弟の孫。赤松氏遺臣が南朝の遺臣らに奪われていた神璽を奪還したことで赤松氏再興が許され、当主の政則は加賀半国の守護に任じられていた。

筑前・豊前・筑後・豊後
西軍 大内政弘家臣
VS
東軍 大内教幸 大友親繁

大内政弘が西軍につくと、東軍方にいた将軍足利義政は、政弘の叔父である大内教幸を大内氏当主と認定し、筑後・豊後の大友親繁らと政弘を討つよう命じた。

能登 畠山義統
越中 畠山政長
加賀 赤松政則 富樫政親
飛騨 京極持清
越前 斯波義廉 斯波義敏
隠岐 京極持清
美濃 土岐成頼
尾張 斯波義廉
三河 細川成之
遠江 斯波義廉
丹後 武田信賢 山名持豊
若狭 武田信賢
近江 京極持清 六角高頼
伊勢 一色義直
志摩
伊賀
山城 細川勝元
京都
大和
河内 畠山義就
和泉 細川常有
摂津 細川勝元
丹波 細川勝元
但馬 山名持豊
因幡 山名勝豊
伯耆 山名教之
出雲 京極持清 山名政清
美作
播磨 赤松政則
備前 山名教之
備中 細川勝久
備後 山名是豊
石見 山名政清
安芸 武田信賢
周防 大内政弘
長門 大内政弘
淡路 細川成春
讃岐 細川勝元
阿波 細川成之
紀伊 畠山政長
伊予 河野道直
土佐 細川勝元
筑前 大内政弘
豊前
筑後 大友親繁
豊後

伊勢
西軍 一色義直
VS
東軍 土岐政康

土岐一族の土岐政康だが、西軍についた美濃土岐氏とは異なり、東軍方として伊勢に侵攻。一時、東軍から伊勢守護に任じられた。

近江・美濃
西軍 六角高頼
斎藤妙椿（土岐成頼家臣）
VS
東軍 六角政堯 京極持清

京都で戦っていた土岐成頼に代わって美濃を治めていた斎藤妙椿は、京極持清が仕掛けた美濃国人の反乱を鎮圧したうえで六角高頼を支援。山名持豊（宗全）の死後は、京都や越前、伊勢にも侵攻している。

河内・大和
西軍 畠山義就
VS
東軍 畠山政長

応仁・文明の乱のきっかけともなった畠山氏の家督争い。乱後の1485（文明17）年まで戦いを続けた。

旧領を回復した赤松氏 下克上を果たした朝倉氏

応仁・文明の乱は、主に京都に集結した大名の後方攪乱戦略を通じて地方に波及した。特に緒戦で出遅れた**細川勝元**は地方からの反撃を試み、**赤松政則**に播磨、備前、美作を、斯波義敏に越前を、土岐政康に伊勢を攻めさせるなど、西軍方守護の領国に攻撃を仕掛ける。なかでも播磨、備前、美作は**嘉吉の変**（▼P14）で山名氏一族が赤松氏から奪い取った地であり、政則にとっては旧領回復の悲願でもあった。政則は東軍主力として京都で戦ったが、その家臣団は在地の赤松氏遺臣とも呼応して奮闘し、最終的には政則が3カ国の守護に返り咲いている。さらに、**大内政弘**の入京に際して、勝元はその背後を豊後・筑後の大友氏に襲わせたが、陶氏ら大内氏家臣団の守りを崩せなかった。

このほか、家督争いが中央の対立と連動した場合もあり、畠山氏が守護を務める河内やその周辺では**畠山義就**と**畠山政長**が激しく争った。近江でも六角氏の家督争いが起き、北近江の京極持清は六角政堯とともに六角高頼を攻めたが、高頼は美濃の守護代**斎藤妙椿**の支援を受けて一進一退の攻防をくり広げた。また、1470（文明2）年に持清が病死すると、京極氏でも家督争いが起きている。

京都で西軍主力として戦っていた**斯波義廉**家臣の**朝倉孝景**は、主家の領国である越前守護職を条件とした東軍の工作で寝返る。そのうえで越前に下向し、義廉派家臣を退けて越前守護に上り詰めた。

人物 斎藤妙椿（さいとうみょうちん）
（1411〜80年） 美濃守護代の甥・斎藤利藤の後見役となり、守護土岐成頼に代わって美濃を預かった。長江氏ら国内の対立勢力を討ったのち、諸荘園を押領。応仁・文明の乱の帰趨は妙椿の手に握られているとまでいわれる軍事力を手にし、美濃斎藤氏の勢力基盤を固めた。乱後、足利義視・義稙父子を美濃で保護する。また歌道にも通じ、一条兼良と交流があった。

4 応仁・文明の乱② 地方での戦乱
5 関東の戦乱

5 関東の戦乱

全国に先駆けて戦乱に突入した関東

応仁・文明の乱より前、関東では鎌倉公方足利氏と関東管領上杉氏の対立で戦乱が始まっていた。

享徳の乱と上杉氏の分裂

鎌倉公方足利氏と関東管領上杉氏の争いがきっかけとなった享徳の乱と、乱終結後の上杉氏の同族どうしの紛争により、関東地方は戦乱の時代に突入した。

①5代鎌倉公方となった足利成氏と関東管領上杉憲忠が対立を深め、成氏が憲忠を謀殺。

②足利成氏軍と上杉軍が分倍河原で激突し、成氏が勝利。敗れた上杉軍は武蔵を追われた。

③今川範忠率いる幕府の討伐軍に鎌倉を奪われた足利成氏は、本拠地を古河に移した(古河公方)。

④新たな鎌倉公方に任じられた足利政知だが、幕府の支配を嫌う関東武士の反発で鎌倉に入れず、堀越に入る(堀越公方)。以後、古河と堀越に2人の公方が分立した。

⑤古河公方、堀越公方の両陣営は、利根川を勢力圏の境として対立したが、1482年、足利成氏と幕府の和睦が成立した。

上杉氏の分裂
享徳の乱が終結すると、名門の山内上杉氏と新興の扇谷上杉氏が主導権争いを始めた。 ▶P36

上野 / 下野 / 常陸 / 武蔵 / 甲斐 / 相模 / 下総 / 上総 / 安房 / 駿河 / 伊豆
山内上杉氏 VS 扇谷上杉氏
古河公方 足利成氏 / 古河
堀越公方 足利政知 ▶P28
今川範忠
分倍河原 / 鎌倉 / 堀越
両陣営の境界線

享徳の乱 足利成氏方の勢力
享徳の乱 幕府・上杉方の勢力
①～⑤ 享徳の乱の流れ

鎌倉公方と関東管領の確執から内乱が勃発

室町幕府は鎌倉幕府の拠点だった関東を重視して**鎌倉府**を置いた。その長官の**鎌倉公方**は足利尊氏の子・基氏の子孫が世襲し、補佐役の**関東管領**は足利将軍家姻戚の**上杉氏**が世襲した。〝第2の幕府〟ともいわれる鎌倉府は自立意識が強く、幕府と対立する鎌倉公方を関東管領が諫めるという構図が強まっていく。

1438(永享10)年には、4代鎌倉公方**足利持氏**が関東管領の**上杉憲実**と衝突する**永享の乱**が発生。幕府の討伐軍に降伏した持氏は自害した。2年後には持氏家臣の結城氏朝が持氏の遺児を担いで反乱を起こすが、上杉氏に討伐される(**結城合戦**)。さらに、持氏の末子**足利成氏**が5代鎌倉公方になると、憲実の子である関東管領**上杉憲忠**と対立を深め、1454(享徳3)年には成氏が憲忠を謀殺。**享徳の乱**の始まりである。

享徳の乱から関東は戦乱の時代へ

当初、分倍河原の戦いで上杉方に勝利した成氏方が優勢だったが、幕府が駿河守護の**今川範忠**に成氏討伐を命じると状況が一変。鎌倉を追われた成氏は、下総の古河へ本拠地を遷す。一方、幕府は8代将軍足利義政の異母兄である**足利政知**を新たな鎌倉公方にするが、幕府の影響力拡大を嫌う関東の武士に支持されず、鎌倉入りを断念、伊豆の堀越に入る。こうして、「**古河公方**」成氏と、「**堀越公方**」政知および上杉氏の争いは幕府と成氏が和睦する1482(文明14)年まで続いた。

さらに、その後は上杉氏の内紛が勃発。宗家の立場にあった山内上杉氏と、享徳の乱で活躍した**扇谷上杉氏**の対立が激化し、関東の混乱は深まっていった。

江戸城をつくった男 太田道灌の活躍

江戸城を最初に築いたことで知られる太田道灌は、扇谷上杉氏の家宰で、武蔵守護代も務める重臣だった。「道灌」は出家後の号で、諱は資長という。

父・資清の跡を継いだ道灌は、享徳の乱で活躍してその名を知られるようになる。また、1476(文明8)年に山内上杉氏で起こった内乱の鎮圧に尽力したことなどにより、扇谷上杉氏の勢力を大いに高めた。

しかし、道灌は1486(文明18)年、主君である上杉定正の館に招かれ、そこで暗殺される。定正が道灌の台頭に危機感を覚えたため、あるいは扇谷上杉氏の勢力を弱めようとした山内上杉氏の讒言に定正が乗ったためといわれる。絶命に際し、道灌は「当方滅亡」——自分がいなければ扇谷上杉氏は滅ぶだろう、と言ったとされる。

キーワード 上杉氏
鎌倉～江戸時代の武家。藤原氏の出自で、13世紀に上杉氏を名乗り、鎌倉に移住。その後、足利氏と婚姻を結び、足利尊氏の母が上杉氏出身であったことから、室町幕府の重臣となった。山内、扇谷、宅間(たくま)、犬懸(いぬかけ)の4家に分かれるが、後者の2家は早期に断絶、滅亡している。山内・扇谷両家は北条氏に敗北して勢力を失ったが、上杉氏の名跡は長尾景虎(上杉謙信)に継承され、米沢藩主となって残った。

6 明応の政変

重臣のクーデターで将軍の実権が消滅

権力強化を狙った将軍は重臣のクーデターで追放され、将軍の実権が完全に消滅。世は戦国時代へと突入した。

応仁・文明の乱後の近畿情勢

応仁・文明の乱後、下克上の風潮が高まるなか、将軍は権力強化を図って守護の討伐に乗り出す。しかし、これに反発した細川政元のクーデターで追放されてしまう。

京都周辺の略年表

1473年	足利義尚、9代将軍に就任
1477年	応仁・文明の乱が終結
1485年	山城の国一揆が発生
1489年	義尚、出陣中の近江で病死
1490年	足利義稙（義材）、10代将軍に就任
1493年	明応の政変が勃発！
	細川政元、義稙を失脚させ、義澄を11代将軍に擁立

足利将軍家の実権が消滅 ▶P31

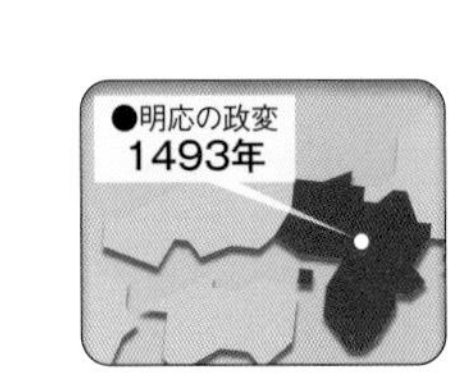

将軍不在のすきをつき細川政元がクーデター

応仁・文明の乱が続く1473（文明5）年、8代将軍**足利義政**は9歳の実子・**義尚**に将軍職を譲った。その後もしばらくは義政が政務を担ったが、義尚が成長すると、東山山荘に隠居した。

将軍親政を開始した義尚は将軍権力の強化を図り、1487（長享1）年には公家や寺社の領地を侵略した六角氏を討伐するため、将軍直轄軍である**奉公衆**を率いて近江へ向かった。義尚はそのまま近江の鈎に陣を置き、有力守護を排して政治を行うが、2年後に同地で病死する。そこで、**足利義視**の子の**義稙**（初名義材）が10代将軍となったが、義稙もまた有力守護を排除する動きを見せた。

これを危険視したのが、**細川勝元**の子、**政元**だ。義稙は長く続く畠山氏の家督争いを収めるべく、畠山政長に味方して畠山義就の遺児である義豊の討伐を決定。1493（明応2）年に義豊の拠点である河内に出陣すると、政元は将軍不在の京都でクーデターを決行し、堀越公方足利政知の子**義澄**を11代将軍として擁立したのである。一方、排斥された義稙は北陸へのがれ、幕府の実権は政元が掌握した。この事件を**明応の政変**とよぶ。

二度と回復しなかった足利将軍家の権威

将軍が重臣によって追放されたことは、応仁・文明の乱以上に**室町幕府**崩壊の象徴的な出来事となった。幕府の実権を握った政元にしても、その影響力は畿内にとどまったうえ、家督争いに巻き込まれて暗殺される。その後も幕府の実権は細川氏家臣だった三好長慶らに握られ、足利将軍家の権威が回復することはなかった。そのため、明応の政変を**戦国時代**突入の画期とする見方もある。

細川氏にも訪れた家督争い

三管領のうち、畠山氏と斯波氏が家督争いで衰退するのを尻目に勢力を伸ばし、明応の政変で〝細川政権〟を樹立した細川氏だが、ついに家督争いが勃発した。原因は、子のなかった政元が公家・九条政基の子、澄之と、一門の細川義春の子、澄元の2人を養子にしたことだ。これで家臣団が分裂。有力家臣の三好之長が澄元を擁立すると、1507（永正4）年、政元は澄元派の台頭を恐れた澄之派家臣に暗殺される。

その後も細川氏、三好氏内部で対立は続き、1549（天文18）年、之長の曾孫、三好長慶が、一族の三好政長と澄元の子、細川晴元を京都から追放した。こうして畿内の実権は、三好氏の手に移ったのである。

キーワード 細川氏
足利氏の一門にあたる名門武家。足利尊氏の挙兵に従って活躍し、室町幕府成立に伴い複数の国の守護に任じられた。なかでも嫡流の細川京兆（けいちょう）家は三管領家の一つとして大きな権力を誇り、明応の政変で幕府の実権を握ったが、家督争いでしだいに衰退していった。その後、傍流出身の細川幽斎（藤孝）が織田信長、豊臣秀吉のもとで活躍し、その子孫は熊本藩主となった。

庶民が牽引役となった室町・戦国時代の経済発展

各種技術開発の進展と貨幣経済の浸透によって、荘園領主の衰退を尻目に庶民が経済を牽引した。

室町時代の特産品

室町時代から戦国時代にかけて、荘園領主の支配権力が弱まる一方、庶民が富を蓄積して農村手工業や都市での商工業が発達。各地で特色のある特産品が生産されるようになった。

能登 釜(能登釜)
越中
加賀 絹織物(加賀絹)
飛騨
隠岐
越前 和紙(鳥子紙)
美濃 和紙(美濃紙) 刀剣(関物) 陶器(美濃焼)
丹後 絹織物
若狭
出雲 鍬
伯耆
因幡
但馬
丹波
近江
尾張 陶器(瀬戸焼)
三河
刀剣(長船物) 陶器(備前焼)
美作
播磨 和紙(杉原紙) 鉄(千種鉄)
京都 山城
石見
備中 和紙(備中檀紙)
備前
摂津
伊賀
備後 塩 畳表(備後表)
安芸
河内
伊勢
絹織物(西陣織)
志摩
酒
淡路
和泉
大和
長門
周防
讃岐
阿波 藍(阿波藍)
紀伊
伊予
土佐
筑前 釜(芦屋釜)
豊前
鍋(河内鍋) 酒

「備前長船」の名で知られる備前の刀剣は、美濃・関の刀剣と並んで日明貿易の主要輸出品となった。

西陣織の西陣という地名は、応仁・文明の乱で山名持豊(宗全)の西軍方が陣を構えたことにちなむ。

室町～戦国期の通貨だった明の銅銭は、1枚1文、1000文で1貫として流通した。現在の貨幣価値に換算すると、およそ1文は80円、1貫は8万円と考えられる。

室町～戦国時代のおもな物価一覧

槍	1貫程度(約8万円)
刀	数百文～数貫程度(約数万円～数十万円)
弓矢	1貫程度(約8万円)
鉄砲	8貫500文(約70万円)
馬	8貫500文(約70万円)
米1石(約180L)	1429文(1567年時)(約11万4000円)
塩1斗(約18L)	167文(1567年時)(約1万3000円)
大豆1石	1667文(1567年時)(約13万3000円)
豆腐1丁	3文(1582年時)(約240円)
鎌	25文(1580年代)(約2000円)
ろうそく1挺	8～12文(1580年代)(約640～960円)
木綿1反	872文(1582年時)(約7万円)
鍋	130文(1539年時)(約9400円)
大工の日当	110文(1527年時)(約8800円)
飛脚賃(鎌倉～小田原)	130文(1562年時)(約9400円)
雑役人夫の日当	10文(1562年時)(約800円)
夜番警備の日当	100文(1546年時)(約8000円)
桶の結賃	35文(1527年時)(約2800円)
千曲川の川越賃	1文(1593年時)(約80円)

農林水産業の生産性向上と手工業・商業の発達

室町時代は庶民経済が著しく成長した時代だ。農業では稲・麦の**二毛作**にソバを加えた**三毛作**も行われるようになったが、その背景には鉄製農具の普及や用排水設備の整備・改良といった技術の発展があった。同時に、荏胡麻や桑など農村手工業の原料となる作物の栽培もさかんになる。また、水産業では網漁の発達で水揚げ量が増え、林業では**大鋸**とよばれる鋸の普及で製材技術が上がるなど、農業以外でも生産性の向上がみられた。

これら生産性向上による富の蓄積は手工業や商業の発達を促した。地方では守護大名や戦国大名の保護のもと、備前長船の刀剣や加賀、丹後の絹織物、美濃、尾張の陶器などの特産品が生まれ、月に3回だった地方の定期市は、応仁・文明の乱以後、6回(**六斎市**)になる。

商工業者の間では同業組合である**座**が形成されていたが、彼らは領主に市場税を払うことで独占営業権を得た。しかし、座による営業独占はしだいに経済発展の妨げとなったため、戦国大名の**楽市・楽座**政策によって消滅していった。

慢性的なデフレだった戦国時代の日本経済

商品経済発達の背景には、貨幣経済の浸透があった。年貢などを貨幣で納入する**代銭納**は鎌倉時代に始まったが、室町時代にはより一般化する。これに伴い金融業も発達。酒屋に代表される有力商工業者には**土倉**とよばれる高利貸を兼ねる者も多く、土倉・酒屋からの営業税は室町幕府の大きな財源となっていた。

通貨は**日明貿易**(**勘合貿易**)でもたらされた明の銅銭が1枚1文で流通した。しかし、中国での銅不足に加え、15世紀なかば以降、交易頻度が激減したことで流入量が減少し、日本は通貨不足による慢性的なデフレ状態になっていたのである。

経済政策でみる戦国武将

ただでさえ不足していた明の銅銭だが、長年の使用で棄損したほか、粗悪な私鋳銭(偽銭)も出回り、これら悪銭の受け取りを拒否する撰銭の横行で円滑な商取引が阻害された。そこで幕府や戦国大名は、極端な撰銭を禁じる撰銭令を幾度も出す。

武田信玄は「市中で定められたもの以外の悪銭の利用を妨げてはならない」という撰銭令を発したが、市中ですべての悪銭が利用不可とされたため、領内の銭不足は加速した。対する織田信長は、焼けた銭は2枚で1文、割れた銭は5枚で1文と交換比率を定めたことで悪銭も流通させ、デフレの悪化を回避した。戦国屈指の両雄だが、経済政策では明暗が分かれていたのである。

室町時代の気候

地球規模で気候が温暖だった11～12世紀の日本は、ヨーロッパの「大開墾時代」と同様、大いに開墾が進められた。しかし、1420～1570年ごろの世界は「シュペーラー極小期」とよばれる寒冷化に見舞われる。そのため、室町時代後期以降は幾度も飢饉が発生しており、特に1459(長禄3)～61(寛正2)年の「長禄・寛正の飢饉」や、1540(天文9)年の「天文の飢饉」は全国的な大飢饉となった。

8 交通網の整備

水陸交通の発達とその障害となった関所

地方産業の発展に伴い全国で交通網が発達したが、権門勢力などによって各地に関所も設けられた。

室町～戦国時代の主要交通路

地方経済の発展と遠隔地取引の活発化、さらには戦国大名の領国整備などによって、室町～戦国時代には全国的に交通路が発達した。

琵琶湖は東海道、東山道、北陸道と、京への入り口である大津を結ぶ水上交通の要所だった。

海上航路
おもな道路
室町・戦国時代の主要港湾
問(問丸)所在地
主要都市

全国の港を結んだ廻船と豪商に成長した問

地方産業と商品経済の進展で遠隔地取引もさかんになったことで、陸路や水運を利用した交通が発達した。全国の主要港には**廻船**が往来し、近畿周辺の港から一大消費地である京都までは、馬で荷駄を運ぶ**馬借**や牛車で運ぶ**車借**といった運送業者が活躍した。

交通の要衝となった場所には、**問**（**問丸**）とよばれる商人が置かれた。元は荘園領主の配下として年貢米の保管や輸送、売却を行ったが、室町時代にはほかの領主の依頼にも応じるようになって荘園領主から独立。取り扱う商品も多様化して問屋（卸売業者）へと成長し、元は倉庫業の問であった堺（▼P42）の**会合衆**のように**豪商**になる者もいた。

交通・物流を妨げる関所の乱立

こうした交通の活発化に目をつけたのが、幕府や公家、寺社などの**権門**勢力だ。荘園領主だった彼らは荘園制の崩壊で減少した年貢収入を補うため、交通の要地に**関所**を設け、**関銭**や津料（船着き場で徴収する関料）を徴収した。しかし、**国人**など在地の土豪勢力も関所を設けるようになると、各地に関所が乱立した。例えば、1462（寛正3）年の記録によると、淀川河口から京都までの間に380もの関所があったとされる。当然、交通や物流の障害となったため、**織田信長**など分国支配を強めた戦国大名によって廃止されていった。

戦国大名は軍事上の必要からも道路整備などに力を入れており、城下町を中心に発達した交通網は、江戸時代の街道交通へと受け継がれていくのであった。

室町時代の対外交易

国内で商品経済が発達した室町時代は、対外交易も活発化した。1368年に朱元璋が建国した明が周辺諸国に朝貢を促すと、これに応じた3代将軍足利義満は日明貿易（勘合貿易）を開始。銅や刀剣、漆器などを輸出し、絹織物や銅銭を輸入して莫大な利益をあげた。また、1392年に建国した李氏朝鮮とも、日朝貿易が始まった。

沖縄では、1429年に尚巴志が琉球王国を建国し、日本や明、さらには東南アジア諸国との中継貿易で繁栄した。蝦夷ヶ島とよばれた北海道では14世紀末から15世紀初めに和人が渡り、アイヌと交易を行った。しかし、両者の間にはしばしば衝突が起き、1457年にはコシャマインらが武装蜂起する。和人はアイヌの攻撃に苦しんだが、花沢館主・蠣崎氏の客分だった武田信広がコシャマイン父子を討って蜂起を平定した。

キーワード　村上水軍

瀬戸内海の芸予諸島を拠点とした海賊衆。航路が錯綜する芸予諸島を通行する船舶から、警固料として通行税を徴収したが、これに応じない船舶には掠奪行為を働くこともあった。戦国時代には厳島の戦いで毛利氏の勝利に貢献したほか、第1次木津川口の戦いで織田水軍を破る活躍をみせたが、豊臣秀吉の発した海賊禁止令で海上支配権を奪われた。

9 惣村の形成と一揆

下剋上の風潮を醸成した日本社会の変容

荘園公領制の崩壊により従来の支配勢力に代わって地方の武士や農民たちが台頭する時代となった。

畠山氏の争乱を収めた山城の国一揆

室町幕府によって権限を拡大された守護は、一国全体の支配権を掌握する守護領国制をつくり上げた。しかし、**国人**と総称される地方土着の武士のなかには自立を志向する者も多く、守護の支配に抵抗すべく一揆（一致団結した集団）を形成することもあった。特に**応仁・文明の乱**による全国的な混乱のなか、自らの権益を守るため、しばしば**国人一揆**を結んだ。

1485（文明17）年に畠山氏の軍勢を退去させた**山城の国一揆**は、代表的な国人一揆である。三十六人衆といわれる南山城地方の国人たちが結成したこの一揆は、独自の**国掟**を定めるなどして8年間にわたる自治を実現。下剋上の風潮を象徴する出来事の一つとなった。

徳政を求めて蜂起した惣村連合の土一揆

一方、畿内やその周辺地域では、荘園や公領の農民の間で「**惣村**」とよばれる自治的な村落共同体が形成され、南北朝の動乱期を通じて各地に広がっていった。用水の配分や戦乱からの自衛といった目的から、惣村はより大きく強い結合体に発展していき、独自の規約である**惣掟**（村掟・地下掟）を定めて村の秩序を維持した。さらには、荘園領主への年貢納入を惣村でまとめて請け負う「**地下請**」を行うようになる。こうして共同体意識を強めた惣村は、しばしば荘園領主に年貢や夫役の減免を求めた。要求が受け入れられなかった場合は、領主のもとへ押しかける強訴や、耕作を放棄する逃散などの実力行使にも出た。

15世紀になると、近隣の惣村同士が**土一揆**を組織して幕府など支配勢力へ要求を突きつけるようになる。1428（正長1）年、京都近郊の惣村が連合して幕府に徳政（債務の破棄や質物・土地の取り戻し）を求めた**正長の徳政一揆**は、その嚆矢ともいうべき出来事だった。そして、1441（嘉吉1）年の**嘉吉の徳政一揆**では、ついに幕府が徳政令を発する。

以後、徳政一揆は頻発し、債権者である高利貸の**土倉**・酒屋が打撃を受けた。その打撃は、彼らからの営業税を重要財源としていた室町幕府へも波及し、幕府は徳政令を出すたびに自ら弱体化していったのである。

室町時代の一揆

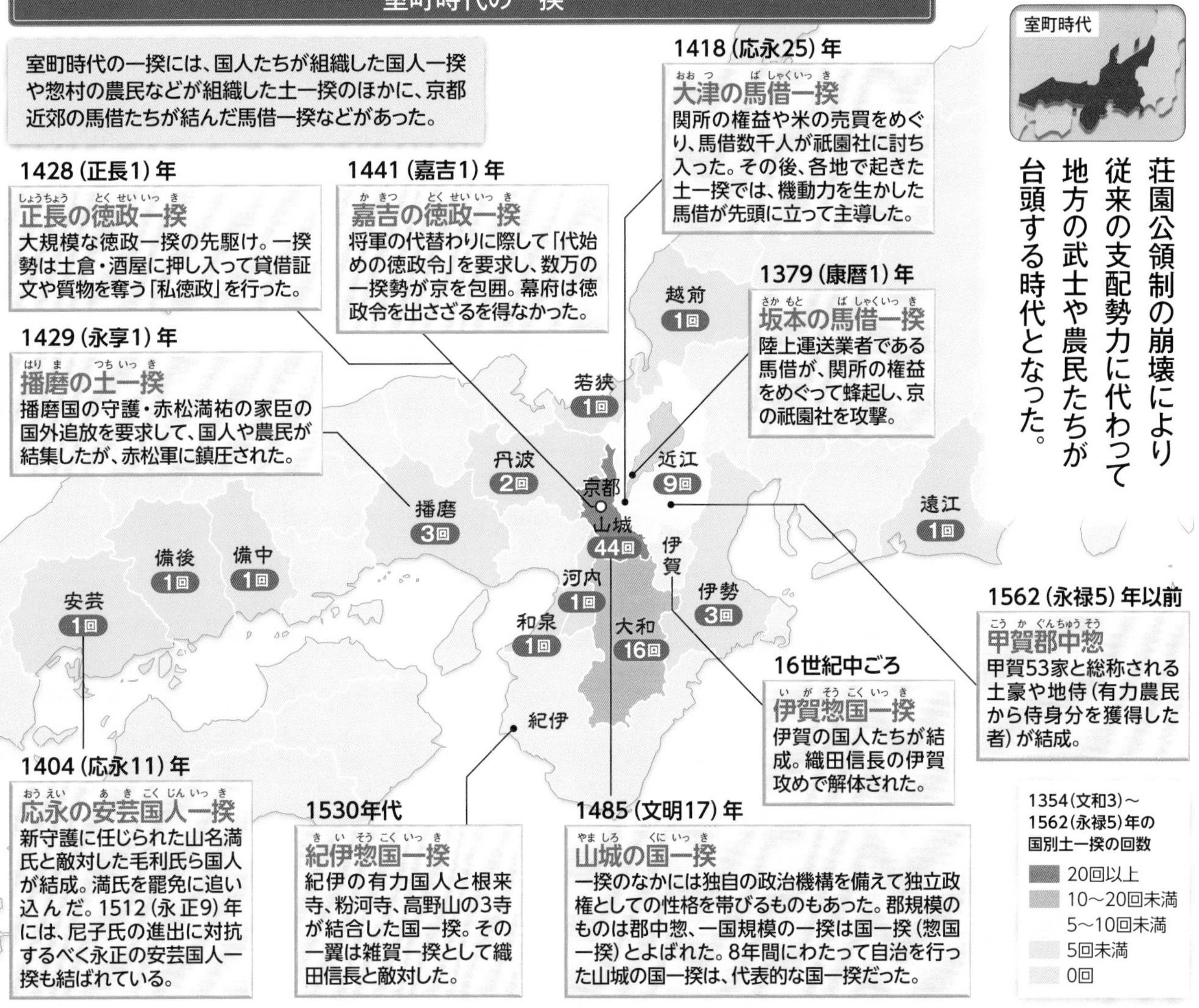
室町時代
室町時代の一揆には、国人たちが組織した国人一揆や惣村の農民などが組織した土一揆のほかに、京都近郊の馬借たちが結んだ馬借一揆などがあった。
1418（応永25）年
大津の馬借一揆
関所の権益や米の売買をめぐり、馬借数千人が祇園社に討ち入った。その後、各地で起きた土一揆では、機動力を生かした馬借が先頭に立って主導した。
1428（正長1）年
正長の徳政一揆
大規模な徳政一揆の先駆け。一揆勢は土倉・酒屋に押し入って貸借証文や質物を奪う「私徳政」を行った。
1441（嘉吉1）年
嘉吉の徳政一揆
将軍の代替わりに際して「代始めの徳政令」を要求し、数万の一揆勢が京を包囲。幕府は徳政令を出さざるを得なかった。
1379（康暦1）年
坂本の馬借一揆
陸上運送業者である馬借が、関所の権益をめぐって蜂起し、京の祇園社を攻撃。
1429（永享1）年
播磨の土一揆
播磨国の守護・赤松満祐の家臣の国外追放を要求して、国人や農民が結集したが、赤松軍に鎮圧された。
越前 1回
若狭 1回
丹波 2回
近江 9回
京都
山城 44回
播磨 3回
遠江 1回
伊賀
備後 1回
備中 1回
安芸 1回
河内 1回
伊勢 3回
和泉 1回
大和 16回
紀伊
1562（永禄5）年以前
甲賀郡中惣
甲賀53家と総称される土豪や地侍（有力農民から侍身分を獲得した者）が結成。
16世紀中ごろ
伊賀惣国一揆
伊賀の国人たちが結成。織田信長の伊賀攻めで解体された。
1404（応永11）年
応永の安芸国人一揆
新守護に任じられた山名満氏と敵対した毛利氏ら国人が結成。満氏を罷免に追い込んだ。1512（永正9）年には、尼子氏の進出に対抗するべく永正の安芸国人一揆も結ばれている。
1530年代
紀伊惣国一揆
紀伊の有力国人と根来寺、粉河寺、高野山の3寺が結合した国一揆。その一翼は雑賀一揆として織田信長と敵対した。
1485（文明17）年
山城の国一揆
一揆のなかには独自の政治機構を備えて独立政権としての性格を帯びるものもあった。郡規模のものは郡中惣、一国規模の一揆は国一揆（惣国一揆）とよばれた。8年間にわたって自治を行った山城の国一揆は、代表的な国一揆だった。
1354（文和3）～1562（永禄5）年の国別土一揆の回数
20回以上
10～20回未満
5～10回未満
5回未満
0回

コラム

自らの力を頼みに割拠した戦国大名

幕府権威に裏づけられた守護大名の権限

鎌倉時代の守護の権限は、大犯三ヵ条とよばれる軍事・検断権(警察権)のみだった。室町幕府はこれに加えて、稲を勝手に刈り取る刈田狼藉の検断権と、幕府裁決の強制執行権である使節遵行権を付与し、守護は武士同士の紛争への介入権を得た。また、1368(応安1)年の応安の半済令で、守護は荘園・公領の半分を徴発できる権限を獲得。さらに、年貢徴収を守護が請け負う守護請が一般化したことで、支配領域を広げていく。

財政面でも段銭(田んぼの面積に応じた税)や棟別銭(家屋の棟数に応じた税)といった税の徴収権を得た守護は、やがて朝廷の地方機関である国衙の機能をも吸収。在地武士である国人や有力農民から出た地侍の家臣化を進め、任国全体の支配権を確立した。この段階の守護を守護大名といい、その支配体制を守護領国制とよぶ。

ただし、守護の権限は幕府に任命された者ということが前提となっていた。また、守護は幕府への出仕のため原則として在京を義務づけられていたため、領国支配の実権は守護代に委ねられていた。

そのため、応仁・文明の乱を契機とする幕府権威の失墜や地方の争乱で活躍した国人層の台頭などが相まって、守護大名が守護代や国人にとって代わられる下剋上もみられた。

中央権力と一線を画した戦国大名の実力支配

一方の戦国大名は、幕府権威を背景とした守護大名とは異なり、中央権力と一線を画した領国経営を行った。領国内の紛争を調停する基準として分国法を定めた行為は、朝廷や幕府に代わる公儀としての立場を示すものでもあった。

軍事面では、家臣となった国人や地侍に寄親・寄子制を適用し、知行高に応じた軍役を課す貫高制を確立するなど組織化を進めた。また、国人層の反乱を防ぐため、大名本拠の城下町に集住させ、同時に国人層と農民の間にあった支配関係の弱体化も図っている。一方、農村には安全を保障する見返りに軍役賦課や差出検地を行わせ、領国支配を強めていった。

戦国大名と家臣団

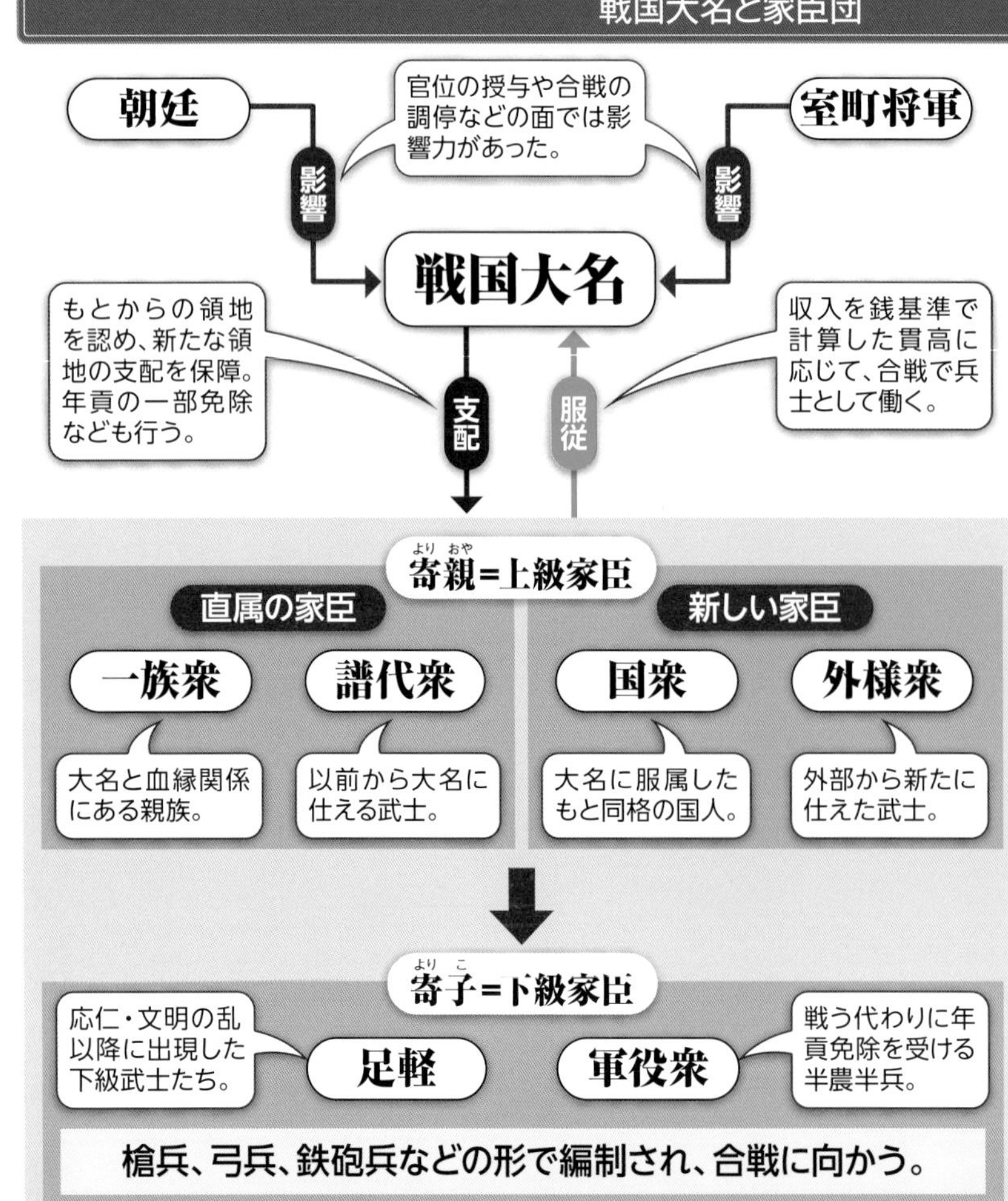

朝廷
官位の授与や合戦の調停などの面では影響力があった。
室町将軍
影響
影響
戦国大名
もとからの領地を認め、新たな領地の支配を保障。年貢の一部免除なども行う。
収入を銭基準で計算した貫高に応じて、合戦で兵士として働く。
支配
服従
寄親=上級家臣
直属の家臣
新しい家臣
一族衆
譜代衆
国衆
外様衆
大名と血縁関係にある親族。
以前から大名に仕える武士。
大名に服属したもと同格の国人。
外部から新たに仕えた武士。
寄子=下級家臣
応仁・文明の乱以降に出現した下級武士たち。
足軽
軍役衆
戦う代わりに年貢免除を受ける半農半兵。
槍兵、弓兵、鉄砲兵などの形で編制され、合戦に向かう。

戦国大名の出自

戦国大名の出身身分は、守護、守護代もしくはその一族、国人の3つに大別できる。

出自	戦国大名
守護	今川義元(駿河)
	大内義興(周防)
	大友宗麟(豊後)
	島津貴久(薩摩)
	武田信玄(甲斐)
守護代とその一族	尼子経久(出雲)
	上杉謙信(越後)
	織田信長(尾張)
	陶晴賢(周防)
国人	浅井長政(近江)
	伊達稙宗(陸奥)
	長宗我部元親(土佐)
	徳川家康(三河)
	毛利元就(安芸)
	龍造寺隆信(肥前)

第2章

戦国大名の出現

戦国時代前期～中期の情勢

戦国時代前期～中期の情勢

綺羅星の如く現れた戦国大名

時代概説

京都で明応の政変が起こった1493(明応2)年、地方でも戦国時代への移行を象徴づける事件があった。駿河の北条早雲が、堀越公方の御家騒動につけ込み、隣国伊豆に攻め入って占領したのである。これを皮切りに、地方の諸勢力は室町幕府の権威から離脱し、自らの実力で領土を拡大していく戦国大名へと飛躍していった。

戦国大名の領土拡大が進むと、やがて領国を接する大名同士で戦闘をくり広げるようになる。その過程で、他を圧倒する大きな勢力が生まれる地域もあった。

諸勢力がしのぎを削った関東・中部地方では、甲斐の武田信玄、相模の北条氏康、駿河の今川義元が台頭し、しだいにこの3勢力に収斂されていった。

京都では、幕府の実権を握ったはずの細川氏が一族の内紛で衰えをみせ、家臣三好長慶の台頭を許す。長慶は京都の制圧に成功し、自らの政権を確立した。

中国地方では、知将毛利元就が登場。大内、尼子という2大勢力が割拠するなか、外交と謀略を巧みに使って勢力を伸ばし、中国の覇者へと成長した。

しかし、そのいずれも地方勢力にとどまり、全国統一に向けた動きはまだ現れなかった。

1540年代後半の勢力図

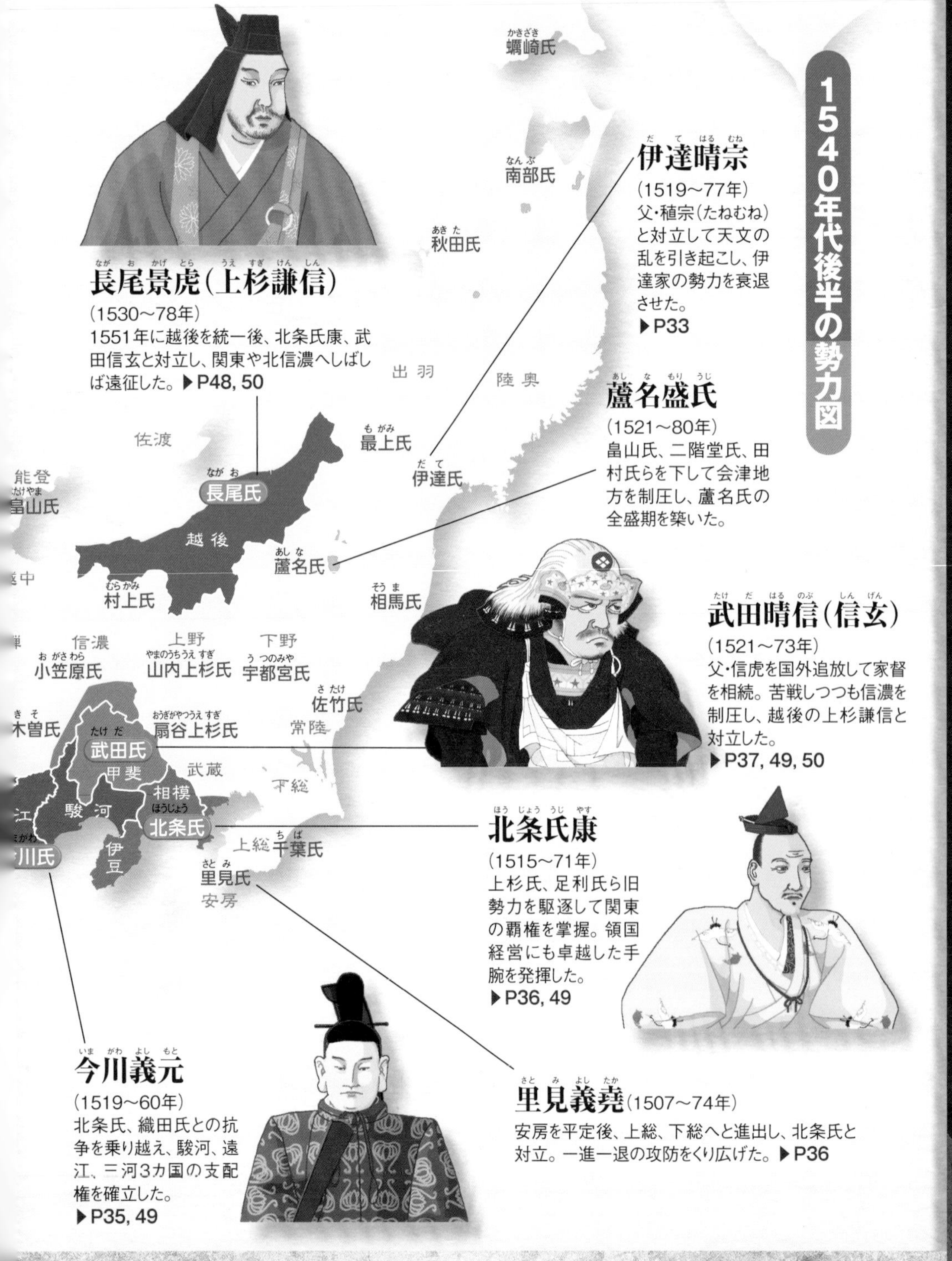

伊達晴宗
(1519～77年)
父・稙宗(たねむね)と対立して天文の乱を引き起こし、伊達家の勢力を衰退させた。▶P33

長尾景虎(上杉謙信)
(1530～78年)
1551年に越後を統一後、北条氏康、武田信玄と対立し、関東や北信濃へしばしば遠征した。▶P48, 50

蘆名盛氏
(1521～80年)
畠山氏、二階堂氏、田村氏らを下して会津地方を制圧し、蘆名氏の全盛期を築いた。

武田晴信(信玄)
(1521～73年)
父・信虎を国外追放して家督を相続。苦戦しつつも信濃を制圧し、越後の上杉謙信と対立した。
▶P37, 49, 50

北条氏康
(1515～71年)
上杉氏、足利氏ら旧勢力を駆逐して関東の覇権を掌握。領国経営にも卓越した手腕を発揮した。
▶P36, 49

今川義元
(1519～60年)
北条氏、織田氏との抗争を乗り越え、駿河、遠江、三河3カ国の支配権を確立した。
▶P35, 49

里見義堯(1507～74年)
安房を平定後、上総、下総へと進出し、北条氏と対立。一進一退の攻防をくり広げた。▶P36

第2章 略年表

1488年 長享2	加賀の一向一揆が発生 ▼P30
1493年 明応2	**北条早雲が堀越公方を滅ぼす** ▼P28
1508年 永正5	大内義興が入京 ▼P31
1517年 永正14	今川氏親が遠江を併合 ▼P34 毛利元就が武田元繁を破る(有田合戦) ▼P32
1536年 天文5	今川義元が家督を相続 ▼P35
1537年 天文6	武田信虎と今川義元が同盟を結ぶ ▼P35
1538年 天文7	第1次国府台の戦い ▼P34
1541年 天文10	武田晴信(信玄)が父・信虎を追放 ▼P37
1542年 天文11	天文の乱 ▼P33
1543年 天文12	**鉄砲が日本に伝来** ▼P43
1546年 天文15	河越夜戦 ▼P36
1549年 天文18	**三好長慶が京都を制圧** ▼P40 ザビエルが来日 ▼P46
1551年 天文20	長尾景虎(上杉謙信)が越後を統一 ▼P48
1552年 天文21	斎藤道三が主君の土岐頼芸を追放 ▼P39 北条氏康に敗れた上杉憲政が越後へ逃亡
1553年 天文22	武田信玄に敗れた村上義清が越後へ逃亡 **川中島の戦い**(～1564年、全5回) ▼P50
1554年 天文23	甲相駿三国同盟 ▼P49
1555年 弘治1	**厳島の戦い** ▼P47
1561年 永禄4	長尾景虎が関東管領職と上杉氏を継承

朝倉義景
(1533～73年)

初名は延景(のぶかげ)。名臣朝倉教景らに支えられ、加賀の一向一揆と戦った。

毛利元就
(1497～1571年)
大内、尼子の2大勢力の狭間で、謀略を駆使して成長し、両勢力をしのぐ実力者となった。
▶P32, 47

斎藤道三(?～1556年)
主君の土岐頼芸(ときよりなり)を追放して美濃を支配。織田信秀の子・信長に娘を嫁がせた。▶P39

大内義隆
(1507～51年)

九州北部まで勢力を伸ばすも、しだいに学芸に没頭し、重臣陶晴賢(すえはるかた)の謀反で自害した。
▶P47

尼子晴久(1514～61年)
各地を転戦し、大内氏や毛利氏と抗争。室町幕府より8カ国の守護に任じられた。

浅井久政(?～73年)
六角氏らに圧迫され続け信望を失い、子の長政を擁立した家臣によって隠居させられた。

龍造寺隆信
(1529～84年)

主家少弐(しょうに)氏に一族を謀殺され家督を相続。大内義隆と結び、少弐氏を攻め滅ぼした。

大友義鑑
(1502～50年)
豊後進出を目指す大内義隆と抗争するが、和睦。後継者問題でもめ、家臣に暗殺された。

織田信秀
(1511～52年)

尾張守護代・織田氏の家臣だったが、主家をしのいで勢力を拡大。今川氏や斎藤氏と戦った。

長宗我部国親
(1504～60年)

父を殺し居城を奪った本山氏を攻め、敗走させる。土佐統一の基礎を築くが、病に倒れた。

島津貴久
(1514～71年)

薩摩、大隅、日向の統一を目指して活躍。種子島に伝わった鉄砲をいち早く実戦に導入した。

三好長慶(1522～64年)
主君の細川晴元(はるもと)や将軍を追放して京都を制圧。自らの政権を確立した。▶P40

11 北条早雲の登場

戦国大名の先駆け 北条早雲、現る

実力で伊豆と相模を手に入れた北条早雲は、武力で領土を拡大する戦国大名の先駆けとなった。

今川家の家臣となり伊豆一国を獲得

のちの**北条早雲**こと**伊勢盛時**（長氏）が東国に現れたのは、**応仁・文明の乱**も終わりに近づいた1476（文明8）年である。同年、早雲の妹の嫁ぎ先、駿河守護の今川義忠が戦死し、今川家に御家騒動が起きた。幕府要職にあった早雲は京都から下向し、甥にあたる龍王丸（のちの**今川氏親**）の側に立って義忠のいとこである小鹿範満と交渉。龍王丸成人まで範満が当主を代行するという条件で決着させた。

ところが、龍王丸が元服しても範満が実権を握り続けたため、1487（長享1）年、早雲は駿河に戻って範満を倒した。この功績で、早雲は今川家から所領を与えられ、興国寺城主となった。

1491（延徳3）年、**堀越公方**の足利政知が死ぬと、廃嫡されていた長男の茶々丸が異母弟を殺して強引に2代堀越公方となった。当時、政知の奉公衆にもなっていて伊豆に所領を与えられていた早雲は、1493（明応2）年に伊豆堀越へ侵攻。茶々丸を倒して伊豆一国を手に入れた。出家して早雲庵宗瑞と名乗ったのはこのころだ。

小田原城を手に入れて関東へと進出

一国の主となった早雲は、山内・扇谷の両上杉氏や古河公方の抗争で混乱が続く関東に目を向けた。1495（明応4）年、扇谷上杉氏重臣の大森藤頼を攻めて**小田原城**を占拠したのだ。このとき、早雲は藤頼と親交を結び、「狩りをする」との口実で兵を送って小田原城を落とした――という逸話が残るが、真偽は不明だ。

小田原城を拠点に相模へ進出した早雲は、1516（永正13）年に三浦半島の三浦氏を攻め滅ぼし、相模全域の支配権を確立。さらに房総半島の上総にまで進出する。このように、早雲は守護に任命されることなく勢力を拡大した新しいタイプの人物であった。そのため、最初の**戦国大名**ともいわれている。

名門の出身だった北条早雲

従来の説では、北条早雲はただの浪人として今川家に現れたことになっていた。しかし、近年の研究によるとこれは誤りであり、実際には室町幕府の財政を司る政所の長官を務めた名門・伊勢氏の出身であると考えられている。早雲自身も奉公衆として幕府に仕えており、今川家への介入や足利茶々丸の討伐も、将軍や細川政元ら幕府重臣の意思が関わっていたとされる。つまり、早雲の出世劇は「中央と地方の政治闘争を利用することで、自分の勢力を築いた」というものだったのである。

キーワード 戦国時代

15世紀後半から16世紀後半まで、中央政権が無力化し、戦国大名が割拠した約1世紀をさす時代区分。始期と終期には諸説あり、始期は享徳の乱が起きた1454年や応仁・文明の乱が始まった1467年、明応の政変や北条早雲の伊豆侵攻が起きた1493年といった説が、終期は織田信長が入京した1568年、15代将軍足利義昭が追放された1573年などの説がある。室町時代の一部とされることも多い。

12 室町～戦国時代の寺社勢力

寺社勢力の真の実力と各宗派の盛衰

中世屈指の権門といえる寺社勢力は、その経済基盤を背景に政治をも動かした。

老舗権門の「山門」と新興勢力の「五山」

中世の寺社勢力は、神仏の権威を背景とした屈指の権門勢力だった。なかでも強大だったのが比叡山延暦寺（山門）だ。平安時代以降、全国から寄進を受けて一大荘園領主となっていた山門は、余剰年貢米を元手に高利貸も始める。実際の業務は配下の**土倉**が行ったが、室町初期には京都の土倉の8割が「山門気風の土倉」だったとの記録が残る。また、京都と北陸や東国を結ぶ物流の要地である琵琶湖畔に位置することから、いくつもの関所や湖上関を設けて**関銭**を徴収した。この経済力に加え、多くの僧兵も抱えた山門は、武家も手を出せない存在だったのだ。

これに対抗した新興勢力が、室町幕府の庇護を受けた**京都五山**などの臨済宗五山派（五山）だ。武家政権下で荘園を拡大した五山は、南北朝期の**半済令**でも荘園を減らすことなく、逆に所領を拡大している。また、信者の寄進を原資に金融業にも進出する。この五山の台頭に対し、山門は神仏の権威を利用した**強訴**で幕府や朝廷に山門を優遇するよう要求した。

山門の傍若無人ぶりに対し、6代将軍**足利義教**や管領**細川政元**らは弾圧を加えたが、老舗権門の力はなかなか衰えない。逆に、五山は**応仁・文明の乱**で寺院が大打撃を受けたうえ、後ろ盾だった幕府権威の失墜で急速に衰えていったのである。

各宗派が入り乱れる仁義なき宗教戦争

五山の衰退で各地の五山領荘園は権力の空白地帯となり、守護大名などが吸収。特に、五山領が集中していた北陸には一向宗勢力が進出し、1488（長享2）年には**加賀一向一揆**（▼P30）が起きる。

一方、応仁・文明の乱後の京都の復興は自治的組織の**町衆**を中心に行われたが、彼らに浸透したのが**日蓮宗**（法華宗）だった。1532（天文1）年、畿内各地で蜂起する一向一揆に対して町衆は**法華一揆**を組織。入京を狙う一向一揆を撃退し、山科本願寺を焼き払った。以後、自治権を拡大した法華一揆だったが、1536（天文5）年、宗論で対立した延暦寺の僧兵や周辺守護の軍勢に襲撃される。この**天文法華の乱**で京都の日蓮宗21本山が焼き討ちされ、京都の町は応仁・文明の乱を上回る被害を受けたのであった。

室町～戦国時代の寺社勢力

京都を中心に勢力争いをくり広げた寺社勢力だが、16世紀前半までには天台宗総本山の比叡山延暦寺と、一向一揆勢に淘汰された。

卍 旧仏教寺院
卍 一向宗寺院
卍 臨済宗五山派寺院
卍 日蓮宗寺院

比叡山延暦寺：日本の天台宗の開祖である最澄が788年に建立した草庵が前身。朝廷とのつながりを深め、日本仏教界の中心的な存在となる。

京都五山は、室町時代に定められた京都にある臨済宗大寺院の総称で、寺格も表す。幾度か入れ替えがあったのち、3代将軍足利義満の時代に下の表のように定まった。五山の下には十刹、諸寺と続く。

本能寺：1434年の大火で衰退した。

日吉社：神仏習合で延暦寺と一体化した神社。山門僧兵らは日吉社の神輿を担いで入京し、神威を盾に免税などの特権を要求（強訴）した。

坂本：琵琶湖水運の要地。延暦寺と日吉社の門前町。

山科本願寺：蓮如によって1483年に建立された。同寺が畿内各地の一向一揆に指令を出していたとされ、1532年に法華一揆により焼き討ちされた。

本圀寺：本圀寺や、本能寺の変で有名な本能寺など、「洛中二十一本山」とよばれる日蓮宗寺院があったが、天文法華の乱ですべて焼き討ちされた。

興福寺：比叡山とともに「南都北嶺」と称された旧仏教の巨大勢力。大和一国のほぼすべての荘園が興福寺領であり、鎌倉幕府や室町幕府から大和守護にも任じられた。

比叡山　瓜生山　大文字山　清水山　嵐山　大沢池　広沢池　御室川　高野川　鴨川　桂川
相国寺　天龍寺　本能寺　南禅寺　建仁寺　万寿寺　本圀寺　東福寺　山科本願寺
琵琶湖　日吉社　坂本　京　近江　山城　比叡山延暦寺　興福寺　大和

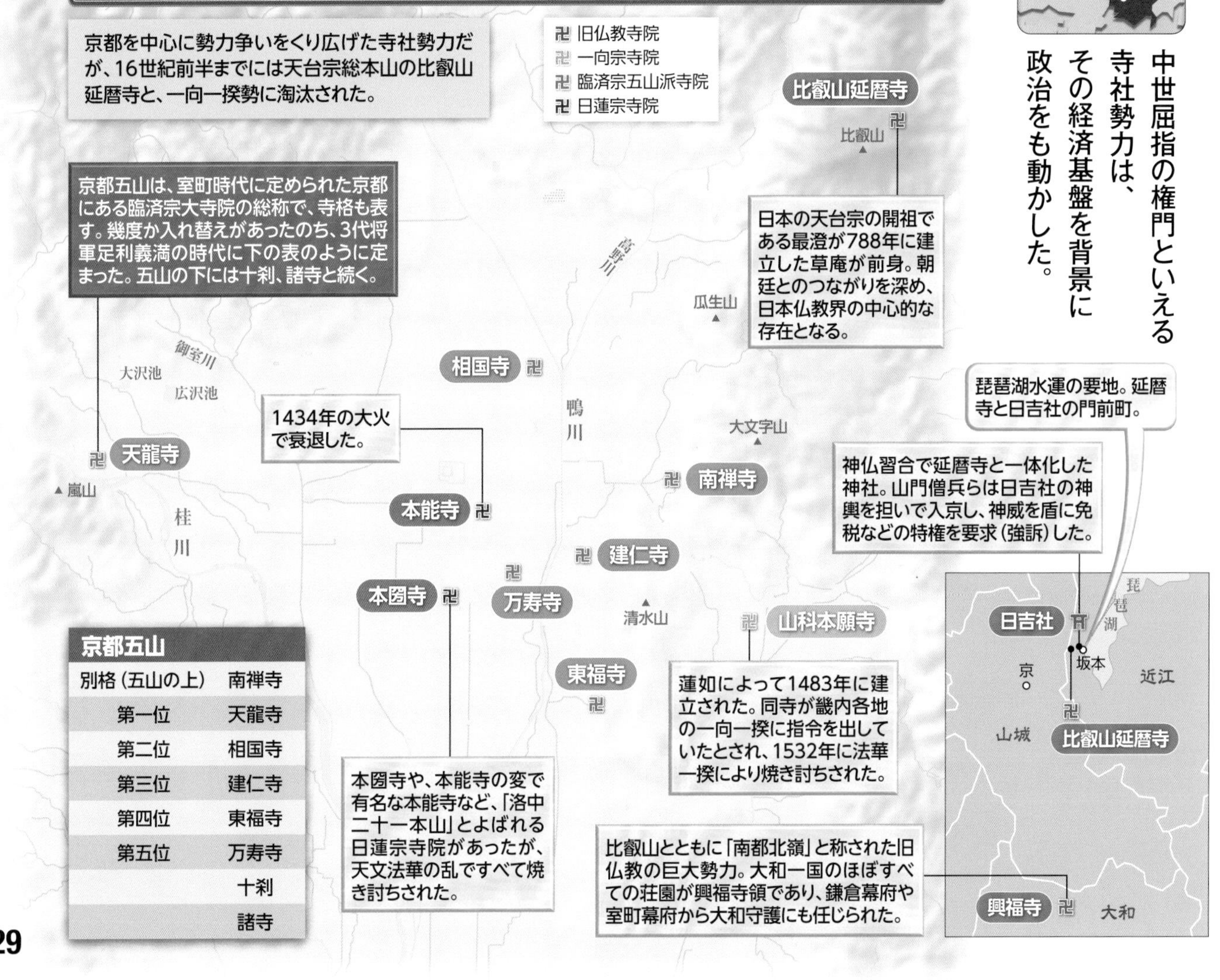

京都五山	
別格（五山の上）	南禅寺
第一位	天龍寺
第二位	相国寺
第三位	建仁寺
第四位	東福寺
第五位	万寿寺
	十刹
	諸寺

戦国大名が手を焼いた一向宗門徒の一揆

浄土真宗本願寺派は信者を急激に増やし、一向一揆を結んで一大政治勢力になった。

15~6世紀のおもな一向一揆

一向一揆は度々大規模な武力蜂起を起こして、戦国大名と戦った。

1488～1580年 加賀の一向一揆
加賀守護富樫政親を倒し、約100年にわたって加賀一国を支配した。

1506～80年 越中の一向一揆
管領細川政元が、敵対する越中の畠山氏を攻撃させた一揆。以後、越中西部は一揆勢が支配した。
▶P77

1465年 近江の一向一揆
延暦寺との武力対立。最初の一向一揆ともいわれる。

1574～75年 越前の一向一揆
織田信長に敗れた朝倉家残党と手を組み、一時越前を支配した。
▶P80

1532年 法華一揆
大和の一向一揆の勢力拡大を恐れた京都の日蓮宗徒が法華一揆を組織。山科本願寺を焼き討ちした。
▶P29

1563～64年 三河の一向一揆
徳川家康の統治に反発して武力蜂起。
▶P60

1570～80年 石山戦争
山科から移転し、本拠地となった石山本願寺は、織田信長と10年以上も戦い続けた。
▶P92

1532年 大和の一向一揆
細川晴元の依頼で日蓮宗の庇護者だった三好元長を堺で滅ぼす。勢いづいた一揆勢は他宗派追放を掲げ、興福寺を攻撃した。

1570～74年 伊勢長島の一向一揆
石山戦争に呼応して蜂起し、織田信長を苦しめた。
▶P68

金沢御坊　瑞泉寺　越中　加賀　吉崎御坊　越前　大野郡　府中　美濃　大谷本願寺　近江　金森御坊　山科本願寺　尾張　願証寺　三河　本證寺　摂津　山城　伊勢　石山本願寺　興福寺　大和

北陸の地で躍動した一向一揆の実力

応仁・文明の乱以後、急速に衰退した臨済宗五山派に代わって台頭したのが、**浄土真宗本願寺派**（一向宗）である。

1457（長禄1）年に本願寺第8世法主となった**蓮如**は、「**御文**（御文章）」とよばれる手紙形式の文章で教義をわかりやすく説いたほか、「**講**」とよばれる門徒組織を形成して、積極的な布教活動を展開する。これで教団は急拡大したが、そのために**比叡山延暦寺**に目をつけられた。一向宗は仏敵とされ、比叡山門徒に京都の大谷本願寺や近江金森などの拠点が攻撃されたため、蓮如は拠点を越前の吉崎へと移す。

1471（文明3）年、蓮如が吉崎で吉崎御坊を開くと、北陸や畿内、東海一帯からも門徒が参集し、1～2年で寺内町が形成された。以後、北陸の地侍や農民を中心に門徒は爆発的に増え、強力に結束した。そんな彼らが存在感を示したのが、1488（長享2）年に起きた**加賀の一向一揆**である。

加賀では守護の富樫政親と弟の幸千代による内紛が続いていた。1474（文明6）年、一向宗門徒はこの争いに介入して政親を助けたが、政親はその後、門徒弾圧に転じる。そこで一向一揆を組織した門徒は国人層と手を結んで政親を攻め滅ぼし、富樫一族から選んだ名目上の守護を据え、門徒の武家と僧の合議制による自治を始めた。以後、加賀は織田信長軍に制圧されるまで、100年近く一向一揆による支配が続いた。

細川氏らが育てた戦国時代の一大政治勢力

これに先立ち、吉崎を離れて近畿に移っていた蓮如は一揆を歓迎せず、武力蜂起を諌める手紙を書いている。しかし、加賀の一向一揆は周辺国に勢力を拡大するなど、すでに制御できなくなっていた。

また、一向一揆がみせた軍事力を利用する者も現れる。特に16世紀に入ると、**明応の政変**（▼P20）で幕府の実権を握った**細川政元**やその孫晴元は、敵対勢力の攻撃に一向一揆を利用。その過程で、本願寺法主の命令により一揆が動員されるという体制も構築され、本願寺は戦国時代の一大政治勢力へと成長したのである。

吉崎御坊（よしざきごぼう）跡に建つ本願寺中興の祖、蓮如の銅像。

14 大内義興の入京
他勢力に先駆けて上洛した中国の雄

中国地方の大大名・大内義興は追放された10代将軍義稙を奉じて上洛し、復位させたが、その間に領地が不安定化した。

大内義興の上洛と中国・九州北部の情勢

中国地方で強大な勢力を誇った大内義興は、軍を率いて上洛を果たした数少ない戦国大名である。

大内義興が守護を務めた国
おもな勢力・武将

大内傘下の安芸の国人。義興の上洛に参加。

出雲守護代だったが、守護の京極氏から独立して戦国大名化。義興の上洛中に支配地域を拡大した。

安芸の一部地域の守護。義興に従って上洛したが、一足早く帰国し、勢力拡大を図った。

大内氏の本拠地。西の京とよばれるほど繁栄した。

出雲 伯耆 因幡 美作 石見 備後 備中 備前 安芸 長門 山口 周防 筑前 博多 豊前 豊後 山城 京都

尼子経久　毛利興元　大内義興　武田元繁　大友義長

船岡山の戦い

日明貿易の拠点として堺と並ぶ商業都市。

1508～18年
大内義興の上洛
前将軍足利義稙とともに京都に上り、義稙を再び将軍の座につけた。

1493年	**明応の政変で足利義稙が失脚** 細川政元が足利義澄を擁立。
1499年	**義稙、越前朝倉氏のもとで細川政元と敵対** ▶敗北し、大内義興の庇護下に
1507年	**細川政元、暗殺される**
1508年	**義興、上洛して義稙を将軍に**
1511年	**細川澄元（政元の子）らに京都を追われる** ▼ 船岡山の戦いと義澄の病死で優位を確定
1518年	**義興、領国を守るために帰還**
1521年	**義稙、管領の細川高国と対立して再び追放される** ▶細川高国政権の成立　▶P40
1523年	**寧波の乱** 日明貿易をめぐり大内氏と細川氏が明で衝突。

追放された前将軍が大内義興を頼って下向

明応の政変（▼P20）後、10代将軍**足利義稙**（義材、義尹）は越中の畠山氏、次いで越前の朝倉氏のもとに移り、11代将軍**足利義澄**を擁立して幕府の実権を握る**細川政元**と敵対する。だが上洛を目指す戦いに敗れると、**大内義興**を頼って周防に逃れた。

大内氏は**応仁・文明の乱**でも活躍した名門武家である。このころには山名氏をしのいで中国地方の最大勢力となり、九州北部にも領地を有していた。

義興の足元をすくう領国の情勢不安

1507（永正4）年、政元が暗殺（▼P20）されると、義興は義稙を奉じて上洛。義稙を再び将軍の地位に就け、自らは管領代に就任。こうして他の戦国大名に先駆けて上洛を果たした義興は、以後約10年にわたって幕政を取り仕切る。しかし、全国的に下剋上の機運が高まっていたこの時期、〝天下人〟への道は険しすぎた。

当面の敵は、義興に京都を追われた細川澄元らである。政元の養嗣子である澄元は、前将軍義澄を擁してたびたび兵を挙げ、1511（永正8）年には京都を奪還する。このとき、義興は政元のもう一人の養子である細川高国とともに船岡山の戦いで勝利し、京都を再奪還した。

しかし、義興が京都制圧に忙殺されている間に、領国の情勢も不安定化していた。出雲守護代の**尼子経久**が領土拡大に動き始めたほか、安芸銀山城主の武田元繁も大内氏から離反して独自に勢力を伸ばし始めたのだ。さらに、九州でも大友氏や少弐氏が大内領を狙っていた。こうした状況に対処するため、義興は中央で勢力基盤を築けないまま1518（永正15）年に帰国する。

ただし、義稙に**遣明船**派遣の管掌権限を認めさせていた義興は、以後、博多を拠点に**日明貿易**（**勘合貿易**）の独占権を得た。これに対し、堺を拠点に交易利権を掌握していた高国が反発。1523（大永3）年には、両氏の遣明船が明の寧波で武力衝突する**寧波の乱**を起こしている。

人物 尼子経久（1458～1541年）　出雲の戦国大名。父の跡を継いで出雲守護代となるが、守護の京極氏に反抗して支配権の拡大を図ったため、追放される。のちに居城の奪還に成功し、独立を果たした。1508年、大内義興とともに上洛するが、諸将よりも早く帰国し、義興不在の隙をついて勢力を拡大。帰国した義興と一進一退の攻防をくり広げた。謀略の才に優れ、山陰地方を中心に尼子氏の最盛期を築いた。

15 毛利元就の躍進

二大勢力の間で謀略を用いて台頭

大内氏・尼子氏の二強時代を迎えていた中国地方で、国人出身の毛利元就が存在感を高めていった。

●元就、家督を相続 1523年

幼少期の苦難を乗り越え初陣で名声を獲得

毛利元就は安芸の**国人**・毛利弘元の次男として1497(明応6)年に生まれた。10歳までに両親と死別し、当主の兄・興元は大内義興の入京(▼P31)に随伴していたため孤独な幼少期を過ごし、家臣の井上元盛に所領を奪われるという苦難も経験した。

1516(永正13)年に興元が急死して子の幸松丸が家督を継ぐと、元就はその後見人となる。翌年、安芸銀山城主の武田元繁が、毛利家と姻戚関係にある吉川家の有田城に攻め入ると、救援に駆けつけた元就は武田軍を撃退して元繁を打ち取った。初陣での見事な勝利で、30家以上ある安芸国人の一つにすぎなかった毛利家と元就の名声は高まった。なお、この**有田合戦**ののち、元就は大内方から、山陰で勢力を拡大しつつあった尼子方に鞍替えしている。

1523(大永3)年に幸松丸が夭逝すると、元就が家督を継いだ。この時、異母弟らによる反乱が起きたが、これを鎮圧。反乱の背後に**尼子経久**の謀略があったことから、元就は再度大内方につく。以後、近隣の国人と姻戚関係や同盟関係を結んで勢力強化を図った元就は、1540(天文9)年に吉田郡山城を包囲されるが、大内軍の支援もあって防衛に成功した。

その直後に経久が病死すると、**大内義隆**(義興の子)が尼子家の居城・**月山富田城**を攻撃する。この戦いに元就も従軍したが、尼子軍の堅固な守りに手を焼くうちに、吉川家など大内方の国人が尼子側に寝返って、大内軍は惨敗した。

謀略と粛清で盤石の体制を確立

自らも打撃を受けた元就は、以後、戦いによらない勢力拡大に努める。

吉川家、小早川家という近隣有力国人に、養子として次男元春、三男隆景を送り込むと、当主を隠居させたうえで反対派を排除して両家を乗っ取った。また、専横が目立つ老臣の井上一族を粛清するなど家中支配の引き締めを図り、大内・尼子の二大勢力に対抗しうる地力を獲得していったのである。

毛利元就の勢力拡大

キーワード 国人(こくじん)

地方に土着して小規模な領地をもつ武士のこと。もとは地頭(じとう)や荘官(しょうかん)などの荘園管理者や、土地の有力名主(みょうしゅ)など。戦国大名の配下の多くはこうした土地に結びついた国人たちであり、しばしば独自の思惑で動いて周辺の状況を左右した。なかには毛利氏や長宗我部(ちょうそかべ)氏のように下剋上で戦国大名化することや、国人どうしが「国人一揆」を形成して、一国を統治することもあった。

16 伊達稙宗と天文の乱
内乱で挫折した奥羽の雄の野望

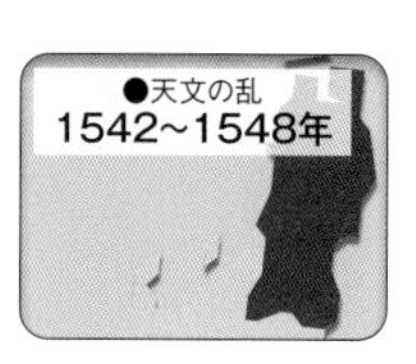

東北地方で台頭した伊達稙宗は領国の一円支配を推し進めるが、その強引さが反発をよび6年におよぶ内乱が勃発した。

16世紀前半の東北地方

奥羽中南部で絶大な影響力を誇った伊達氏だが、天文の乱以後、周辺諸氏の台頭を許した。

おもな勢力・武将

伊達家略系図

稙宗 — 婚姻政策を積極的に進めて勢力を拡大した。

晴宗 — 父の政策に反発し、伊達家臣団を味方につけて天文の乱を起こした。

輝宗

政宗 ▶P110

── 血縁関係

出羽　陸奥　越後　上野　下野　常陸

葛西氏：鎌倉時代に下総から陸奥に移って以来の名門。隣接する大崎氏と抗争するなかで衰退していった。

大崎氏：管領（かんれい）斯波（しば）氏庶流で、奥州探題として下向。戦国時代には衰退。

最上氏：大崎氏から分家した一族。一時は羽州探題として栄えたが、その後衰退。最上義光（よしあき）の時代に勢力を盛り返した。

伊達氏

米沢城：天文の乱ののち、家督を継いだ伊達晴宗が居城とした。

桑折西山城：天文の乱以前の伊達氏の居城。乱の主戦場となり、終結後、廃城になった。

蘆名氏：相模の豪族・三浦氏の庶流にあたる。盛氏の時代に勢力を拡大、最盛期を迎えた。

畠山氏：二本松氏ともいう。三管領家である畠山氏の一族で名門だが、16世紀にはすでに衰退していた。

相馬氏：千葉氏庶流。いわき地方を拠点とし、伊達氏や北関東の佐竹氏と戦って勢力を伸ばした。

上杉氏：山内上杉氏の流れをくむ、越後守護を世襲する一族。伊達稙宗の子・実元を養子に迎えようとしたことがきっかけとなり、天文の乱が発生。

二階堂氏：鎌倉・室町幕府で要職を担った二階堂氏の庶流。

伊達父子の確執が奥羽の大乱に発展

伊達家は、源頼朝の奥州合戦に従軍して伊達郡を賜った伊達朝宗を祖とする。

15世紀に入ると、伊達家は室町幕府との関係強化を図り、1483（文明15）年には大量の砂金や太刀、馬などを足利将軍家に贈っている。こうしたこともあって、14代当主の**伊達稙宗**は、1522（大永2）年に陸奥守護に任じられた。

稙宗は、徴税や知行体制、軍役といった家中支配の体系化を図ると同時に、171条にもおよぶ**分国法「塵芥集」**を定めるなど、伊達家の戦国大名化を強力に推し進めた。また、相馬、蘆名、大崎、二階堂など周辺諸氏と姻戚関係を結び、東北地方で絶大な影響力を確立する。

ところが、1542（天文11）年、嫡男の**伊達晴宗**が稙宗を幽閉する事件が起きる。晴宗は、稙宗が長女の婿の相馬顕胤を贔屓にしたことなどに不満があった。そして、稙宗が三男の実元を越後守護上杉氏の養子にする際、精鋭家臣100人を供につけることを決めると、伊達家の弱体化を恐れて実力行使に出たのである。

その後、稙宗が幽閉先から脱出すると、稙宗の強引な領国経営に不満をもっていた周辺諸氏を巻き込んで、東北勢力を二分する大乱へと発展した。この**天文の乱**（**洞の乱**）は1548（天文17）年に稙宗が隠居したことで終結したが、急拡大した伊達家の勢いは削がれ、代わって**蘆名氏**や相馬氏、大崎氏から分かれた最上氏などが、戦国大名として成長していった。

キーワード　分国法

戦国大名が領国支配のために制定した法令。おもに領民や寺社、家臣団を対象としており、戦国大名は分国法によって支配の安定化を図った。鎌倉幕府の「御成敗式目」や室町幕府の「建武式目」など、すでに存在していた武家による法令の影響もみられるが、自分の支配地や家臣団の実情にあわせた独自のものになっているのが特徴である。

16世紀前半の今川・北条・武田家

駿河の今川氏親、相模の北条氏綱、甲斐の武田信虎は、自国の安定化に努めたうえで周辺地域へと侵攻し、勢力を拡大した。

甲斐を統一
家臣団に甲府への集住を命じ、反対する国人らを制圧していくことで1532年までに甲斐を統一し、戦国大名化。信濃進出には失敗する。

武蔵・下総へ進出
父・早雲の跡を継ぎ、関東支配の正当性を主張するために「北条」を名乗る。山内・扇谷上杉氏の争いに介入して武蔵や下総へ進出した。

遠江を支配下に置く
叔父・北条早雲の助けで当主になると、分国法「今川仮名目録」を制定するなど今川氏の戦国大名化に尽力。遠江を支配し、三河進出も目指した。

諏訪氏　扇谷上杉氏　武田信虎　北条氏綱　今川氏親　松平氏
進出　進出　進出
信濃　武蔵　甲斐　甲府　相模　駿河　小田原　美濃　三河　遠江　駿府　伊豆　下総　上総　安房　江戸城
第1次国府台の戦い

北条家の勢力　今川家の勢力　武田家の勢力　おもな勢力・武将

17 今川・北条・武田の勢力拡大
東の名門3大名の基盤づくりが進行

戦国屈指の実力を誇った今川、北条、武田の3家は、16世紀に入って着実に勢力基盤を築いていった。

武田・今川・北条家略系図

武田家：信縄 — 信虎 — 信玄（▶P37）— 勝頼（▶P76）
今川家：義忠 — 氏親 — 義元（▶P35）— 氏真（▶P49）
北条家：早雲（▶P28）— 氏綱 — 氏康（▶P36）— 氏政（▶P79）— 氏直（▶P112）

— 血縁関係　＝ 婚姻関係　○ 女性名の略

西へ拡大する今川と関東を狙う北条

叔父である**北条早雲**（伊勢盛時）（▼P28）の助けで家督争いに勝利した**今川氏親**は、名門今川家の戦国大名化を進めた。1526（大永6）年に氏親が制定した「**今川仮名目録**」は、戦国時代を代表する**分国法**の一つとして高く評価されている。

氏親は所領拡大にも熱心だった。遠江、さらには三河への侵攻をくり返し、1517（永正14）年には尾張、遠江2カ国の守護である斯波義達を倒して遠江を支配下に置いた。しかし、三河侵攻は松平長親の抵抗で阻まれた。

一方、伊豆、相模を手に入れた早雲は、15世紀初頭まで今川家の家臣格として遠江、三河侵攻にも参加している。なお、「北条」を称したのは2代目**氏綱**からで、鎌倉幕府執権として権力を誇った北条氏の名を関東進出に利用したとされ、**後北条氏**とよんで区別する場合もある。

氏綱は、いまだに山内・扇谷上杉氏と古河公方らの角逐の場となっていた関東を狙い、1524（大永4）年には扇谷上杉氏から江戸城を奪取する。次いで1538（天文7）年には第1次国府台の戦いで下総西部に進出するなど、着実に領地を拡げていった。

内部統一を果たして武田氏が勢力を伸ばす

1507（永正4）年、駿河や相模に隣接する甲斐では、**武田信虎**が14歳で家督を継いだ。武田家は鎌倉時代から続く名門だが、一族間の抗争が絶えず、宗家は相対的に弱体化。そんななか、信虎は父の代から数十年にわたる主導権争いに勝利し、甲斐統一を果たす。その後、信濃進出を図るが、諏訪氏に敗れて失敗した。

この今川、北条、武田の3家は互いに姻戚関係を結んでおり、時に敵対し、時に同盟し合う戦国乱世ならではの複雑な関係を作り上げていく。そして、今川義元、北条氏康、武田信玄の代には、戦国時代を代表する大大名へと成長していった。

キーワード　第1次国府台の戦い
1538年、下総の国府台周辺で起きた合戦。この時期、古河公方足利政氏の子・足利義明（よしあき）が下総の小弓（おゆみ）城におり、「小弓公方」を名乗っていた。義明は里見氏らの支援を受けて領地の拡大を図ったため、北条氏綱との関係が悪化し、両者が激突した。戦いは義明の戦死で決着し、氏綱の勢力は下総にまで拡大することとなった。

18 今川義元の台頭

東海の名門今川家が西へと勢力を拡大

今川氏親の死後、家督争いに勝利して名門を継いだ義元が今川家の最盛期を築いた。

今川義元の勢力拡大

今川義元の最大勢力範囲(推定)
おもな勢力・武将

今川家の家督を継いだ義元は、東方で北条家と戦う一方で、西に勢力を伸ばし、三河を支配下に置いた。

尾張で頭角を現した織田信秀と、三河の支配権をめぐって激しく争った。

武田信虎の娘を正室に迎え、同盟を結んだ。

上野　甲斐　武蔵　信濃　相模　尾張　三河　遠江　駿河　駿府　伊豆

今川義元　武田信虎(たけだのぶとら)　織田信秀(おだのぶひで)　北条氏綱(ほうじょううじつな)　松平氏(まつだいらし)　今川義元(いまがわよしもと)

対立　同盟　対立　支配

河東の乱で争奪戦となった地域。

三河統一を進めた松平清康が暗殺され、統率が乱れた松平家に介入した。

出家していたが兄の死をきっかけに後継者争いに巻き込まれ、勝利して今川家当主になった。

北条家と対立する武田家と同盟したことから、北条氏綱に富士川以東を占拠され、河東の乱とよばれる戦いが始まった。

兄弟での争いに勝利し名門の後継者となる

駿河(するが)の今川(いまがわ)家は足利(あしかが)一族である吉良(きら)家の分家にあたる名門だ。その今川家を戦国大名化した**今川氏親(いまがわうじちか)**の死後、後を継いだのは長男の氏輝(うじてる)だったが、1536(天文5)年に氏輝が急死したため、家中では**花倉の乱(はなくらのらん)**(**花蔵の乱(はなくらのらん)**)とよばれる後継者争いが発生する。この内乱は、玄広恵探(げんこうえたん)と栴岳承芳(せんがくしょうほう)という出家していた氏親の子ども同士で争われた。そして、勝利した栴岳承芳が還俗して家督を継ぎ、**今川義元(いまがわよしもと)**と名乗ったのである。

以後、義元は花倉の乱でも活躍した僧侶**太原雪斎(たいげんせっさい)**の補佐を受けながら、父氏親の進めた国力強化と領土拡大に努める。

駿遠三を支配する「海道一の弓取り」に成長

1537(天文6)年には、氏親の代から争っていた**武田信虎(たけだのぶとら)**の娘を娶(めと)って同盟を結ぶ。しかし、これは従来の同盟相手であり、武田家と敵対していた北条(ほうじょう)家を裏切る形となり、**北条氏綱(ほうじょううじつな)**の侵攻(**河東(かとう)の乱**)を招く。以後、河東(富士川以東)を占領した北条軍との戦いは断続的に続き、河東支配の回復に8年の時を要した。

一方、西方では氏親が果たせなかった三河(みかわ)進出を進める。尾張(おわり)の**織田信秀(おだのぶひで)**に圧迫された松平広忠(まつだいらひろただ)の救援要請に応える形で織田軍を撃退すると、織田方に奪われていた広忠の子・竹千代(たけちよ)(徳川家康(とくがわいえやす))を奪還。松平家と三河を勢力下に置き、駿河、遠江(とおとうみ)、三河の支配者となった義元は「海道一(かいどういち)の弓取り」とよばれた。

内政面では氏親が定めた分国法(ぶんこくほう)「**今川仮名目録(いまがわかなもくろく)**」33条に21条を追加した。そのなかで、義元は幕府が特定の荘園への守護の介入を禁じた「守護不入(ふにゅう)」を否定しており、これは守護大名から戦国大名への転換を宣言するものだといわれている。

見直される今川義元の評価

桶狭間(おけはざま)の戦いでの敗戦や、輿に乗って出陣した逸話などから、今川義元には「軟弱な敗将」というイメージが付きまとう。これは、「神君家康公(しんくんいえやすこう)」を人質にしたことで、近世を通じて正当に評価されなかったためともいわれる。しかし、実際の義元は、第2回川中島(かわなかじま)の戦いで武田信玄(たけだしんげん)、上杉謙信(うえすぎけんしん)の間に割って入り矛(ほこ)を収めさせるなど、勇将といえる威勢を誇った。

事実、寄親(よりおや)・寄子(よりこ)制(▼P24)に基づく確かな家臣団統制や、数度の検地による領地の正確な把握、城下町建設や宿駅・伝馬制の整備、関所の廃止や産業振興、安倍(あべ)金山の開発といった諸政策には見るべきものが多く、近年では最も有能な戦国大名の一人として再評価する動きが増えている。

人物 太原雪斎(たいげんせっさい)
(1496～1555年)　臨済宗の僧、今川家の家臣。太原崇孚(すうふ)ともいう。駿河の善得寺、京都の建仁寺で修行し、今川氏親に請われて幼い義元の教育係を務めた。義元が今川家当主となると、その参謀となって活躍。織田信秀との戦いで数々の戦功をあげたほか、武田家、北条家との三国同盟(甲駿相三国同盟)を実現させるなど、軍事・外交面で重きをなし、「雪斎が生きていれば桶狭間での敗戦はなかった」といわれるほどであった。

19 北条氏康と河越夜戦

夜襲で大軍を撃破! 北条家の関東支配進む

挟撃の危機から一転 関東支配を進めた大戦

北条氏綱の関東侵攻で江戸城を奪われた**扇谷上杉朝興**は、河越城に移ったのちに病死。その跡を若年の朝定が継ぐと、氏綱は河越城をも奪取する。この状況に関東の旧勢力は危機感を覚えた。

1541(天文10)年、氏綱が病死して**氏康**が北条家を継ぐと、朝定は敵対関係にあった**関東管領・山内上杉憲政**と手を結ぶ。加えて**古河公方**の足利晴氏や大名・国人層を引き入れた旧勢力連合は、1545(天文14)年、7万とも8万ともいわれる大軍で河越城を包囲した。さらに、憲政は**河東の乱**(▼P35)で北条家と対立していた今川義元と内通して兵を挙げさせていたため、氏康は挟撃の危機に陥った。しかし、**武田信玄**の斡旋により義元との講和が成立。父氏綱の代に手に入れた河東(富士川以東の駿河)を失うことになったものの、河越城の救援に集中することができるようになる。

だが、北条軍は籠城兵と救援軍を合わせても1万程度であり、まともに戦っては勝ち目がない。そこで一計を案じた氏康は、翌1546(天文15)年に籠城兵の赦免を条件に降伏を申し出る。旧勢力連合がこれを信じずに攻撃すると、北条救援軍が抵抗せずに退却したため、降伏は本当だったと判断した。こうして油断した旧勢力連合に対し、氏康は籠城兵と連携して夜襲を仕掛けたのである。楽勝気分に浸っていた旧勢力連合は大混乱に陥り、戦死者は1万人にのぼったとされる。

関東の名門武家が新興の氏康に屈服

この**河越夜戦**で朝定が討ち死にした扇谷上杉氏は断絶。憲政は居城の上野平井城に逃れたものの、1552(天文21)年に追撃され、越後守護代**長尾景虎**(のちの**上杉謙信**)を頼って脱出した。これで古河に戻っていた晴氏も劣勢を悟り、氏康の甥にあたる義氏に古河公方の地位を明け渡して隠退する。

こうして、北条家は武蔵や上野、常陸の一部などにも支配領域を広げ、関東支配を盤石なものにしていったのである。

●河越夜戦 1546年

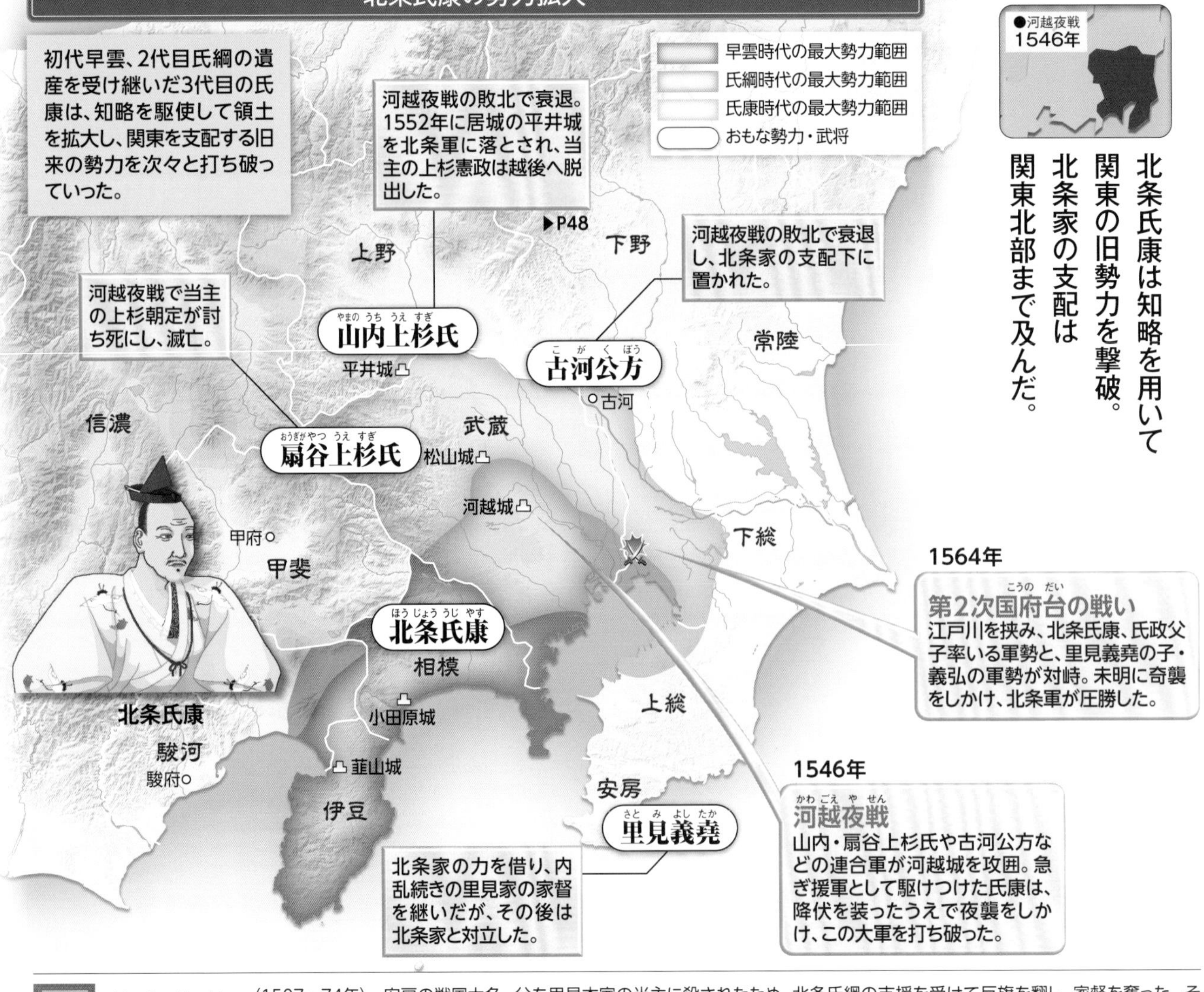

北条氏康は知略を用いて関東の旧勢力を撃破。北条家の支配は関東北部まで及んだ。

北条氏康の勢力拡大

早雲時代の最大勢力範囲
氏綱時代の最大勢力範囲
氏康時代の最大勢力範囲
おもな勢力・武将

初代早雲、2代目氏綱の遺産を受け継いだ3代目の氏康は、知略を駆使して領土を拡大し、関東を支配する旧来の勢力を次々と打ち破っていった。

河越夜戦の敗北で衰退。1552年に居城の平井城を北条軍に落とされ、当主の上杉憲政は越後へ脱出した。

▶P48

河越夜戦の敗北で衰退し、北条家の支配下に置かれた。

河越夜戦で当主の上杉朝定が討ち死にし、滅亡。

山内上杉氏
平井城
古河公方
古河
上野
下野
常陸
信濃
武蔵
扇谷上杉氏
松山城
河越城
甲府
甲斐
下総
北条氏康
相模
小田原城
韮山城
駿河
駿府
伊豆
上総
安房
里見義堯

1564年
第2次国府台の戦い
江戸川を挟み、北条氏康、氏政父子率いる軍勢と、里見義堯の子・義弘の軍勢が対峙。未明に奇襲をしかけ、北条軍が圧勝した。

1546年
河越夜戦
山内・扇谷上杉氏や古河公方などの連合軍が河越城を攻囲。急ぎ援軍として駆けつけた氏康は、降伏を装ったうえで夜襲をしかけ、この大軍を打ち破った。

北条家の力を借り、内乱続きの里見家の家督を継いだが、その後は北条家と対立した。

人物 里見義堯

(1507〜74年) 安房の戦国大名。父を里見本家の当主に殺されたため、北条氏綱の支援を受けて反旗を翻し、家督を奪った。その後は北条家と対立する道を選び、越後の上杉謙信や常陸の佐竹家と手を組んで、国府台の戦いなどにおいてたびたび氏康と戦った。打倒北条家はついにかなわなかったが、里見家の最盛期をつくった。

20 武田信玄の信濃攻略戦

父を追放した信玄が隣国信濃に進出

甲斐の武田信玄は、父を国外に追放して武田家の実権を握ると、信濃攻略に着手した。

武田信玄の居館だった甲府の躑躅ヶ崎（つつじがさき）館を再現した「風林火山館」。

父の方針を転換し苦戦の末に信濃を制圧

甲斐の戦国大名**武田信虎**の嫡男は**晴信**といい、のちに出家して**信玄**と名乗った。

信玄の最初の事績は父の追放だった。1541（天文10）年、信虎が娘婿である**今川義元**のもとへ出かけた際、甲府でクーデターを起こした信玄は信虎を追放して武田家の家督を奪ったのである。

この追放劇の動機には諸説ある。信虎の専断政治による家臣団の離反や無理な遠征による国内疲弊に対して信玄が危機感をもったため、あるいは次男の信繁を偏愛する信虎が信玄廃嫡の動きをみせたためともいわれるが、定かではない。

父が統一した甲斐一国をそのまま受け継いだ信玄は、領土拡大に動いた。信濃進出に失敗した信虎は、その後諏訪氏や村上氏といった信濃の国人と同盟関係を結んでいたが、信玄はこの方針を転換。1542（天文11）年に**諏訪頼重**を攻め滅ぼして諏訪地方を手に入れると、しだいに侵略範囲を広げ、北信濃の**村上義清**とも対峙した。この間、信虎時代に対立していた北条家とは和睦を結んでいる。

義清との戦いは熾烈を極め、1548（天文17）年の**上田原の戦い**、1550（天文19）年からの砥石城での戦い（**砥石崩れ**）では大敗を喫する。しかし、翌年に武田家中の真田幸隆が調略を用いて砥石城を奪うと、情勢は信玄有利に傾き、1553（天文22）年、義清が越後の**長尾景虎**（のちの**上杉謙信**）のもとへ敗走したことで、信玄は信濃をほぼ制圧したのである。

キーワード　信玄堤

武田信玄が築いたといわれる釜無（かまなし）川沿岸の堤防。御勅使（みだい）川が釜無川に合流する地点では、古来しばしば洪水が発生し、大きな被害を出していた。領国の安定化を図る信玄は1542年に治水工事に着工、約20年の歳月をかけて完成させた。川の流れに逆らわず水勢を弱める手法を用いており、今日でも高く評価されている。

21 【人物列伝】武田二十四将

武田信玄を支えた有能な武将たち

武田信玄に仕えた武将たちは
江戸時代になって
絵画や浮世絵の題材となり、
「武田二十四将」として讃えられた。

武田二十四将図（武田神社所蔵）

武田神社所蔵の「武田二十四将図」に描かれた、武田信玄に仕えた武将たちを紹介する。

穴山信君（梅雪）
信玄の従兄弟にあたる一門の重鎮。徳川家に内通し、武田家滅亡の一因となった。

山県昌景
「赤備え」の軍装で知られる、武田家随一の名将。外交や内政にも優れていた。

武田信玄
武田家当主。軍事や政治に傑出した才能をもつ希代の英雄として知られる。

三枝昌貞
信玄の側近から出世した武将の一人。三方ヶ原の戦いで抜群の活躍をみせた。

武田信廉（逍遥軒）
信玄の弟で、影武者を務めたともいわれる。絵画に優れた才能を発揮した。

高坂昌信
第4次川中島の戦いで活躍し、以後北方の抑え役を長年にわたって務めた。

馬場信春
長篠の戦いで死ぬまで一度も傷を負わず、「不死身の鬼美濃」と称された。

真田昌幸
真田幸隆の三男。養子に出され武藤喜兵衛と名乗るが、兄の死で真田家を相続。

武田勝頼
信玄の四男で、優秀な武将として数々の戦いで活躍。父の死後に跡を継いだ。

真田昌輝
真田幸隆の次男。兄・信綱を補佐して活躍するが、長篠の戦いで討ち死に。

曽根昌世
信玄の側近として重用され、真田昌幸とともに「我が目」と評された。

小山田信茂
信玄の従兄弟で、武田一門の重鎮。数々の戦功をあげ、文才にも優れていた。

内藤昌豊
武田軍の副将格とされた器量のもち主。上野侵攻に大きな功績をあげた。

真田信綱
真田幸隆の長男。真田家の家督を継ぐが、長篠の戦いで討ち死にを遂げた。

土屋昌続
側近から侍大将に出世した信玄子飼いの武将の一人で、政治面でも活躍した。

秋山虎繁
1565年に武田と織田が同盟した際、積極的に賛成して実現に尽力したとされる。

甘利虎泰
信虎追放にも参加した宿老の一人。上田原の戦いで信玄を守って戦死。

多田満頼
妖怪退治の伝説をもつ猛将。信虎時代から活躍し、夜襲を得意とした。

小幡信貞
上野の国人出身で、虎盛らとは別の一族。武田家滅亡後は織田家、北条家に仕えた。

山本勘助
第4次川中島の戦いにおいて「啄木鳥（きつつき）戦法」を提案したとされる。

小幡虎盛
信虎時代からの武将。「よく身のほどを知れ」と9文字の遺言をしたことで有名。

原虎胤
信虎時代に登用される。城攻めを得意とし、「鬼美濃」の異名で恐れられた。

横田高松
敵の動きを読み、先手必勝を得意とした。「砥石崩れ」で殿軍を務め、討ち死に。

原昌胤
合戦前にあらかじめ戦場の事前調査を行う陣馬奉行として、信玄に信頼された。

江戸時代に流行した武田家の家臣団絵図

武田二十四将とは、**武田信玄**とその家臣団のことで、江戸時代には「武田二十四将図」として絵画などに描かれた。多くの場合、信玄が中心や一番上に描かれ、信玄以外の23人の武将が配置される。

作品によっては顔ぶれが異なっており、上図以外に真田昌幸らの父である真田幸隆や、信玄の弟の武田信繁、異母弟の一条信龍、山県昌景の実兄で信虎時代からの老臣である飯富虎昌、板垣退助の遠い先祖の板垣信方などを含める場合もある。

こうした絵図が描かれた背景には、江戸時代に武田家の軍略を記した『甲陽軍鑑』や、信玄の戦術を体系化した「甲州流軍学」が流行したことが挙げられる。

武田家のほかにも、上杉家や毛利家、伊達家の家臣団などが同様の絵図の題材にされている。

徳川家康の「武田趣味」

徳川家康は、武田信玄によって三方ケ原の戦いで手痛い敗北を喫したが、武将・政治家としての信玄を深く尊敬した。

武田家滅亡後は織田信長の命令を無視して武田旧臣の多くを迎え入れており、家康の家臣井伊直政の赤備え（赤い武装で揃えた部隊）は信玄の家臣山県昌景にならったものである。また、五男に「武田信吉」と名乗らせたのも、こうした「武田趣味」の一環と考えられている。

武田義信
（1538～67年）　武田信玄の長男。父のもとで武功をあげるが、今川義元の娘を正室としていたこともあり、義元の死後、今川家の領土への侵攻を画策する信玄と意見が食い違うようになる。その後、信玄に対して謀反を企てたという理由で廃嫡され、のち自害させられたといわれるが、真相は定かではない。

22 斎藤道三父子の美濃盗り

国盗り伝説に隠された本当の出世物語

油売りから戦国大名になったとされる斎藤道三だが、実際には親子2代による事績だったとされている。

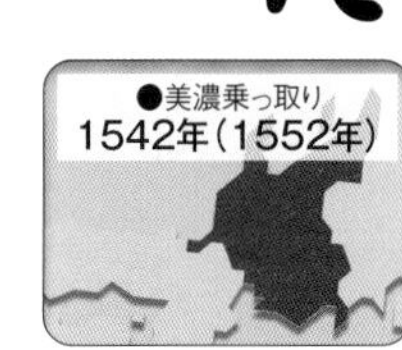

親子2代で達成した国盗り伝説

「美濃の蝮」などとよばれた**斎藤道三**は、1代で戦国大名に成り上がった**下剋上**の代名詞とされてきた。しかし、近年ではこの「国盗り伝説」が覆されつつある。

山城の地侍の子として生まれた道三は、幼くして京都妙覚寺の僧になるが、やがて還俗し、油問屋の娘をめとって商人に。行商で美濃へ行くうちに、美濃守護土岐氏の重臣長井長弘の目に留まった道三は、長井家に仕えて武士になる。このとき、長弘の弟で、妙覚寺時代の同僚だった日護房(日運)の推挙があったという。

その後、美濃守護土岐政頼(頼武)との家督争いに敗れた弟の頼芸に近づいた道三は、頼芸にクーデターを起こさせて政頼を追放。次いで長弘を謀殺して長井家を乗っ取り、さらには長井家の本家筋にあたる美濃守護代斎藤氏の名跡を受け継いで実権を掌握する。そして、1542(天文11)年には頼芸をも追放し、美濃一国を支配する戦国大名になった。これがよく知られる斎藤道三の国盗り伝説だ。

しかし、昭和に発見された「六角承禎条書写」には、僧から武士になり、長井家に仕えたのは道三本人ではなく、その父である「長井新左衛門尉」と記されていたのだ。1560(永禄3)年という近い年代に編纂された同文書の信憑性は高く、現在では新左衛門尉が築いた地盤をもとに、その子「長井規秀」が下克上を達成し、「斎藤利政(のちに出家して道三)」と名乗った——というのが定説になってきた。

斎藤道三の下剋上における2つの説

一介の油売りから1代で戦国大名に成り上がったとされる斎藤道三だが、その事績は親子2代で成し遂げたものだと考えられている。

従来の説による斎藤道三略年表

斎藤道三は、油売りの商人から美濃の大名へ1代で成り上がったと考えられていた。

親子2代説

近年の研究では、下記の事実が明らかにされつつある。

年	事績	親子2代説
1494年	山城の地侍・松波基宗の子として誕生	長井新左衛門尉(道三の父)
1504年	京都の日蓮宗寺院・妙覚寺の僧となり、法蓮房と称す。弟弟子に長井長弘の弟の日護房がいた	長井新左衛門尉(道三の父)
不明	還俗し、松波庄五郎と称す	長井新左衛門尉(道三の父)
不明	油問屋に婿入り。山崎屋庄五郎と名乗り、たびたび行商で美濃を訪れる	長井新左衛門尉(道三の父)
不明	美濃の常在寺住職となっていた日護房(日運)の推挙で、美濃守護土岐氏の重臣長井長弘に仕える。西村勘九郎正利と名乗る	長井新左衛門尉(道三の父)
1527年	美濃守護土岐政頼(頼武)の弟・土岐頼芸にクーデターを起こさせ、頼芸を土岐守護に据える	長井新左衛門尉(道三の父)
1530年	かつての主君・長井長弘を政務怠慢、不行跡の名目で殺害。長井家の名跡を奪って長井新九郎規秀と名乗る	斎藤道三
1538年	守護代斎藤氏の名跡を継ぎ、斎藤新九郎利政と名乗る(のちに剃髪して道三と号す)	斎藤道三
1541年	頼芸の弟・土岐頼満を毒殺したとされる	斎藤道三
1542年	頼芸を尾張に追放して美濃一国の支配を完成させる	斎藤道三
1549年	娘の帰蝶(濃姫)を尾張の織田信長に嫁がせ、織田家と和睦	斎藤道三

これらの事績は、道三の父・長井新左衛門尉(しんざえもんのじょう)のものと考えられている。道三は父の築いた勢力基盤をもとに「国盗り」を完成させた。

斎藤道三

長弘殺害は1533年説もある。また、殺害理由としては、長弘が越前に逃れていた前守護の政頼と内通したことによる上意討ちだったともいわれている。

このときは頼芸の子の土岐頼次を尾張に追放し、頼芸の追放は1552年だったとする説もある。

頼芸(あるいは頼次)は、織田信秀の後ろ盾を得てたびたび美濃に侵攻していた。この和睦で道三の美濃支配は安定した。

下剋上 下の地位にある者が上の地位のものをしのぐ現象で、南北朝期以降、さかんに起きるようになった。特に応仁・文明の乱以降は、越前守護の斯波氏が家臣の朝倉氏に領国を奪われた事例(▶P18)をはじめとして、守護が守護代や国人、一揆勢などに取って代わられる現象が全国各地でみられた。豊臣秀吉が行った刀狩により兵農分離が進んだ結果、下剋上は後を絶つことになった。

23 三好長慶の京都制圧

管領細川家を倒し三好政権を樹立

混乱が続く京都周辺で、細川家の家臣だった三好長慶が主家を圧倒する力をつけ、京都の制圧に成功した。

足利将軍家、細川家、三好家が絡んだ京都の動乱

大内義興の帰国（▼P31）後、京都の実権は管領の細川高国が握った。しかし、高国による傀儡化を嫌った10代将軍**足利義稙**が京都を離れたため、高国は前将軍足利義澄の子**義晴**を12代将軍とした。

一方、高国らに追放されて阿波にいた細川澄元の子細川晴元は、細川家重臣の三好元長らとともに1527（大永7）年に堺に上陸。義稙の養子で義晴の実弟（実兄とも）でもある足利義維を堺公方として擁立し、勢力を示した。さらに、元長は1531（享禄4）年に高国を敗死させるが、翌年、元長排除を狙う三好政長の讒言を容れた晴元は、政長や一向一揆勢に元長を包囲させ、自刃に追い込んだ（▼P30）。さらに、堺公方義維を阿波に追った晴元は、義晴、**義輝**（13代将軍）父子と結んだ。

1536（天文5）年、京都を支配していた法華一揆を、比叡山延暦寺などの力を借りて排除した晴元はようやく京都に入り、管領として幕政を掌握する。ところが、1542（天文11）年には高国の養子細川氏綱が挙兵してしだいに勢力を増すなど、政権は安定しなかった。

父の仇を討ち三好政権を樹立

そんななかで頭角を現したのが、元長の子**三好長慶**だ。父の死後、若年で家督を継いだ長慶は、木沢長政の仲介で晴元に仕え、氏綱との戦いで戦功をあげる。しかし、1548（天文17）年に氏綱方へ寝返ると、翌年、**江口の戦い**で仇である政長を討ち、晴元を京都から追放した。晴元はその後も近江や若狭を流浪しながら抵抗を続けたが、晩年には長慶によって摂津に幽閉され、失意のうちに没する。

こうして復讐を果たした長慶が幕政を掌握し、明応の政変（▼P20）以後続いた細川政権に代わって三好政権が成立。和睦と敵対をくり返した13代将軍義輝とも1558（永禄1）年には最終的に講和する。このころには**三好義賢**や**安宅冬康**、**十河一存**といった実弟に支えられ、長慶は近畿から四国にかけて広大な地域を支配下に置いたのだった。

三好長慶の勢力範囲と配下武将

三好長慶は摂津を拠点に、近畿、四国にまたがる広大な領国を形成した。

おもな勢力・武将
三好長慶の最大勢力範囲（推定）

京都略年表

1527年	細川高国政権が崩壊し、細川晴元が取って代わる
1532年	晴元の重臣三好元長が三好政長らによって謀殺される
	元長の子・長慶、晴元政権で頭角を現す
1548年	長慶、晴元と対立
1549年	江口の戦いで長慶が晴元に勝利
	晴元政権が崩壊し、長慶が京都を制圧

若狭
丹波
播磨
三好長慶
三好長慶の居城。摂津支配の拠点となった。
山城 ○京都
摂津
芥川城
安宅冬康
河内
和泉
淡路
讃岐
十河一存
三好長逸
大和
三好義賢
阿波
松永久秀

三好一族で、三好政康、岩成友通とともに「三好三人衆」とよばれた。▶P61

三好家の家宰。もとは商人ともいわれるが不明。▶P61

長慶の弟。四国の統治を任されたほど優秀だった。

長慶の弟。武勇に優れ、「鬼十河」の異名で知られた。

長慶の弟。淡路の水軍・安宅家の養子になった。

人物 **足利義輝**（1536〜65年）　1546年に第13代将軍に就任するが、三好長慶と対立して幾度も京都を追われた。1558年に京都に戻ったのちも長慶による傀儡を良しとせず、織田信長や上杉謙信と謁見するなど諸大名と積極的に交流。謙信と武田信玄、毛利元就と大友宗麟に講和を勧めるなどして将軍権威の回復に努めた。しかし、こうした姿勢は長慶没後に実権を握った松永久秀らに警戒され、暗殺された。

24 都市の発達 全国各地で発展した戦国時代の都市

政治・経済の中心だった京都の荒廃が進む一方、地方分権のもとでさまざまな都市が発展した。

室町～戦国時代に発展した都市

応仁・文明の乱以降、京都が荒廃する一方で、戦国大名による地方分権の進展で、各地に都市が形成された。

鎌倉時代の豪族安藤（安東）氏が支配した港町で、堺や博多とともに「三津七湊」の一つに数えられている。

学者・歌人であり能楽などにも造詣が深く、「日本無双の才人」といわれた一条兼良が滞在。美濃下向を紀行文「藤河の記」として記している。

大内家の大名は公家や文化人との親交が深く、連歌師の宗祇や水墨画の雪舟といった文化人が身を寄せた。

十三湊 陸奥 春日山（上杉家） 越後 （斎藤家→織田家）稲葉山［岐阜］ 井波（瑞泉寺） 越中 （金沢御坊）金沢 加賀 （吉崎御坊）吉崎 長野（善光寺） 信濃 （朝倉家）一乗谷 越前 甲斐府中（武田家） 武蔵 品河 若狭 小浜 敦賀 杵築（出雲大社） 出雲 美濃 神奈河 相模 小田原（北条家） 駿河 駿河府中（今川家） 桑名 京 伊勢 大湊 宮島（厳島神社） 安芸 備後 尾道 山口（大内家） 筑前 博多 宇治山田（伊勢神宮） 豊後 豊後府中（大友家） 薩摩 鹿児島（島津家） 坊津

○ おもな城下町
○ おもな門前町
○ おもな寺内町
○ おもな港町

織田信長との石山合戦で一向宗側の本拠地となった。

大坂（石山）本願寺推定復元模型
（真宗大谷派難波別院蔵）

小谷（浅井家） 安土 近江（織田家） （比叡山、日吉社）坂本 京 山科（山科本願寺） 淀 （教行寺）富田 摂津 山城 兵庫津 石山（石山本願寺） 奈良（興福、東大寺、春日社など） 大和 天王寺（四天王寺） 堺 河内 和泉 久宝寺（顕証寺） 貝塚（願泉寺） 富田林（富田林御坊）

永禄初年ごろ（1558～60年）に興正寺門跡だった証秀が興正寺別院（富田林御坊）を創建。同院を中心として寺内町が形成された。

写真：富田林市観光協会

戦国大名が築いた城下町 寺社中心の門前町、寺内町

戦国時代は地方都市の発展が著しい時代だった。各地の戦国大名は領国経営の拠点として城下町を建設し、家臣団を集住させた。彼らの消費生活を支える各種物資の需要が高まったことで商工業者も集まり、**城下町**は地方の政治・経済の中心地となる。さらに、**応仁・文明の乱**以後、荒廃した京都からは公家などの文化人が大名や有力武士を頼って地方に下り、和歌や有識故実などを伝えた。これにより、〝西の京都〟とよばれた山口などのように、城下町は文化の地方波及の拠点ともなったのである。

また、強大な経済力を誇った寺社の門前や鳥居前にも商工業者が集まり、**門前町**（鳥居前町）を形成した。特に、神仏の前では不正な売買は行われないという信仰があったこと、さらには荘園支配の維持が困難になった寺社が市場掌握による営業税などに新たな経済基盤を求めたことで、商取引の中心地としての発展が促された。興福寺や東大寺、春日社を擁する奈良や伊勢の宇治山田、善光寺の長野、比叡山の裾野に位置する坂本などは典型的な門前町だ。

一方、浄土真宗や一部の日蓮宗では、寺院を中心に門徒の商工業者が集住して都市が形成された。これらは周囲を濠や土塁で囲み、内部は寺院を中心に整然と区画された計画都市であり、門前町と区別して**寺内町**とよばれる。**蓮如**が移住した**吉崎御坊**（▶P30）がその先例とされ、山科本願寺や石山本願寺、加賀の金沢など自治都市としての性格をもつ町も多い。

このほか、遠隔地商業の発展で港町も繁栄。堺や博多、尾道、兵庫、小浜、敦賀、桑名、神奈河、十三湊などが発展した。

キーワード 一乗谷

福井市の南東郊外に位置する狭長な谷。朝倉孝景が1471年に拠点を築き、1573年に織田信長に滅ぼされるまで城下町として栄えた。長さ約2kmの谷の入り口と出口に下城戸、上城戸という城門を設置し、中央に幹線道路を配置。これに支道を直行させて町を区画し、朝倉家当主の居館や武家屋敷、町家、寺社が配置されていた。1971年には「一乗谷朝倉氏遺跡」として国の特別史跡に指定された。

25 自治都市・堺

貿易の拠点として栄えた港町・堺

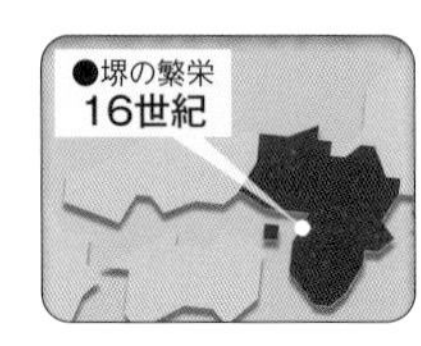

貿易で栄えた堺は町人による自治が行われ、「東洋のベニス」と評されるほど発展した。

自治的運営が多かった各地の港町

室町～戦国時代に形成された都市のうち、**城下町**は戦国大名が支配していた。**門前町**も寺社支配を前提とした都市であり、**寺内町**の一部には門徒集団が主導した都市もあるが、大半は寺院や有力土豪が支配した。その点で、最も自治都市としての性格が強かったのが港町である。

例えば、**博多**や桑名、大湊などでは、年行司や年寄などとよばれる合議機関が設けられ、富裕な商工業者により市政が運営された。なかでも**堺**は、16世紀なかばに訪れた外国人宣教師に「ベニスのように執政官による自治が行われている」と評され、「東洋のベニス」とよばれた。

海外貿易の富が生んだ自治都市とその終焉

瀬戸内海と畿内を結ぶ場所にあり、摂津・和泉の国境にも位置する堺は、経済的・軍事的に重要な地だ。そのため、南北朝期には両朝が争奪し、以後も**山名氏**、**大内氏**、**細川氏**、**三好氏**らが支配を争った。目まぐるしく支配者が代わるなか、15世紀に入ると納屋衆とよばれる豪商が領主への年貢納入を請け負うようになる。これを機に自治を拡大した堺は、やがて36人の**会合衆**によって運営されるようになり、町の周囲に環濠をめぐらせ、浪人を雇って自衛するまでになった。こうした自治を支えたのが、堺商人の経済力だ。

15世紀後半以後、**応仁・文明の乱**で焼かれた兵庫に代わって、堺は**日明貿易**（勘合貿易）の拠点となった。また、日明貿易のライバルである博多を擁した大内氏が瀬戸内海を支配すると、堺商人は土佐沖を通過する南海航路を開発。これにより琉球や東南アジア、西洋人との南蛮貿易をも独占するようになる。16世紀に入り、たびたび戦火に見舞われて衰退した博多に代わり、日明貿易も堺が独占。ただし、戦国乱世にあっては自衛力にも限界があり、三好氏などの有力者と結びついて命脈を保つしたたかさもあった。

こうした堺の自治の伝統を打ち破ったのが**織田信長**だ。畿内に進出した信長が**矢銭**（軍資金）を要求した際、当初、会合衆はこれを拒否した。しかし、頼みにしていた三好三人衆が信長に敗れると、今井宗久や津田宗及ら講和派の働きもあり、堺は信長の直轄地となったのである。

堺の町と日明貿易

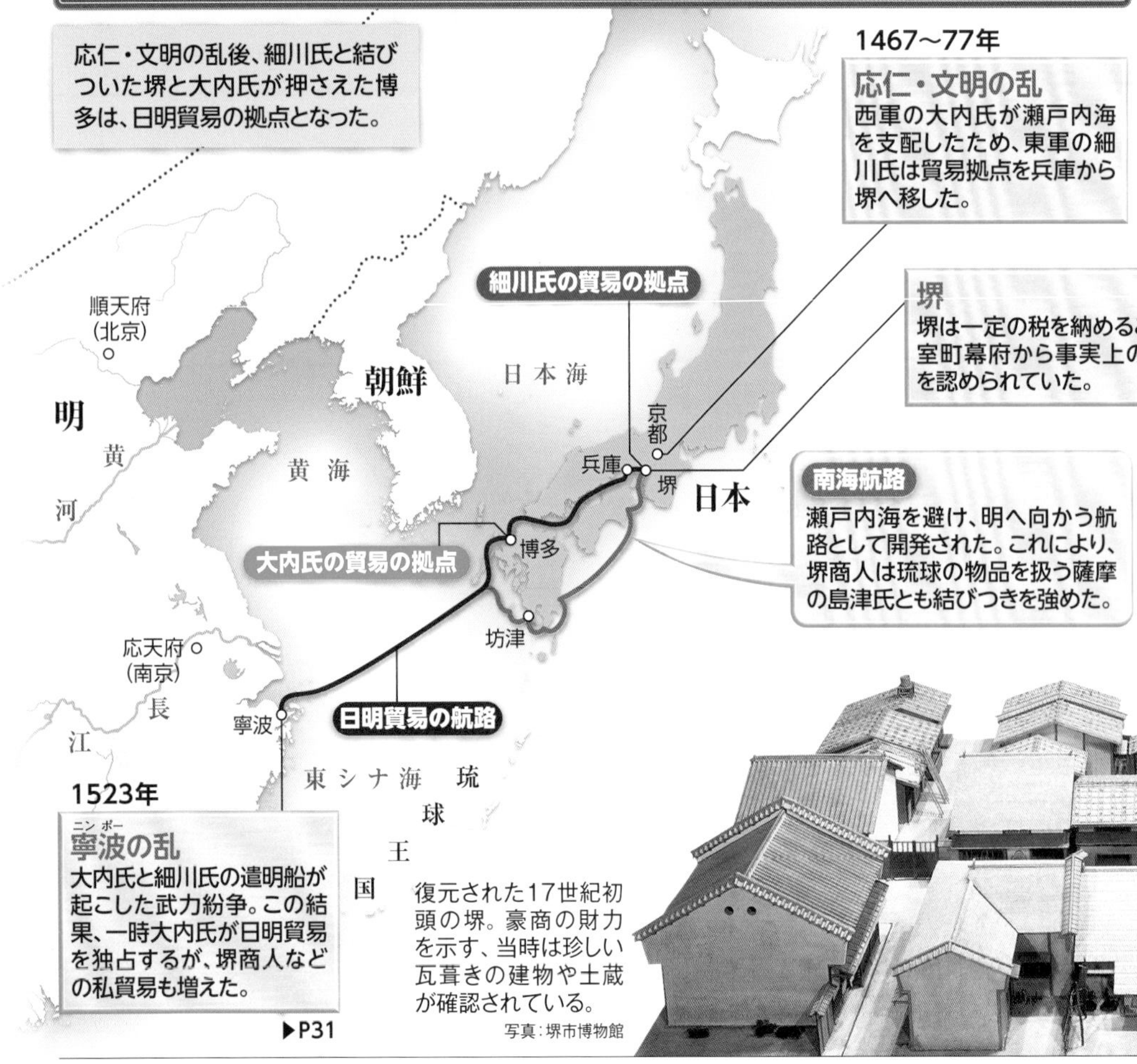

応仁・文明の乱後、細川氏と結びついた堺と大内氏が押さえた博多は、日明貿易の拠点となった。

1467～77年
応仁・文明の乱
西軍の大内氏が瀬戸内海を支配したため、東軍の細川氏は貿易拠点を兵庫から堺へ移した。

細川氏の貿易の拠点

堺
堺は一定の税を納めることで室町幕府から事実上の自治を認められていた。

南海航路
瀬戸内海を避け、明へ向かう航路として開発された。これにより、堺商人は琉球の物品を扱う薩摩の島津氏とも結びつきを強めた。

大内氏の貿易の拠点

日明貿易の航路

順天府（北京）
朝鮮
日本海
明
黄河
黄海
京都
兵庫
堺
日本
博多
坊津
応天府（南京）
長江
寧波
東シナ海
琉球王国

1523年
寧波の乱
大内氏と細川氏の遣明船が起こした武力紛争。この結果、一時大内氏が日明貿易を独占するが、堺商人などの私貿易も増えた。
▶P31

復元された17世紀初頭の堺。豪商の財力を示す、当時は珍しい瓦葺きの建物や土蔵が確認されている。
写真：堺市博物館

今井宗久（いまいそうきゅう）

（1520～93年）　堺の商人、茶人。早い時期から織田信長に接触し、堺の会合衆が信長の矢銭要求に抵抗しようとした際には、講和派の中心として活躍。以後、信長に重用され、姉川の戦いでは、織田軍のために火薬を調達した。信長死後は豊臣秀吉に接近するが、秀吉は千利休ら新興の茶人や商人を重用したため、以前ほどの地位は得られなかった。

26 鉄砲の伝来
天下統一を早めた欧州伝来の新兵器

海外から伝わった鉄砲という新兵器は、急速に国産化が進み合戦の主力兵器となった。

鉄砲の伝来と普及

海外から伝来した鉄砲を各地の技術者が複製し、国産品の製造を開始。商人の手によって急速に普及していった。
鉄砲は当時東シナ海を荒らし回っていた倭寇（わこう）が、朝鮮・中国・東南アジアから九州にもち込んだとする説も存在する。
堺と並んで多数の鉄砲を生産した、鉄砲鍛冶の村。将軍足利義晴に命じられ、見本をもとに鉄砲を製作したことを起源とする。
織田信長が大量の鉄砲を用いた戦術を採用し、武田勝頼を破った。
▶P76
国友
山城
近江
京都
三河
長篠の戦い
堺
和泉
根来
雑賀
紀伊
種子島家から島津家を通じて将軍足利義晴に鉄砲が献上された。
雑賀（さいか）の国人らで構成される雑賀衆は、日本有数の鉄砲集団として活躍した。
▶P72
日本最大級の鉄砲の生産地。火薬の原料になる硝石（しょうせき）の多くも中国からここへ輸入された。

中国船で漂着したポルトガル商人によって鉄砲が伝来。領主・種子島時堯（ときたか）が製造・使用技術を解析した。

津田算長（かずなが）によって種子島から鉄砲がもたらされ、その複製に成功。

大隅
種子島
● おもな鉄砲の生産地

鉄砲（火縄銃）の構造（写真はポルトガル人が伝えたとされる銃）

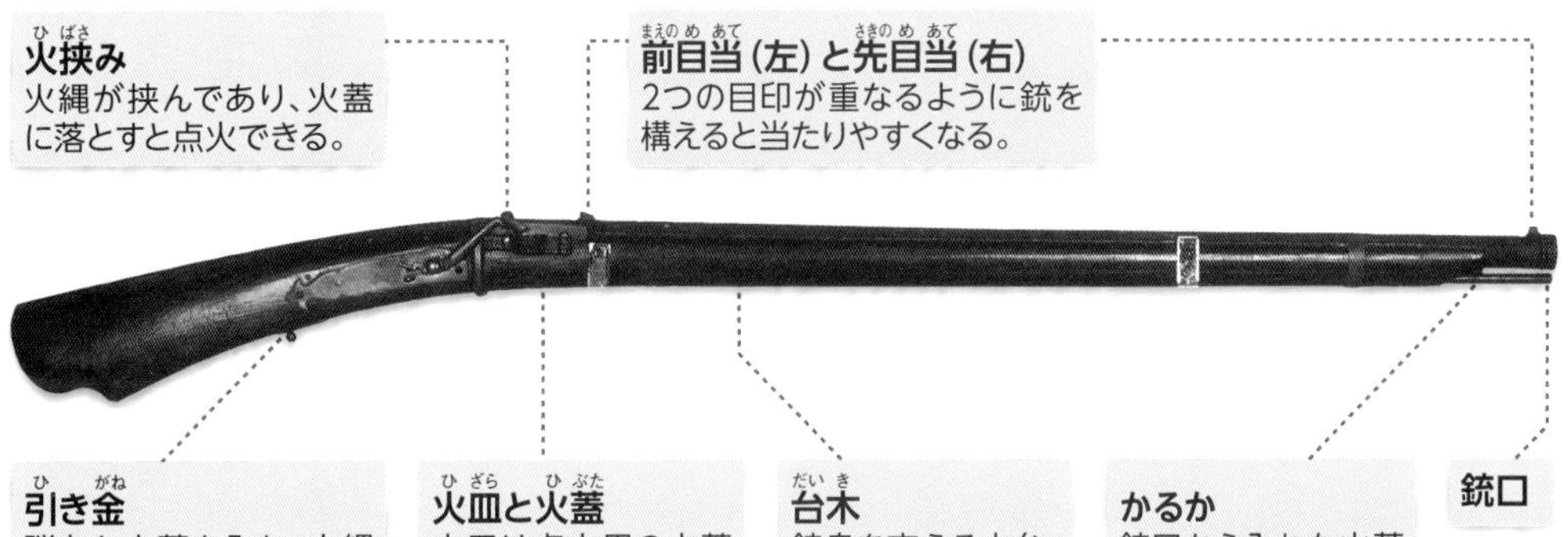

火挟み
火縄が挟んであり、火蓋に落とすと点火できる。
前目当（左）と先目当（右）
2つの目印が重なるように銃を構えると当たりやすくなる。
引き金
弾丸と火薬を入れ、火縄を落とし、これを引くと弾丸が発射される。
火皿と火蓋
火皿は点火用の火薬が入った皿。火蓋は暴発防止の蓋。
台木
銃身を支える土台。おもに樫の木が使われたとされる。
かるか
銃口から入れた火薬と弾丸を突き固めるための棒。
銃口

ポルトガル人がもち込んだ新兵器・鉄砲の威力

種子島の領主種子島家が編纂した『鉄炮記』によると、日本に初めて**鉄砲**がもち込まれたのは1543（天文12）年とされる。種子島に漂着した中国船に鉄砲を携えた**ポルトガル人**が乗っており、領主の種子島時堯が彼らから2丁の鉄砲を購入したのだ。ただし、伝来時期は諸説あり、ヨーロッパ側の資料では1542（天文11）年とされる。また、当時は明が海禁政策（交易規制）をとっていたため、東シナ海では**倭寇**（後期倭寇）とよばれる海賊が密貿易を行っていた。彼らにより種子島への伝来以前から九州に鉄砲がもち込まれていた可能性も指摘されている。

鉄砲を手に入れた時堯は、使用法や火薬の製法を教わり、島の鋳物師（刀鍛冶とも）の八板金兵衛に命じて鉄砲を複製させた。火をつけた縄で火薬に点火するため「火縄銃」、または伝来地にちなんで「種子島」とよばれた鉄砲の製造法は、その後、**堺**や**根来**、近江の**国友**に伝わり、この3カ所が国内の3大鉄砲生産地となる。

鉄砲は西国の戦国大名を中心に広まり、従来の戦法を変えた。なかでも、いち早く鉄砲戦を体系化したのは**織田信長**である。1575（天正3）年の**長篠の戦い**（▶P76）では、織田・徳川連合軍が戦国最強といわれた武田軍を破り、鉄砲の重要性を示した。以後、戦闘の主流は騎馬中心から鉄砲足軽を主力とした戦法に変わり、信長、**豊臣秀吉**、**徳川家康**による天下統一の歩みを早めたとも評されている。

国友村
現在の滋賀県長浜市南西部に位置する姉川流域の村。1544（天文13）年、外国製の鉄砲を献上された12代将軍足利義晴は、多数の鍛冶職人がいた国友村に複製を命じた。これをきっかけに国友村は鉄砲の一大産地となり、豊臣秀吉の領地ともなっている。江戸時代に入っても幕府の保護を受けて鉄砲生産の村として発展した。

戦国日本を訪れた西欧海洋帝国

大航海時代の先駆となったポルトガルとスペインが、東アジアの貿易網に大きな影響を与えた。

倭寇の密貿易を加速させた石見銀山の開発

日本の戦国時代にあたる時期、西ヨーロッパは**大航海時代**を迎えていた。先駆となったのはポルトガルとスペインだ。1498年、**ヴァスコ・ダ・ガマ**がインドに到着すると、ポルトガルは1510年にインドの**ゴア**を、翌年にはマラッカを占領。さらに**明**との交易を求めて北上した。当時の明は**勘合貿易**しか認めていなかったが、明国内の産業発展に促されて**倭寇**（後期倭寇）による密貿易がさかんになりつつあった。明政府から貿易の公認を得られなかったポルトガル人も、倭寇に合流する形で密貿易を始めている。

この密貿易を加速させたのが日本だった。1553（天文2）年、博多の商人**神谷寿禎**が**灰吹法**という大陸由来の新しい精錬法を用いて**石見銀山**を開発したのだ。銀の産出量が急増した日本の購買力は急拡大し、中国産の**生糸**や**弾丸**、**硝石**などの需要で密貿易は最盛期を迎える。対する明政府が倭寇掃討に乗り出すと、ポルトガルはこれに協力し、見返りとして1557年に**マカオ**の居留権を獲得。同地を拠点にした**中継貿易**で巨利を得た。

15～17世紀初頭の西ヨーロッパ

1492年	イベリア半島からイスラーム勢力を駆逐し、レコンキスタ*が完成
1517年	ドイツのルターが95ヵ条の論題を発表。宗教改革が始まる
1521年	スペインのコルテスがアステカ王国を滅ぼす
1533年	スペインのピサロがインカ帝国を滅ぼす
1534年	イギリス国教会が成立 イエズス会結成
1541年	スイスでカルヴァンの宗教改革が始まる
1545年	スペインがポトシ銀山を開発
1568年	オランダ独立戦争が勃発
1580年	スペイン王フェリペ2世がポルトガル王位を継承
1585年	日本の天正遣欧使節がバチカンを訪問
1588年	アルマダの海戦でスペイン無敵艦隊がイギリスに敗戦
1600年	イギリス東インド会社設立
1602年	オランダ東インド会社設立

*国土回復運動。キリスト教徒がイスラム教徒からイベリア半島を取り戻そうとしたもの。

「太陽の沈まぬ帝国」の興隆と衰退

一方、南北アメリカ大陸に植民地を広げたスペインは、1571年に太平洋を横断してフィリピンを占領する。以後、**ポトシ銀山**などの銀で中国の生糸や絹織物を購入した。なお、1580年にはスペイン王フェリペ2世がポルトガル王を兼ねる同君連合が成立し、スペインは「**太陽の沈まぬ帝国**」とよばれた。

この間、西欧では**宗教改革**が起きて新教（プロテスタント）が台頭。1568年には新教勢力が強いオランダが旧教（カトリック）国スペインからの**独立戦争**を起こす。スペインはバルト海貿易などで興隆するオランダに苦戦したうえ、1588年には海洋進出を進めるイギリスとの海戦に敗れ衰退していく。そして17世紀に入ると、そのオランダ・イギリスが日本に訪れるようになるのであった。

倭寇の頭目 中国人・王直

14～15世紀の前期倭寇とは異なり、16世紀の後期倭寇の大部分は中国人だった。その頭目として有名なのが王直だ。明政府の攻撃で現在の浙江省から日本の五島や平戸に拠点を移した王直は、ポルトガル人とも結んで密貿易を行った。種子島に鉄砲を伝えた漂着船も王直の船である。

こうして最盛期の倭寇を牽引した王直だが、明政府の赦免提案に乗ったところを捕らえられ、1559年に処刑された。

28 キリスト教の伝来

ザビエルの伝道で広まったキリスト教

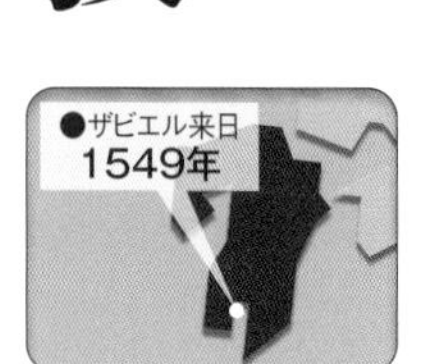
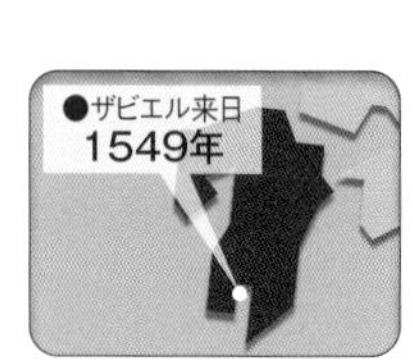

イエズス会のザビエルが日本にもたらしたキリスト教は、海外の産物を求める大名や救いを求める庶民に広まった。

フランシスコ・ザビエルの足取り

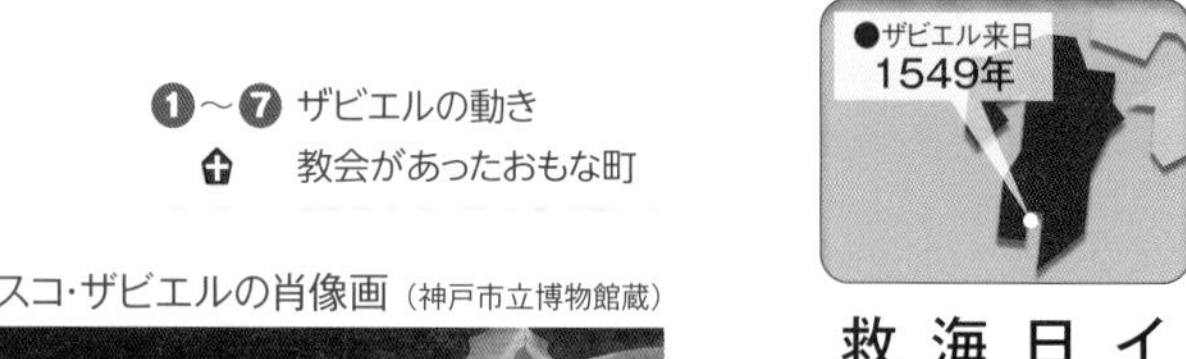

おもな来日宣教師

名前	来日期間	活動
フランシスコ・ザビエル	1549-51年	イエズス会創設メンバーで、初の来日宣教師
コスメ・デ・トーレス	1549-70年	ともに来日したザビエルに日本での布教を託される
ルイス・フロイス	1563-97年*	織田信長や豊臣秀吉に謁見。『日本史』を記す
グネッキ・ソルディ・オルガンティノ	1570-1609年	京都の南蛮寺や安土のセミナリオ設立
ガスパール・コエリョ	1572-90年	初代日本準管区長。豊臣秀吉に日本人奴隷の売買などを詰問されバテレン追放令を出される
アレッサンドロ・ヴァリニャーノ	1579-82年, 1590-1603年	イエズス会総長名代の巡察師として来日。天正遣欧少年使節の派遣を企画した
カルロ・スピノラ	1602-22年	京都の南蛮寺で数学や天文学を教えたが、元和大殉教で処刑された

*一時離日している。

フランシスコ・ザビエルの肖像画（神戸市立博物館蔵）

S.P.FRĀCISCUS XAVERIVS SOCIE TATIS

戦国日本にやってきたイエズス会創立者

ヨーロッパで**宗教改革**の波が広がると、カトリック（旧教）側にも改革の動きが現れた。1534年設立の**イエズス会**はこの対抗宗教改革の先駆的な存在だった。一方、大航海時代でアジアに進出していたポルトガルは、**教皇勅書**によって、キリスト教布教を条件に貿易と植民の独占権を認められていた。そこで、ポルトガルは布教の部分を委託する形でイエズス会と協力し、宣教師たちはインドのゴアを拠点にアジアでの布教を始めた。

そんなイエズス会設立メンバーの1人である**フランシスコ・ザビエル**は、マラッカで布教中に鹿児島出身の日本人ヤジロウ（アンジロウ）に出会う。これを機に日本での布教を志したザビエルによって、日本にキリスト教が伝えられた。

1549（天文18）年、鹿児島に到着したザビエルは、**大内義隆**の本拠地山口や、**大友宗麟**の本拠地である豊後府内（大分市）などで布教を行い、1551（天文20）年に離日。一度インドに戻ったのち、中国での布教を目指す途上で病死した。

このザビエル以降も数多くの宣教師が来日し、キリスト教は戦乱に疲れた庶民に受け入れられた。また、ポルトガルが貿易の条件として布教の自由を求めると、貴重な舶来品や火薬の原料となる**硝石**をもたらす**南蛮貿易**を誘致すべく、西国を中心に多くの戦国大名が布教を認めた。以後、日本人信者は増え、最盛期には30万人に達したとされる。

キーワード　イエズス会

1534年、元騎士のイグナティウス・ロヨラ、ザビエルらによって結成され、ローマ教皇に公認された修道会。ヨーロッパでは16世紀に宗教改革が起こり、プロテスタントが信者を増やしていた。発足したばかりのイエズス会はカトリック復興運動として期待され、アジアやアメリカ大陸などで積極的な布教活動を行った。

29 厳島の戦い

元就、強敵を倒し中国の覇者となる

●厳島の戦い 1555年

大内家を乗っ取り強大な兵力を誇る陶晴賢を、毛利元就は智謀で倒し、中国地方の覇者となった。

強敵陶晴賢を破った元就の神算鬼謀

山口でザビエルを引見した**大内義隆**（おおうちよしたか）は、その数カ月後に世を去る。**月山富田城**（がっさんとだじょう）**の戦い**（▼P32）で**尼子軍**（あまご）に大敗した義隆は、以後政治への関心を失った。これに不満をもった重臣の**陶晴賢**（すえはるかた）（隆房（たかふさ））の謀反で敗死したのだ。当初、**毛利元就**（もうりもとなり）は大内家の実権を握った晴賢に従う姿勢をみせたが、安芸、備後（びんご）を支配下に置くと、1554（天文23）年に晴賢と決別する。しかし、毛利軍約4000に対し陶軍は約2万と兵力差は大きい。そこで元就は、謀略で敵の力を削ぎ、有利な状況をつくって晴賢と戦うことにした。

まず元就は、晴賢の腹心・江良房栄（えらふさひで）が毛利方に寝返ったとの噂を流し、房栄を処刑させた。続いて、狭隘（きょうあい）で兵力差を生かせない厳島（いつくしま）での決戦にもち込むため、家臣に偽りの内通をさせて陶軍を厳島におびき出す。さらに**村上水軍**を味方につけ、敵水軍への押さえとした。

こうして始まった**厳島の戦い**では、寡兵の毛利軍が勝利し、晴賢は自害した。勢いに乗った元就は、大内、尼子をも滅ぼして中国地方の覇者となったのである。

毛利元就の策謀と厳島の戦い

毛利元就は数千の兵で2万の兵をもつ陶晴賢に対抗するため、さまざまな策謀を用意した。

おもな勢力・武将

毛利元就

1560年に晴久が死ぬと勢力が一気に衰退し、1566年に毛利家によって滅ぼされた。

策謀1：内部切り崩し
晴賢の腹心・江良房栄（えらふさひで）が毛利家に内通しているという噂を流し、晴賢の手で房栄を殺させた。

尼子晴久（あまごはるひさ）
伯耆
出雲
石見
毛利元就（もうりもとなり）
吉田郡山城
安芸
陶晴賢（すえはるかた）
長門
厳島の戦い
備後
大内義隆（おおうちよしたか）
山口
周防
村上水軍（むらかみすいぐん）
伊予

策謀2：油断を誘う
重臣の桂元澄（もとずみ）に、裏切りの「ふり」をやらせ、晴賢を厳島におびき寄せた。

1551年、重臣・陶晴賢に襲撃され自害。跡を継いだ義長は厳島の戦いのあとに元就に攻められて1557年に滅亡。

策謀3：水軍を味方に
厳島を包囲するため、伊予の村上水軍らの協力を取りつけた。

合戦の舞台となった厳島にある厳島神社。

人物 **大内義隆**（おおうちよしたか）

（1507〜51年） 周防・長門の戦国大名。義興（よしおき）の子。中国地方では尼子氏と戦って勢力を拡大し、九州では大友氏、少弐氏と争い九州北部を制圧、大内氏の全盛期を現出させた。しかし、尼子氏の月山富田城攻めで大敗後は、文治派の相良武任（さがらたけとう）を重用して文人的傾向が強くなり、反感を抱いた武断派の陶晴賢のクーデターによって自害に追い込まれた。

30 上杉謙信の出現

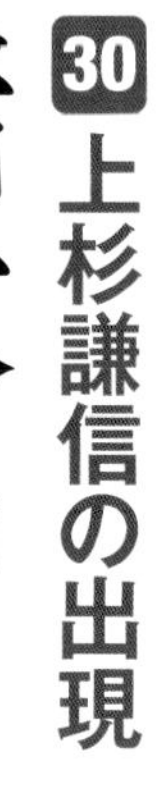

諸大名を脅かす上杉謙信の遠征

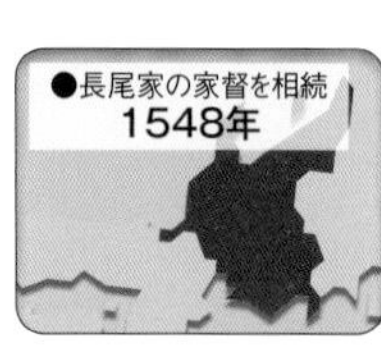

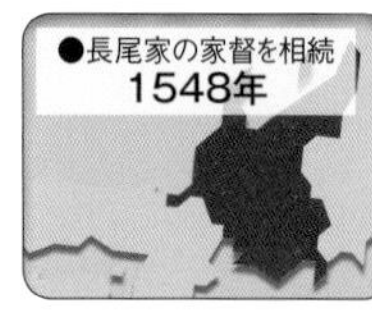

越後を統一した上杉謙信は関東や信濃に遠征して北条氏康や武田信玄を脅かす存在となった。

上杉謙信と武田家・北条家の関係

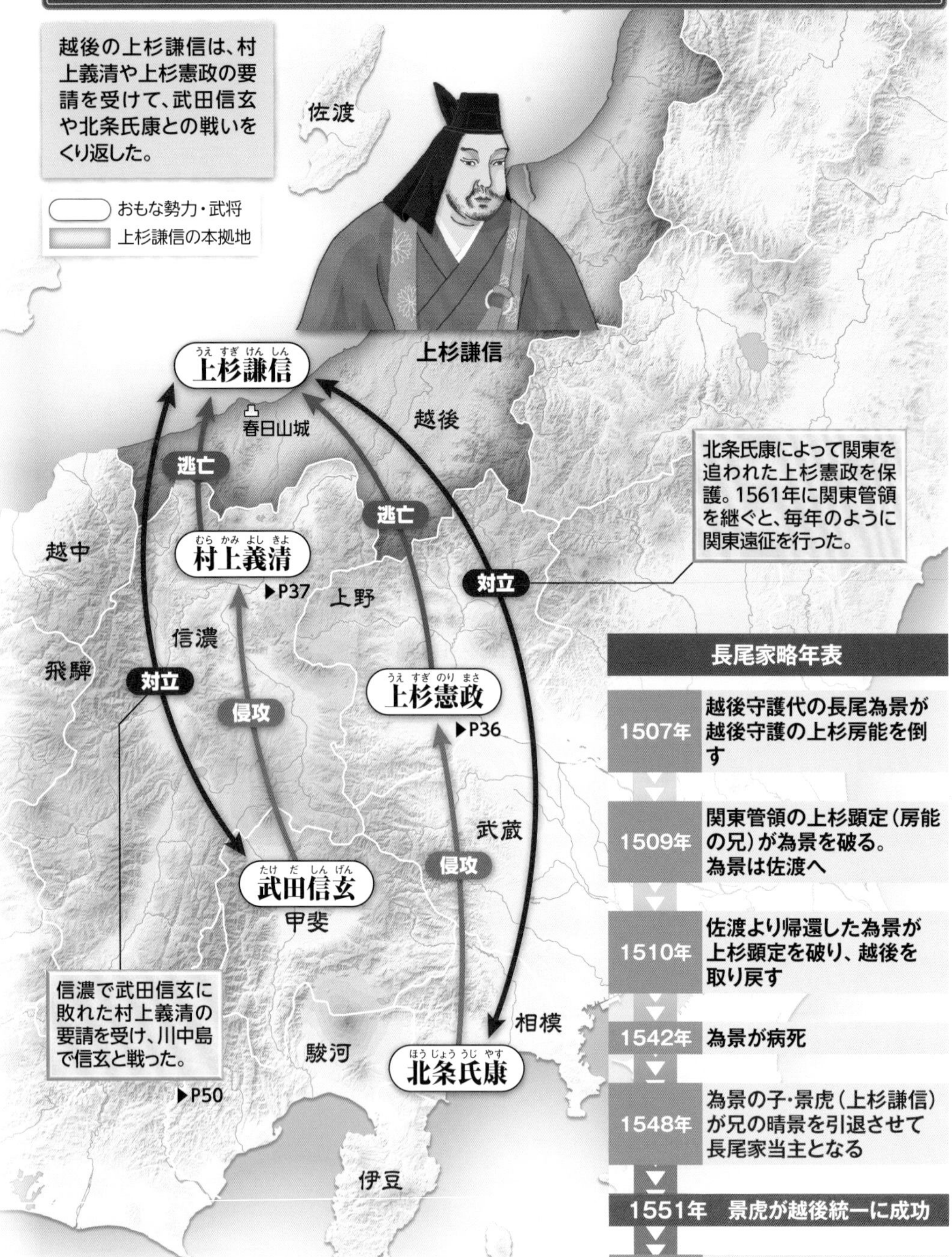

越後の上杉謙信は、村上義清や上杉憲政の要請を受けて、武田信玄や北条氏康との戦いをくり返した。
おもな勢力・武将
上杉謙信の本拠地
佐渡
上杉謙信
越後
春日山城
上杉謙信
逃亡
逃亡
村上義清
▶P37
越中
上野
信濃
飛騨
対立
対立
侵攻
侵攻
上杉憲政
▶P36
武蔵
武田信玄
甲斐
北条氏康によって関東を追われた上杉憲政を保護。1561年に関東管領を継ぐと、毎年のように関東遠征を行った。
信濃で武田信玄に敗れた村上義清の要請を受け、川中島で信玄と戦った。
▶P50
相模
駿河
北条氏康
伊豆

長尾家略年表

1507年	越後守護代の長尾為景が越後守護の上杉房能を倒す
1509年	関東管領の上杉顕定（房能の兄）が為景を破る。為景は佐渡へ
1510年	佐渡より帰還した為景が上杉顕定を破り、越後を取り戻す
1542年	為景が病死
1548年	為景の子・景虎（上杉謙信）が兄の晴景を引退させて長尾家当主となる
1551年	景虎が越後統一に成功
1561年	景虎、関東管領と上杉の名跡を相続する

●長尾家の家督を相続
1548年

上杉謙信の名前の変遷

- 1543年 **長尾景虎** — 元服して初めて名乗った名前（初名）。
- 1561年 **上杉政虎** — 上杉氏を継承し、上杉憲政の一字をもらって改名した。
- 1561年 **上杉輝虎** — 親密な関係にあった将軍足利義輝から一字をもらい、改名。
- 1570年 **不識庵謙信** — 出家して、僧としての法号を名乗った。

上杉氏と関東管領を継ぎ諸勢力と戦った「軍神」

越後の守護は山内上杉氏に連なる越後上杉氏が務めていたが、1507（永正4）年に長尾為景が下剋上で実権を握った。しかし、為景は内乱の続く越後を統一できないまま病死。その遺志を継ぎ一族の争いを収めたのが、為景の子・**長尾景虎**である。その後、景虎は北条家に関東を追われた**上杉憲政**から山内上杉氏の名跡と**関東管領**の地位を譲り受け、のちに法号と合わせて**上杉謙信**とよばれた。

謙信は国内の安定化や経済の活性化にも尽力したが、より熱心だったのは各地への遠征だった。関東管領の役目を全うすべく、たびたび関東の**北条氏康**を攻め、また、北信濃の**村上義清**が謙信を頼ると、信濃へ攻め入り**武田信玄**と戦った。そのほかにも**織田信長**や**蘆名盛氏**などの諸勢力と戦い、その戦巧者ぶりから「軍神」などと称された。

人物 長尾為景

（?～1542年）　越後守護代。上杉謙信の父。主君である越後守護の上杉房能（ふさよし）を倒して越後の実権を奪う。その後、房能の兄で関東管領の上杉顕定（あきさだ）に敗れて佐渡へ逃げたが、再び越後へ戻って顕定を打ち破った。しかし、一族内の対立や国人たちの反乱もあって越後の統一を果たせないまま、病に倒れた。下剋上の典型的人物といえる。

31 甲相駿三国同盟

三者三様の思惑で同盟を結んだ英雄たち

武田信玄、北条氏康、今川義元はそれぞれの領国の安定化とさらなる勢力の拡大を目指し、三国同盟を締結した。

武田・北条・今川が三国同盟を締結

1546(天文15)年の**河越夜戦**(▼P36)に先駆けて、二正面作戦を避けたい相模の**北条氏康**は甲斐の**武田信玄**の斡旋により、河東(富士川以東の駿河)を争っていた駿河の**今川義元**と講和。その後も河東をめぐる対立の火は燻っていたものの、1554(天文23)年には義元の参謀**太原雪斎**の働きかけにより、三者の同盟が成立する。3人の本拠地がある国名から、この同盟は**甲相駿三国同盟**とよばれる。

同盟以前から義元の娘は信玄の子・義信に嫁いでいたが、同盟を機に信玄の娘が氏康の子・氏政に、氏康の娘が義元の子・氏真に嫁いで、相互に婚姻関係が結ばれた。

同盟締結に至ったそれぞれの事情と思惑

同盟を結ぶにあたって、3人にはそれぞれ後顧の憂いを除くべき事情があった。

1553(天文22)年に宿敵**村上義清**を追って信濃を制圧(▼P37)した信玄だが、同年には義清が頼った越後の**上杉謙信**が信濃に兵を差し向けて来た。謙信と対峙しながら信濃の安定化を図らねばならない信玄にとって、背後の安心は喫緊の課題だったのである。

一方の氏康も、**扇谷上杉氏**や**古河公方**を退けたものの、関東支配の安定には、各地の反北条勢力を討つ必要があった。また、謙信を頼った**山内上杉憲政**の動向も気になるところだった。

そして、三河を勢力下に置いていた(▼P35)義元は、さらなる西進を目指していた。その目的は経済先進地域だった尾張の知多半島を奪うためとも、上洛して天下に号令をかけるためともいわれている。折しも、1551(天文20)年ごろには西三河を争った強敵**織田信秀**が病死しており、若い**信長**が家督を継いでいた。しかし、三河の国人衆の反乱などもあり、まずは三河の安定に尽力する必要があった。

こうして三者三様の利害で同盟が成立すると、信玄は川中島で謙信と戦い、氏康は関東制圧を進め、義元は尾張侵攻の準備を進めていったのである。

三国同盟を結んだ3大名の思惑

善得寺の会盟

甲相駿三国同盟の別名。3人の大名が駿河の善得寺に集まって会談し、それによって同盟が結ばれた、という伝説からこうよばれる。善得寺は今川義元の参謀である太原雪斎がかつて修行していた寺であり、そのため会場に選ばれたとされる。しかし実際には、外交交渉において大名が足を運ぶようなことは現実的ではないため、後世の創作と考えられている。

武田信玄と上杉謙信 両雄が相まみえた激闘

北信濃の制圧を目指す武田信玄と、これに危機感を抱く上杉謙信が、川中島で5度にわたって対峙。なかでも第４次合戦は激戦となった。

異例の激戦となった第４次川中島の戦い

1553（天文22）年、**武田信玄**に北信濃を追われた**村上義清**（▼P37）は、越後の**上杉謙信**に助力を依頼。そこで謙信は北信濃に出兵し、川中島周辺で信玄と交戦した。5度にわたった**川中島の戦い**の始まりだ。多くは小競り合いや調略（寝返り工作）に終始したが、第４次合戦は例外的に激しいものになった。

1561（永禄4）年、妻女山に陣取った上杉軍に対し、海津城に入った武田軍は啄木鳥戦法を仕掛けた。キツツキが木を叩いて中の虫を追い出すように、別働隊に妻女山を叩かせ、驚いて下山した上杉軍を本隊が待ち構え、挟撃する作戦だ。

しかし、翌朝、武田軍本隊が布陣する八幡原に立ち込める濃霧が晴れると、武田軍の眼前には準備万端の上杉軍が待ち構えていた。信玄の策を見破った謙信は夜の間に妻女山を下りていたのだ。動揺した武田軍は信玄の弟の**武田信繁**や軍師**山本勘助**が討ち死にするなど苦戦したが、妻女山の別働隊が合流すると形勢は逆転する。劣勢になった上杉軍は撤退し、両雄の知恵比べは痛み分けに終わった。

第1～5次川中島の戦いの概要

1553年　第1次川中島の戦い
村上義清の要請を受けた上杉謙信は川中島に出陣。武田軍の先鋒を破るが、両軍退却。

1555年　第2次川中島の戦い
武田方に降った善光寺を奪回するため、謙信は葛山（かつらやま）城に出陣。犀川（さいがわ）を挟んで200日余対峙するが、決着つかず。

1557年　第3次川中島の戦い
尼巌（あまかざり）城、葛山城を落とした武田軍に対し、上杉軍が川中島に出陣。諸城を奪還し両軍激突するが、膠着。

1561年　第4次川中島の戦い
武田信玄は謙信との決戦に備え海津（かいづ）城を築く。一方の謙信も、関東遠征のため信濃の武田勢力駆逐を決意。

1564年　第5次川中島の戦い
飛騨に進出しようとする信玄を牽制するため、川中島で対峙するが、戦わずに両軍退却。

飯山城
飯山線
豊野駅
千曲川
上信越自動車道
長野盆地
尼巌城
奇妙山
皆神山
海津城
鏡台山
武田軍別働隊の推定進路
武田信玄
上信越自動車道
北陸新幹線
葛尾城

春日山城
越後
飯山城
千曲川
第4次川中島の戦い
上野
信濃
甲斐府中（甲府）
甲斐

凡例
上杉方の城
武田方の城
争奪戦となった城

32 川中島の戦い

第4次川中島の戦いを描いた「川中島合戦図屏風」。写真中央では、謙信（右）と信玄が一騎打ちを演じている。

（長野県立歴史館蔵）

春日山城
妙高山
新潟県
上杉軍の推定進路
黒姫山
斑尾山
野尻湖
飯縄山
第3次の主戦場
長野県
上杉謙信
葛山城
善光寺
旭山城
信越本線
長野駅
第2次の主戦場
犀川
第4次
茶臼山
第1次の主戦場
篠ノ井駅
第5次の主戦場
妻女山
篠ノ井線
長野自動車道
有明山
武田軍の推定進路
しなの鉄道
千曲川
荒砥城

第4次川中島の戦いの経過

青＝上杉軍

❶ 8月14日、上杉謙信が春日山を出陣。
❷ 8月16日、謙信、妻女山（さいじょざん）に布陣。
❸ 8月18日、武田信玄が甲府を出陣し、茶臼山に布陣。
❹ 8月29日、信玄が本陣を海津城に移す。
❺ 9月10日、武田軍別働隊1万2000が妻女山に向けて出陣。

啄木鳥戦法 別働隊が上杉軍を八幡原に追い込み、待ち伏せした本隊とともに挟撃。

❻ 謙信、信玄の意図を察し、ひそかに妻女山を下りる。
❼ 信玄、本隊8000を八幡原へ移す。
❽ 上杉軍1万3000が武田軍本隊を急襲。
❾ 武田軍別働隊が上杉軍を襲い、形勢逆転。
❿ 上杉軍、善光寺に退却。

派手で特徴的な戦場での目印

神を招く招代が勝利の神を招く旗印に

1561(永禄4)年9月10日早暁、川中島八幡原に鶴翼の陣をしく武田方8000。大将・武田信玄の傍らでは「風林火山」の旗印が翻る。片や武田方の啄木鳥戦法を見破った上杉謙信はひそかに妻女山を下り、「鞭声粛々」と千曲川を渡り切っていた。朝霧が晴れたとき、信玄の眼前には1万3000の上杉軍が現れる。車懸の陣をしいた上杉軍は「毘」の旗印をはためかせながら武田軍に襲いかかった――。このように、戦国時代の戦闘の描写に欠かせないのが「旗印」や「旗指物」とよばれる軍旗だ。

古来、旗は祭祀において神を招く招代や依代だった。これが、招きに応じた神が戦いを勝利に導いてくれるとして軍旗に転じ、源平合戦のころには源氏の白旗、平氏の赤旗といった具合に、敵味方の識別にも使われるようになっていく。さらに時代が下ると、神の招代という旗本来の意味は薄れていき、多数の旗印を用いることで威勢を示したり、家紋を描いて一族を識別する目印としたりした。そして、個人の働きで出世の道が開かれる戦国時代になると、武功を誇示するために金銀朱色など色とりどりの旗指物が登場し、戦場を彩った。

大将の所在を示し味方を鼓舞した旗印と馬印

一方、大将の所在を示すための旗印には、家紋だけではなく大将の信念や勝利祈願を込めた意匠も登場。孫子の兵法からとった信玄の「風林火山」や毘沙門天信仰を示す謙信の「毘」、土地に固執する旧来型の武士の否定を意味するとされる織田信長の「永楽通宝」、乱世終息を願った徳川家康の「厭離穢土欣求浄土」などが有名だ。

さらに、この旗印をより目立つようにした結果、旗の形から逸脱したものを馬印とよぶ。馬印は、さらに総大将の所在を示す大馬印と、大名一族や重臣などの所在を示す小馬印などに分類されていった。

戦場において、旗印や馬印の前進は兵士を鼓舞するが、後退や傾倒は劣勢や敗退を意味した。三方ヶ原の戦い(▼P70)や大坂夏の陣(▼P146)では、敵方に迫られた家康の馬印が倒れて混乱に陥ったという。

おもな旗印と馬印

旗印

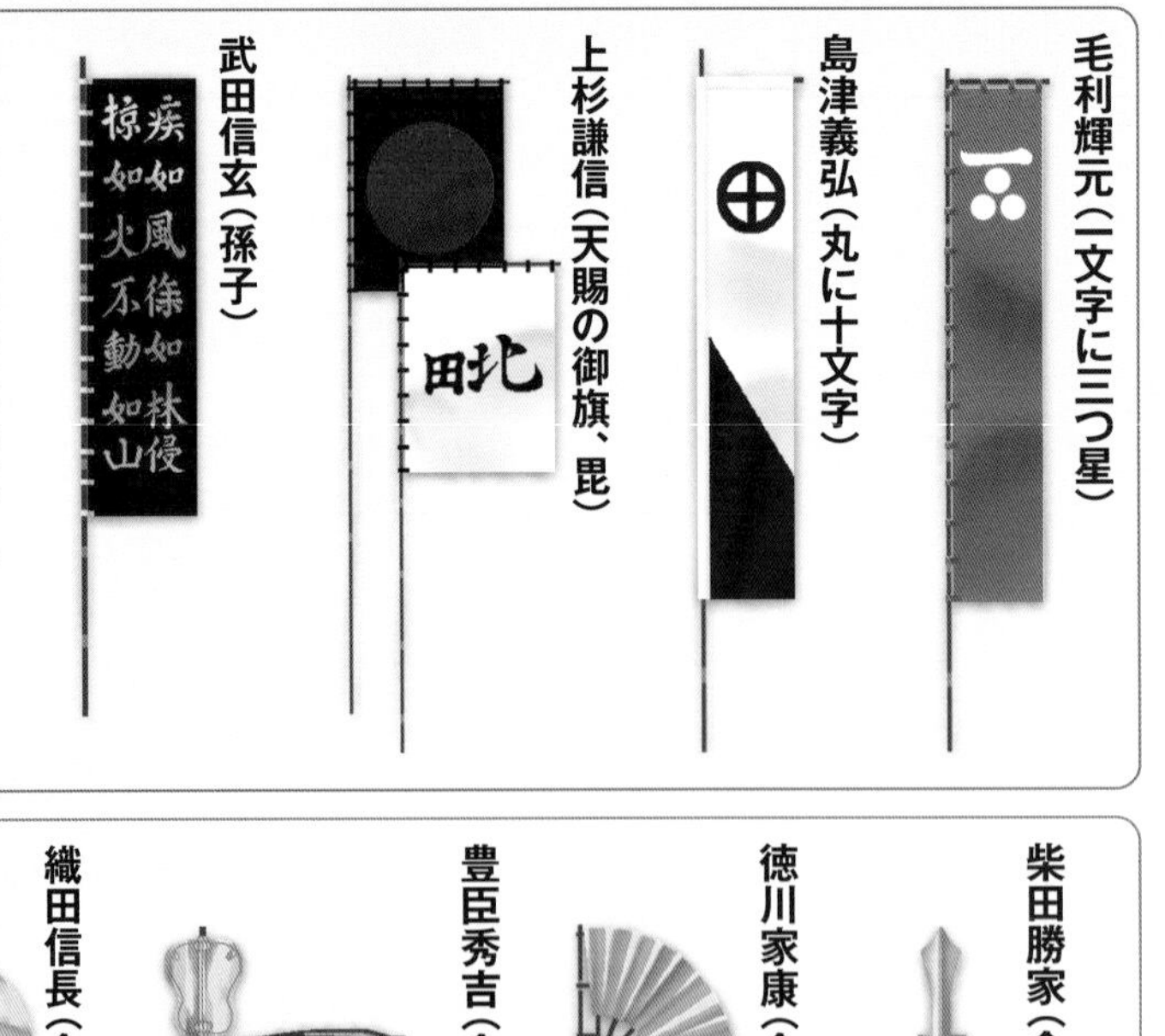

毛利輝元(一文字に三つ星)
島津義弘(丸に十文字)
上杉謙信(天賜の御旗、毘)
武田信玄(孫子)
徳川家康(厭離穢土欣求浄土)
豊臣秀吉(総金)
織田信長(永楽通宝)

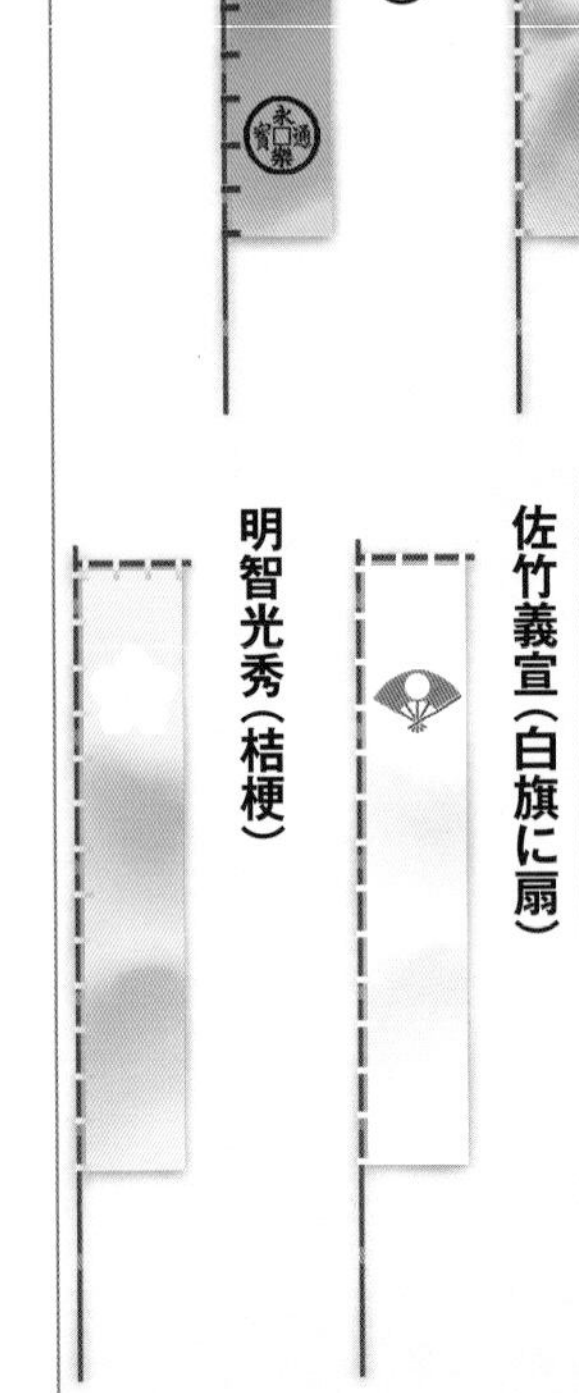

佐竹義宣(白旗に扇)
明智光秀(桔梗)

馬印

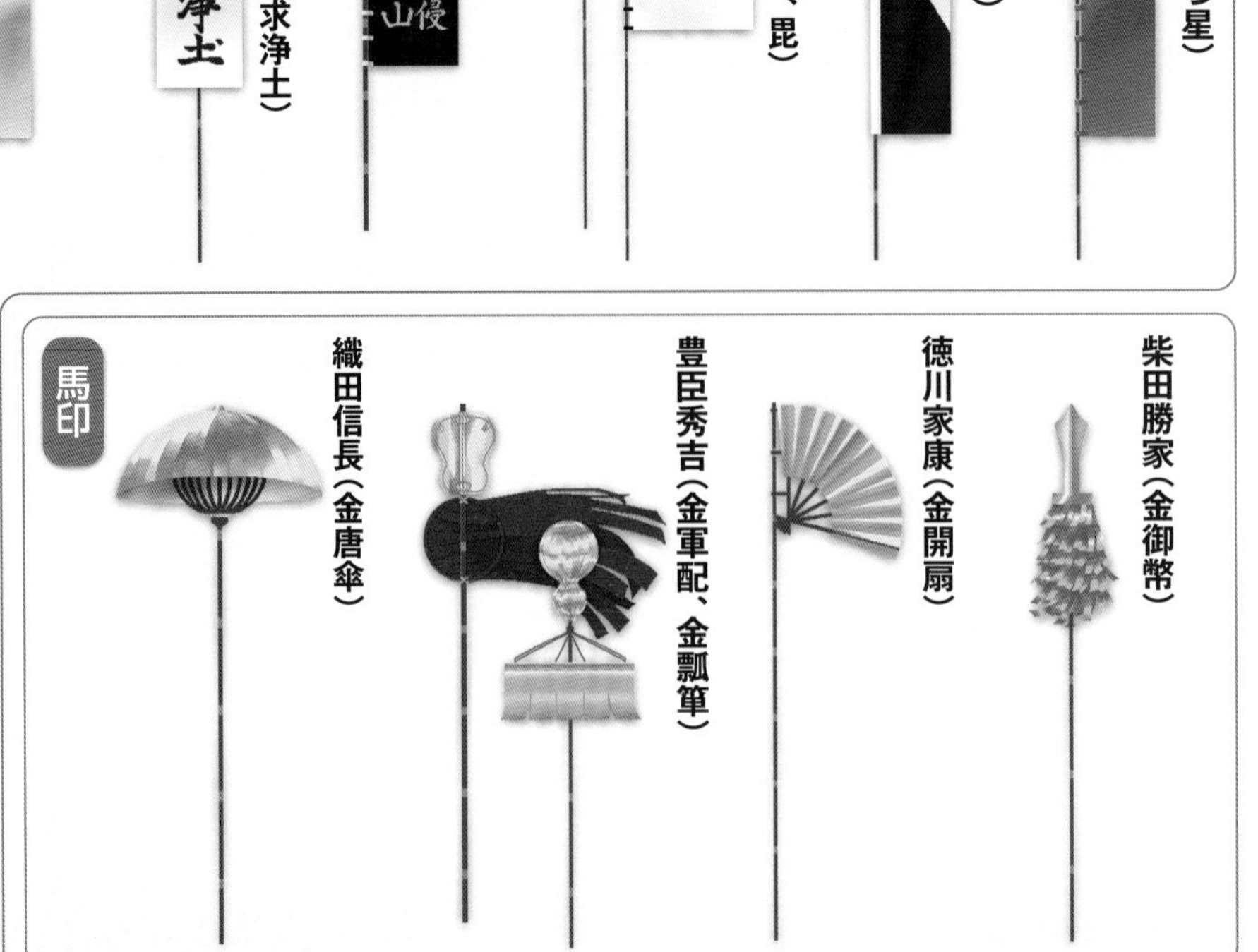

柴田勝家(金御幣)
徳川家康(金開扇)
豊臣秀吉(金軍配、金瓢箪)
織田信長(金唐傘)

参考資料:「諸将旗旗図屏風」など　※意匠や形状には諸説ある。

第3章 織田信長の台頭

戦国時代後期の情勢

歴史を激変させた天才信長

時代概説

日本各地で群雄が割拠し、領土拡大にしのぎを削った戦乱の時代は、織田信長の登場で大きく転回する。

尾張一国の大名だった信長が歴史のひのき舞台に登場するきっかけとなったのは、〝海道一の弓取り〟こと今川義元の大軍を寡兵で破った桶狭間の戦いである。その後の信長は、楽市楽座や兵農分離といった革新的な政策を取り入れながら、内政の充実と領土拡大に邁進。美濃を支配下に収めると、放浪していた足利義昭を奉じて上洛し、義昭を15代将軍として擁立する。こうして信長は、他大名に抜きん出る存在へと成長したのだ。

信長の飛躍の原因は、身分や立場にとらわれない人材登用や、比較的京都に近い尾張が本拠地であったことなどが挙げられる。そしてなにより、武田信玄や上杉謙信が、川中島の戦いという局地戦で働き盛りの12年という歳月を費やしたこととは対照的に、岐阜城への本拠地移転や堺の直轄地化など、大局的な視点で適切な布石を打つ戦術眼こそが最大の要因であった。

しかし、出る杭が打たれるのは世の常。周囲の戦国大名や一向一揆勢による反信長包囲網が形成されるが、信長は粘り強く戦って危機をしのぐのであった。

1570年代初頭の勢力図

伊達輝宗（1544〜85年）
祖父と父が争った天文の乱で分裂した家中の混乱を鎮め、実権を握った。

上杉謙信（1530〜78年）
上野を中心にしばしば関東へ遠征。越中にも進出するが、一向一揆に苦しめられた。

南部晴政（1517〜82年）
三戸を拠点に北奥羽に勢力を拡大。戦国大名化に成功し、南部氏の最盛期を築いた。

佐竹義重（1547〜1612年）
南常陸や陸奥、下野に侵攻し、北条氏政とも戦う。知勇に優れ「鬼義重」と恐れられた。

武田信玄（1521〜73年）
北条氏を退け、駿河の併合に成功。その後、上洛を目指し、遠江、三河へと侵攻した。
▶P68, 70

北条氏政（1538〜90年）
上杉謙信と同盟を結び、武田信玄と戦うが、父・氏康の遺言で信玄と同盟し、謙信と戦った。

里見義弘（1525〜78年）
第2次国府台（こうのだい）の戦いで北条軍に大敗するが、のち勢力を盛り返し、上総を奪回した。

徳川家康（1542〜1616年）
今川義元の死により独立。三河統一後、遠江に進出し、旧主今川家を攻め滅ぼした。
▶P60, 64, 70

第3章 略年表

1551年 天文20	織田信長が家督を相続 ▶P56
1559年 永禄2	織田信長が尾張を統一
1560年 永禄3	**桶狭間の戦い** ▶P57
1563年 永禄6	三河の一向一揆(〜1564年)
1564年 永禄7	徳川家康が三河を統一 ▶P60
1565年 永禄8	松永久秀らが13代将軍足利義輝を暗殺 ▶P61
1567年 永禄10	**織田信長が美濃を攻略** ▶P58
1568年 永禄11	**織田信長が足利義昭を奉じて入京** ▶P62
1569年 永禄12	徳川家康が遠江を併合
1570年 元亀1	姉川の戦い ▶P64 第1次信長包囲網が形成される ▶P68 石山戦争が始まる
1571年 元亀2	織田信長が比叡山延暦寺を焼打ち ▶P69
1572年 元亀3	三方ヶ原の戦い ▶P70
1573年 天正1	**武田信玄が病死** **織田信長が足利義昭を追放** ▶P71 織田信長が朝倉義景を滅ぼす 織田信長が浅井長政を滅ぼす
1574年 天正2	織田信長が伊勢長島の一向一揆を鎮圧

朝倉義景
(1533〜73年)
幕府再興を目指す足利義昭を保護するが、自身は上洛を目指さなかった。浅井長政と結んで織田信長と戦うが、敗れた。
▶P64, 68, 69, 71

織田信長(1534〜82年)
桶狭間の戦いの勝利で一躍、名をあげた。美濃を攻略後、他勢力に先んじて入京を果たした。
▶P56, 57, 58, 62, 64, 68, 69, 71

浅井長政
(1545〜73年)
織田信長と同盟し、北近江に勢力を拡大するが、のち信長に反逆。姉川の戦いで惨敗を喫した。
▶P64, 68, 69, 71

毛利輝元
(1553〜1625年)

父隆元の急死により、11歳で家督を相続。叔父である吉川元春、小早川隆景の補佐を受けた。
▶P71

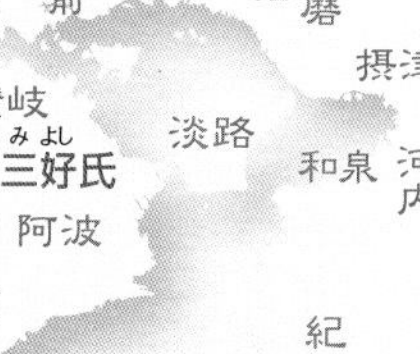
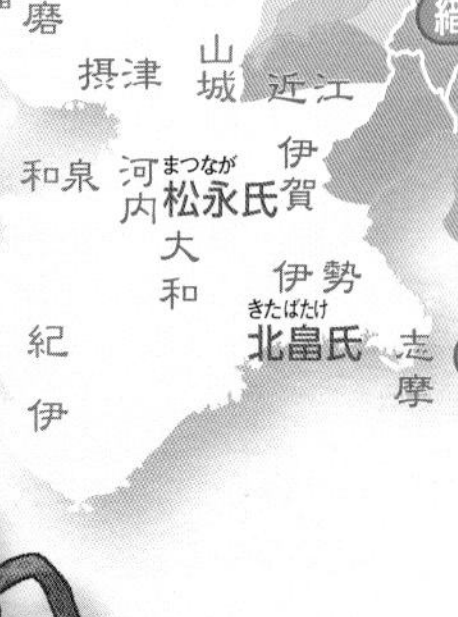

龍造寺隆信
(1529〜84年)

東肥前を制圧後、大友宗麟の大軍が攻め込んでくるが、義弟・鍋島直茂の活躍で撃退した。

大友宗麟
(1530〜87年)

暗殺された父・義鑑の跡を継ぐと、九州北部の大半を支配下に置き、一大勢力を築き上げた。

島津義久
(1533〜1611年)

1566年に父・貴久より家督を譲られる。日向の伊東氏に大勝し、日向へと勢力を伸ばした。

長宗我部元親
(1539〜99年)
祖父の敵(かたき)である本山氏を滅ぼすなど、土佐の国人と戦って勢力を着実に伸ばした。

34 織田信長の登場

「尾張の大うつけ」が頭角を現す

常識外れの行動から「大うつけ」とよばれた織田信長は、父の急死で家督を継ぐと、その才覚を発揮し始めた。

1550年代の尾張情勢

尾張守護代の家臣からのし上がった織田信秀の子・信長は、守護、守護代を屈服させ、1559年に尾張統一を達成した。

斎藤道三：織田信秀と争っていたが、娘の帰蝶（濃姫）を信長に嫁がせて和睦。信長の才覚を高く評価していたとされる。

織田信賢：岩倉織田家の当主。父・道三を死に追いやった斎藤義龍（よしたつ）と組んで信長と戦うが敗れ、追放された。

清洲城：清洲織田家の本拠地。その滅亡後、信長は居城を那古野城から清洲城に移した。

織田信長：1556年、弟・信勝（信行）が林秀貞、柴田勝家ら重臣と謀反を起こすが、信長はこれを鎮圧。

津島：交通の要所、津島神社の門前町として発展。信秀はこの町の経済力を得て勢力を伸ばした。

織田信友：清洲織田家当主。信長に味方した尾張守護・斯波義統（よしむね）を殺害するが、1555年に信長に反撃されて滅亡。

美濃　稲葉山城　揖斐川　長良川　木曽川　岩倉城　稲生の戦い　尾張　清洲城　津島　那古野城　三河　伊勢湾　伊勢

（枠）おもな勢力・武将

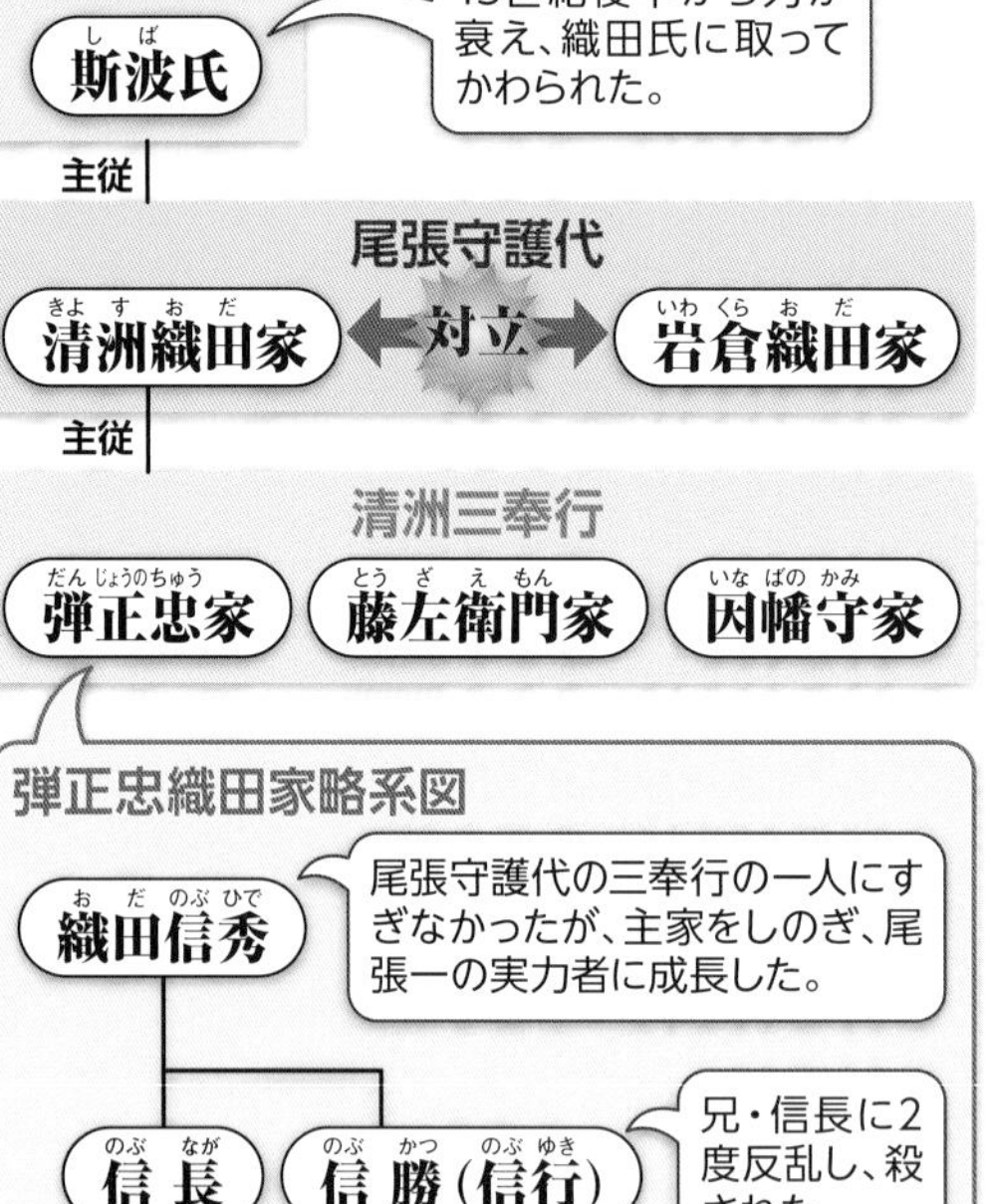

父譲りの才覚を現し織田信長が尾張を統一

室町時代、尾張を支配していたのは管領家の**斯波氏**だった。しかし、**応仁・文明の乱**の一因にもなった家督争い（▼P15）以降は衰退し、代わって台頭した守護代の織田氏が、清洲織田家と岩倉織田家に分かれて尾張の覇権を争っていた。

そこに現れたのが、清洲織田家の庶流で清洲三奉行の一員でもあった弾正忠織田家の**織田信秀**である。信秀は津島神社の門前町で、港町としても栄えた津島を支配したことで主家をしのぐ勢力に成長。対外的にも**斎藤道三**や**今川義元**と互角に戦ったが、1551（天文20）年ごろに急死した。

その跡を継いだのが**織田信長**だが、若いころから奇行が目立つ信長の家督相続には反対も多かった。そして、1556（弘治2）年に信長の義父であり最大の後ろ盾だった斎藤道三が死ぬと、弟・信勝（信行とも）が**柴田勝家**ら重臣たちと謀反を起こす。しかし、父譲りの才覚を発揮した信長はこの反乱を見事に鎮圧すると、守護の斯波氏を追放し、岩倉織田家も倒して尾張統一を達成。以後、戦国乱世を終息に導く快進撃を始めるのだった。

「大うつけ」とよばれた若き日の信長

「うつけ」とは愚か者や常識外れの人物をさす言葉である。特に信長は「大うつけ」とよばれていたくらいだから、そのうつけぶりも尋常ではなかった。若き日には、服の袖を外して縄の帯を締めた格好で町中を歩き、仲間たちと栗や柿にかぶりついたり、河原で相撲に明け暮れたりしていたという。また、父信秀の葬儀では位牌に抹香を投げつけたという逸話も残る。

こうした信長の行状は、伝統や権威にとらわれない改革者としての一面を表すものと評されてきた。ただし、近年では信長が世評を気にする人物だったとの研究もあり、新たな信長像も提示されつつある。

人物　平手政秀　(1492～1553年)　織田信秀の家老。林秀貞らとともに信長の守役となる。信長の奇異な振る舞いを憂えてたびたび諫めたが、信秀死後も改まらず、自害して信長を戒めたといわれている（自害の理由には諸説ある）。信長は政秀寺（せいしゅうじ）を建立し、その死を弔った。その子（孫とも）の汎秀（ひろひで）は信長に重用されたが、三方ヶ原の戦いで戦死を遂げている。

35 桶狭間の戦い

迫る今川の大軍と迎え撃つ信長の決断

尾張へ侵攻してきた今川義元の大軍に対し、織田信長は少数の兵で今川軍本陣を強襲した。

三国同盟を背景に今川義元が尾張に侵攻

甲相駿三国同盟（▼P49）で東の安全を確保した**今川義元**は、尾張侵攻を本格化させる。すでに**織田信秀**急死後の混乱に乗じて、知多半島の付け根にある沓掛城、鳴海城、大高城を今川方に寝返らせた義元は、1558（永禄1）年から駿河・遠江の支配を子の氏真に任せ、自身は三河支配の安定化に努めた。そして1560（永禄3）年5月、満を持して大規模な尾張侵攻軍を進発させた。その数2万とも4万5000ともいわれる。

迎え撃つ**織田軍**は2000～3000で、圧倒的な兵力差に軍議もまとまらない。この間にも今川軍は西進を続け、5月17日には沓掛城に入城した。

突然の豪雨を味方に桶狭間の今川軍を強襲

5月19日早朝、大高城を囲む丸根・鷲津両砦が今川軍の攻撃を受けたとの知らせを受けた**信長**は、わずかな手勢で清洲城を出陣した。途中、鳴海城を攻囲する善照寺砦、中島砦で後続の軍勢と合流した信長は、約3㎞ほど南東の桶狭間に布陣する今川本隊を討つべく中島砦を発った。

このとき、突如として豪雨が発生する。『**信長公記**』によると「石氷を投げ打つ様」な激しい雨が今川軍に向かって吹きつけ、織田軍は背中で豪雨を受ける形になったという。雨を味方につけた織田軍が敵に悟られることなく今川本陣の目の前に現れると、今川軍は大混乱に陥った。算を乱して逃げ惑う軍勢のなかに義元を見つけた織田軍は一斉に攻めかかり、義元は必死の抵抗もむなしく、毛利新介に首級をあげられたのだった。

こうして**桶狭間の戦い**は織田軍の勝利に終わった。駿河・遠江・三河を領し、「天下に最も近い男」と目されていた義元に対する鮮やかな勝利で、信長の名は一気に全国へと轟いた。

一方の今川家は、三河で自立した松平元康（**徳川家康**）に遠江を奪われ、三国同盟を破った**武田信玄**に駿河を切り取られ、**桶狭間の戦い**の8年後には滅亡するのである。

桶狭間の戦いの経過

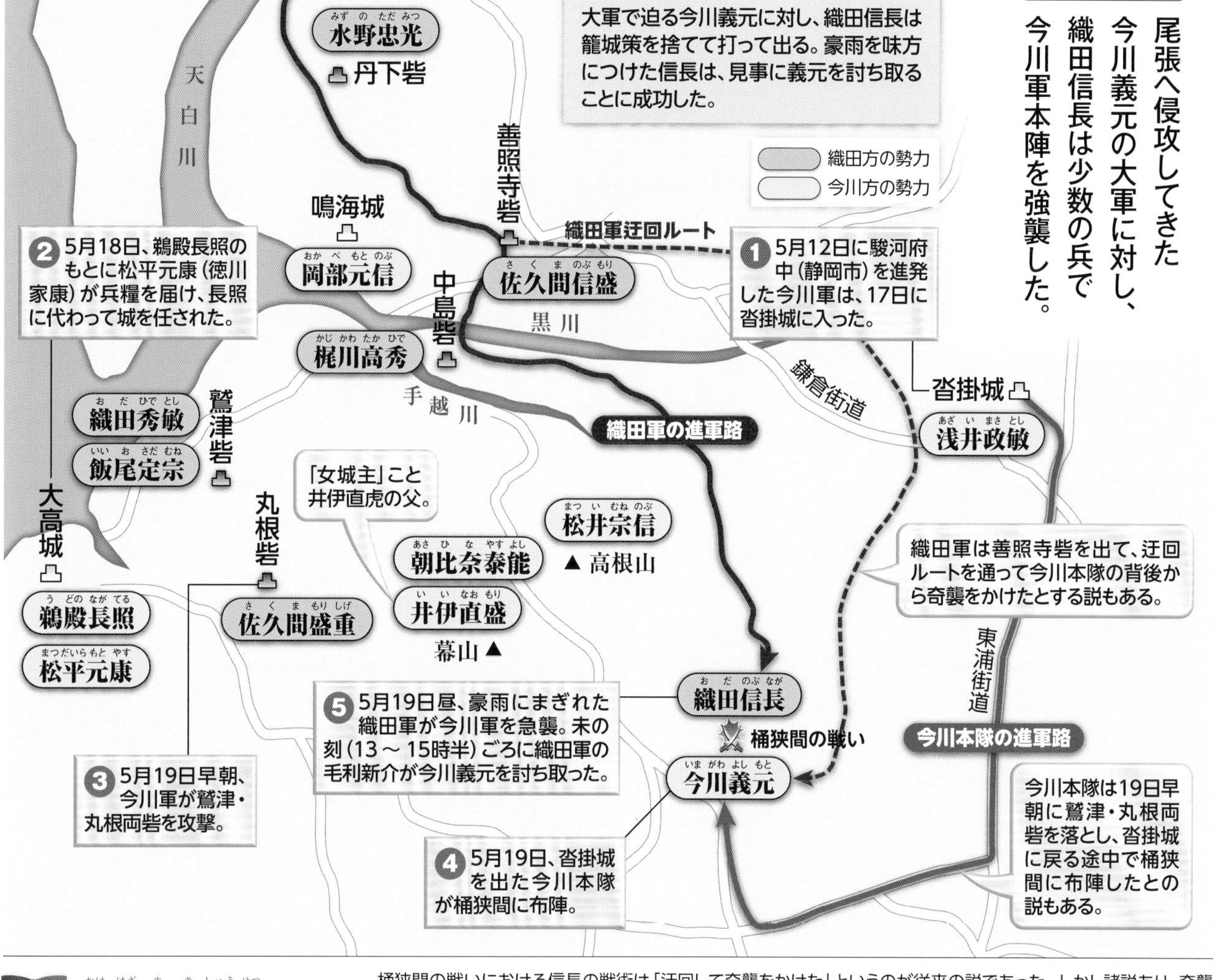

大軍で迫る今川義元に対し、織田信長は籠城策を捨てて打って出る。豪雨を味方につけた信長は、見事に義元を討ち取ることに成功した。

織田方の勢力
今川方の勢力

天白川
黒川
手越川
鎌倉街道
東浦街道
水野忠光
丹下砦
善照寺砦
鳴海城
岡部元信
佐久間信盛
中島砦
梶川高秀
鷲津砦
織田秀敏
飯尾定宗
大高城
鵜殿長照
松平元康
丸根砦
佐久間盛重
松井宗信
高根山
朝比奈泰能
井伊直盛
幕山
沓掛城
浅井政敏
織田信長
桶狭間の戦い
今川義元
織田軍迂回ルート
織田軍の進軍路
今川本隊の進軍路

「女城主」こと井伊直虎の父。

① 5月12日に駿河府中（静岡市）を進発した今川軍は、17日に沓掛城に入った。

② 5月18日、鵜殿長照のもとに松平元康（徳川家康）が兵糧を届け、長照に代わって城を任された。

③ 5月19日早朝、今川軍が鷲津・丸根両砦を攻撃。

④ 5月19日、沓掛城を出た今川本隊が桶狭間に布陣。

⑤ 5月19日昼、豪雨にまぎれた織田軍が今川軍を急襲。未の刻（13～15時半）ごろに織田軍の毛利新介が今川義元を討ち取った。

織田軍は善照寺砦を出て、迂回ルートを通って今川本隊の背後から奇襲をかけたとする説もある。

今川本隊は19日早朝に鷲津・丸根両砦を落とし、沓掛城に戻る途中で桶狭間に布陣したとの説もある。

キーワード　桶狭間奇襲説の否定

桶狭間の戦いにおける信長の戦術は「迂回して奇襲をかけた」というのが従来の説であった。しかし諸説あり、奇襲を否定する説が注目されている。それによると、信長が正面から今川軍を攻めたところ、数で劣る織田軍が予想外の直接攻撃をかけてきたことや、突然の豪雨などにより今川軍が混乱をきたしたため、勝利できたのだという。

36 織田信長の美濃攻略戦

信長と美濃斎藤家 複雑な因縁に決着

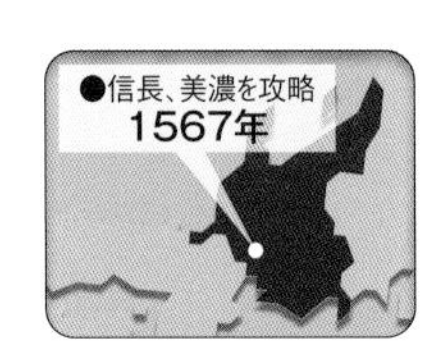

信長は正妻の実家であり、岳父を殺した仇でもある美濃斎藤家との因縁に自ら決着をつけた。

織田信長と美濃の情勢

信長は苦戦しながらも斎藤家を攻め滅ぼして、肥沃な土地の広がる美濃を占領。さらなる成長につながる足がかりを築いた。

祖父・道三や父・義龍に似ず凡人で、斎藤家を衰退させ、信長の侵攻を許した。

美濃

長良川の戦い

安藤氏

斎藤龍興

稲葉氏

氏家氏

稲葉山城

稲葉山城を攻め落とした信長は、「周の文王（中国の聖王）、岐山よりおこり、天下を定む」という故事から岐阜と改名。

小牧山城

清洲城

織田信長

尾張

伊勢

近江

伊勢湾

三河

西美濃三人衆
斎藤家の重臣。この3氏が信長の調略で寝返ったことが、斎藤家の滅亡を決定づけた。

今川義元を討って東方の脅威がなくなった信長は、美濃を攻めるために、居城を清洲から小牧山へと移した。

おもな勢力・武将

「天下布武」の印が押された信長の朱印状（部分）。
（滋賀県立安土城考古博物館所蔵）

信長と斎藤家の関係 略年表

- **1548年** 織田家と斎藤家が同盟を結ぶ
  斎藤道三（どうさん）は信長の才覚を見抜き、おおいに気に入ったとされる。
- **1554年** 道三、義龍に家督を譲る
  斎藤父子の不和が深刻化
  道三が義龍の弟たちを寵愛し、家督を取り上げようとしたためだといわれる。
- **1556年** 長良川の戦い
  義龍が道三を攻撃。信長は道三の救援に向かうも間に合わず、道三は討ち死にした。
  ▼
  両家の関係が悪化
- **1559年** 信長が龍興と結んだ岩倉織田家の織田信賢を追放
- **1561年** 義龍が没し、龍興が家督相続
- **1567年** 信長、稲葉山城の戦いで龍興を美濃から追放
  ▼
  美濃に本拠地を移し、岐阜城と城下町を整備する

現在の岐阜城。標高329mの金華山山頂に天守閣が築かれ、難攻不落の城といわれた。

美濃を手中に収め天下を視野に入れ始める

織田信長の父・信秀は美濃の**斎藤道三**と敵対していたが、のちに信長と道三の娘・帰蝶（濃姫）を婚姻させて同盟を結ぶ。道三は信長の才覚を高く評価しており、信長の家督相続後も関係は良好だった。

その一方、道三は実子・**義龍**との折り合いが悪く、ついには義龍から家督を取り上げようとした。対する義龍は1556（弘治2）年に挙兵し、長良川の戦いで道三を討ち取った。以後、織田家と斎藤家は再び対立関係となり、信長は幾度も美濃に攻め入るが、義龍も手強く、美濃攻略はならなかった。

しかし、1561（永禄4）年に義龍が病死すると、その子の**龍興**が14歳で跡を継いだ。この年少者の当主就任を好機と見た信長は、美濃攻略に動き出す。

まずは今川家から独立した松平元康（**徳川家康**）と盟約を結んで東方の守りを固めた信長は、調略（寝返り工作）によって美濃西部を支配する斎藤家重臣の「西美濃三人衆」を寝返らせたのだ。これで斎藤家の衰退が決定的になると、信長は1567（永禄10）年、龍興の居城である稲葉山城を攻め落としたのである。

美濃を手に入れた信長は、稲葉山城を**岐阜城**と改めて本拠とした。また、このころから「**天下布武**（天下に武を布くす）」の印を用いるようになる。これは、天下統一の意思表明とされることもあるが、この段階では幕府再興による天下平定を考えていたとする説が有力である。

人物 斎藤義龍
（1527〜61年）　美濃の戦国大名。斎藤道三の子として生まれるが、真偽は不明ながら「道三に追放された美濃守護の土岐頼芸（ときよりなり）が実父ではないか」という疑惑が当時から存在した。これが義龍と道三の親子関係に重大な障害となり、対立したすえに父を攻め殺した。身長は2メートル近くあったといわれ、武将としての能力にも優れ、数度にわたる信長の侵攻をことごとく撃退したが、病で急死した。

37 【人物列伝】竹中半兵衛
若き秀吉を支えた伝説的な知将

秀吉の参謀として活躍した竹中半兵衛は、その死後、軍記物などによって「天才軍師」と称された。

竹中半兵衛(重治)の生涯

1544年 美濃の岩手で誕生
▶ 父の跡を継ぎ、斎藤義龍・龍興の家臣になる

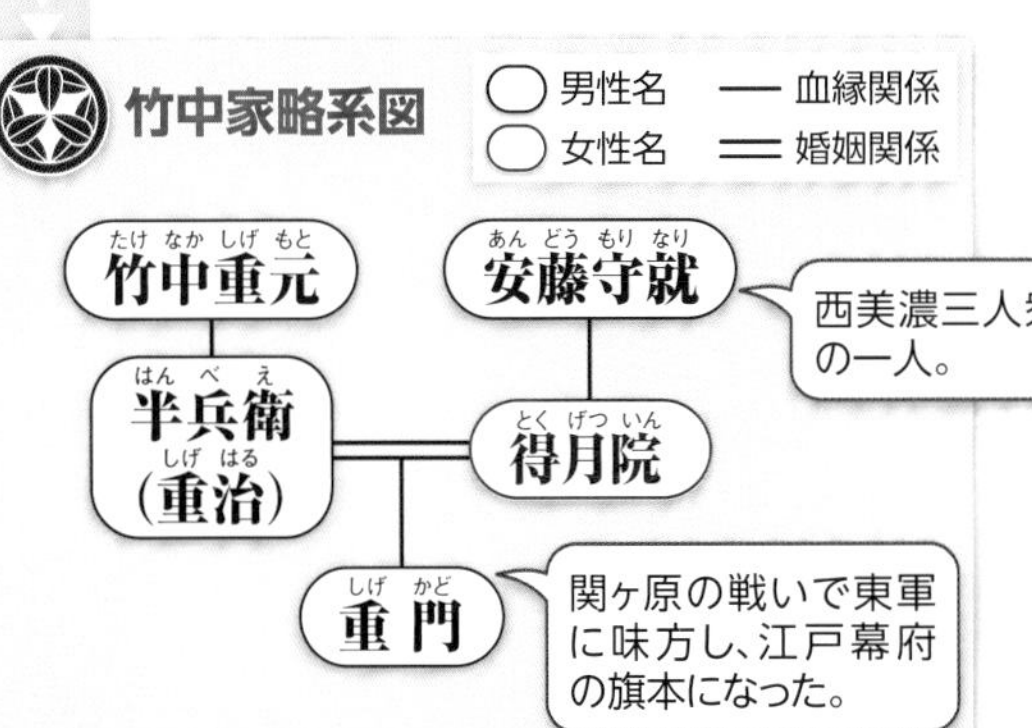

竹中家の菩提寺・禅幢寺(ぜんとうじ)が所蔵する竹中半兵衛の肖像画。
(写真提供:タルイピアセンター)

1564年 稲葉山城を占拠
▶ 数カ月後に開城して美濃を去り、浅井家の客分になる

知略で稲葉山城を奪取
主君・龍興の愚行を戒めるべく、義父の安藤守就らとともに難攻不落の稲葉山城をわずかな兵で占領。その後、龍興に城を返還して美濃を去った。

1567年 織田信長、斎藤家を滅ぼす
▶ 織田家の家臣になる

秀吉との出会い?
このとき、信長の命令でスカウトにやってきた木下藤吉郎(のちの豊臣秀吉)の将来性を見込んで、藤吉郎に仕えたといわれるが、真偽は不明。

1568年 近江六角家との観音寺城の戦いに参加
▶ 支城である箕作城に意表をついた夜襲を仕掛け、1日で落城させた

1570年 越前朝倉家の天筒山城や金ヶ崎城攻略に参加
姉川の戦いに参加

1575年 長篠の戦いに参加

1577年 中国方面軍の司令官になった羽柴秀吉に従い、中国を転戦
▶P83

1578年 信長の怒りを買った黒田官兵衛の子・松寿丸(のちの長政)をかくまう

同僚の子を命がけで救う
官兵衛は反逆した荒木村重の説得に行き、幽閉されたが、裏切ったと誤解した信長は松寿丸の殺害を指示。半兵衛は殺したと報告して松寿丸をかくまった。

1579年 三木城攻めのさなか、病に倒れて療養へ
▶ 陣中に戻り、そのまま病死

早世を惜しまれた秀吉の名参謀

竹中半兵衛(**重治**)は父の代から美濃**斎藤**家に仕える武将で、**義龍**の時代には**織田信長**の侵攻を幾度も防いだ。しかし、1564(永禄7)年には稲葉山城を攻め、一時、**龍興**を追放した。これは、酒席で龍興に侮辱されたためとも、愚行が目に余る龍興を戒めるためともいわれている。

斎藤家没落後は請われて信長に仕え、**羽柴秀吉**麾下で六角家の観音寺城攻めや朝倉家の金ヶ崎城攻撃などに従軍。**姉川の戦い**では浅井家の重臣を調略して織田軍を勝利に導くなど、初期の秀吉の活躍を支えた。

中国攻略戦では**黒田官兵衛**(孝高、如水)とともに「秀吉の両兵衛」といわれたが、その途中、36歳という若さで病死。早すぎる死は多くの人に惜しまれ、後世には伝説的な軍師として語られることになった。

三木城攻め本陣のそばにつくられた竹中半兵衛の墓。

軍師 合戦において、戦術を検討し、指揮官を補佐する者をさす。近現代でいうところの参謀に近い。ただし、戦国時代の日本の軍師は「軍配者」とよばれ、合戦の吉凶を判断する占い師としての性格が強かった。合戦で指揮官として活躍した知将たちが「軍師」とよばれるようになったのは、軍学や軍記物がはやった江戸時代のことである。

38 徳川家康の勢力拡大

人質生活から自立し2カ国の大名に成長

長く人質生活を送った家康は、桶狭間の戦いをきっかけに今川家からの独立を果たし、地道に勢力を拡大していった。

徳川家康の三河統一と遠江進出

独立を果たした徳川家康は織田信長と結び、以後三河、遠江へと勢力を拡大。東海2カ国の大名へと成長した。

❶ 桶狭間の戦いで今川家から独立し、翌1561年には織田信長と同盟。1563年には嫡男竹千代（のちの信康）と信長の娘との婚約も成立した。

❷ 1563年、三河の一向一揆が発生。家臣の多くが反乱し苦戦したが、翌年に鎮圧した。

❸ 1564年、三河をほぼ統一する。

❹ 1568年に武田信玄と同盟を結び、共同で今川家を攻める。「駿河を武田に、遠江を徳川に」という条件で合意した。

❺ 1569年、今川氏真の立て籠る掛川城を攻め落とし、遠江をほぼ平定した。

❻ 1570年、新たな城を築いて「浜松城」と名づけ、以後の本拠地にした。

徳川家康　織田信長　武田信玄　今川氏真　信濃　甲斐　美濃　尾張　三河　遠江　駿河　大井川　同盟　同盟　侵攻　侵攻　本證寺　岡崎城　浜松城　掛川城　駿府

（枠）おもな勢力・武将　❶～❻ 徳川家康の動き

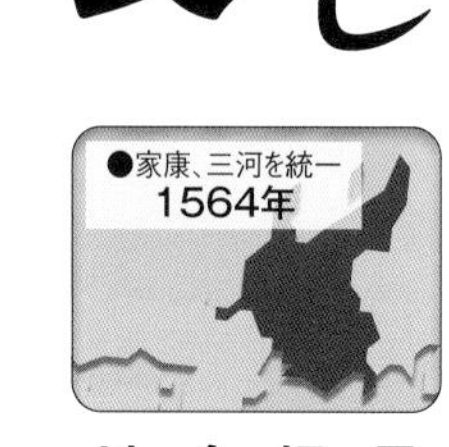

苦難の人質生活から独立して三河を統一

三河の小大名だった**松平元康**は、8歳から**今川義元**の人質となり、以後、元服、結婚、初陣も義元の管理下で行われた。

そんな元康の転機となったのが**桶狭間の戦い**（▼P57）である。今川軍の先鋒として参戦した元康は、織田軍に包囲された大高城に兵糧を運び込むことに成功して武名を挙げた。しかし、義元討ち死にの知らせを受けるとただちに居城である岡崎城に戻り、今川家から自立する。翌1561（永禄4）年には**織田信長**と同盟を結び、さらには、義元の1字を与えられた元康から**家康**に改名し、今川家からの独立を天下に示した。

以後、三河統一を目指すが、1563（永禄6）年の三河一向一揆では、**本多正信**ら重臣の離反もあって苦戦。しかし、翌年にこれを平定し、三河一国を支配下に収めた。

かつての主家を滅ぼし遠江の支配権を獲得

その後、朝廷に願い出て「**徳川**」と改姓した家康は領土拡大に動く。狙うはかつての主家・今川家の領国だ。

そこで1568（永禄11）年、家康は甲斐の**武田信玄**と結んで、大井川を境に今川家の領国を折半することを約束する。今川家とは**甲相駿三国同盟**（▼P49）を結んでいた信玄だが、今川の家督を継いだ**氏真**が義元死後の家中混乱を抑えきれていない様子を見て、同盟破棄に動いたのだ。

同年中に信玄が駿河に侵入すると家康も遠江に侵攻し、翌1569（永禄12）年には氏真が籠る掛川城を落として遠江を平定。氏真は北条家に匿われたものの、今川家は実質的に滅亡した。こうして2カ国の大名となった家康は、引間とよばれていた浜名湖のほとりを**浜松**と改名し、ここに城を築いて新たな本拠地としたのであった。

現在の岡崎城。家康生誕の地で、初期の本拠地にあたる。

人物　本多正信

（1538～1616年）　三河出身の武将。通称弥八郎（やはちろう）、佐渡守。松平（徳川）家譜代の家柄だったが、熱心な本願寺門徒でもあったため、三河の一向一揆では一揆側を支持して徳川家康と敵対。のちに許されて徳川家に復帰し、家康の参謀として天下取りと江戸幕府の地盤固めにおいて、謀略や民政の面で大きな役割を果たした。

39 松永久秀の下剋上

三好家を乗っ取った下剋上の代名詞

下剋上で成立した三好長慶の政権は、さらなる下剋上で松永久秀が乗っ取った。

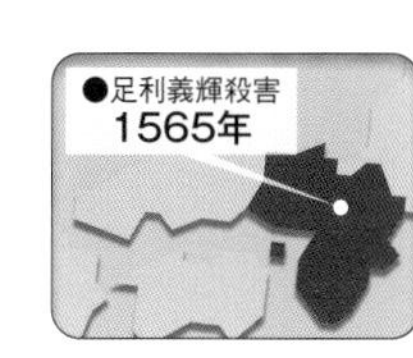

松永久秀が行ったとされる「3大悪事」

松永久秀は、のちに信長が「3大悪事」と評したほどにきわどい行為を次々と行い、勢力を広げていった。

①～③ 松永久秀の3大悪事
三好政権の最大勢力範囲（推定）
①主家乗っ取り
1564年、主君三好長慶の弟・安宅冬康を謀殺したとされる。同年中に長慶が病死すると、三好三人衆とともに畿内の実権を握った。
②将軍殺害
将軍権威の復活を目指す足利義輝を三好三人衆と襲撃。久秀の息子久通が義輝を殺害した。
③東大寺焼打ち
敵対する三好三人衆が拠る東大寺大仏殿を攻撃し、大仏を焼失させたとされるが、三人衆の失火説もある。
丹波
播磨
摂津
山城
京都
多聞城
飯盛山城
奈良
河内
信貴山城
淡路
和泉
讃岐
阿波
大和
三好長慶から大和一国を任された久秀は、多聞城、信貴山城を中心として1562年に大和支配を確立。数百年に及ぶ興福寺の大和支配を終わらせた。

明治時代に描かれた松永久秀の錦絵。
（国立国会図書館ウェブサイトより）

主家を乗っ取り将軍を暗殺した梟雄

細川政権を打倒し、畿内の実権を握った**三好長慶**（▼P40）だが、晩年は弟や嫡子・義興に先立たれて精彩を欠く。代わって台頭したのが三好家の家宰**松永久秀**だ。

元は商人とも百姓ともいわれる久秀は、1540（天文9）年ごろに長慶に仕えた。当初は文書事務に秀で、軍事活動では弟の長頼のほうが華々しかった。久秀が軍略家としても頭角を現すのは大和一国を支配した1562（永禄5）年ごろからだ。1564（永禄7）年には対立していた長慶の弟・安宅冬康を讒言により処刑させたともいわれる。同年に長慶が死ぬと、久秀は「**三好三人衆**」とよばれる三好一門の重鎮とともに後継の三好義継を後見し、三好政権の実権を掌握した。

そんな彼らの障害となったのが、将軍権威の復活を目指す13代将軍**足利義輝**だ。1565（永禄8）年、久秀と三人衆は京都二条城を襲撃。剣術の達人だった義輝も奮戦するが、力尽きて殺害された。

その後、**足利義栄**を14代将軍に擁立するが、政権の主導権をめぐる久秀と三人衆の対立が表面化。両者は戦闘状態に入り、1567（永禄10）年には三人衆が陣取る**東大寺大仏殿**が松永軍の攻撃で焼失している。この対立は、織田信長が義輝の弟・義昭を奉じて上洛するまで続いた。

なお、将軍暗殺や冬康謀殺などから「乱世の梟雄」と評される久秀だが、大仏殿焼失は三人衆側の失火だったなど異説も多く、その評価は定まっていない。

キーワード　三好三人衆

三好長逸（ながゆき、ながやす）、三好宗渭（そうい、政康とも）、岩成友通（いわなりともみち）の3人のこと。長逸と宗渭は三好一族で、友通は一門衆であったとも、土豪の出身であったともいわれる。三好長慶の死後、松永久秀と手を組んで三好政権を牛耳るが、のちに久秀と対立した。入京した織田信長に敗れ、信長包囲網に参加して戦うも、友通は敗死し、長逸、宗渭は消息不明となった。

40 織田信長の入京

上洛を果たした信長 天下取りへ一歩前進

足利義昭の放浪と入京

兄・義輝を松永久秀らに殺された足利義昭は、放浪のすえに織田信長の庇護を受け、入京に成功した。

①兄・義輝の死後、松永久秀らにより興福寺に幽閉されたが脱出し、六角氏を頼って矢島の御所に入った。

②六角氏が久秀らに味方する動きをみせたので、親族にあたる若狭武田氏を頼る。

③若狭武田氏は内紛もあって頼りにならず、北上して越前の名門・朝倉義景のもとに入った。

④義景は入京を目指そうとしなかったため、明智光秀の仲介によって織田信長の援助を受けることになった。

⑤信長の軍勢とともに上洛開始。その途上で六角氏を破り、久秀を従わせて、ついに入京した。

朝倉義景
一乗谷
越前
若狭武田氏
若狭
後瀬山城
浅井長政
小谷城
美濃
岐阜城
織田信長の上洛ルート（推定）
織田信長
尾張
丹波
琵琶湖
矢島
観音寺城
京都
六角氏
松永久秀
近江
伊勢
山城
伊賀
興福寺
大和
足利義昭
織田信長

①〜⑤ 足利義昭の動き
おもな勢力・武将

足利義昭を奉じて上洛に成功した信長は義昭を将軍の座に就け、その実力をみせつけた。

兄・義輝死後の足利義昭の放浪生活

将軍**足利義輝**が**松永久秀**と**三好三人衆**に殺害され、14代将軍に足利義栄を擁立すると、対抗馬になりうる義輝の弟・覚慶は奈良の興福寺一乗院に幽閉された。しかし、幕臣の**細川幽斎**（藤孝）らの助けで脱出。還俗して足利義秋と名乗り、兄の遺志を継いで幕府再興を目指した。

しかし、義秋が最初に身を寄せた南近江の六角家は三好方に内通し、次に頼った若狭武田家も内乱続きで頼りにならない。その後、越後の名門**朝倉義景**のもとへ移り、元服して**義昭**と改名した。ところが、義景はなかなか上洛の兵を挙げない。その原因は、義景の優柔不断さのため、三好方との実力差を考慮したため、あるいは溺愛していた実子の病死で意気消沈していたから、など諸説ある。

信長を飛躍させた義昭との出会い

そんな折、朝倉家に出仕していた**明智光秀**から尾張・美濃の大名となっていた**織田信長**を紹介されると、義昭は信長を新たな庇護者として上洛援助を要請。

一方の信長も、自身の大義名分になると判断して義昭を岐阜に迎え入れると、1568（永禄11）年9月には上洛の兵を挙げた。その進路には観音寺城の六角義賢（承禎）・義治父子がいたが、実力に勝る織田軍に蹴散らされると、京都で覇権を争っていた勢力のうち、三好三人衆は逃亡し、久秀は信長に従った。こうして義昭は入京に成功し、15代将軍に就任した。

幕府再興の端緒についた義昭は信長に感謝し、副将軍や管領の地位を提示するが、信長はこれを固辞。すでに幕府と一線を画す勢力の形成を考えていた節がある。逆に、信長が「殿中の掟」を定めるなど義昭の政治行動を規制するようになると、義昭も信長を危険視するようになり、両者は対立の度合いを深めていった。

謎に満ちた明智光秀の前半生

明智光秀は義昭に信長を紹介した縁で、のちに織田家に仕え、歴史のひのき舞台に登場するが、その前半生には謎が多い。

通説では、美濃守護土岐氏の庶流にあたる明智氏に生まれ、斎藤道三に仕えた。しかし、道三が子の義龍に討たれると美濃を離れ、諸国を放浪したのち、朝倉家に仕えたとされる。

しかし、この通説には確証がなく、10年以上にわたって義昭の兄・義輝に仕えていたという説や、出自に朝廷とのつながりがあるとの説もある。また、道三の娘で信長の妻となった帰蝶（濃姫）とは親戚の間柄だったともいわれている。

正親町天皇　(1517〜93年)　第106代天皇。1557年に践祚(せんそ)するが朝廷は窮乏の際で、3年後に即位式を行う。戦乱で荒れた御料地の回復を諸国の大名に依頼し、織田信長にも「古今無双の名将」とたたえる綸旨(りんじ)を下す。信長と豊臣秀吉の天下統一事業を伝統的権威から助けたことで尊崇を受け、その尽力で御料地の復旧や皇居の修理、朝議の復興を実現。1585年には秀吉を関白に任じた。

郵便はがき

恐縮ですが切手をおはりください

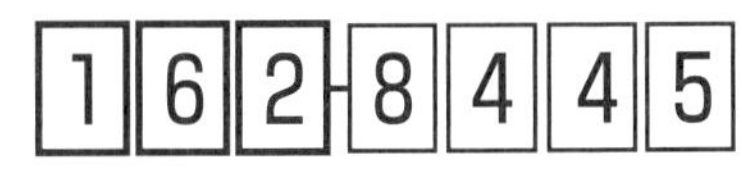

新宿区新小川町一-七

成美堂出版

愛読者係 行

◆本書をお買い上げくださいましてありがとうございます。

これから出版する本の参考にするため、裏面のアンケートにご協力ください。ご返送いただいた方には、後ほど当社の図書目録を送らせて戴きます。また、抽選により毎月20名の方に図書カードを贈呈いたします。当選の方への発送をもって発表にかえさせていただきます。

ホームページ　http://www.seibidoshuppan.co.jp

＊お預かりした個人情報は、弊社が責任をもって管理し、上記目的以外では一切使用いたしません。

お買い上げの本のタイトル(必ずご記入下さい)

●本書を何でお知りになりましたか?

□書店で見て　□新聞広告で　□人に勧められて

□当社ホームページで　□ネット書店で　□図書目録で

□その他(　　　　)

●本書をお買い上げになっていかがですか?

□表紙がよい　□内容がよい　□見やすい　□価格が手頃

●本書に対するご意見、ご感想をお聞かせください

ご協力ありがとうございました。

お名前(フリガナ)	年齢　　歳	男・女
	ご職業	
ご住所 〒		
図書目録(無料)を　希望する□　しない□		

41【人物列伝】細川幽斎
天下を渡り歩いた当代有数の教養人

人物列伝
●生没年
1534～1610年

文武両道に秀でた幽斎は、その優れた才能で信長、秀吉、家康に仕え、子孫は熊本藩主になった。

3人の天下人に仕えた文武両道の武将

足利将軍家の庶流である三淵家に生まれ、伯父にあたる細川元常の養子となった**細川幽斎（藤孝）**は、はじめ幕臣として13代将軍**足利義輝**に仕えた。文化人としても一流で、特に歌道においては『古今和歌集』の解釈法の秘伝である「古今伝授」の当時唯一の継承者であった。

義輝が松永久秀らに暗殺されたのちは、奈良興福寺に幽閉された義輝の弟・**義昭**を救出して畿内を脱出。義昭が**織田信長**の援助で上洛し、将軍に就任するのを支えた。しかし、その後義昭と信長が対立すると、幽斎は義昭を見限って信長方についている。以後、織田家臣団の一員として各地を転戦し、その功績として丹後11万石を与えられ、宮津城主となった。

本能寺の変（▼P94）では、姻戚関係にあった**明智光秀**の誘いを断り、家督を子の**忠興**に譲って剃髪。その後は**豊臣秀吉**に重用され九州平定（▼P108）などで活躍したが、その死後は**徳川家康**に接近。関ヶ原の戦いでは西軍（反徳川）の攻撃を受け、田辺城に籠城した。幽斎の死後、孫の忠利が熊本藩主となり明治まで存続した。

細川幽斎（藤孝）の生涯

- **1534年** 京都で誕生
- **1539年** 和泉半国守護・細川元常の養子になる
- **1546年** 「藤孝」と名乗り、幕臣になる

幕臣として活躍
将軍足利義輝のもとで幕臣として活動。義輝死後は弟の義昭につき従い、義昭を将軍にするために奔走した。

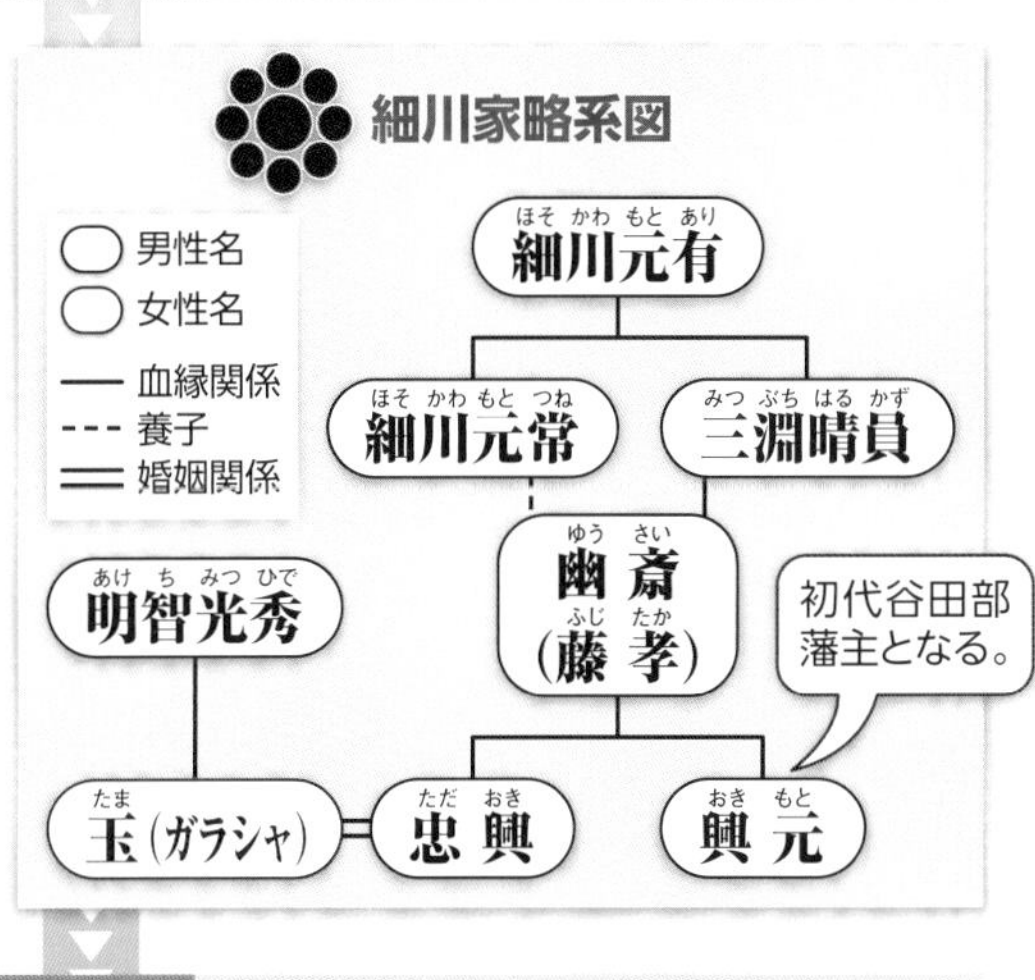

田辺城資料館が所蔵する細川幽斎像。
（写真提供：舞鶴市）

- **1565年** 足利義輝が松永久秀らにより殺害される
  - ▶ 足利義昭とともに畿内を脱出
- **1568年** 織田信長のもとへ身を寄せる
- **1573年** 義昭と信長の対立が表面化
  - ▶ 足利家を去り、織田家の家臣となる
- **1576年ごろ** 古今伝授を受ける
- **1580年** 宮津城主となり、11万石を与えられる
  - ▶ この時期、明智光秀の与力になる
- **1582年** 本能寺の変
  - ▶ 息子の忠興に家督を譲り、引退して「幽斎玄旨」と名乗った
- **1587年** 豊臣秀吉の九州征伐に参加
- **1600年** 関ヶ原の戦い
  - ▶ 徳川家康に味方し、田辺城に籠城
- **1610年** 京都で死去

明智光秀の誘いを蹴る
当時光秀の指揮下にあり、息子の忠興は光秀の娘・玉（ガラシャ）を妻としていた。しかし、光秀の協力要請には、断固拒否した。

教養が命を救う
西軍（反徳川）の大軍に包囲されて危機に陥ったが、朝廷の仲介によって講和。これは、幽斎が継承する歌道の秘伝「古今伝授」を守るためだったといわれる。

現在の田辺城。写真の城門は1992年再建。

人物 細川忠興

(1563～1645年) 初代小倉藩主。細川幽斎の長男で、織田家の武将として父とともに活躍し、のちに豊臣秀吉にも仕えた。関ヶ原の戦いでは東軍に参加。そのため、大坂にいた妻の玉（ガラシャ）が西軍の人質になることを拒んで自害。隠居後、子の忠利が熊本に移封され、忠興は八代城で余生を過ごした。茶人としても有名で、千利休（せんのりきゅう）の高弟の一人に数えられている。

危機を脱した信長 義弟・浅井長政と対決

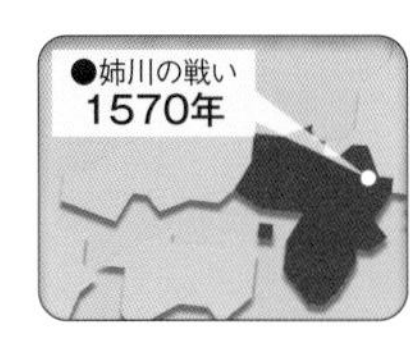

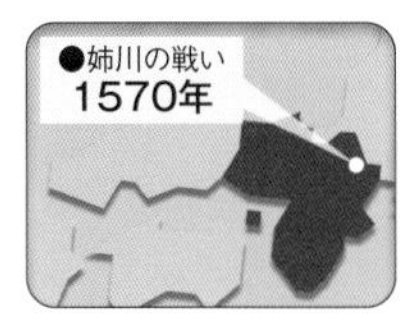

上洛に成功した信長は周囲の平定に着手。越前朝倉と近江浅井とは全面対決に発展した。

日本海

❷ 織田軍が金ケ崎（かながさき）城を攻略した矢先、信長の義弟にあたる小谷（おだに）城の浅井長政が裏切ったとの一報が届く。

金ケ崎城　木ノ芽峠　一乗谷　朝倉義景　福井県　朝倉軍の推定進路

❼ 長政救援のため朝倉軍が一乗谷（いちじょうだに）を出陣。

浅井長政

凡例
織田方の城
浅井・朝倉方の城
その他
※姉川の戦い前後（1570年）

❻ 同年6月、信長は長政を討伐するため岐阜を出陣。のち徳川家康の軍勢も合流。

岐阜県　岐阜城　長良川　岐阜駅　東海道本線　東海北陸自動車道　尾張一宮駅

姉川古戦場。激戦で川が血に染まったと伝えられ、付近には血原や血川といった地名が残る。

窮地を脱した信長が浅井・朝倉軍を撃破

上洛の翌1569（永禄12）年、**織田信長**は将軍**足利義昭**を襲った**三好三人衆**を再度撃退。これにより、三好と結んで反信長の姿勢をみせていた**堺**（▼P42）が信長に従った。同年には伊勢の北畠家を攻め、次男の信雄を北畠家の養嗣子とすることで和睦し、伊勢を勢力圏にしている。

続く1570（元亀1）年には、上洛命令に従わない**朝倉義景**を攻めるべく、越前一乗谷へと出陣。しかし、破竹の勢いで進む織田軍が金ケ崎城を攻め落とした矢先、信長に驚愕の報せが届く。妹のお市を嫁がせて同盟を結んでいた北近江の**浅井長政**の裏切りだ。浅井家は長政の祖父の代から朝倉家と同盟し、その後ろ盾で戦国大名に成長していた。長政は義兄よりもその旧恩を選んだのである。

挟撃の危機を脱して岐阜に戻った信長は、早速同盟者の**徳川家康**とともに出陣し、長政の居城小谷城から姉川を挟んだ横山城を攻めた。ここを落とされると佐和山など南方諸城との連絡が絶えるため、長政は義景の援軍を得て横山城の救援に向かった。これが**姉川の戦い**である。

兵力に勝る織田・徳川連合軍だったが、緒戦は浅井軍の猛将・磯野員昌に本陣近くまで切り込まれるなど苦戦。しかし、徳川軍の別働隊が朝倉軍の側面をつくと戦況は一変し、浅井・朝倉軍は壊走した。員昌は決死の敵中突破で居城の佐和山城に帰還したが、横山城を押さえられたため孤立し、翌年、信長に降伏している。

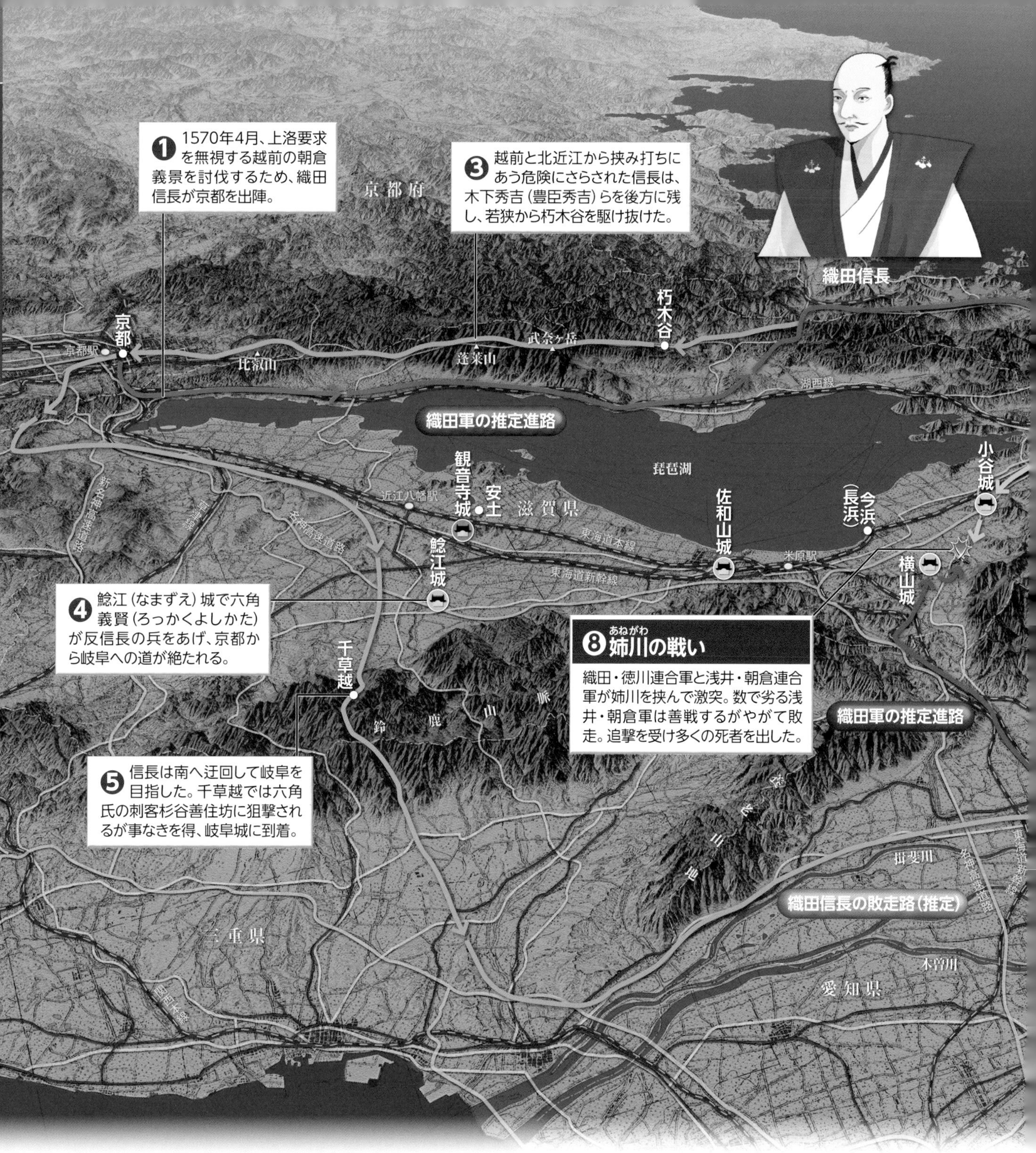

❶1570年4月、上洛要求を無視する越前の朝倉義景を討伐するため、織田信長が京都を出陣。
❸越前と北近江から挟み打ちにあう危険にさらされた信長は、木下秀吉（豊臣秀吉）らを後方に残し、若狭から朽木谷を駆け抜けた。
織田信長
京都府
京都
京都駅
比叡山
蓬莱山
武奈ヶ岳
朽木谷
湖西線
織田軍の推定進路
琵琶湖
観音寺城
安土
近江八幡駅
滋賀県
佐和山城
今浜（長浜）
小谷城
米原駅
横山城
東海道本線
東海道新幹線
名神高速道路
新名神高速道路
鯰江城
❹鯰江（なまずえ）城で六角義賢（ろっかくよしかた）が反信長の兵をあげ、京都から岐阜への道が絶たれる。
❽姉川の戦い
織田・徳川連合軍と浅井・朝倉連合軍が姉川を挟んで激突。数で劣る浅井・朝倉軍は善戦するがやがて敗走。追撃を受け多くの死者を出した。
織田軍の推定進路
千草越
鈴鹿山脈
❺信長は南へ迂回して岐阜を目指した。千草越では六角氏の刺客杉谷善住坊に狙撃されるが事なきを得、岐阜城に到着。
揖斐川
織田信長の敗走路（推定）
木曽川
三重県
愛知県

織田家・浅井家 略系図
凡例
血縁関係
婚姻関係
男性
女性
織田信秀
浅井久政
信長
お市
長政
万福丸
茶々
初
江
1573年、父長政が信長に滅ぼされると捕らえられ、斬首。
のちの淀殿。豊臣秀吉の側室となり、秀頼を産んだ。
京極高次に嫁ぐ。大坂の陣では豊臣・徳川両家の仲介役となった。
再々婚で徳川秀忠に嫁ぎ、千姫や3代将軍家光を産んだ。

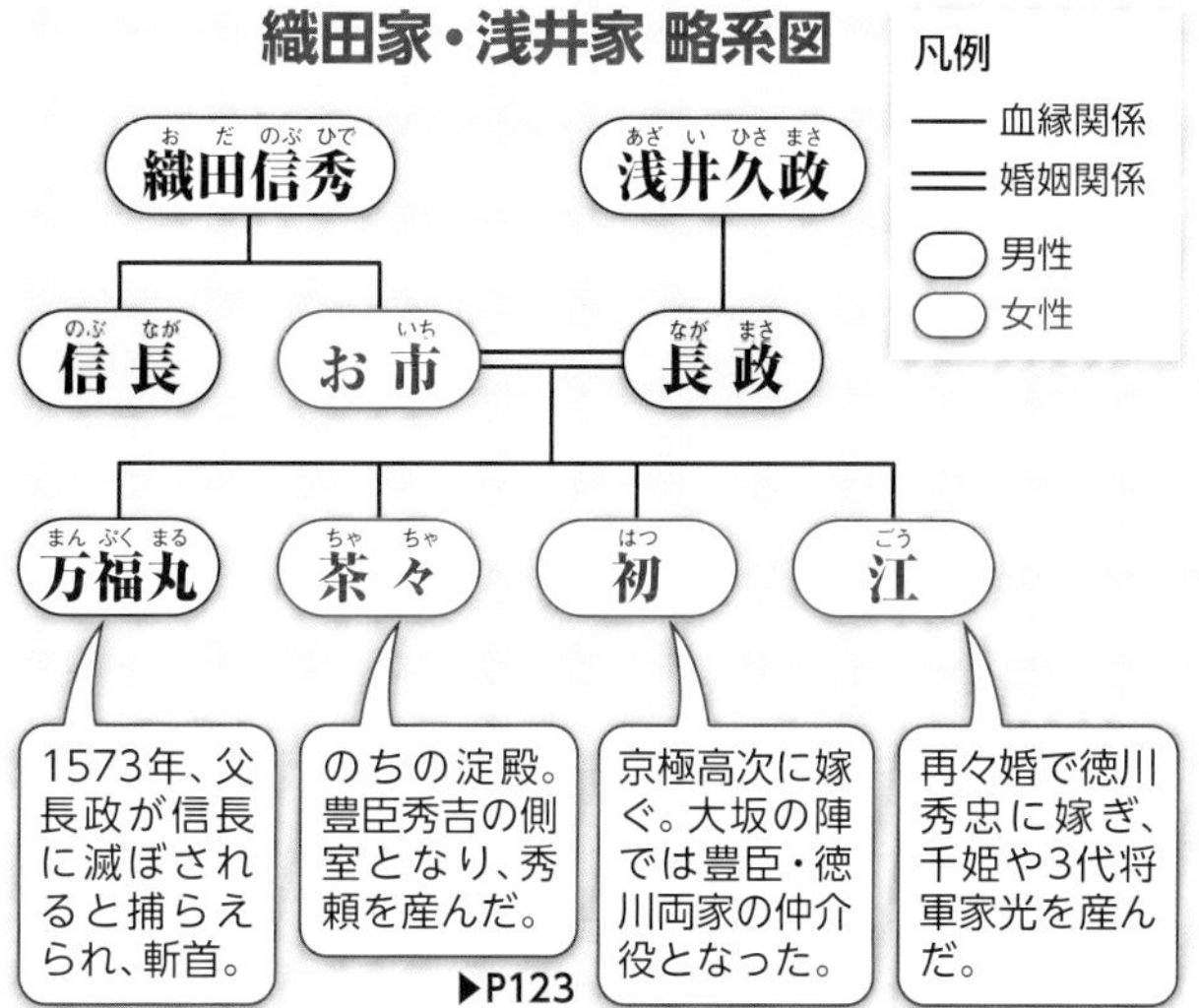

▶P123

秀吉出世のきっかけ 金ケ崎撤退戦

信長の生涯で最も苦しい戦いだったといわれる金ケ崎撤退戦において、信長を逃がすために殿軍を務めたのが木下藤吉郎秀吉、のちの豊臣秀吉であった。秀吉は自ら殿軍を願い出て、朝倉軍を食い止める活躍をみせたといわれる。だが実際は、秀吉のほかに明智光秀らも与力を命じられていたようである。

秀吉は姉川の戦いでも功績があり、戦後、浅井家の居城・小谷城にほど近い横山城の守備を任された。その後、浅井長政討滅においても戦功をあげた秀吉は1573（天正1）年、近江長浜城主に出世することになる。

43

【人物列伝】朝倉義景

優柔不断で自滅した越前屈指の戦国大名

人物列伝
●生没年
1533～73年

領国経営に成功していた越前朝倉家だったが、11代義景を最後に織田軍に滅ぼされた。

朝倉義景の生涯

- **1533年** 越前朝倉家10代当主・朝倉孝景の長男として生まれる
- **1548年** 父の死を受けて家督を相続
- **1555年** 加賀の一向一揆を攻め、加賀半国を制圧

上杉謙信と連携
同年に川中島へ出兵（第2次合戦）した上杉謙信を側面支援するためとされる。

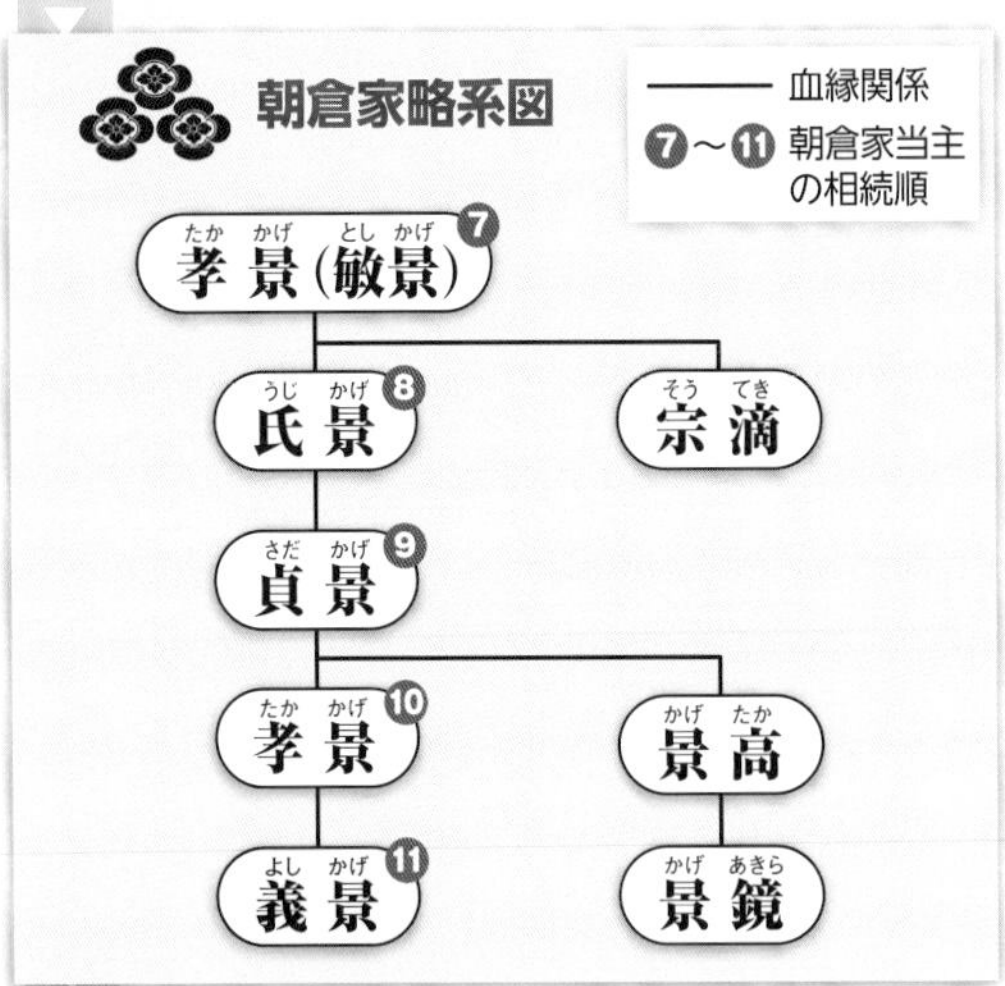

朝倉義景像
心月寺蔵（福井市立郷土博物館保管）

- **1562年** 大覚寺門跡で連歌師の義俊をもてなすため、一乗谷で曲水の宴を催す
- **1566年** 将軍足利義輝の弟義昭を越前に迎え入れる
- **1567年** 義昭の仲介で本願寺と和睦
  - ▶ 数十年にわたる加賀一向一揆との戦いが終結
- **1568年** 嫡男の阿君丸が夭逝
  - ▶ 以後、政治的意欲が薄れる
- **1570年** 姉川の戦いで織田・徳川連合軍に敗退
- **1572年** 浅井家救援のため小谷城に入る
  - ▶ 同年12月には一乗谷に撤退し、信長包囲網に穴をあける
- **1573年** 一乗谷の戦いで織田軍に敗れる
  - ▶ 一乗谷の東方に逃れるが、重臣朝倉景鏡の裏切りで自害した

文化的活動に傾倒
義景自身も詩歌や画、禅、茶の湯などをよくし、一乗谷からは京風の山水を備えた庭園跡も出土している。

顕如と姻戚関係を構築
和睦の証として、自身の娘と本願寺11世法主顕如の長男・教如を婚約させる。

武田信玄が非難
信長包囲網の一画だった武田信玄は、「御手之衆過半帰国之由驚入候（貴公の大半の兵が帰国したことに驚いている）」などと義景の撤退を非難する書状を送っている。

周囲の期待を裏切り続けた越前の雄の最期

越前朝倉家は、南北朝時代に斯波氏の家臣となった朝倉広景を祖とする。**応仁・文明の乱**（▼P18）に際し、7代孝景（敏景）が斯波氏の内紛に乗じて下剋上を達成し、越前の戦国大名となった。10代孝景は足利将軍の側近である御供衆・相伴衆としてよく仕えたため、子の**朝倉義景**にも幕府再興への尽力が期待された。

1548（天文17）年、父の死を受けて家督を継いだ義景は、越後の**上杉謙信**に呼応して**加賀一向一揆**とたびたび戦った。しかし1566（永禄9）年に**足利義昭**を迎え入れると、翌年、義昭の仲介で本願寺と和睦し、自身の娘と本願寺法主**顕如**の長男教如を婚約させている。また、義昭は義景に管領代の地位を与えるなど、義景の支援による上洛を期待していた。ところが義景の腰は重く、さらに1568（永禄11）年に溺愛していた長男の阿君丸が夭逝すると、政務への意欲が減退。**姉川の戦い**でも自身は出陣せず、家臣の朝倉景健を総大将として派遣している。

1572（元亀3）年には**織田信長**の攻撃を受けた**浅井長政**を支援すべく小谷城に入った。これに呼応した**武田信玄**も上洛の兵（▼P70）を挙げたが、12月になると義景は兵の疲労と積雪を理由に一乗谷へと撤収し、信長包囲網に穴をあけてしまう。翌年も小谷城へ出陣したものの、信玄の病死で主力を振り向けられるようになった織田軍に追い詰められ、最後は重臣朝倉景鏡に裏切られて自害した。

人物 **朝倉宗滴**（あさくらそうてき）
（1477～1555年）　越前朝倉家7代当主・朝倉孝景（敏景）の末子。本名は教景（のりかげ）。朝倉家の軍事指揮者として貞景、孝景（10代）、義景の3代を後見し、越前や加賀の一向一揆鎮圧に尽力した。談話筆録集である『朝倉宗滴話記』によれば、隣国への出陣は生涯で12度に及んだ。松永久秀が織田信長に献じたことで知られる茶入れの大名物「九十九髪茄子」を一時期所有していた。

44【人物列伝】浅井長政

義兄の逆鱗に触れた乱世の若き勇将

信長を危機に陥れた若き勇将浅井長政は旧誼を重んじた結果、信長の怒りを買った。

浅井長政の生涯

1545年 浅井久政の子として誕生
- ▶ 六角家の観音寺城下で生まれたとされる

1560年 16歳で家督を継ぐ
- ▶ 数カ月後に開城して美濃を去り、浅井家の客分になる

京極氏や六角家に圧迫されるなど、外交で劣勢続きの久政の隠退を重臣たちが強要したとされる。

野良田の戦いで六角義賢（承禎）を撃破

1561年 初名の賢政から長政に改名

六角義賢から与えられた「賢」の字を捨てて対決姿勢を鮮明にした。

1566年 蒲生野の戦いで六角家に勝利

1567年ごろ 織田信長の妹お市と結婚
- ▶ 信長と同盟を結ぶ

1568年 信長上洛に参陣
- ▶ 観音寺城を攻撃して義賢らを追放する

義賢とも結んで朝倉義景とともに信長挟撃を図るが、取り逃がす。

1570年 越前攻めをする信長を裏切る

姉川の戦いで敗戦
- ▶ 横山城を奪われ、南方諸城との連絡が絶たれる

義景とともに信長のいる京都に出陣
- ▶ 反撃を受けて比叡山に逃げ込み、将軍足利義昭の仲介で和睦した

1571年 一向一揆勢とともに信長を攻撃するが失敗

1573年 前年に続いて信長の攻撃を受ける
- ▶ 居城の小谷城を落とされて自害した

落城前に、長政の嫡男万福丸は家臣とともに城を脱出したが、その後敦賀で織田軍に捕まり、処刑された。これで浅井家の男系は絶えている。

浅井長政肖像画
（長浜城歴史博物館蔵）

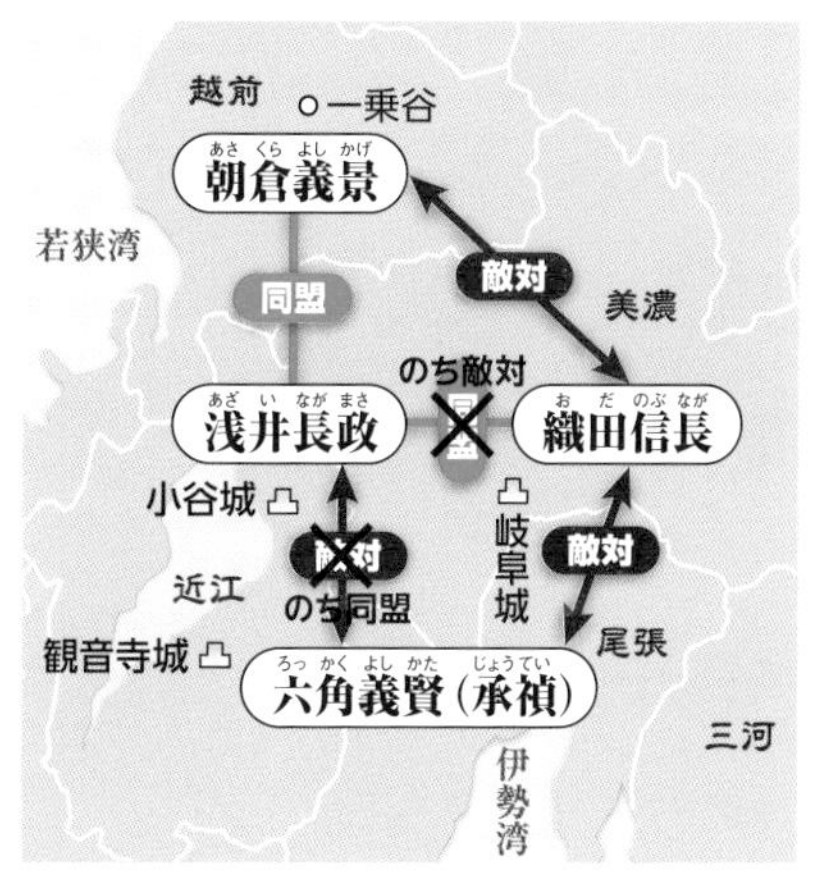

旧敵とも結んで義兄・織田信長を攻撃

北近江の守護京極氏の家臣だった浅井家を戦国大名に押し上げたのは、**浅井長政**の祖父亮政である。亮政は京極氏の家督争いを機に主家を圧倒して自立。南近江の六角家に干渉されたが越前朝倉家の援助でこれをしのぐ。しかし、次の久政は再挙した京極氏に攻められ、六角家に敗れて臣従を余儀なくされる。そのため、1560（永禄3）年には重臣たちに隠退を迫られ、16歳の長政が家督を継いだ。

当初、**六角義賢**（承禎）から1字を取って賢政と称したが、野良田の戦いで義賢を破ると、翌1561（永禄4）年には「賢」の字を捨て長政と改名。1567（永禄10）年ごろに**織田信長**の妹お市と結婚して信長と同盟するが、その際、旧恩ある朝倉家との修交存続を条件としている。

信長上洛時には先鋒として観音寺城の義賢を駆逐した長政だが、1570（元亀1）年に信長が朝倉を攻めると、旧恩を優先して義兄を裏切り、旧敵である義賢とも結んで信長を攻めた。

義弟の裏切りで挟撃の危機に陥った信長だが、これを脱すると**姉川の戦い**で浅井・朝倉連合軍を撃破した。その後、**本願寺**を中心とした信長包囲網が成立するが、**武田信玄**の病死などで包囲網が瓦解すると、信長は真っ先に長政の居城である小谷城を攻めた。そして1573（天正1）年9月、**朝倉義景**の一乗谷に続いて小谷城を落とし、長政が自害して浅井家は滅亡したのだった。

人物 浅井久政
（?～1573年）　北近江の戦国大名で浅井長政の父。1542年に家督を継ぐが、旧主京極氏や南近江の六角家に攻められて終始劣勢だった。内政面では高時川に餅の井、松田井の井堰を設け、用水規定を定めて郷村間の利害を調整するなど領国の安定化に寄与。1560年に家督を譲った長政による浅井家最盛期を準備した。1573年、小谷城落城に際し、長政とともに自害した。

45 第1次信長包囲網

信長、四面楚歌! 敵に囲まれて大苦戦

信長との関係が悪化した足利義昭のよびかけにより反信長の諸勢力が連携。信長は周囲を敵に囲まれた。

●信長包囲網形成
1570年ごろ

しだいに深まっていった信長と将軍義昭の溝

上洛当初は蜜月だった**織田信長**と**足利義昭**の関係は、しだいに悪化していった。将軍就任直後から政治的活動を活発化させた義昭に対し、信長は1569(永禄12)年、将軍権力を制限する「殿中掟」を認めさせている。しかし、その後も**武田信玄**と**上杉謙信**の講和を図ろうとするなど義昭が積極的な行動をとると、翌1570(元亀1)年には殿中掟の追加5カ条を突きつけた。その内容は「諸大名への書状には必ず信長の副状を添えること」や「天下の政治は信長に任せられたのだから、信長は将軍の上意を得ることなく自身の判断で成敗を加えるべきである」といった厳しいもので、義昭は信長への警戒感を強めていった。

包囲網の完成で窮地に立たされた信長

同年、信長は追加5カ条に記したとおり、独断で朝倉攻めを行い、次いで**姉川の戦い**で浅井・朝倉連合軍に勝利する。さらには、摂津・河内で再挙を図った**三好三人衆**を攻めると、石山(大坂)への戦火の波及を懸念した**本願寺**法主の**顕如**が反信長の兵を挙げた。さらに、背後からは体制を立て直した浅井・朝倉連合軍が京都に迫ったが、信長が主力を返して反撃すると**比叡山延暦寺**に逃げ込まれた。これで手詰まりになった信長は正親町天皇の仲介で和睦を成立させている。

一方、このときまでは信長と行動をともにしていた義昭だが、翌年からは信玄や謙信、**毛利輝元**、**六角義賢**(承禎)らに盛んに信長打倒の書状を下すようになった。結局、自らの手で天下統一を目指すようになった信長と、あくまで諸大名を糾合して幕府の再興を志向していた義昭の方針は、平行線をたどるしかなかったといえる。

翌1572(元亀3)年、信長が義昭を厳しく糾弾する「17カ条の異見書」を出したことで両者の対立は決定的となったが、このころには、すでに四方から信長を追い詰める包囲網(**第1次信長包囲網**)が完成していた。

第1次信長包囲網を形成した勢力

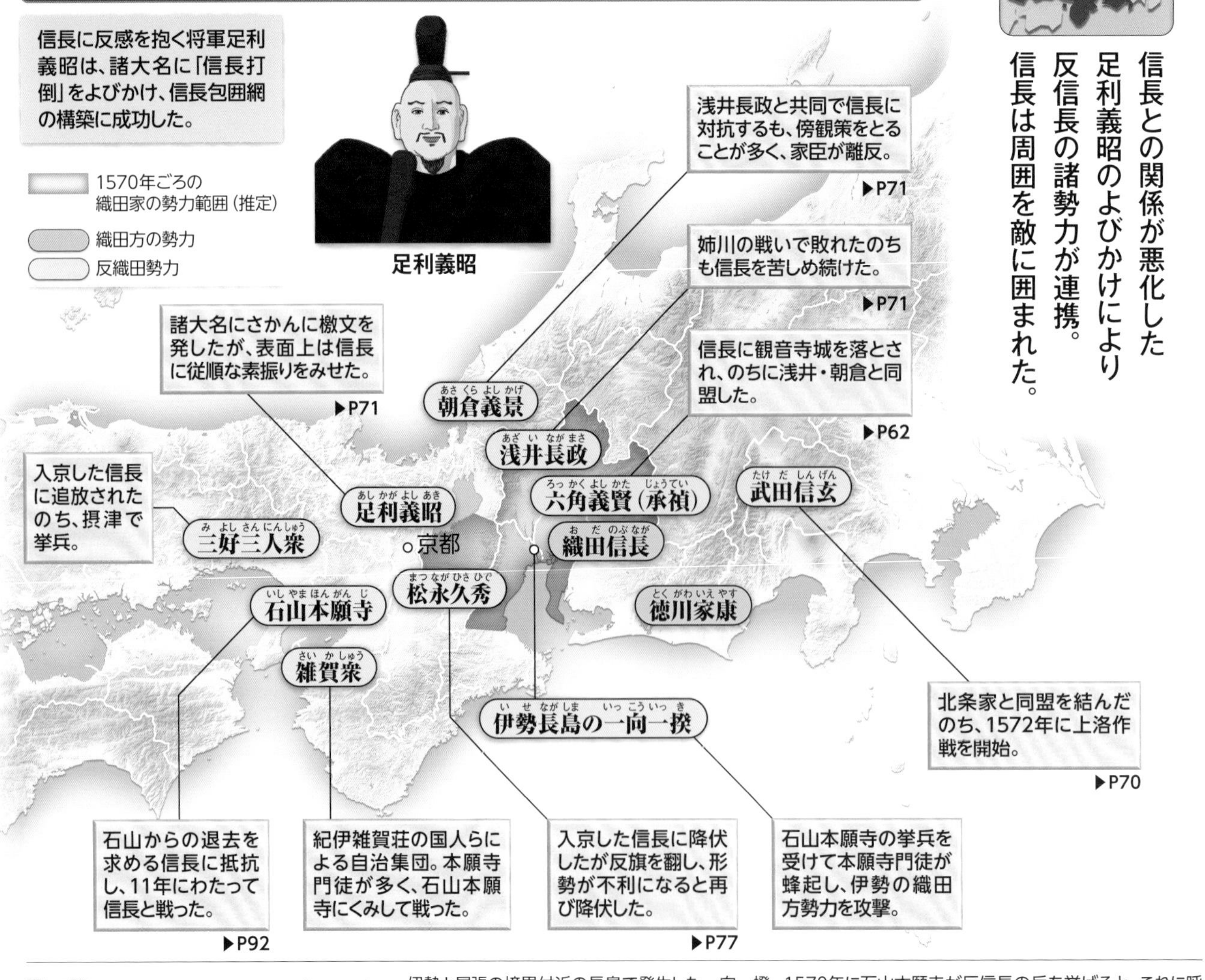

信長に反感を抱く将軍足利義昭は、諸大名に「信長打倒」をよびかけ、信長包囲網の構築に成功した。

1570年ごろの織田家の勢力範囲(推定)
織田方の勢力
反織田勢力

足利義昭

朝倉義景：浅井長政と共同で信長に対抗するも、傍観策をとることが多く、家臣が離反。▶P71

浅井長政：姉川の戦いで敗れたのちも信長を苦しめ続けた。▶P71

六角義賢(承禎)：信長に観音寺城を落とされ、のちに浅井・朝倉と同盟した。▶P62

足利義昭：諸大名にさかんに檄文を発したが、表面上は信長に従順な素振りをみせた。▶P71

三好三人衆：入京した信長に追放されたのち、摂津で挙兵。

京都

織田信長

武田信玄：北条家と同盟を結んだのち、1572年に上洛作戦を開始。▶P70

徳川家康

石山本願寺：石山からの退去を求める信長に抵抗し、11年にわたって信長と戦った。▶P92

雑賀衆：紀伊雑賀荘の国人らによる自治集団。本願寺門徒が多く、石山本願寺にくみして戦った。

松永久秀：入京した信長に降伏したが反旗を翻し、形勢が不利になると再び降伏した。▶P77

伊勢長島の一向一揆：石山本願寺の挙兵を受けて本願寺門徒が蜂起し、伊勢の織田方勢力を攻撃。

伊勢長島の一向一揆

伊勢と尾張の境界付近の長島で発生した一向一揆。1570年に石山本願寺が反信長の兵を挙げると、これに呼応して挙兵。滝川一益や柴田勝家といった織田軍の名将を敗走させるなど、信長をおおいに苦しめた。1574年、織田の大軍に包囲されて壊滅。信長は2万人を超える男女をなで切り(皆殺し)にした。

46 延暦寺焼打ち
堕落した宗教権威を信長が破壊した

延暦寺焼打ちまでの経緯

信長包囲網が形成されつつあるなか、信長は伝統的権威であった比叡山延暦寺の焼打ちによって状況の打開を図った。

❶ 浅井・朝倉連合軍が坂本へ進軍。信長は迎撃に向かうが、浅井・朝倉軍は比叡山に籠り、延暦寺もこれを庇護したため、苦戦を強いられた。

❷ 浅井家家臣で佐和山城を守る磯野員昌(かずまさ)が、木下(豊臣)秀吉の勧告により投降。信長は岐阜城から京都方面へ向かう拠点を確保。

❸ 延暦寺焼打ち
比叡山を包囲した織田軍は、根本中堂をはじめとする延暦寺の伽藍(がらん)をすべて焼き払い、山中の男女数千人を皆殺しにした。

姉川の戦い後、木下秀吉が入城し、浅井家攻略の拠点とした。

朝倉義景　一乗谷　越前　若狭湾　若狭　浅井長政　小谷城　姉川　横山城　佐和山城　織田信長　岐阜城　美濃　尾張　丹波　琵琶湖　近江　延暦寺　坂本　京都　足利義昭　摂津　山城　石山本願寺　河内　大和　信貴山城　和泉　伊勢

おもな勢力・武将　❶〜❸ 発生順

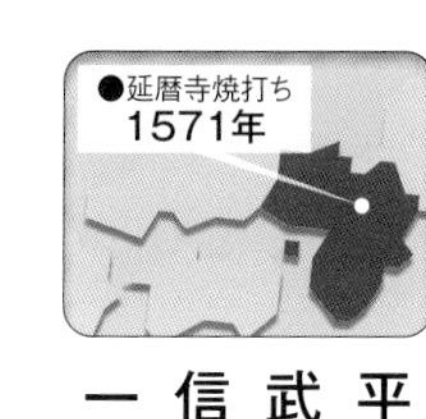

平安以来の伝統的権威と武力を誇る延暦寺だが、信長と敵対したことで一山が灰燼に帰した。

信長と敵対し破壊された延暦寺

中世屈指の権門である寺社勢力(▼P29)のなかでも最大級の実力を誇ったのが、日本仏教の中心地とされた**比叡山延暦寺**(山門)だ。注目すべきはその宗教的権威よりも世俗的権力である。大荘園領主にして一大金融業者だった延暦寺は、京都と北陸・東国を結ぶ琵琶湖水運の要地である坂本を門前町として抱えた、交通・物流の支配者でもあった。さらには卓越した経済力を背景に多数の**僧兵**も抱えたことで、戦国大名に伍する勢力として君臨していた。

この世俗的権力に敵対したのが**織田信長**である。1570(元亀1)年、信長は比叡山に対して「自分に味方するか、もしくは中立を保ってほしい」とよびかけた。しかし、この要請は無視され、信長の攻撃を受けた浅井・朝倉軍が比叡山に逃げ込むと、延暦寺はこれを保護する。

比叡山の明確な敵対行為に対し、信長は翌1571(元亀2)年、延暦寺の破壊を決行する。3万の軍勢で比叡山を取り囲むと坂本の町に火を放ち、総本堂である根本中堂を含む堂宇伽藍を焼き払ったのだ。さらに、山中にいた数千人の男女を僧俗の区別なく皆殺しにしたといわれている。

残虐非道の所業か堕落の報いか

この**延暦寺焼打ち**は信長の残虐行為の代表例として語られることが多い。当時においても、**武田信玄**が「天魔ノ変化」と罵るなど、非難の声があがっていた。

その一方で、当時の延暦寺の僧たちは修行を怠り、飲酒や姦淫、肉食に耽ったほか収賄などの悪行も目立っており、信長の行為は堕落しきった中世的権威の否定であり、近世への移行期の象徴的出来事としての意義を見出す意見もある。また、発掘調査などにより、焼打ちは従来の見解よりも小規模だったとする説も出されている。

琵琶湖東岸からみた比叡山。京都の鬼門を守る霊山として尊崇を集めた。

キーワード　その後の延暦寺

焼打ちを逃れた僧は、武田信玄の庇護を受けて復興を目指すが実現せず、本能寺の変後に豊臣秀吉に接触し、1584年に再興を許された。その後、豊臣政権や江戸幕府によって復興が進んだ。徳川家康、秀忠、家光に仕えた天台宗の僧、天海(てんかい)は延暦寺の復興に尽力し、1642年には家光の命で根本中堂が竣工している。

三方ヶ原で大勝するも信玄、無念の病死

満を持して京都を目指した信玄の前に、家康が大敗する。しかし、その後に病が悪化し、信玄の望みは絶たれた。

後顧の憂いを排し信玄が上洛を開始

1569(永禄12)年、**武田信玄**が駿河に侵攻して**甲相駿三国同盟**を破る(▼P60)と、**北条氏康**との関係が悪化した。しかし、氏康が病死する間際に残した遺言によって2年後には同盟が復活する。これで東方の安全を確保した信玄は、1572(元亀3)年、本願寺法主**顕如**に依頼して加賀・越中の一向一揆を動かし、**上杉謙信**を牽制。満を持して西上の兵を挙げた。将軍**足利義昭**による**信長打倒**の要請に応えた行動だったともされる。

まず信玄が標的としたのは、領土を接する**徳川家康**である。信濃から徳川領に入った武田軍は、遠江・三河の徳川方諸城を落とし、本拠地・浜松城に迫った。

三方ヶ原の戦いに勝つも病に倒れた「甲斐の虎」

このとき、徳川軍の兵力は武田軍に及ばず、また家康と同盟を結んでいた信長は畿内で包囲網を形成されており、小規模な援軍しか送れなかった。そして12月、信玄は二俣城を落とすが、籠城の準備をしていた浜松城を素通りして軍を西へと進めたのである。これを好機ととらえた(家臣に弱腰とみられることを避けるためとの説もある)家康は追撃軍を進発させるが、浜松城素通りは家康を誘い出す信玄の罠だった。徳川・織田連合軍が浜松城北の**三方ヶ原**に到達すると、そこには魚鱗の陣をしく武田軍が待ち構えていたのである。

兵力、戦術ともに勝る武田軍の猛攻で徳川・織田軍は瓦解。家康はどうにか浜松城に逃げ帰ったが、多くの家臣が討ち死にした。この**三方ヶ原の戦い**は、家康唯一の惨敗だったとされる。

徳川・織田軍を撃破した信玄はさらに西進して野田城を落としたが、その後急に進路を転じて信濃に戻った。以前から抱えていた信玄の病がいよいよ悪化したのである。その病が癒えることはなく、1573(元亀4)年、信長に「甲斐の虎」と恐れられた信玄は息を引き取った。

こうして、包囲網に苦しめられていた信長と家康は、最大の窮地を脱したのであった。

三方ヶ原の戦いと武田信玄の死

足利義昭の要請を受けて上洛作戦を開始した武田信玄は、三方ヶ原で徳川家康を破るが、その後病気が悪化。快復することなく、陣中で没した。

❶〜❸ 武田信玄の動き
おもな勢力・武将

信玄は加賀・越中の一向一揆を動かし、宿敵上杉謙信の動きを牽制した。

上杉謙信

織田信長に対抗できる大勢力として武田信玄に期待し、上洛を要請。

❸ 西進して野田城を攻め落とすが、病気が悪化して一度信濃へ引き上げた。だが病状は改善せず、そのまま病死した。

武田信玄
信濃
武田信玄の推定進路
甲府
武田信玄
甲斐
美濃
織田信長
駒場
山城
近江
対立
京都
尾張
三河
相模
足利義昭
伊勢
同盟
三方ヶ原
駿河
北条氏政
野田城
二俣城
伊賀
遠江
伊豆
浜松城
徳川家康

❶ 北条家との同盟を復活させ後顧の憂いを断った信玄が西上を開始。将軍足利義昭の信長討伐要請があったともいわれている。

❷ 三方ヶ原の戦い
徳川家康の本拠地・浜松城の北方を通過。三方ヶ原で家康を待ち伏せし、徳川軍および織田家の援軍に大打撃を与えた。

徳川家康

武田信玄の遺言

病に倒れた武田信玄は跡継ぎの勝頼に対し「自分の死を3年間隠せ」と遺言したとされる。これは自身の死が世間に与える影響を懸念したためと考えられる。勝頼は父の死を隠し、葬儀も3年後まで行わなかったが、信玄の死んだ4月のうちに、すでに飛騨の武士から上杉家の家臣宛に「信玄が重病もしくは急死という噂がある」という情報が伝えられている。

48 足利義昭の追放

反信長の旗印 将軍義昭の追放劇

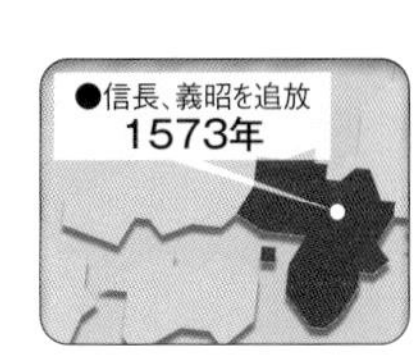

武田信玄の病死により窮地を脱した信長は畿内で反転攻勢に出て、将軍義昭を追放した。

足利義昭の放浪

挙兵した将軍を一蹴し義昭を京都から追放

武田信玄が**三方ヶ原**の戦いに勝利したころ、信長包囲網の盟主だった将軍**足利義昭**は、自らも二条城で信長打倒の兵を挙げた。しかし、これを暴挙とみた**荒木村重**や側近の**細川幽斎**（藤孝）らが離反。さらに信玄の病死で状況は一変する。

いったんは信長と講和した義昭だったが、1573（元亀4）年7月に宇治の槇島城で再挙した。しかし、ただちに信長の大軍に包囲されると降伏し、ついに京都を追放された。最初、**顕如**の斡旋もあって妹婿である河内の三好義継のもとに身を寄せた義昭だが、義継は義昭をかくまったとして信長麾下の佐久間信盛に攻撃され11月に自刃。三好宗家はここに滅んだ。その直前に堺、さらには紀伊の湯川氏のもとへ移った義昭だが、畿内に身を置くことに危険を感じたため〝中国の覇者〟**毛利輝元**の庇護下に置かれた。

将軍家・三好宗家に続き浅井・朝倉家が滅亡

義昭を一蹴した信長は、翌8月、包囲網の一画だった**浅井長政**に狙いを定める。報せを受けた**朝倉義景**も小谷城救援に出るが、すでに北近江では、**姉川の戦い**（▶P64）で奪った横山城を中心に**木下秀吉**が堅牢な砦を築いており、秀吉の調略などで浅井家から離反者も出始めていた。

この状況に加え、織田軍の奇襲を受けた義景は戦況不利とみて撤退する。しかし、この動きを読んでいた信長は主力を率いて追撃し、一乗谷を攻め落として義景を敗死させた。返す刀で小谷城に総攻撃を仕掛けると、追い詰められた長政が自刃。浅井・朝倉両家は滅亡し、**第1次信長包囲網**は完全に瓦解したのである。

室町幕府はいつ滅亡したのか

一般に、足利義昭が京都を追放された1573（天正1）年を、室町幕府滅亡の年と定義することが多い。しかし、義昭は征夷大将軍職を辞職しておらず、信長が新たな将軍を立てることもなかった。ただ、義昭が京都からいなくなっただけであり、また京都以外の場所で政務を執った将軍は義昭以前にも存在（9代将軍・足利義尚）する。

1576（天正4）年、毛利家の庇護のもと鞆の浦に落ち着いた義昭は、ここに「鞆幕府」ともいわれる亡命政権を立ち上げ、以後も反信長と室町幕府復興を目指して活動を続けている。実際、上杉謙信の参加によって第2次信長包囲網が構築されたときも、義昭はさかんに動いている。

このような状況を考えると、一概に「京都から将軍が追放されたから室町幕府は滅亡した」とは言い難いのである。

キーワード その後の足利義昭

毛利家の庇護を受けた義昭は、以後も反信長に動いた（▶P77）。信長死後は京都への帰還をもくろむが果たせず、1588年、島津氏が豊臣秀吉に降伏した際に正式に将軍職を辞した。その後、将軍職を望む秀吉から養子にするよう頼まれたが断ったとされる。晩年は山城に1万石を与えられ、秀吉の御伽衆（おとぎしゅう、話し相手）となった。

コラム

戦国乱世に暗躍した「忍び」の実態

歴史の舞台に登場した数少ない記録

1573(天正1)年、武田信玄の死を知らなかった足利義昭は、無謀にも反織田信長の兵を挙げて京都を追放された。戦国乱世では情報が運命を左右するのだ。

そんな情報の収集を行ったのが、世界的にも有名な「忍者」だ。魔法のような忍術で敵を倒す姿は後世の脚色だが、情報収集に加えて敵陣の撹乱や夜襲を行う者は存在し、信玄に仕えた「三つ者」や上杉謙信の「夜盗組」などが知られる。

「忍び」と総称された彼らは、商人などに扮し、闇夜に紛れて活動するため、歴史の表舞台に現れることは少ない。それでも、1574(天正2)年には信長の家臣・横井時泰が岐阜城に侵入した忍びを撃退した、といった記録がある。また、9代将軍足利義尚が六角討伐の親征を行った際、将軍本陣である近江鈎の陣を大混乱に陥れた奇襲攻撃があった。陣内に煙を焚きしめ、敵の視界を奪ったうえで少人数で切り込んだと伝わるこの攻撃の主体は、甲賀衆および伊賀衆とよばれる忍びだった。

戦国大名を撃退した忍びの団結力

伊賀国や隣接する近江甲賀郡は複雑な地形の山野に囲まれており、群立した地侍が抗争を続け統一勢力は育たなかった。そのため、常に隣接する他党の動向を探索する必要に迫られ、独自に忍びの術が発展した。しかし、戦国大名など大規模な外敵からの防衛を迫られるようになった彼らは、伊賀惣国一揆や甲賀郡中惣(▼P23)を結ぶ。その団結力をみせつけたのが1578(天正6)年からの天正伊賀の乱だ。

北畠家の養子となって伊勢国を掌握した信長の次男・信雄は隣国伊賀の平定も目指したが、地の利を生かした奇襲や撹乱を駆使した伊賀衆に敗北したのだ。しかし、2年後には大軍を率いた信長が伊賀を制圧。織田軍の追捕を逃れた一部の伊賀衆は、各地の大名を頼って忍び働きをしたとされる。一方、父の代から松平(徳川)家に仕えていた服部半蔵は、本能寺の変後、伊賀衆や甲賀衆を糾合して家康の伊賀越えを助けた。そのため、彼らは伊賀組同心や甲賀百人組として家康に取り立てられている。

戦国時代の忍びの活躍

六角家は敵の進軍に対して居城観音寺城を放棄し、甲賀衆と連携してゲリラ戦を展開することを常套手段とした。1568年の信長上洛(▶P62)以後は団結が緩み、織田家に服属する甲賀衆もいた。

六角家
甲賀衆
甲賀郡中惣53家などが知られる。

上杉家
夜盗組
このほかにも「軒猿(のきざる)」とよばれる忍びがいたとされる。

伊賀国
伊賀衆
天正伊賀の乱で信長に敗れる。一部は徳川家康の伊賀越えを助けて召し抱えられた。

伊達家
黒脛巾組
政宗が創設したとされる黒い脛当てを着けていた忍者集団。

毛利家
佐田三兄弟
特に長男の彦四郎は「狐狸の変化」などと称されたという。

北条家
風魔一党
乱波(らっぱ)とよばれ、風魔(間)小太郎を首領とし、夜討を得意とした。

紀伊国
雑賀衆
一向宗門徒の集団で、鈴木(雑賀)孫一を中心とした鉄砲隊が織田信長と敵対したが、降伏した。

紀伊国
根来衆
新義真言宗総本山根来寺の僧兵集団。数多くの鉄砲を備え、戦国大名の傭兵としても活動したが、豊臣秀吉に滅ぼされた。

武田家
三つ者
透波(すっぱ)を組織化し、間見(あいみ)、見分(みわけ)、目付の3つの諜報活動に携わったとされる。

陸奥 越後 甲斐 相模 近江 伊賀 安芸 紀伊

第4章 織田勢力の拡大

織田政権全盛期の情勢

織田政権全盛期の情勢

信長、天下統一に向けて加速

時代概説

強敵武田信玄の病死もあって、織田信長は「第1次信長包囲網」という苦しい時期を乗り切った。その後も敵対する大名や配下武将の反乱に苦しめられたものの、持ち前の才覚と強運で打開していく。

そして、約10年にわたって争った石山本願寺を事実上屈服させ、武田家をも滅ぼすと、信長にとっての強敵は中国の毛利、関東の北条、北陸の上杉を残すのみとなった。いよいよ、全国統一は目前に迫ったのである。

この躍進を支えたのは、出自や立場にとらわれず優秀な人材を登用する、信長の人を見る目だった。弟の反乱に与した柴田勝家や他家に仕えていた明智光秀、足軽出身の羽柴秀吉らを抜擢し、各方面の司令官として軍勢を任せた。そんな彼らの活躍で天下統一への動きは加速したのである。一方で、勘気に触れたものは宿老であっても追放し、延暦寺焼打ちに代表されるように、敵対者には容赦しない苛烈な面も目立った。そうした部分への反発は多く、危機を招いてきた事実も否定できない。

そして1582(天正10)年、戦国乱世に一つの方向性を示した革命児は、重臣・光秀の突然の謀反(本能寺の変)により、49年の生涯に幕を下ろしたのである。

1580年代前半の勢力図

蠣崎氏
南部氏
秋田氏
出羽
陸奥
佐渡
能登
最上氏
上杉氏
伊達氏
越後
蘆名氏
相馬氏
信濃
上野
下野
佐竹氏
常陸
武田氏
武蔵
甲斐
北条氏
下総
駿河
相模
上総
伊豆
里見氏
安房

最上義光(1546～1614年)
家督争いで対立した勢力を粛清し、家中を統一。妹の夫である伊達輝宗と激しく戦った。

南部晴政(1517～82年)
信直を養子とするが、実子が生まれると信直と対立し、家中に混乱を招いた。

上杉景勝(1555～1623年)
急死した謙信の後継者争いを制して家督を継ぐが、勢力が衰え、織田軍の侵攻を許した。
▶P79, 80

伊達輝宗(1544～85年)
天文の乱以来の宿敵である相馬氏に苦戦するが、調略(寝返り工作)により優勢をつくり出した。

佐竹義重(1547～1612年)
北の蘆名氏、南の北条氏から攻撃を受け苦戦するが、養子縁組を活用してこれに対抗した。

武田勝頼(1546～82年)
勢力拡大のため遠征をくり返すが、長篠の戦いで惨敗し、以後勢力を著しく衰退させた。
▶P76, 93

北条氏政(1538～90年)
上杉家の家督争いに際し、武田勝頼と決裂。織田軍とともに勝頼を攻め、滅亡に追い込んだ。
▶P79, 82, 93

徳川家康(1542～1616年)
長篠の戦いで活躍。織田信長の命令で長男・信康を自害させ、織田家との同盟を維持した。
▶P76, 93

第4章 略年表

1575 天正3年
- **長篠の戦い** ▼P76
- 明智光秀が丹波・丹後の攻略を命じられる ▼P81
- 柴田勝家が越前北ノ庄を与えられる ▼P80
- 波多野秀治が織田信長に反逆

1576 天正4年
- 織田信長が安土城の築城を開始 ▼P91
- 上杉謙信が織田信長との同盟を破棄 ▼P77

1577 天正5年
- **織田信長が安土に楽市令を出す** ▼P90
- 手取川の戦い ▼P78
- 織田信長が松永久秀を滅ぼす
- 羽柴秀吉が中国地方の攻略を命じられる ▼P83

1578 天正6年
- **上杉謙信が病死** ▼P78
- 御館の乱(～1579年) ▼P79
- 別所長治が織田信長に反逆
- 荒木村重が織田信長に反逆
- 耳川の戦い ▼P106

1580 天正8年
- **石山戦争が終結** ▼P92
- 柴田勝家が加賀の一向一揆を鎮圧

1582 天正10年
- 天正遣欧使節が出発 ▼P88
- 織田信忠、滝川一益が武田勝頼を滅ぼす ▼P93
- 滝川一益が上野と信濃の一部を与えられる ▼P82
- **本能寺の変** ▼P94

柴田勝家
(1522?～83年)
織田家の家老。北陸方面軍の司令官となり、上杉軍や加賀の一向一揆と戦った。
▶P78, 80

明智光秀
(1528?～82年)

織田家の新参の家臣だが、信長に重用され、近畿方面軍の司令官として活躍した。
▶P81, 94

羽柴(豊臣)秀吉
(1537～98年)

織田信長の抜擢で出世し、中国方面軍の司令官となる。苦戦するも、徐々に毛利軍を追い詰めた。▶P83

毛利輝元(1553～1625年)
石山本願寺を助けて織田信長と戦うが、羽柴秀吉の侵攻を受け、しだいに押し込まれていった。▶P83, 92

宇喜多直家(1529～81年)
謀略を駆使してのし上がり、戦国大名となる。織田家に臣従し、羽柴秀吉の中国攻略に協力した。▶P84

龍造寺隆信
(1529～84年)

侵略を重ねて肥前の統一を果たし、衰えをみせ始めた大友氏の領土へと侵攻した。

大友義統
(1558～1605年)

父・宗麟に家督を譲られる。耳川(みみかわ)の戦いで島津軍に敗北すると、以後、家臣の離反が相次いだ。

島津義久
(1533～1611年)

勢力を拡大しつつあった日向に大友軍が侵攻してくると、伏兵戦術を用いてこれを撃破した。

長宗我部元親(1539～99年)
土佐を統一し、その後、阿波、讃岐も制圧。四国侵略を狙う織田信長と対立した。

織田信長
(1534～82年)

各方面に軍団を派遣し、統一事業を推進。強敵武田家を滅ぼすも、本能寺の変に倒れた。
▶P76, 77, 78, 90, 91, 92, 93, 94

織田・徳川連合軍が最強武田軍団を撃破

大量の鉄砲を投入した信長の新戦術により勢力を拡大する武田家の勢いを挫いた。

長篠の戦い布陣図

5月18日
❶極楽寺山に陣を構えた織田信長は、連吾川の背後に馬防柵を築かせた。

5月19～20日ごろ
❷長篠城正面の医王寺山に布陣した武田勝頼は、寒狭川を越えて設楽原に進む。

5月21日早朝
❸船着山を迂回した別動隊が鳶ヶ巣山砦を落として長篠城へ入城。

5月21日午前6時ごろ
❹武田軍が山県昌景隊を先鋒として攻撃を開始。戦闘は午後2時ごろまで続いたが、大打撃を受けた武田軍が敗走を始めた。

織田信長　水野信元　佐久間信盛　丹羽長秀　羽柴秀吉　滝川一益　徳川信康

徳川家康　鳥居元忠　石川数正　本多忠勝　榊原康政　大須賀康高　大久保忠世　酒井忠次

武田勝頼　馬場信春（信房）　真田信綱　土屋昌続　穴山信君　一条信竜　武田信豊　小幡信貞　武田信廉　内藤昌豊　原昌胤　山県昌景　奥平信昌　武田信実

極楽寺山　設楽原　連吾川　寒狭川　豊川　宇連川　医王寺山　長篠城　君ヶ伏戸砦　姥ヶ懐砦　鳶ヶ巣山砦　中山砦　久間山砦　船着山

武田軍の進路　武田軍の退路　織田軍の進路

織田軍　徳川軍　武田軍　武田方砦

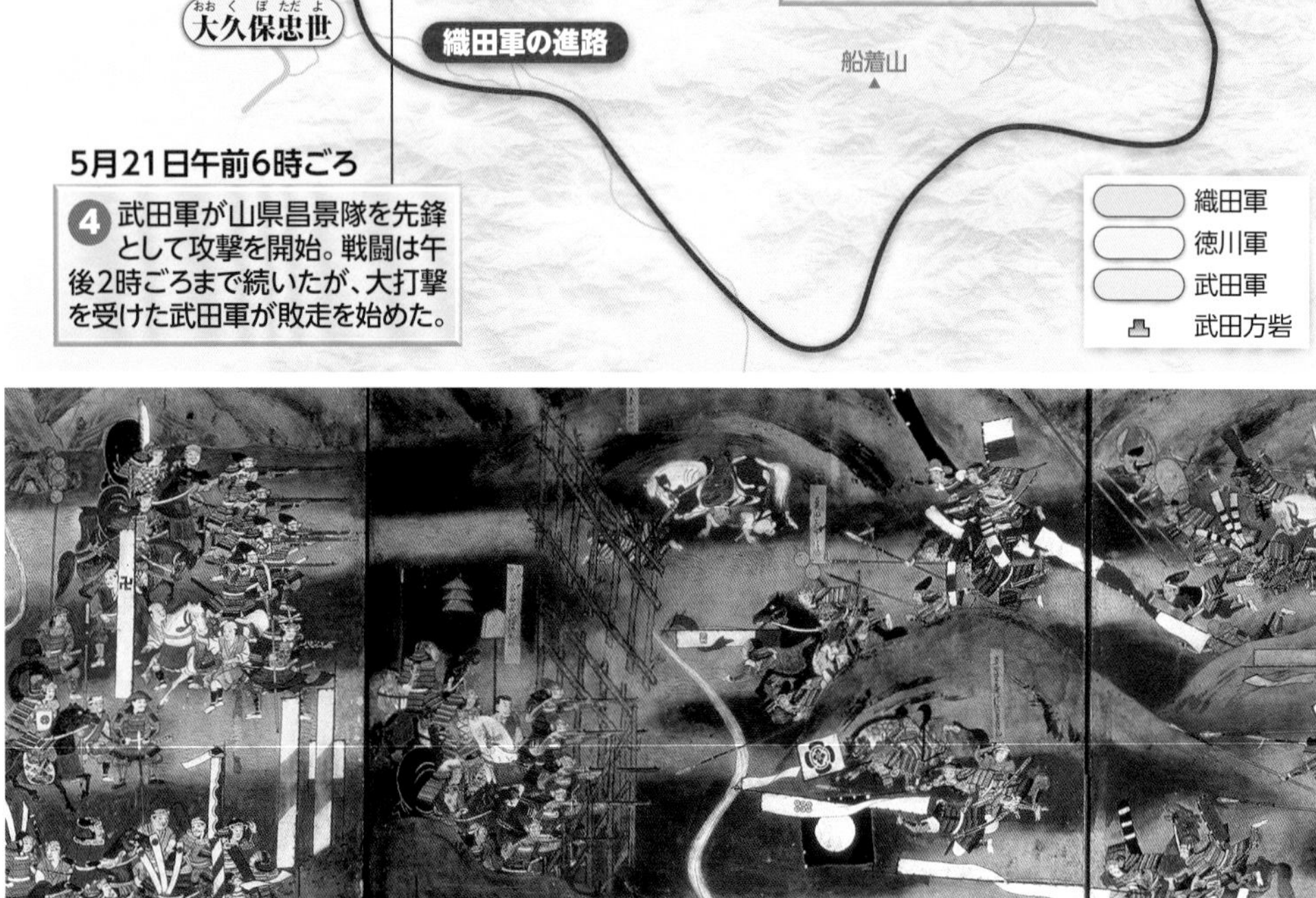

「長篠合戦図屏風」（部分）より、柵の手前から鉄砲を撃つ織田軍（左）と、突撃する武田軍。（大坂城天守閣蔵）

鉄砲足軽主体の軍が最強騎馬軍団に勝利

武田信玄の没後、子の**勝頼**は遠江の要衝・高天神城を攻略するなど積極的な遠征を重ね、武田家の最大版図を築く。その勢いのまま、1575（天正3）年5月には**徳川家康**に奪還された長篠城を攻撃した。対する家康は大軍を率いた**織田信長**とともに長篠城西の設楽原に布陣する。織田・徳川連合軍は連吾川の背後に馬防柵を築き、3000挺といわれる大量の鉄砲を用意していた。

武田軍本隊が寒狭川を渡って設楽原に入ると、信長は徳川家の酒井忠次に織田の鉄砲隊を加えた別働隊を派遣した。5月21日早朝、酒井隊は鳶ヶ巣山砦を攻略して長篠城に入り、城方とともに武田の包囲陣を攻撃した。これを合図にするかのように、武田軍は山県昌景を先鋒とした騎馬隊の波状攻撃を開始する。しかし、柵に阻まれたところに鉄砲の一斉射撃を加える、という織田・徳川軍の攻撃により大打撃を受け壊走。昌景のほか信玄以来の宿将（▶P38）の多くが戦死した。

この**長篠の戦い**により、三方ヶ原の戦い（▶P70）以来の武田優位、織田・徳川劣勢という状況は一変。信長は後顧の憂いなく畿内や西国の敵と対峙できるようになり、武田家は衰退に向かう。また、戦の主流が騎馬中心の戦法から鉄砲足軽主体へ転換する画期ともなった。武田軍にも鉄砲はあったが、貿易港をもたない武田と**堺**（▶P42）を有する織田の、鉄砲・弾薬の調達力の差が雌雄を決したといえる。

キーワード　鉄砲三段撃ち

織田信長が考案したとされる戦術。当時の火縄銃は発射に手間と時間がかかるものだった。そこで信長は鉄砲隊を3分割して3列に並ばせ、それぞれに「弾込め」「点火」「発射」の各工程を行わせた。撃ち終わったら最後列に並び、次の発射準備を始めることで、全体としての発射時間を短縮する。これには3カ所に配備された鉄砲隊が輪番射撃するという説もある。

51 第2次信長包囲網

執念の足利義昭が信長包囲網を再構築

京都追放後の足利義昭は幕府再興の執念を燃やし全国の諸将に働きかけ、再度信長包囲網を築いた。

第2次信長包囲網を形成する勢力

北陸の上杉謙信、中国の毛利輝元をはじめ、信長に従属していた畿内周辺の大名が反信長を表明し、第2次信長包囲網が形成された。

織田方の勢力
反織田勢力

上杉謙信：足利義昭の要請を受け、第2次信長包囲網の中心人物に。▶P78

別所長治：東播磨の大名。毛利家と結び1578年に反乱。▶P83

波多野秀治：三好家の家臣だったが、信長に従属。1576年に反乱を起こす。▶P81

毛利輝元：石山本願寺へ援軍を送り、信長と対立。▶P83

武田勝頼 ▶P93

織田信長

徳川家康

支援

石山本願寺：第1次包囲網崩壊後も信長への反抗を続ける。▶P92

足利義昭：毛利輝元に保護され、諸大名に御内書（将軍の出す公文書）を出して信長に対抗。

松永久秀：一度信長に反逆して降伏し、1577年に再度反逆。▶P81

荒木村重：織田家の重臣として摂津一国を支配。1578年に反乱を起こした。▶P81

1575年ごろの織田家の勢力範囲（推定）

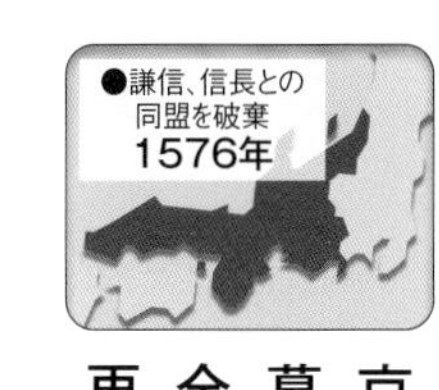

上杉家と毛利家が信長包囲網に参加

ほかの戦国大名と同様、**織田信長**も周囲の諸大名と同盟し、あるいは敵対しながら全国統一を目指した。なかでも、直接領土を接しておらず、武田家や一向一揆といった共通の敵がいた越後の**上杉謙信**とは、長らく友好関係を保ってきた。

しかし、1576（天正4）になると状況は一変する。長年戦い続けてきた越中の一向一揆と和解した謙信は、**武田勝頼**とも同盟を結んで反信長の姿勢を鮮明に打ち出す。背後にいたのは、信長に追放されて**毛利輝元**の庇護下にいた**足利義昭**だった。幕府再興に執念を燃やす義昭は、毛利に織田との断交を決意させたほか、武田、北条、上杉の講和仲介など、追放先でも政治活動を活発化させていた。上記の三者同盟はならなかったものの、**長篠の戦い**で痛手を被った勝頼は上杉との同盟に積極的に同意したのである。

また、輝元も信長と対立する**石山本願寺**を支援するため水軍を派遣し、織田水軍に打撃を与えた（▼P92）。両者の対立は決定的となり、1577（天正5）年からは、**羽柴秀吉**による中国侵攻が始まる。

傘下大名が次々と反乱 信長の足もとが揺らぐ

一方、1576（天正4）年から1578（天正6）年にかけては、織田家傘下の大名たちが次々と反旗を翻して信長を悩ませた。離反したのは丹波の**波多野秀治**や大和の**松永久秀**、摂津の**荒木村重**、播磨の**別所長治**など、いずれも信長上洛のころに従属した畿内周辺の独立大名だ。

彼らは、謙信や輝元の行動に呼応するかのように一斉に反逆しており、これによって再び包囲網（**第2次信長包囲網**）を形成された信長は、またしても苦しい時期を迎えるのであった。

信長に追放された譜代の重臣たち

信長に反乱を起こす家臣がいた一方で、信長に追放された家臣もいた。前者が新参の家臣であるのに対し、後者には古くから信長に仕えていた重臣クラスが目立つ。

柴田勝家と並ぶ重臣の佐久間信盛は、石山本願寺攻略の司令官だったが、講和まで結果を出せず、それを理由に子の信栄とともに追放された。また、信長が幼いころから後見役として補佐してきた林秀貞は、突如、かつて信長の弟・信勝（信行とも）の反乱に与したこと（▼P56）を理由に追放されている。なお、同じ反乱に参加していた勝家はおとがめなしだった。

これらの追放劇は、信長の苛烈な性格によるとも、目立った活躍のない家臣に対するリストラであったともいわれている。

人物 **荒木村重**

（1535?～86年）　摂津の戦国大名。はじめ池田勝正などに仕えたが、織田信長が入京すると織田家の家臣となった。足利義昭の追放などに功をあげて信長に才能を評価され、摂津一国を任された。1578年、信長に謀反の嫌疑を受け、居城有岡城に籠って反乱するが、戦況が悪化すると、人質や兵を見捨てて単身毛利家のもとに逃亡した。のち、茶人として豊臣秀吉に仕え、荒木道薫（どうくん）と名乗った。

52 上杉謙信の上洛計画

織田軍を破った謙信 志なかばで急死

手取川の戦いと上杉謙信の死

信長包囲網に参加した上杉謙信は、手取川の戦いで織田軍を打ち破ったが、その翌年に急死した。

おもな勢力・武将
❶～❹ 発生順

上杉軍の推定進路
能登
能登畠山氏
七尾城
上杉謙信
春日山城
越中
越後
越前
加賀
織田軍の推定進路
織田信長
京都
安土城
山城
近江
北条氏政

1576～77年
❶ 上杉謙信は、内紛で混乱する能登畠山氏を支配するべく、七尾城を攻めた。

1577年
❷ 畠山氏から救援を要請された織田信長は、柴田勝家らの軍勢を送った。

1577年
❸ 手取川の戦い
手取川を渡った織田軍に、七尾城陥落の知らせが届く。急ぎ引き返そうとした織田軍の背後に上杉軍が襲いかかり、損害を与えた。

1578年
❹ 織田軍を破ったあと帰還した謙信は、関東遠征と上洛を計画するが、その直前に急死した。

上杉謙信

織田信長

織田家との対立を決めた上杉謙信は、手取川で織田軍を撃破するが、突然の病で急死した。

上杉謙信、織田軍を手取川の戦いで撃破

織田信長との同盟を破棄した**上杉謙信**は、1576（天正4）年に**石山本願寺**と和睦を結ぶと、越中の一向一揆を平定して能登の畠山氏を次の標的にした。同年中には周辺諸城を落とし、畠山氏の居城である七尾城を包囲した謙信だが、畠山氏もよく戦い、一度は上杉軍を撃退する。しかし、翌年には再び包囲されたため、畠山氏の重臣たちは織田家に救援を要請した。これを受けた信長は北陸方面の軍勢を指揮していた**柴田勝家**に、援軍として**丹羽長秀**や**滝川一益**、**羽柴秀吉**らをつけた大軍を送り出した。

ところが、秀吉が総大将の勝家と対立して勝手に軍を離脱するなど、戦う前から織田軍の足並みはそろわない。その間に、七尾城は謙信に通じた遊佐続光の内応で落城する。ようやく加賀の手取川を渡ったところでこの一報が届いた織田軍は撤退を始めたが、そこへ上杉軍が出現し、織田軍は敗走した。この**手取川の戦い**については諸説あり、大規模な戦闘は行われなかったともいわれている。一方で、増水した手取川の渡河中に上杉軍の攻撃を受けた織田軍は、数千の死傷者を出したという説もある。

突然の病死によって夢と消えた上洛計画

こうして織田軍を撃退した謙信は、一度居城の春日山城に戻って新たな遠征の準備を始めた。この遠征の目的についても諸説あるが、近年では、関東の**北条氏政**を打倒したうえで、信長を倒して上洛を果たすつもりだったと考えられている。

しかし、これらの遠征が行われることはなかった。出陣直前の1578（天正6）年3月、謙信は急病に倒れ、49歳でこの世を去ってしまう。強烈なカリスマを失った上杉家では後継者の地位を争う**御館の乱**が起きて遠征は中断。信長は**武田信玄**の西上時（▶P70）と同様、戦わずして危機を脱することになったのである。

上杉謙信 急死の原因

謙信は雪の降った日に厠（トイレ）で倒れていたところを発見されたといわれる。その死の状況や、それ以前にも体の一部が不自由になっていたことなどから、死因は「脳血管障害」であると考えられている。

原因としては大の酒好きだったため、アルコールの過剰摂取が死につながったと推測される。同じアルコール問題から、胃がんにおかされていたとする説もある。

そのほか、奇説としては刺客による暗殺説などもあるが、信憑性は薄い。

軍神
上杉謙信につけられた異名。謙信は戦術の天才で、武田信玄や北条氏康といった強敵を相手にほとんど負けることがなかったとされる。合戦での強さに加え、謙信が非常に信仰深かったことも「軍神」とよばれる理由の一つである。熱心な真言宗の信者だった謙信は、自身を「毘沙門天（仏教の教えを守る神）」の化身と信じていたともいわれている。

53 御館の乱

謙信の後継者争いで分裂する上杉家

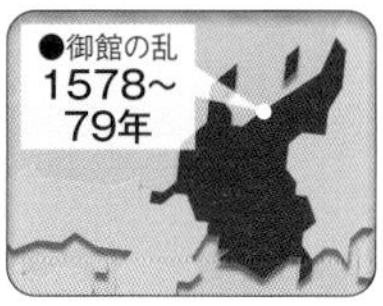

●御館の乱 1578～79年

上杉謙信は後継者を決めないまま急死したため、その座をめぐる内乱が勃発、上杉家は2つに分裂した。

2人の養子で争われた謙信後継者の座

上杉謙信は側室をもつどころか、政略結婚で正室を迎えることさえしなかった。子孫を残すことが重要な義務だった当時の武士としては、非常に珍しい存在だった。そのため実子はおらず、数人の養子がいたが、謙信は誰を後継者にするか決めないまま急死してしまったため、上杉家中はおおいに乱れることとなった。

謙信の養子のうち、後継者の有力候補となったのは強力な支持母体をもつ2人だった。一人は**長尾氏**の流れをくむ**上杉景勝**で、もう一人は**北条氏**の流れをくむ**上杉景虎**（北条三郎）である。

景勝は謙信の姉・仙桃院と、長尾氏のなかでも有力な一族である上田長尾家の当主・長尾政景の子として、謙信の側近や**上田衆**をはじめとする越後の国人たちなど、地元の勢力に強く支持されていた。

一方、景虎は関東に大きな勢力をもつ**北条氏政**の弟で、実家の北条家やその同盟相手である武田家など周辺の有力大名、長尾氏出身の謙信に上杉の名跡と関東管領の地位を譲った**上杉憲政**など、上杉氏一門に支持されていた。

勝敗を決めた武田の変心

先手をとったのは景勝だった。謙信が死んで間もないころ、景勝の手勢が春日山城の本丸を占領したのである。城を脱出した景虎は、春日山の北にあった憲政の居館・御館に入って本拠地とし、景勝との戦いを始めた。このため、この内乱を**御館の乱**とよんでいる。

戦いははじめ景虎方の優勢だったが、勝敗を決定づける出来事が起こった。当初景虎支持を表明して支援のために軍を送ろうとしていた**武田勝頼**が、突如として景勝支持にまわったのである。

これによって中立勢力が景勝に味方して、情勢は完全に景勝有利に傾いた。結局、景虎は御館を攻め滅ぼされて自害し、景勝が謙信の後継者として上杉家を継ぐことになった。しかし、この内乱によって上杉家の勢力は衰退した。

上杉謙信周辺の系図と景勝・景虎の対立

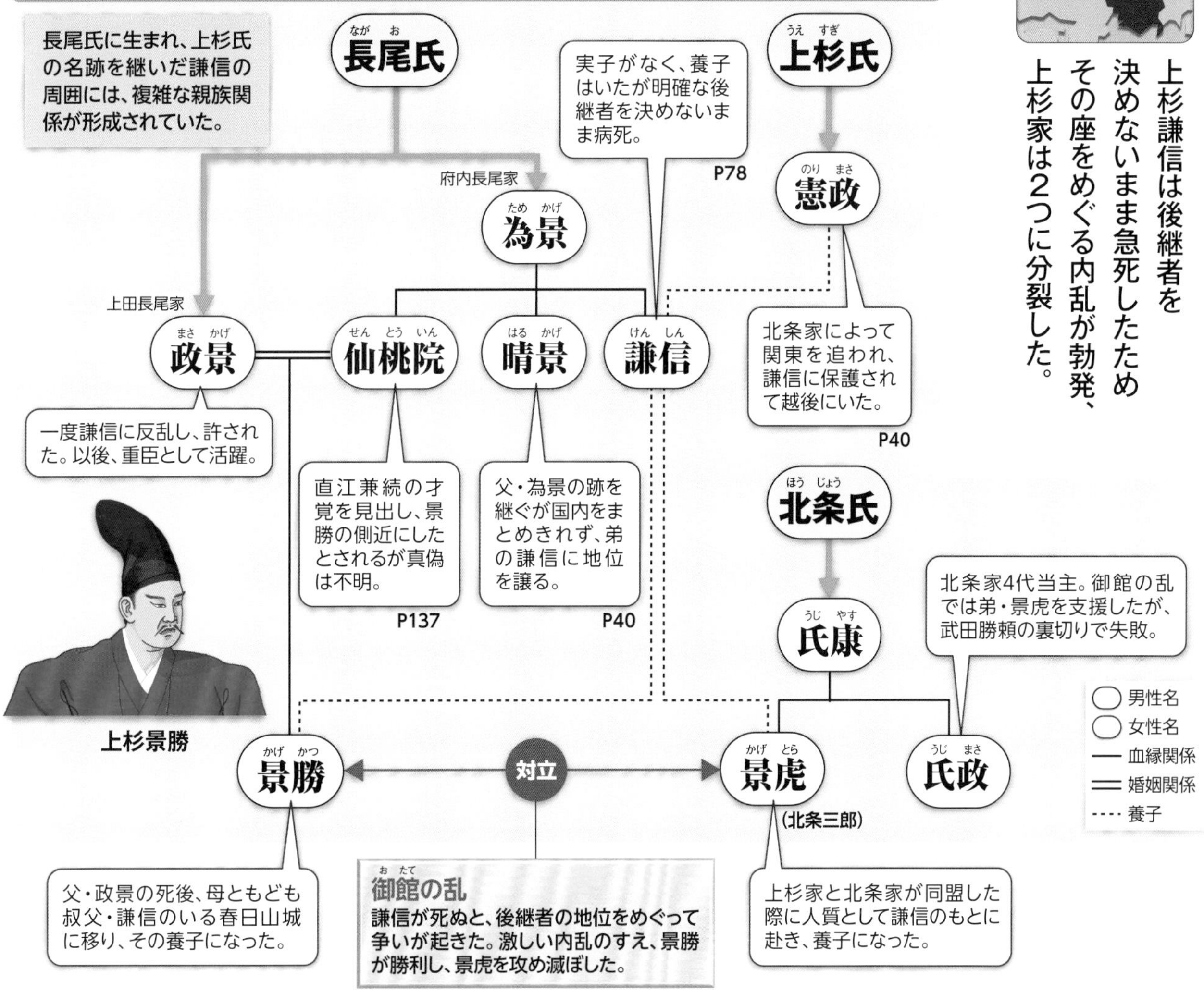

長尾氏に生まれ、上杉氏の名跡を継いだ謙信の周囲には、複雑な親族関係が形成されていた。

長尾氏
府内長尾家
為景
上田長尾家
政景
一度謙信に反乱し、許された。以後、重臣として活躍。
仙桃院
直江兼続の才覚を見出し、景勝の側近にしたとされるが真偽は不明。 P137
晴景
父・為景の跡を継ぐが国内をまとめきれず、弟の謙信に地位を譲る。 P40
謙信
実子がなく、養子はいたが明確な後継者を決めないまま病死。 P78
上杉氏
憲政
北条家によって関東を追われ、謙信に保護されて越後にいた。 P40
北条氏
氏康
北条家4代当主。御館の乱では弟・景虎を支援したが、武田勝頼の裏切りで失敗。
景勝
父・政景の死後、母ともども叔父・謙信のいる春日山城に移り、その養子になった。
上杉景勝
対立
景虎（北条三郎）
上杉家と北条家が同盟した際に人質として謙信のもとに赴き、養子になった。
氏政

御館の乱
謙信が死ぬと、後継者の地位をめぐって争いが起きた。激しい内乱のすえ、景勝が勝利し、景虎を攻め滅ぼした。

〇 男性名
〇 女性名
― 血縁関係
＝ 婚姻関係
…… 養子

キーワード **上田衆**

室町時代ごろから、上田長尾家の支配下にあった越後の国人衆のこと。南魚沼地方の栗林氏や樋口氏、広瀬郷の穴沢氏、波多岐（はたき）庄の下平氏などで構成される。御館の乱においては上杉景勝の支持母体としてその勝利に貢献し、それ以後も上杉家の中心戦力として活躍した。景勝の盟友として知られる直江兼続も、もとの名前が「樋口兼続」であることからわかるように、上田衆の出身である。

猛将・勝家の北陸地方平定戦

●北陸方面軍の戦い 1575～82年

織田家古参の家臣・柴田勝家は信長に北陸方面の制圧を任され、加賀の一向一揆や上杉家など難敵との戦いをくり広げた。

「鬼柴田」の異名をもつ織田家第一の宿老

柴田勝家は**織田信長**の父・信秀の代から織田家に仕え、信長の家督相続時にはすでに家中の重鎮となっていた。当初は信長の弟・**信勝**（信行とも）を支持してその反乱にも加担したが、鎮圧されたあとは信長に従った。以後は織田家中第一の重臣として、また武勇で比べるものなき猛将として数々の戦功をあげ、「かかれ柴田」や「鬼柴田」といった異名をとった。

信長がそんな勝家に任せたのが、北陸方面の制圧である。

長期戦のすえに加賀の一向一揆を鎮圧

朝倉家滅亡後、越前は朝倉家旧臣らと結んだ越前の一向一揆によって占領されていた。信長は1575（天正3）年にこれを鎮圧した勝家に越前を与えて北ノ庄城に配置。さらに与力として**佐々成政**、**前田利家**、**不破光治**をつけたが、彼らには目付（監視役）の役割もあったとされる。

こうして編成された北陸方面軍に与えられた役目は、100年弱にわたって加賀一国を「百姓ノ持チタル国」（『実悟記拾遺』）として統治してきた**加賀の一向一揆**の鎮圧と、その先に控える強敵・**上杉謙信**との対決である。

しかし、15世紀から富樫氏、朝倉家、上杉家などと戦ってきた一揆勢の制圧は一筋縄ではいかない。さらに1577（天正5）年には、**石山本願寺**と和睦した謙信に**手取川の戦い**で敗れてしまう。この危機は翌年に謙信が急死したことで脱したものの、加賀の一向一揆との戦いは1580（天正8）年まで続いた。

この年、石山本願寺が信長と講和して**石山戦争**（▶P92）は終結したが、加賀の一揆勢はなおも抵抗をやめない。結局、勝家が金沢御坊を陥落させて加賀を平定したのは、その年の終わりごろのことだった。

その後、勝家率いる北陸方面軍は能登を平定したうえで越中へと進み、謙信の跡を継いだ**上杉景勝**と対峙することになるのであった。

織田家・北陸方面軍の戦い

柴田勝家を司令官とする北陸方面軍は、加賀の一向一揆、越後の上杉謙信、景勝らと戦った。

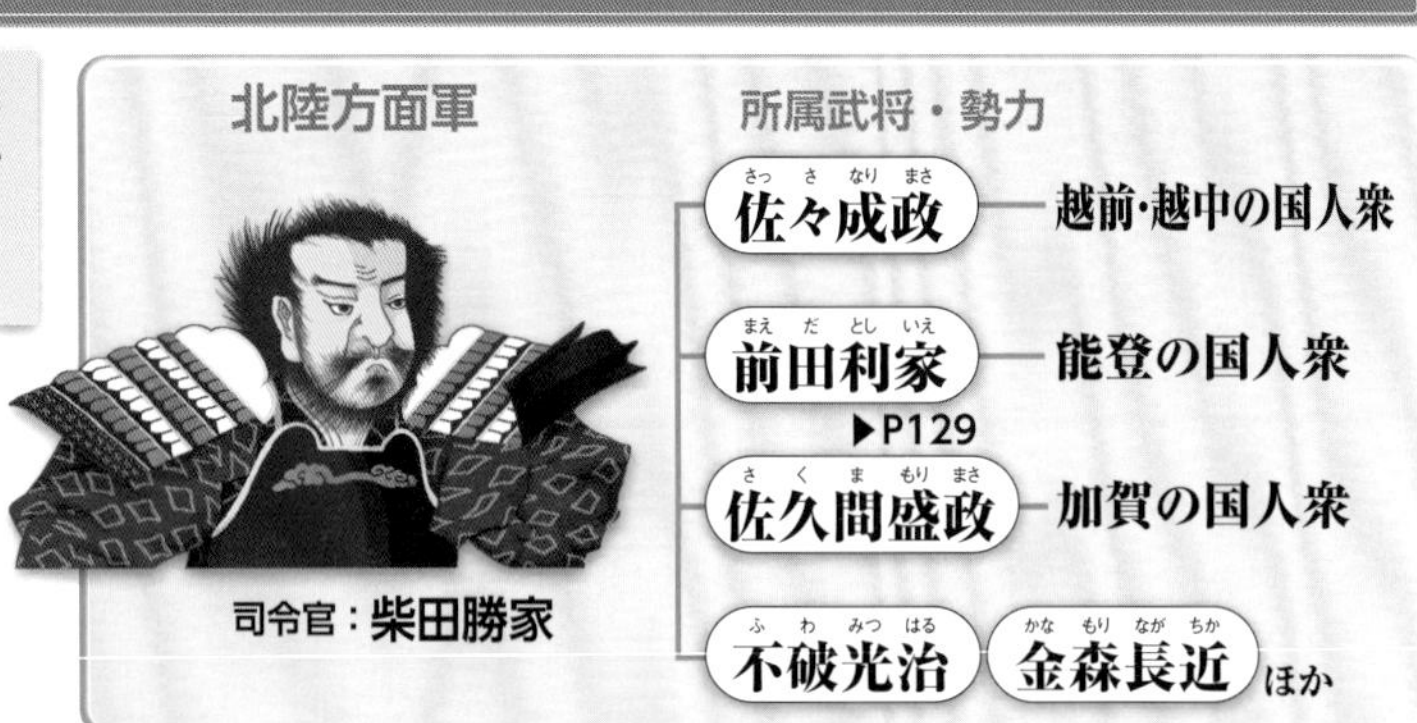

北ノ庄城の跡地に築かれた福井城。

1580年
③ 1488年から加賀一国を支配していた加賀の一向一揆を4年にわたる戦いのすえ鎮圧し、加賀を支配下に置いた。

佐渡
能登
越後
七尾城
加賀の一向一揆
魚津城
春日山城
上杉景勝
御館の乱の終結後、再び越中に進出して柴田勝家率いる織田軍とにらみあった。
金沢御坊
越中
1575年
① 越前の一向一揆鎮圧後に北ノ庄を与えられ、北陸方面軍の司令官となった。
北ノ庄城
加賀
信濃
1582年
府中城
飛騨
④ 魚津城をめぐり上杉景勝と交戦。
越前
越前の一向一揆
1577年
② 手取川の戦い
勝家率いる織田軍は上杉謙信に敗北。しかし、謙信は翌年に病死した。
▶P78
美濃
1575年、織田信長によって鎮圧。
京都
近江
安土城
岐阜城

おもな勢力・武将
①～④ 柴田勝家の動き
北陸方面軍の推定支配地域

55 織田軍団の活躍② 明智光秀

波乱の畿内を任された新参の重臣

新参の家臣・明智光秀は数々の武功を認められ、畿内の制圧を任されるほど急速に存在感を示した。

織田家・近畿方面軍の戦い

明智光秀を司令官とする近畿方面軍は、丹波・丹後の経略、畿内の反乱鎮圧のため、各所を転戦した。

但馬
丹後
若狭
丹波
播磨
近江
美濃
摂津
山城
和泉
河内
伊賀
伊勢
大和
紀伊
八上城
亀山城
京都
坂本城
安土城
岐阜城
有岡城
信貴山城
赤井氏
波多野秀治
荒木村重
松永久秀
雑賀衆

1577年
❶ 鉄砲傭兵集団として織田軍を苦しめてきた雑賀衆の征伐に大きな役割を果たした。

1577年
❷ 2度目の反乱を起こした松永久秀の居城・信貴山城を攻撃。追い詰められた久秀は爆死して果てた。

1578年
❸ 姻戚関係のあった荒木村重が反逆したため説得するも失敗し、攻撃を加えた。

1579年
❹ 波多野秀治が籠る八上城を1年半かけて攻略。秀治は安土で処刑された。

1579年
❺ 重臣・荻野直正の活躍で苦戦したが、直正病死後、攻略に成功。

丹波攻略中の光秀が築いた居城の一つ。

1571年に光秀が築いた居城の一つ。

近畿方面軍　所属武将・勢力
細川幽斎―丹後の国人衆
▶P63
筒井順慶―大和の国人衆
明智秀満　斎藤利三　ほか
近江・山城・丹波の国人衆
司令官：明智光秀

（凡例）おもな勢力・武将
❶～❺ 明智光秀の動き
近畿方面軍の推定支配地域

朝倉・足利の家臣から織田軍団の一員へ

美濃出身の**明智光秀**は、一時期、越前の**朝倉義景**に仕えていた。その後、義景に庇護された**足利義昭**と**織田信長**を仲介したことをきっかけに義昭に従ったが、信長と義昭が対立すると、幕臣だった**細川幽斎**（藤孝）らとともに信長の配下に。以後、金ケ崎城攻めや摂津の**三好三人衆**攻めを行ったほか、公家との折衝や京都の庶政など政治的手腕も発揮した。

これらの功績により1571（元亀2）年に近江を与えられ、坂本城主となった光秀は、**浅井長政**の籠る小谷城攻めや越前一向一揆の平定などに従軍した。以後も畿内の反信長勢力を打倒する役割を与えられ、**紀州雑賀**の一向一揆勢や、信長に反逆した大和の**松永久秀**、摂津の**荒木村重**と戦って成果をあげた。

この間、1575（天正3）年に信長の丹波攻略が始まると、光秀にはその先鋒としての任も与えられている。丹波攻略は**波多野秀治**の離反で一時中断したものの、1579（天正7）年には秀治や赤井氏を降して平定をほぼ終えた。この功績で丹波一国の支配を認められ、さらに丹後を任された幽斎や、大和を預けられた**筒井順慶**らが与力としてつけられ、5カ国にわたる軍団を指揮することになる。

こうして最重要地域といえる近畿地方を任された光秀は、新参の家臣でありながら、**柴田勝家**や**羽柴秀吉**などに匹敵する織田家の重臣として、際立った存在感を示すようになったのである。

人物　筒井順慶
（1549～84年）　大和の戦国大名であり、僧侶でもあった。父が病死したことから2歳で家督を継ぎ、松永久秀の攻勢で居城を失うなど苦労した。その後、入京した織田信長を頼り、その傘下に入る。久秀が滅ぼされたあとは大和守護になり、明智光秀の与力となったが、本能寺の変においては日和見して光秀に協力しなかった。その後は豊臣秀吉に従うが、若くして病死した。

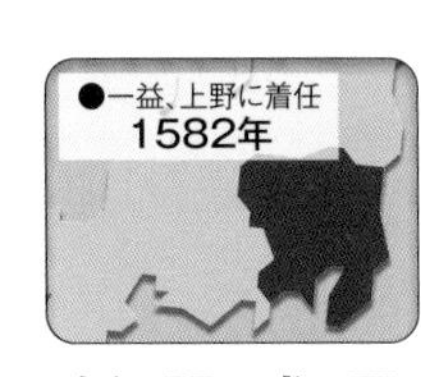

歴戦の名将・滝川一益は
武田家征伐の功績により
関東方面軍の司令官となるが、
任務は短期間で終わった。

織田家・関東方面軍の役割

滝川一益を司令官とする関東方面軍には、おもに3つの役割が与えられた。

関東方面軍　所属武将・勢力
- 滝川益氏ほか
- 上野の国人衆（小幡信貞、真田昌幸ら）
- 武蔵の国人衆（成田氏長ら）
- 信濃の国人衆

司令官：滝川一益

役割❶ **関東支配の確立**
関東各地や旧武田領の国人・土豪を取り込み、織田家の勢力を確立する。

役割❷ **北条家取り込み**
織田家と北条家は同盟関係にあり、その仲は良好だった。それをさらに推し進め、織田家の勢力に取り込む。

役割❸ **東国取り次ぎ**
東北地方の伊達家や最上家、蘆名家との関係を構築し、将来の東北支配への足掛かりをつくる。

真田昌幸：武田信玄、勝頼に仕えたが、武田家滅亡後は織田家に接近し、その領地を守った。▶P93

小幡信貞：父の時代に武田家に臣従。信長に降伏し、一益の与力になった。

河尻秀隆：織田家の家臣。一益と同じく武田家征伐で活躍し、その功績を認められて甲斐の大部分を任された。

成田氏長：武蔵の国人。山内上杉氏、上杉謙信、北条氏康と、主君を代えて渡り歩いた一族。この時期は一益に接近。

伊達氏　蘆名氏　越後　陸奥　上野　信濃　下野　常陸　甲斐　武蔵　相模　下総　上総　安房　駿河　伊豆
真田昌幸　沼田城　滝川一益　厩橋（前橋）城　小幡信貞　成田氏長　甲府　河尻秀隆　北条氏政　小田原城

おもな勢力・武将
関東方面軍の推定支配地域

関東鎮撫を任された甲賀出身の名将

甲賀出身の**滝川一益**は、**織田信長**が尾張統一に邁進しているころに織田家家臣になった。もとは**甲賀の忍び**（▼P72）だったとも、鉄砲の達人だったともいわれるが真偽は不明で、前半生には謎が多い。

一益は信長の伊勢攻略で活躍をしたほか、**伊勢長島の一向一揆**との戦いでは、海上から水軍による攻撃を仕掛けて勝利に貢献し、長島城主に。一益は**第2次木津川口の戦い**（▼P92）でも**九鬼水軍**とともに**鉄甲船**を与えられ、毛利水軍を撃破している。また**長篠の戦い**や**越前の一向一揆**平定で活躍。1582（天正10）年の武田家征伐（▼P93）では主将の**織田信忠**を補佐し、大きな功績を残した。

武田家滅亡後は上野一国と信濃の一部を与えられて厩橋（前橋）城主となり、関東方面軍の司令官に任じられた。一益のおもな役割は3つ。関東の**国人衆**を織田政権に組み込むこと。北条家との友好関係を強化し、最終的には織田家の傘下に置くこと。**伊達家**や**蘆名家**など東北の諸大名と接触し、従属させることである。

強大な勢力を誇った織田家に歯向かう者は少なく、北条家をはじめとする多くの大名は友好的で、一益の役割は比較的順調に進んでいた。そんな折に起きたのが**本能寺の変**だ。これで状況は一変し、反旗を翻した北条家との神流川の戦いに敗れた一益は関東からの撤退を余儀なくされた。こうして、織田家の関東方面軍はごく短期間で消滅することになった。

人物　**北条氏政**

（1538〜90年）　北条家の4代目当主。父・氏康の跡を継いで当主になると、遺言に従って武田信玄と和解し、関東での勢力拡大に努めた。上杉家の後継者争いが原因で武田家との同盟が決裂したあとには上野の武田領を攻め、本能寺の変後はそれまで友好的だった織田家を上野から追い出している。子の氏直に家督を譲ったのちも影響力を発揮したが、豊臣秀吉の大軍による攻撃に屈し、切腹した。

57 織田軍団の活躍④ 羽柴秀吉

人たらしの天才が強敵毛利攻めへ

小者から大名へ出世した秀吉の中国地方攻略戦

最終的に天下人となる**木下秀吉**は「人たらしの天才」といわれる。その真骨頂が敵方を寝返らせる調略工作だ。**織田信長**の小者だった秀吉が出世の足掛かりをつかんだ美濃攻略戦や小谷城攻めでも、調略で敵を内部から瓦解させ、織田軍の勝利に貢献。これらにより、1573（天正1）年には北近江12万石を与えられて長浜城主になり、名を**羽柴秀吉**に改める。

能登侵攻中に無断で戦線離脱（▶P78）した際には信長に激怒されたが、1577（天正5）年には**松永久秀**討伐などで戦功を挙げ、同年中には信長から中国地方侵攻の総大将を命じられた。その目的は、**石山本願寺**を支援する毛利家の討伐だ。

姫路城を本拠地とした秀吉は、得意の調略で1579（天正7）年に備前・美作の**宇喜多直家**を帰順させた。翌年には織田家から離反した**別所長治**が籠る三木城を、2年に及ぶ兵糧攻めで落城させる。以後も但馬、因幡を攻略した秀吉は、1582（天正10）年、清水宗治の備中高松城を水攻めにし、その援軍である毛利輝元ら毛利軍主力との最終局面を迎えた。

織田家の出世頭・羽柴秀吉は中国の毛利攻めを担当。得意の調略を駆使しながら毛利家を追い込んでいく。

●中国方面軍の戦い 1577~82年

織田家・中国方面軍の戦い

羽柴秀吉を司令官とする中国方面軍は、秀吉独自の手法で城を攻略し、毛利家を追い詰めていった。

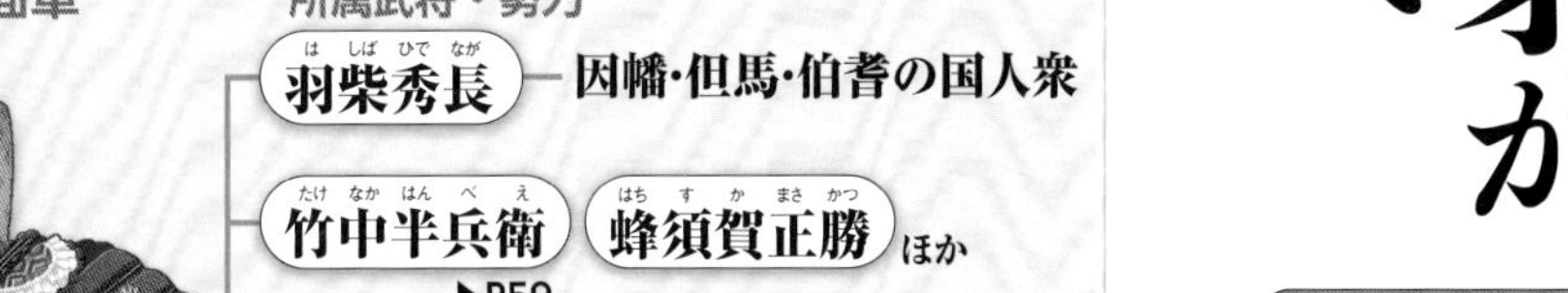

羽柴秀吉当時の姫路城模型。もとは黒田孝高の居城だったが、秀吉に提供され、中国攻めの拠点になった。

（写真：姫路市立城郭研究室）

1581年
鳥取城の渇殺し
毛利家重臣の吉川経家が入った鳥取城に対し、秀吉は周囲の米を買い占めて兵糧攻めにした。経家は城兵の助命と引きかえに自害。

毛利方だったが1579年に織田方に寝返る。
南条元続

毛利元就に攻め滅ぼされた尼子家の残党が、織田家の援助により復興するが、毛利軍に滅ぼされた。

出雲 伯耆 鳥取城 但馬 因幡 石見 美作 備後 上月城 播磨 備前 吉田郡山城 備中 高松城 姫路城 三木城 長門 安芸 周防 淡路

叔父の吉川元春、小早川隆景が中心になって織田軍と戦った。
吉川元春
毛利輝元
小早川隆景
宇喜多直家

1578~80年
三木城の干殺し
織田家に服属していた別所長治が反逆し、三木城に籠城。秀吉は城を包囲して兵糧攻めにし、長治は約2年後に開城した。

毛利方だったが、秀吉の誘いで織田方に寝返った。
▶P84

1582年
高松城の水攻め
城に籠った清水宗治の強固な守りに対し、川の水を引き込んで城周辺を水浸しにしたうえで兵糧攻めを行った。
▶P100

おもな勢力・武将
中国方面軍の推定支配地域

山中鹿介（1545?～78年） 戦国大名尼子氏の家臣。諱は幸盛（ゆきもり）。戦国期を代表する猛将として知られる。後世の軍記物では「鹿之介（助）」と記されることが多い。1566年、毛利軍により尼子氏が滅ぼされると、尼子勝久（かつひさ）を擁し、主家再興を目指してたびたび挙兵した。羽柴秀吉の傘下に入り、上月（こうづき）城で戦うが、毛利軍の攻撃を受け降伏。護送される途中、反逆を疑われ殺された。

58 【人物列伝】宇喜多直家

謀略と裏切りに生きた乱世の梟雄

備前の宇喜多直家は、「梟雄」とよぶにふさわしいきわどい手法を駆使して戦国大名にのし上がった。

戦国を代表する謀将の波乱に満ちた生涯

宇喜多直家は備前守護代浦上氏に仕える有力家臣の子として生まれた。祖父の能家は浦上氏が守護の赤松氏を倒すのに貢献したが、同じ浦上氏家臣の島村盛実によって自害に追い込まれた。以後、直家は父・興家とともに各地を放浪する幼少期だったが、長じて**浦上宗景**に仕えた。

直家は、政敵に謀反の疑いをかけるといった謀略を得意とし、祖父の敵である盛実らを効率的に排除して勢力を伸ばした。その結果、主家である浦上氏をもしのぐ実力者にのし上がる。それでも満足しない直家は、宗景を裏切って独立すると、1575（天正3）年には宗景と対立していた**毛利家**と手を結んで宗景を追放し、備前の統一に成功した。

その後、**織田信長**による中国地方侵攻が始まると、当初、直家は毛利方の武将として**羽柴秀吉**率いる織田軍と戦った。しかし、1579（天正7）年には秀吉の誘いを受けて織田方につく。以後、秀吉の配下として各地で毛利軍と戦ったが、1581（天正9）年、子の**秀家**を秀吉に託して岡山城（石山の城）で病没した。

宇喜多直家の生涯

1529年 備前砥石城で誕生

1534年 祖父・能家が島村盛実に襲われ自害する
▶ 父・興家とともに各地を放浪

1543年 備前の戦国大名・浦上宗景に仕える
▶ 数々の戦功をあげて頭角を現す

主家の分裂で台頭
兄の浦上政宗と敵対する宗景に味方した直家は、各地で政宗派諸将を降して台頭した。

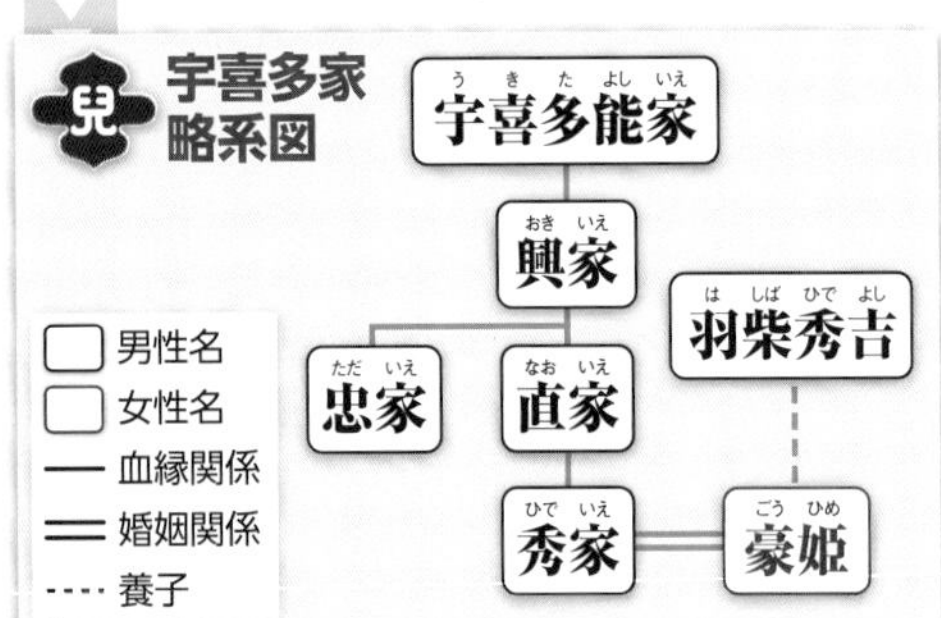

1559年 舅の中山信正を謀殺
▶ 備前沼城（亀山城）を奪い、自らの居城とする
祖父の敵・島村盛実を謀殺

謀略・暗殺を駆使
直家は謀略を駆使して勢力を拡大した。特に、養子縁組で親しくなった相手を謀殺・暗殺する手法を用いたといわれる。

1566年 備中松山城主三村家親を暗殺
▶ 翌年、三村家の勢力を備前から駆逐

1568年 娘の嫁ぎ先の松田家を攻め滅ぼす

1570年 岡山城（石山の城）の金光宗高を謀殺
▶ 岡山城（石山の城）を奪い、自らの居城とする

岡山に城下町を築く
岡山を得た直家は、息子・秀家と2代で備前福岡から商人をよび寄せるなどして城下町を発展させ、現在の岡山の基盤をつくり上げた。

1574年 毛利家と同盟を結ぶ

1575年 主家の浦上宗景を追放
▶ 備前の統一に成功

1579年 毛利家と手を切り、羽柴秀吉の傘下に入る

苦戦の秀吉を救う
直家は備前の国人たちをまとめ、苦戦を続けていた秀吉の有力な協力者として織田軍の中国侵攻を助けた。

1581年 岡山城（石山の城）で病死

美作
播磨
備中
備前
天神山城
松山城
沼城（亀山城）
砥石城
岡山城
小豆島
瀬戸内海
讃岐

岡山城天守にある宇喜多直家の木像。

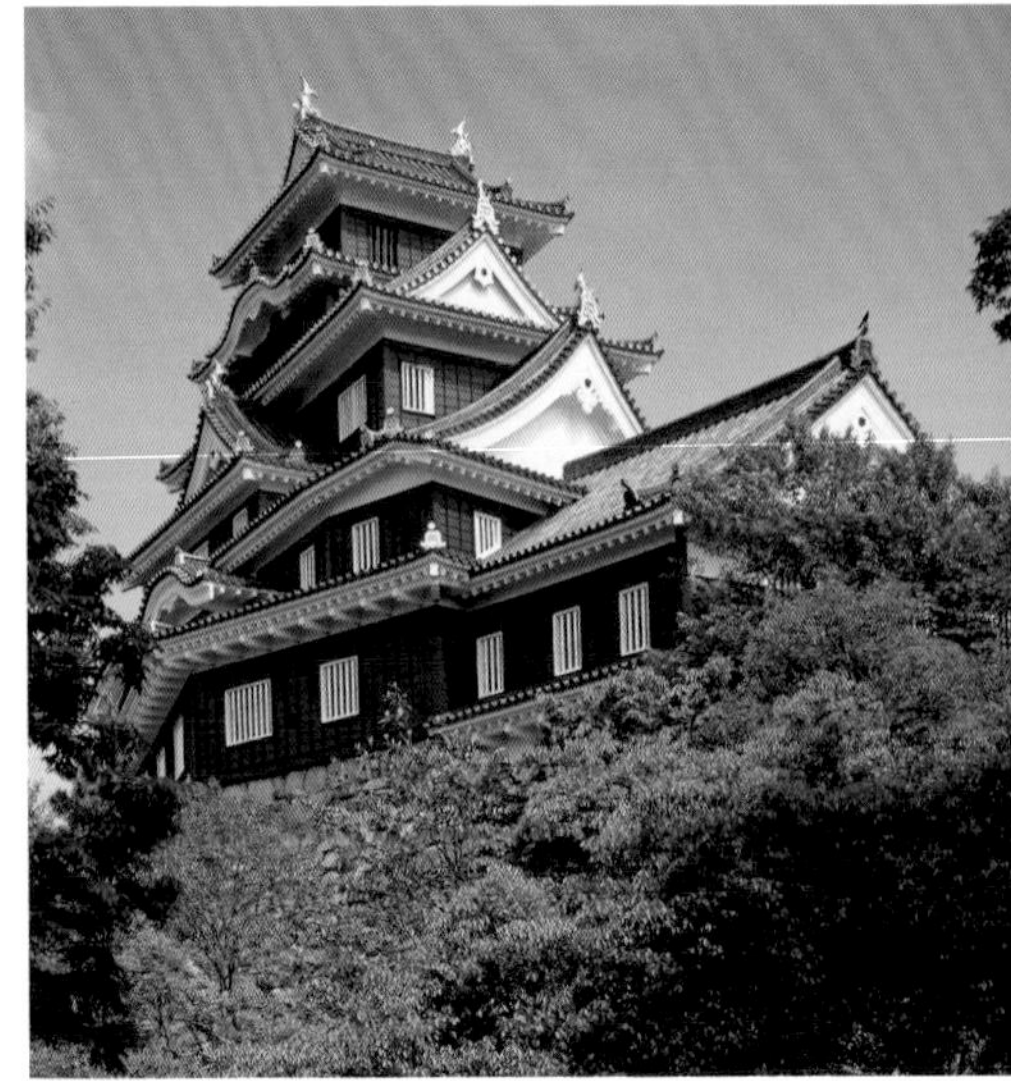

現在の岡山城天守。直家の子・秀家の築城で、近世城郭が誕生した。
（2021年7月現在休館中。2022年11月リニューアルオープン予定）

宇喜多秀家（1572〜1655年）　備前の大名。宇喜多直家の子。幼少のころ父が病死し、秀吉の庇護下で育った。前田利家の娘で秀吉の養女となっていた豪姫を妻に迎えたことから、豊臣一門として扱われ、五大老の一人になる。しかし、父以来の家臣との意見対立で家中に確執が生まれ、多くの重臣が宇喜多家を離れた。関ヶ原の戦いでは西軍（反徳川）について敗北。改易され、八丈島に流された。

59【人物列伝】吉川元春・小早川隆景

毛利家を支えた勇将元春と知将隆景

一代の英雄・元就の死後、毛利家の繁栄を支えたのは、当主・輝元の叔父である元春と隆景の存在だった。

人物列伝
●元春 1530~86年
●隆景 1533~97年

毛利家略系図と「両川」体制

毛利元就の次男・吉川元春と三男・小早川隆景は、毛利家を継いだ甥の輝元を補佐して大きな功績を残した。2人の苗字に重複する「川」の字から、この体制を「両川」体制とよぶ。

三本の矢
隆元、元春、隆景の兄弟がそれぞれの家の事情を理由に対立すると、「1本の矢は折れやすいが3本束ねた矢は折れにくい」と、結束の重要性を語ったとされる。

毛利元就

おもに内政で才能を発揮するが、若死にした。

三男 隆景 ― 毛利家と縁戚関係の小早川家の養子になる。

長男 隆元

次男 元春 ― 母の実家にあたる吉川家の養子になる。

隆景 → 補佐 → 輝元 ← 補佐 ← 元春

輝元 ― 病没した父にかわり、毛利家当主となる。

「毛利元就座備図」に描かれた小早川隆景。（毛利博物館蔵）

「毛利元就座備図」に描かれた吉川元春。（毛利博物館蔵）

小早川隆景とは

① 政治面で才覚を発揮
政務や外交をおもに担当し、毛利家の軍師のような存在として活躍した。当主・輝元の教育も担当したといわれる。

② 水軍の将として活躍
小早川家の水軍や、縁戚関係にある村上水軍を取り込んで、強大な毛利水軍を指揮した。

③ 豊臣政権の重鎮となる
本能寺の変直後、秀吉追撃を主張する兄・元春を抑えるなど、秀吉に協力的だった。そのため秀吉に信頼され、豊臣政権の重鎮として活躍した。

吉川元春とは

① 負け知らずの名将
軍事面でおおいに活躍し、一度も負けたことがない「不敗の名将」として知られた（敗戦の数については異説もある）。

② 学問も好んだ教養人
武勇に優れるだけでなく、教養も兼ね備えていた。元春が陣中で書写した南北朝時代の軍記物語『太平記』などが現存している。

③ 秀吉の下風に立つのを嫌う
本能寺の変直後に秀吉を追撃しようとするなど、弟・隆景と違って秀吉に反発。毛利家が豊臣政権の傘下に入ると、隠居した。

「毛利の両川」によって維持された毛利の繁栄

一代で中国地方に覇権を築き上げた**毛利元就**は、家督を長男・**隆元**に譲るが、その隆元が父よりも早く病死。毛利家の家督は元就の孫にあたる**輝元**に受け継がれた。これを補佐したのが元就の次男・**元春**と三男・**隆景**である。元就は2人を安芸の有力国人であった吉川家、小早川家に養子に出していた。年若い輝元を支えたこの2人の叔父は、両家に共通する1字をとって「毛利の両川」とよばれた。

次男・元春の継いだ吉川家はもともと、毛利家にとって宿敵というべき存在だった。しかし、元春が家督を継ぐと、元就は反対派を皆殺しにし、吉川家を毛利家の一部に取り込む。元春は武勇と知略の双方に優れた名将で、出雲の**尼子家**攻略や豊後の**大友宗麟**との戦い、**羽柴秀吉**率いる織田軍との攻防戦などで活躍している。

一方、三男・隆景の継いだ小早川家は、瀬戸内海の水軍（海賊）と深いつながりをもっていた。隆景はこれを生かして強力な毛利水軍を構築し、水軍の機動力を情報収集にも活用して、毛利家の外交や内政を担当した。また、早くから秀吉の才覚を見抜き、敵対関係にありながらも安国寺恵瓊を通じて接近。「中国大返し」（▼P100）中の秀吉を追撃すべしとの主張を退けて信頼を得ると、**豊臣政権**の中枢で活躍し、毛利家の安泰にも努めた。

このように、勇将・元春と知将・隆景の「両川」が協力することにより、元就の死後も毛利家の繁栄は維持されたのである。

人物 毛利隆元（1523～63年） 毛利元就の長男。1546年に家督を譲られ、毛利家の当主となる。厳島の戦いでは、暴風雨のなか先頭を切って船に乗り込み、兵たちを勇気づけた。父とともに中国地方を転戦するが、出雲の尼子家攻略に向かう陣中で謎の急死を遂げた。温和な性格で家臣からの人望も厚かったが、一方で、偉大な父に対してコンプレックスを抱いていたといわれる。

九州各地の動乱から登場した3大勢力

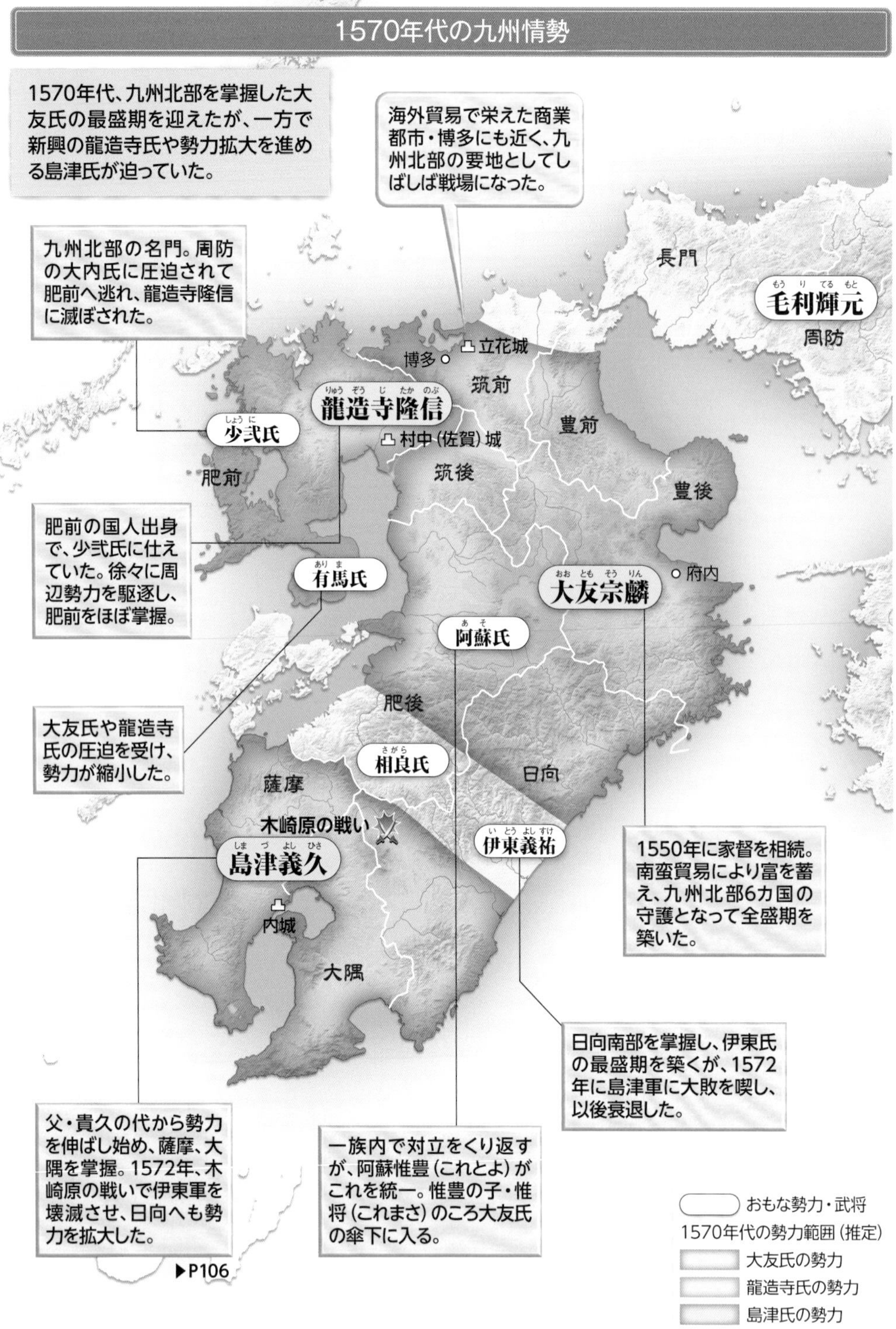

九州地方では大友家が大きな勢力を誇ったが、島津家や龍造寺家が台頭し、3大勢力の時代を迎える。

●3大勢力の鼎立
1570年代

1570年代の九州情勢

1570年代、九州北部を掌握した大友氏の最盛期を迎えたが、一方で新興の龍造寺氏や勢力拡大を進める島津氏が迫っていた。

海外貿易で栄えた商業都市・博多にも近く、九州北部の要地としてしばしば戦場になった。

長門
毛利輝元
周防
博多
立花城
筑前
豊前
龍造寺隆信
少弐氏
村中(佐賀)城
筑後
肥前
豊後
府内
大友宗麟
有馬氏
阿蘇氏
肥後
相良氏
日向
薩摩
木崎原の戦い
伊東義祐
島津義久
内城
大隅

少弐氏：九州北部の名門。周防の大内氏に圧迫されて肥前へ逃れ、龍造寺隆信に滅ぼされた。

龍造寺隆信：肥前の国人出身で、少弐氏に仕えていた。徐々に周辺勢力を駆逐し、肥前をほぼ掌握。

有馬氏：大友氏や龍造寺氏の圧迫を受け、勢力が縮小した。

大友宗麟：1550年に家督を相続。南蛮貿易により富を蓄え、九州北部6カ国の守護となって全盛期を築いた。

伊東義祐：日向南部を掌握し、伊東氏の最盛期を築くが、1572年に島津軍に大敗を喫し、以後衰退した。

島津義久：父・貴久の代から勢力を伸ばし始め、薩摩、大隅を掌握。1572年、木崎原の戦いで伊東軍を壊滅させ、日向へも勢力を拡大した。

▶P106

阿蘇氏：一族内で対立をくり返すが、阿蘇惟豊(これとよ)がこれを統一。惟豊の子・惟将(これまさ)のころ大友氏の傘下に入る。

おもな勢力・武将
1570年代の勢力範囲(推定)
大友氏の勢力
龍造寺氏の勢力
島津氏の勢力

大友家優勢の時代から3強のにらみあいへ

応仁・文明の乱以前、九州の主要勢力は、北部の**少弐家**、豊後・筑後の**大友家**、薩摩の**島津家**などだった。このうち、少弐家は1478(文明10)年に中国地方の覇者大内家に豊前・筑前を奪われ、肥前に退き衰退。この大内家の当主義隆が1551(天文20)年に重臣の陶晴賢に討たれると、九州の情勢は大きく動き始めた。

衰退する大内家に代わって台頭した**大友宗麟**は、一気に豊前・筑前・肥前・肥後を制圧して合計6カ国の守護となった。その後、中国地方を制覇した**毛利元就**の侵略を受けるが、重臣**立花道雪**らの活躍により、1569(永禄12)年の多々良浜の戦いで毛利軍を退けている。

一方、肥前では1559(永禄2)年に少弐家を滅亡させた**龍造寺隆信**が勢力を拡大。1570(元亀1)年の今山の戦いで大友家を降して肥前一国を平定すると、筑前、筑後、肥後へと勢力を拡大した。

薩摩・大隅の守護だった島津家は、南北朝期に行った分割相続を火種として一族内部の対立を続け、また領内**国人衆**の反乱にも悩まされていた。だが、養子として本宗家に入った**島津貴久**が薩摩統一を果たすと、その子である**義久**の代には大隅を平定。日向南部にも勢力を広げ、やがて大友家と激突するようになる。

こうして、九州地方は3大勢力によるにらみ合いと、その周囲で情勢の変化によって立ち位置を変える小勢力の時代へと突入していったのである。

人物 **島津貴久** (1514〜71年) 薩摩の戦国大名。島津氏の分家出身ながら勢力を築いた島津忠良(ただよし)の子で、父の活躍により島津宗家の家督を継承した。父の補佐を受けて島津氏内部の争いに勝利し、薩摩を統一。さらに大隅西部に進出して、長男の義久ら、息子たちの代における領土拡大の足がかりをつくった。日本で初めて鉄砲を合戦で活用したのは、貴久であるといわれている。

61 キリシタン大名

さまざまな思惑で洗礼を受けた大名たち

南蛮貿易の利益や魂の救いを求め、戦国武将たちが洗礼を受け始めた。

●最初のキリシタン大名 1563年

戦国期のおもなキリシタン大名

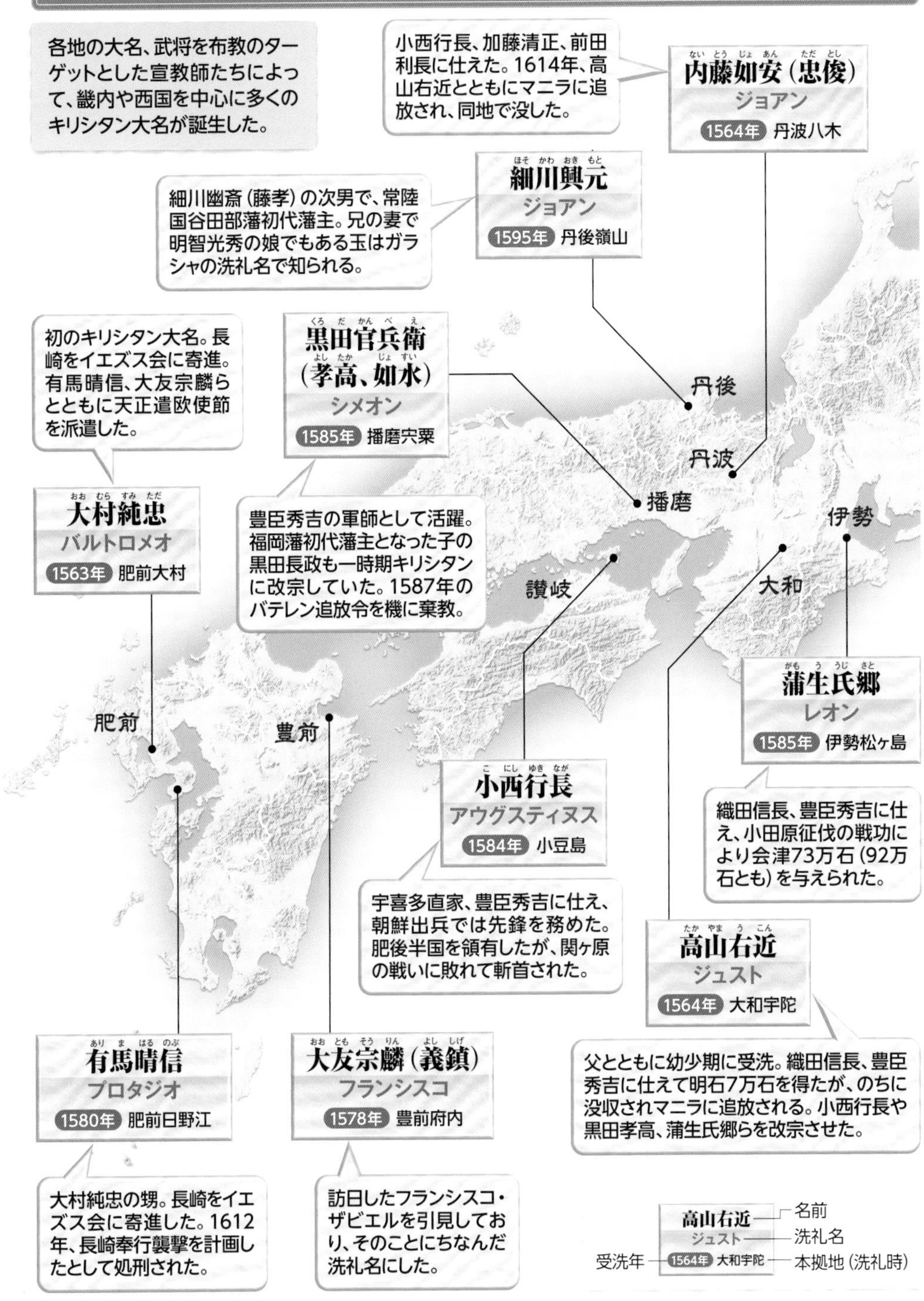

各地の大名、武将を布教のターゲットとした宣教師たちによって、畿内や西国を中心に多くのキリシタン大名が誕生した。

内藤如安（忠俊）
ジョアン
1564年 丹波八木

小西行長、加藤清正、前田利長に仕えた。1614年、高山右近とともにマニラに追放され、同地で没した。

細川興元
ジョアン
1595年 丹後嶺山

細川幽斎（藤孝）の次男で、常陸国谷田部藩初代藩主。兄の妻で明智光秀の娘でもある玉はガラシャの洗礼名で知られる。

黒田官兵衛（孝高、如水）
シメオン
1585年 播磨宍粟

豊臣秀吉の軍師として活躍。福岡藩初代藩主となった子の黒田長政も一時期キリシタンに改宗していた。1587年のバテレン追放令を機に棄教。

大村純忠
バルトロメオ
1563年 肥前大村

初のキリシタン大名。長崎をイエズス会に寄進。有馬晴信、大友宗麟らとともに天正遣欧使節を派遣した。

丹後
丹波
播磨
伊勢
讃岐
大和
肥前
豊前

蒲生氏郷
レオン
1585年 伊勢松ヶ島

織田信長、豊臣秀吉に仕え、小田原征伐の戦功により会津73万石（92万石とも）を与えられた。

小西行長
アウグスティヌス
1584年 小豆島

宇喜多直家、豊臣秀吉に仕え、朝鮮出兵では先鋒を務めた。肥後半国を領有したが、関ヶ原の戦いに敗れて斬首された。

高山右近
ジュスト
1564年 大和宇陀

父とともに幼少期に受洗。織田信長、豊臣秀吉に仕えて明石7万石を得たが、のちに没収されマニラに追放される。小西行長や黒田孝高、蒲生氏郷らを改宗させた。

有馬晴信
プロタジオ
1580年 肥前日野江

大村純忠の甥。長崎をイエズス会に寄進した。1612年、長崎奉行襲撃を計画したとして処刑された。

大友宗麟（義鎮）
フランシスコ
1578年 豊前府内

訪日したフランシスコ・ザビエルを引見しており、そのことにちなんだ洗礼名にした。

高山右近 — 名前
ジュスト — 洗礼名
受洗年 — 1564年 大和宇陀 — 本拠地（洗礼時）

キリスト教への好意を示し受洗した大名・武将たち

1549（天文18）年に来日した**フランシスコ・ザビエル**（▼P46）は天皇に布教の許可を得ようとしたが、戦乱の京都でそれは叶わなかった。しかし、実際の権力は各地の大名にあるという戦国日本の支配構造を見抜き、以後の宣教師たちは各地の大名や武将を庇護者とすべく活動した。この試みは、**ポルトガル**が貿易の条件として領内での布教の自由を求めたことで大いに成功。西国を中心とした諸大名は、軍需品獲得などのためにポルトガル船の寄港を望んでいたからだ。

さらに、貿易上の結びつきをより強化したいと考えた者のなかから、**キリスト教**への好意を示すために自ら洗礼を受けた**キリシタン大名**も現れる。その最初の事例が、1563（永禄6）年に受洗した肥前大村の**大村純忠**だ。

これ以降、西国や畿内を中心にキリシタン大名が増えたが、多くは純忠と同様、貿易上の利点から、あるいは信仰を領内統制の強化に利用しようとして改宗した者だった。そのため、**豊臣秀吉**や**徳川家康**によって禁教令が出されると、あっさりと信仰を棄てる者が相次いだ。

その一方で、キリスト教の教義や布教者の人格に感化されて改宗した者もいる。**小西行長**や**有馬晴信**は処刑されるまで棄教を拒んだほか、禁教令のために明石7万石の所領を没収された**高山右近**は、なおも改宗を拒み、1614（慶長19）年にマニラに追放され、同地で没している。

人物 明石掃部（あかしかもん）

（生没年不詳）　掃部（かもん）は通称で、全登（たけのり）、守重（もりしげ）などの名で知られる。熱心なキリシタンで洗礼名はジョアン。宇喜多直家・秀家父子に仕え、秀家の姉を娶っている。宇喜多家中で最大の知行を得たが、関ヶ原の戦いで敗北。福岡藩黒田家に匿われたのち大坂の陣ではキリシタン部隊を率い、同地で戦死したとも逃亡・潜伏したとも伝えられる。

はるかヨーロッパに旅立った4人の少年

極東での布教の実績を示すべく、イエズス会宣教師の企画によって4人の日本人少年使節がヨーロッパに向けて旅立った。

少年使節たちが味わった栄光とその後の苦難

イエズス会による日本布教は順調に進み、多くの**キリシタン大名**も誕生した。この成果をローマ教皇に披露し、物心両面の支援を得ようと考えたイエズス会巡察師の**ヴァリニャーノ**は、キリシタン大名の名代として、日本人使節をヨーロッパに派遣することを企画する。これに応じた**大村純忠**、**有馬晴信**、**大友宗麟**は、1582（天正10）年に4人の少年をローマに派遣した。

ヴァリニャーノの目論見どおり、彼ら天正遣欧使節はヨーロッパ各地で大歓迎を受けた。**スペイン**王のフェリペ2世に謁見したほか、トスカナ大公は3000人の随員で迎えたという。ローマでは教皇グレゴリウス13世に公式謁見し、新教皇シスト5世の戴冠式にも参列した。

1590（天正18）年、アラビア馬などの贈答品を携えた使節団は、約8年半の旅を終えて帰国した。しかし、この間日本では**豊臣秀吉**によって宣教師の国外追放令（**バテレン追放令**）が出されるなど禁教に傾いており、使節たちは不遇な後半生を送ることとなったのである。

1582年2月
❶ 島原半島にある有馬セミナリオ（神学校）の在学生から4人が選抜され、天正遣欧使節として長崎を出帆。

1583年11月
❷ インドのゴアに到着。同地に留まらなければならなくなったヴァリニャーノと別れ、ヨーロッパを目指す。

1587年5月
❻ ゴアに到着。再会したヴァリニャーノとともに翌1588年4月に出帆。

1588年8月
❼ マカオに入港。日本のバテレン追放令を知り、ヴァリニャーノはインド副王の使節としての日本入国を模索。

1590年7月
❽ 長崎に到着。翌年聚楽第で豊臣秀吉に謁見した。

凡例
❶〜❽ 天正遣欧使節の動き

江戸時代初期の「南蛮屏風」。日本に到着した南蛮船から輸入品が荷揚げされる様子（写真左）が描かれている。（神戸市立博物館蔵）

中浦ジュリアン（1570～1633年）
大村純忠の領地だった肥前国中浦の出身。副使として随行。

ディオゴ・デ・メスキータ神父
ゴアから使節団を引率したポルトガル人神父。

伊東マンショ
（1570～1612年）
日向の領主伊東家一族の出身。大友宗麟の遠縁にあたり、その名代として正使になる。

（京都大学附属図書館蔵）

原マルチノ（1568?～1629年）
大村純忠領の肥前国波佐見に生まれる。副使として随行。

千々石ミゲル（1570年～?）
大村純忠の甥で有馬晴信の従兄弟でもあり、両氏の名代として正使に選ばれる。

1585年3月
❹ ローマ教皇グレゴリウス13世に謁見し、大村純忠、有馬晴信、大友宗麟の書状を捧呈。この翌月に教皇が没すると、その葬儀や新教皇シスト5世の戴冠式に参列した。

1584年8月
❸ ポルトガルの首都リスボンに到着。10月にはスペインのマドリードに到着し、国王フェリペ2世に謁見。

1586年4月
❺ イタリア北東部やポルトガルの諸都市を訪れたのち、帰国のためリスボンを出帆。

イギリス
神聖ローマ帝国
フランス
スペイン
リスボン
サラゴサ
ローマ
アゾレス諸島
ポルトガル
カナリア諸島
ベルデ岬諸島
大西洋
カリブ海
リマ
リオデジャネイロ
ブエノスアイレス
天正遣欧使節推定ルート

戦国日本のキリスト教年表

1549年 キリスト教伝来（▶P46）
フランシスコ・ザビエルが約2年半の滞在で1000人余りの信者を獲得。以後、キリシタン人口が順調に増加する。

1563年 大村純忠が受洗（▶P87）
初のキリシタン大名となる。

1579年 アレッサンドロ・ヴァリニャーノ来日

1582年 天正遣欧使節が日本を出発

1587年 豊臣秀吉がバテレン追放令を発布
キリスト教宣教師の追放やキリシタン大名への棄教命令などが出されたが、南蛮貿易やポルトガル商人の来航は続けられた。

1590年 天正遣欧使節が帰国

1596年 サン・フェリペ号事件
土佐に漂着したスペイン船の乗組員が宣教活動には征服事業の意図があると証言。翌年、フランシスコ会修道士や日本人信者が処刑（二十六聖人殉教事件）された。

1606年 千々石ミゲルが棄教

1612年 伊東マンショが長崎で病死
1608年に司祭に任じられ、小倉や山口で布教活動にあたっていた。

1614年 徳川家康がキリシタン禁教令を発布
在日宣教師を国外に追放した。

1629年 原マルチノがマカオで死去
日本人イエズス会士の中心人物と目され、1614年にマカオに追放されていた。

1633年 中浦ジュリアンが殉教
禁教令下で布教を続けたが捕らえられ、長崎で拷問死した。

戦国時代のキリシタン人口推移

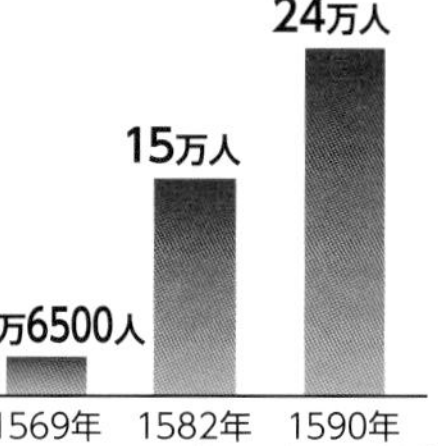

（井手勝美氏資料）

近年の調査でミゲルの墓からロザリオらしき遺物が発掘され、「隠れキリシタン」として信仰を守ったのではないかとの説が浮上している。

63 織田信長の政策

統一事業を支えた革新的な政策

●織田政権期 ～1582年

信長の躍進の背景には、斬新な軍団構造と、それを支えられるだけの強力な経済基盤があった。

織田信長が行ったおもな政策

織田信長は楽市・楽座や不要な関所の撤廃などによって経済活動を活性化させ、そこから得られた莫大な富で常備軍を編制した。

織田信長

分野	政策	目的	結果
軍事	農業に従事していた兵士たちを城下町に住まわせ、専業兵士にした。	春～秋の農業繁忙期でも遠征が可能な常備軍をつくるため。	いつでも全国各地に軍勢が派遣できるようになり、領土の拡大が進んだ。
経済	堺や大津など、商業都市を支配下に置く。	流通の拠点を押さえ、税収を増やすため。	信長の支配地では経済活動が活発になり、そこから生み出された富が信長のもとに流れ込んだ。↓ 専業兵士を雇い入れる資金や、鉄砲調達にかかる資金など、強大な軍事力の土台になった。
	安土の町などで楽市令（楽市・楽座政策）を出す。	既存の市や座（同業者組合）に縛られず、自由に商売ができるようにするため。	
	撰銭令を出し、貨幣間の交換比率を決定。	悪貨との交換を避けることで流通が停滞する、撰銭問題を解決するため。	
	関所の撤廃を推進。	人の行き来を活発化させ、流通をさかんにするため。	
宗教	キリスト教の布教を容認する一方、対立する宗教勢力を弾圧。	一向一揆に代表される、既存宗教が有する圧力から独立するため。	既存勢力に縛られない、信長独自の合理的かつ新たな価値観にもとづく政権が確立した。

常備軍が実現した織田軍の優位性

織田信長が各地の大名を圧倒した原因には、新たな軍団構造の構築があった。

室町時代、武士の多くは**地侍**などの小領主だった。彼らは直接農業生産に関与し、戦闘では領民を兵士として動員する「**半農半兵**」が基本で、小領主層を糾合して登場した戦国大名の軍団構造も、基本的には半農半兵を踏襲した。しかし、こうした兵士は農繁期の招集が難しく、長期遠征もできない。強引に従軍させれば領内の農地が荒廃し、結果として戦国大名自身の経済基盤に打撃を与えるからだ。

対する信長は検地を実施して土地ごとの農業生産力を数値化して、家臣団の国替えや**城下町**への集住により武士を農村から切り離す「**兵農分離**」を推進。専業兵士による常備軍を編成して長期遠征を可能にし、戦略上の選択肢を広げたのだ。

織田政権の基盤になった経済の活性化

このような常備軍体制の構築・維持を可能にしたのが、信長の強大な経済基盤である。かつて父・**信秀**が尾張の商業都市津島を支配して勢力を伸ばしたように、信長も1568（永禄11）年に上洛を果たすと、**堺**（▼P42）など経済的要地の直轄化を急ぎ、**矢銭**（軍資金）などを得た。

また、領内では**楽市令**（楽市・楽座政策）を出して自由な商業活動を促したほか、**撰銭令**（▼P21）の発布や関所の撤廃によって貨幣や物資の流通を円滑にするなど、積極的な経済活性化を図った。農村でも、地権の複雑さから横行した年貢の二重取りを廃するなど、税の簡略化で実質大減税を行う善政をしく。そのため、苛烈な税に苦しんでいた他国領民が織田軍の侵攻を歓迎する事例もあったという。

こうして、支配地域の領民が豊かになることによる税収増で経済力を強化した信長は、常備軍のほかに大量の鉄砲・弾薬や**鉄甲船**（▼P92）のような新兵器の導入をも可能としたのである。

楽市・楽座の先駆者 近江の六角定頼

楽市・楽座とは、それまでにあった「市」と「座」（同業者組合）の縛りを撤廃し、誰もが好きなように市に参加して商売できるようにする政策で、しばしば信長の発案のように語られる。

しかし、信長以前にもいくつかの地域でこの政策は行われていた。最初の例は1549（天文18）年、近江の戦国大名六角定頼によるものとされる。六角氏の全盛期を築いた定頼は、楽市・楽座のほかにも家臣団を自分の居城に集めるなどしており、信長の先輩ともいえる。

キーワード 馬揃え

兵馬を集め、その装備や調練などを検分すること。軍事パレードの一種で、華麗な武具で身を飾った騎馬武者が一団となって行進する。有名なものとして、源平合戦期に源義経が行った馬揃え、江戸時代初期に徳川家光が行った馬揃えが知られる。1581年、織田信長は正親町（おおぎまち）天皇を招待して、京都で大規模な馬揃えを行い、織田家の圧倒的な軍事力を天下に誇示した。

64 安土城

信長の権威の象徴 壮大な安土城

琵琶湖のほとり安土山に信長の壮大な城が築かれ、全国統一実現のための重要拠点となった。

VRによる安土城復元イメージ(画像)

天主

摠見寺

織田信長が築いた安土城は現存していないため、さまざまな復元案が出されている。写真は近江八幡市が制作・監修したVR動画「絢爛 安土城」の静止画像。写真上は「天主と城下町を望む」、右は「大手道から天主を望む」

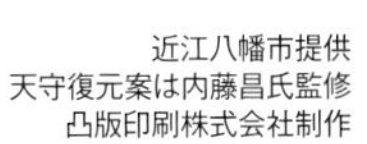
近江八幡市提供
天守復元案は内藤昌氏監修
凸版印刷株式会社制作

壮麗な安土城と周囲に広がる城下町

織内の大部分を制圧した**織田信長**は、1576(天正4)年、新たな本拠地として琵琶湖東岸の安土山で城の建築に着手した。この**安土城**は1579(天正7)年にほぼ完成するが、信長は着工翌年には岐阜城から遷っている。

丹羽長秀を普請奉行とし、坂本穴太の石工や熱田神宮の宮大工岡部又右衛門らを動員した安土城は、城主の居住空間として巨大な建築物をつくる「**天守(天守閣)**」構造を採用していた。これは当時広まり始めていた建築様式で、信長は特に安土城の天守を「天主」と命名。地上6階地下1階という壮大な天主の柱には金箔が貼られ、各階層のふすまには**狩野永徳**らの手による障壁画が描かれていたと伝わる。

本丸にあたる安土山山頂部には、この天主のほかに天皇を迎えるための行幸御殿も建てられた。一方、南麓斜面には石垣で区画した小曲輪が設けられ、**羽柴秀吉**ら織田家家臣団の住居とされた。

その先は庶民の居住区である城下町として賑わい、教会や神学校といった**キリスト教**関連の建築物も建てられていた。

天下に号令するにふさわしい戦術・戦略上の要地

信長がこの地に目をつけた理由はいくつか推測される。まず、京都に近いうえ、現在は干拓されたが、当時の安土山は琵琶湖に突き出た半島状の山だった。つまり、天然の要害であり、琵琶湖水運をも利用できる戦術上の好立地なのである。

加えて、安土は岐阜やその先の東国を結ぶ**東山道**(中山道)の途上にあり、北陸や越後まで延びる**北国街道**(北陸道)の分岐点も近い。さらには**淀川水運**を通じて瀬戸内海にも開けており、北陸の一向一揆勢や越後の上杉家、甲斐の武田家、石山本願寺や毛利家など西国諸大名を監視できる、戦略上の要地でもあった。まさに、天下統一を目指す信長が全国に号令をかけるにふさわしい立地だった。

安土城周辺図

キーワード セミナリオ

イエズス会の宣教師たちが布教のためにつくった初等教育機関(神学校)。織田信長の支援を受けて安土につくられたほか、肥前有馬にもつくられている。キリシタンの子弟が神学やラテン語、音楽などを学んだ。本能寺の変後、安土城と市街が炎上した際にセミナリオも焼失してしまった。その後は、高槻、大坂、九州各地を転々としたすえ、江戸幕府の禁教令によって閉鎖された。

石山戦争の概要

おもな勢力・武将

織田信長と石山本願寺の戦いでは、雑賀衆や根来寺の僧兵、毛利水軍などが本願寺に加勢して織田軍を苦しめた。

織田軍に包囲された本願寺に度々水軍を派遣して助けた。

毛利輝元

1578年には別所長治、荒木村重が信長に反旗を翻して本願寺と結んだが、翌79年に村重の有岡城、80年1月に長治の三木城が落ちると、顕如は同年閏3月に和睦に応じた。

別所長治

荒木村重

織田信長

石山本願寺

九鬼嘉隆

但馬
播磨
丹波
越前の一向一揆 ▶P80
越前
美濃
京都
三木城
安土城
岐阜城
摂津
山城
近江
野田・福島
石山
伊勢長島の一向一揆 ▶P68
伊賀
雑賀荘
根来寺
大和
紀伊
伊勢
毛利輝元

1576年
第1次木津川口の戦い
本願寺に食糧を輸送するべく毛利水軍が来援し、織田水軍に大打撃を与えた。

1578年
第2次木津川口の戦い
信長は鉄張りの巨船を用意し、毛利水軍の火矢による攻撃を防いで逆襲した。

根来寺の僧兵や雑賀衆は鉄砲を活用した軍勢として名高く、度々信長を苦しめた。

織田水軍として活躍。信長の命を受けて鉄張りの巨船をつくり、毛利水軍を打倒した。

65 石山戦争

11年目で決着した信長と本願寺の戦い

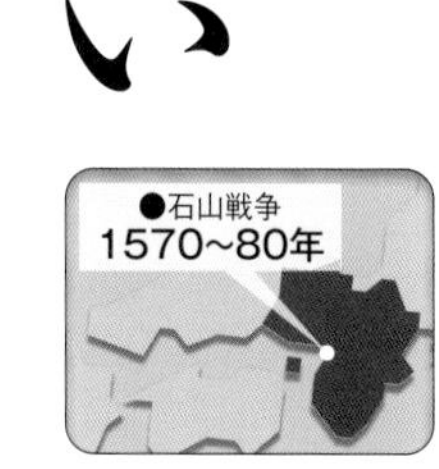

長年信長を苦しめた本願寺法主の顕如だが、最後は勅命講和の形で本願寺が降伏した。

信長最大の難敵 本願寺顕如が決起

浄土真宗本願寺派の総本山である**石山本願寺**は、2度の信長包囲網で主力級戦力となり、**織田信長**最大の難敵となった。両者が衝突するきっかけは、1570(元亀1)年、摂津で挙兵した**三好三人衆**に対して信長が鎮圧の兵を挙げたことだ。

交通と経済の要地である摂津石山(大坂)に目をつけた信長は、本願寺に同地の退去を求めたが、11世法主の**顕如**がこれを拒否し、緊張が高まっていた。そんな状況下で摂津に派兵した信長に関して「本願寺攻撃の意図あり」との風聞が流れると、顕如は各地の一向一揆に対信長決起の号令をかけたのである。1580(天正8)年まで続く**石山戦争**の始まりだ。

勅命講和によって ついに顕如が石山を退去

とはいえ、両者は11年の間、絶え間なく戦い続けたわけではない。

信長も、当初は本願寺への直接攻撃を避けていたが、伊勢長島および越前の一向一揆を鎮定すると、1576(天正4)年に本願寺を包囲した。しかし、本願寺側は鉄砲を得意とする**雑賀衆**が活躍し、救援の**毛利水軍**が**第1次木津川口の戦い**で織田水軍を破り、兵糧搬入に成功する。

そこで翌年、信長は和泉・紀州の雑賀衆を攻めて指導者の鈴木(雑賀)孫一を降伏させた。続く1578(天正6)年には「**鉄甲船**」を仕立てて毛利水軍を撃破(**第2次木津川口の戦い**)。瀬戸内海東部の制海権を奪い、陸上でも**羽柴秀吉**の中国征伐軍が本願寺と毛利との連絡を絶った。さらに頼みの**上杉謙信**が急死すると、1580(天正8)年、顕如は**正親町天皇**による和睦を受け入れる形で石山を退去し、実質的に信長に降伏したのである。

新兵器対決となった村上水軍対九鬼水軍

2度にわたった木津川口の戦いは、実質、毛利水軍の主力である村上水軍(海賊)(**▶P22**)と、熊野海賊を出自にもつ織田方の九鬼水軍の戦いとなった。

第1次の戦いで、村上水軍は厳島の戦い(**▶P47**)でも用いた「焙烙火矢」という手榴弾のような武器を使い、九鬼水軍の船をことごとく焼き払った。

この敗北を受けた織田信長は、九鬼嘉隆に新造船の建造を命じる。その全貌は、焙烙火矢対策の鉄板装甲を施した全長12～13間(21.8m～23.6m)の巨大安宅船で、信長は嘉隆に6隻、滝川一益にも1隻作らせた。第2次合戦では、九鬼水軍が焙烙火矢の通用しないこの「鉄甲船」を全面に押し出し、約600艘の村上水軍を打ち破って石山戦争の帰趨を決したのだった。

キーワード その後の本願寺

石山を追われて紀伊に移った顕如は、信長の死後に豊臣秀吉との和解に成功し、大坂へ、その後京都へと移って本願寺を再興した。しかし、顕如の死後、本願寺では内部対立が発生。江戸幕府はこれを収めるために本願寺を2つに分ける。分裂した寺は地理的な位置関係から、それぞれ「東本願寺」「西本願寺」とよばれている。

66 武田家の滅亡

名門武田家が崩壊 勝頼、天目山に死す

●天目山の戦い 1582年

勝頼の父・信玄の時代には信長を苦しめた武田家も、外交の失敗から追い詰められついに滅亡へ追いやられた。

武田家を傾けた勝頼最大の過ち

1575（天正3）年の**長篠の戦い**（▼P76）で織田・徳川連合軍に敗れた**武田勝頼**だが、しばらくは父・**信玄**以来の広大な領地を維持し、力を持ち続けていた。にもかかわらず武田家が滅亡に向かった最大の理由は、勝頼の外交戦略の失敗だ。

1577（天正5）年、勝頼は北条家との同盟強化のため**北条氏政**の妹を妻に迎えた。ところが、翌年上杉家に起きた**御館の乱**（▼P79）に介入した際、当初氏政の弟である上杉景虎（北条三郎）に味方しながら、のちには突如として上杉景勝方に寝返ったのだ。これで北条家との同盟が崩れると、氏政は**徳川家康**と結んで武田領に侵攻してきたのである。大局に立った外交戦略と機を見た軍事行動で領地を広げた信玄と比べ、勝頼の外交はあまりにも拙かった。

家中から離反が相次ぎついに天目山で敗死

挟撃を受けた勝頼は、1581（天正9）年に高天神城を攻略されて遠江全域を家康に奪い返された。このころから、度重なる遠征による過重な税負担や兵の疲弊で、領民や家中には不満が高まっていった。そして、一門の木曽義昌が**織田信長**に寝返ると、同じく一門の穴山信君（梅雪）までもが家康に内通するようになったのである。

1582（天正10）年、勝頼が離反した義昌を攻撃すると、信長の嫡子・**織田信忠**率いる織田軍が義昌援護のために甲斐へ進軍。3方の敵から攻撃され窮地に陥った勝頼は、甲府から移転したばかりでまだ未完成の新府城（韮崎）を放棄して、態勢の立て直しを決断。新府城に火を放って一門の**小山田信茂**が拠る岩殿城を目指した。

ところが、頼みの綱である信茂までもが裏切ったため、勝頼は岩殿城から締め出され、**天目山**へと逃亡する。しかし、まもなく織田軍の**滝川一益**に捕捉され、わずかな手勢で抵抗したものの、力尽きて家族とともに自害した。これが「戦国最強」といわれた武田家の最期であった。

天目山の戦い

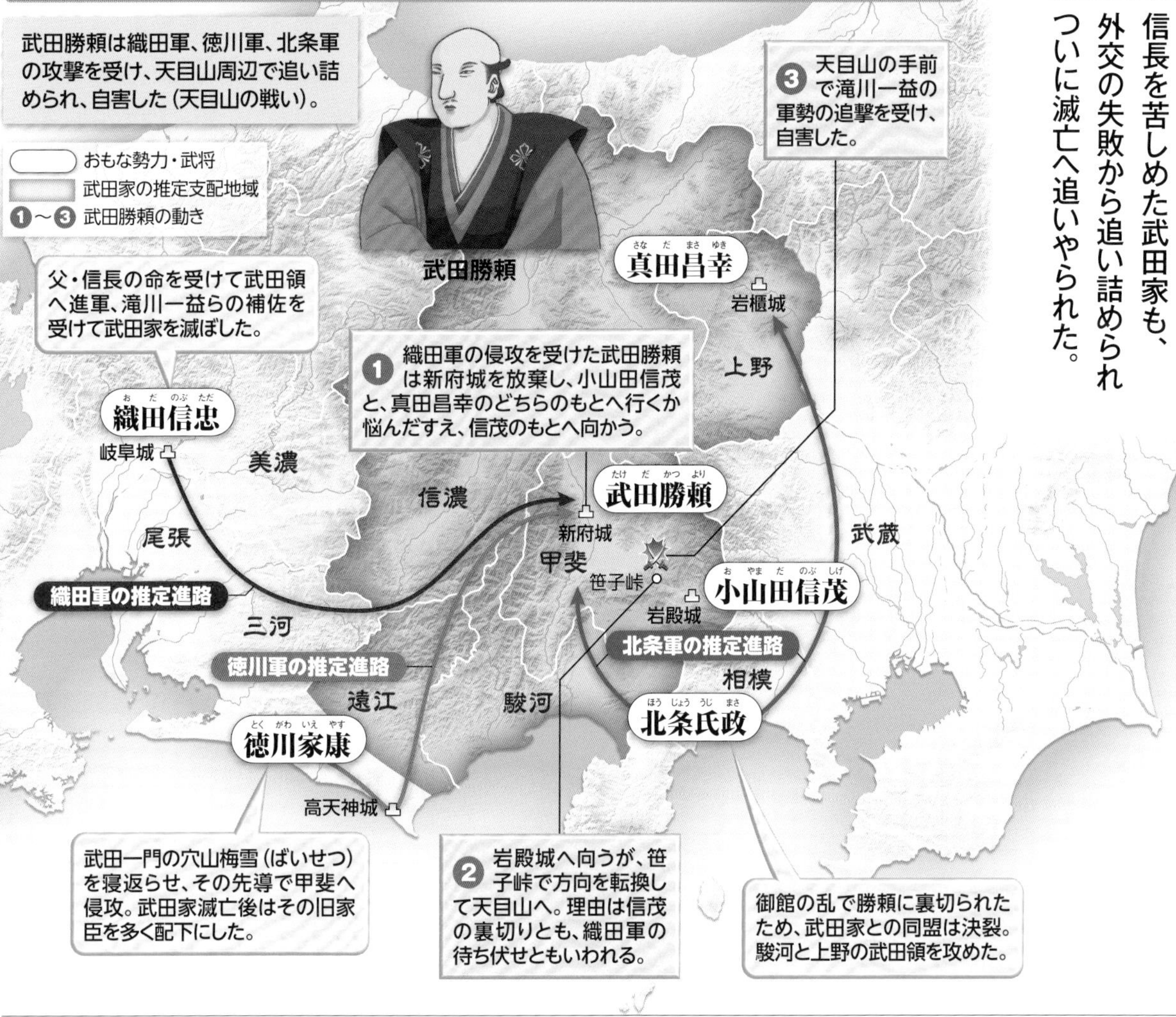

武田勝頼は織田軍、徳川軍、北条軍の攻撃を受け、天目山周辺で追い詰められ、自害した（天目山の戦い）。

おもな勢力・武将
武田家の推定支配地域
❶〜❸ 武田勝頼の動き

武田勝頼
父・信長の命を受けて武田領へ進軍、滝川一益らの補佐を受けて武田家を滅ぼした。
織田信忠
岐阜城
美濃
尾張
織田軍の推定進路
三河
徳川軍の推定進路
遠江
徳川家康
高天神城
武田一門の穴山梅雪（ばいせつ）を寝返らせ、その先導で甲斐へ侵攻。武田家滅亡後はその旧家臣を多く配下にした。
❶ 織田軍の侵攻を受けた武田勝頼は新府城を放棄し、小山田信茂と、真田昌幸のどちらのもとへ行くか悩んだすえ、信茂のもとへ向かう。
信濃
武田勝頼
新府城
甲斐
笹子峠
岩殿城
小山田信茂
駿河
❷ 岩殿城へ向うが、笹子峠で方向を転換して天目山へ。理由は信茂の裏切りとも、織田軍の待ち伏せともいわれる。
真田昌幸
岩櫃城
上野
武蔵
❸ 天目山の手前で滝川一益の軍勢の追撃を受け、自害した。
北条軍の推定進路
相模
北条氏政
御館の乱で勝頼に裏切られたため、武田家との同盟は決裂。駿河と上野の武田領を攻めた。

人物 織田信忠

（1557〜82年）　織田信長の長男。1575年、信長に織田家の家督を譲られ、安土城に移った信長に代わり岐阜城主となった。雑賀衆攻撃や松永久秀の討伐で活躍し、左中将の官職を受ける。1582年には武田家征伐の先鋒となり、信長の本隊が到着する前に武田勝頼を滅ぼす功をあげた。本能寺の変に際し、明智光秀の攻撃を受けて自害した。

「敵は本能寺にあり」光秀の裏切りで信長横死

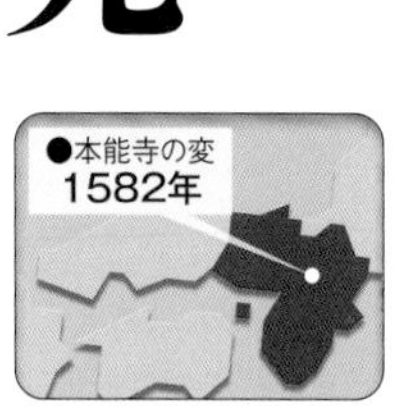

名門武田家を滅ぼした信長は羽柴秀吉の要請で中国へと出陣。京都の本能寺に立ち寄った信長を明智光秀の軍勢が急襲した。

天下統一目前の信長を襲った悲劇

1582(天正10)年、**織田信長**のもとに中国遠征中の**羽柴秀吉**から救援要請がきた。そこで信長は毛利家との全面戦争を決意。**安土城**を出て5月29日にわずかな供と京都の**本能寺**に入った。軍勢の集結を待って進発する予定だったとされるが、公家や博多商人らと茶会などを催しており、天下統一後を見据えた何らかの政治的な布石を打っていたともいわれる。

6月2日早朝、本能寺周辺が突然騒がしくなった。信長の命で外の様子をうかがった小姓が目にしたのは、桔梗の家紋が入った無数の軍旗だった。**明智光秀**による謀反である。1万を超える明智軍に対して、信長は自ら弓や槍をとり、小姓の森蘭丸らと奮戦したが多勢に無勢。手傷を負うと奥に入り、火を放って自害した(**本能寺の変**)。天下統一を目前にした英雄の、あっけない最期だった。

信長を討った光秀は諸大名に同調を促す書状を発したが、応ずるものはほとんどなく、孤立していった。自らが進めていた四国政策を信長に翻されたことが謀反の動機ともいわれるが、定かではない。

安土城
比叡山
滋賀県
坂本城
湖西線
琵琶湖
東海道本線(琵琶湖線)
織田信長の推定進路
小栗栖
奈良線
京都府
横大路
奈良街道
宇治川
槙島城

❸ 5月29日、信長が安土城を出発。同日、100人弱の供回りを連れ本能寺に入る。6月4日に中国地方へ出発する予定だった。

❾ 6月13日、山崎の戦いで羽柴秀吉に敗れた光秀は坂本城へ逃走中、小栗栖(おぐるす)で落ち武者狩りにあい討ち死にした。

本能寺の変で戦ったアフリカ出身のサムライ

信長には黒人の家臣がいた。1581(天正9)年に引見したヴァリニャーノが連れていた東アフリカ出身の奴隷だ。初めて黒人を見た信長は墨を塗っていると疑い、体を洗わせたという。その後、身長180㎝超で筋骨隆々の彼を気に入った信長は、ヴァリニャーノと交渉して召し抱えることにした。そして「弥助」という名で士分として取り立てると、住居や扶持も与えている。

信長は、弥助を武田家征伐(▼P93)に従軍させたほか、本能寺にも同道させた。本能寺の変が起きると、弥助は寺を出て織田信忠に急報し、二条御所で明智軍と戦って捕らえられた。弥助は処刑を逃れて南蛮寺に送られることになったとされるが、以後の消息はわかっていない。

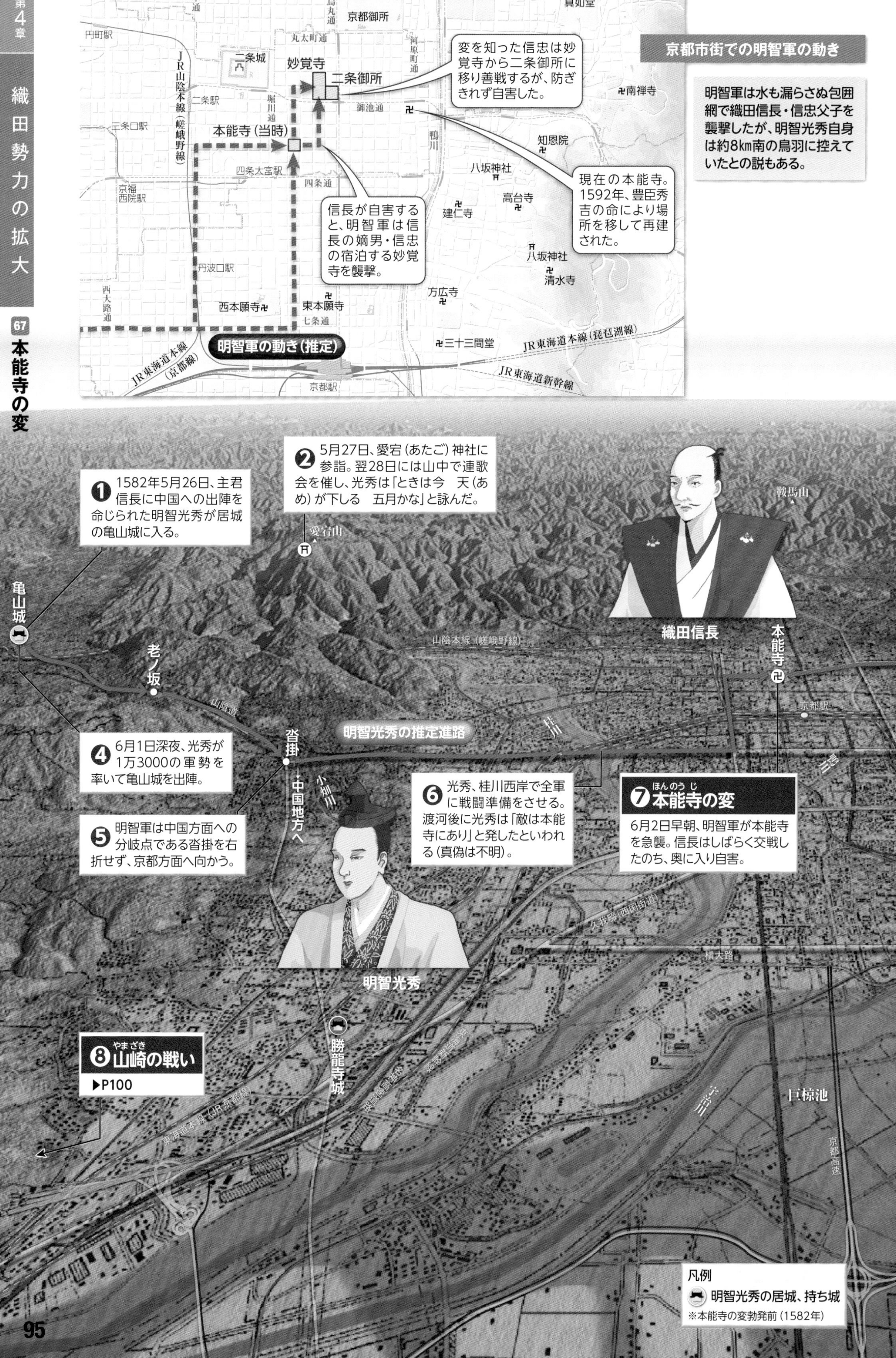
京都市街での明智軍の動き
明智軍は水も漏らさぬ包囲網で織田信長・信忠父子を襲撃したが、明智光秀自身は約8㎞南の鳥羽に控えていたとの説もある。
変を知った信忠は妙覚寺から二条御所に移り善戦するが、防ぎきれず自害した。
信長が自害すると、明智軍は信長の嫡男・信忠の宿泊する妙覚寺を襲撃。
現在の本能寺。1592年、豊臣秀吉の命により場所を移して再建された。
明智軍の動き（推定）
京都御所
真如堂
円町駅
丸太町通
烏丸通
河原町通
二条城
妙覚寺
二条御所
JR山陰本線（嵯峨野線）
二条駅
堀川通
御池通
南禅寺
三条口駅
本能寺（当時）
鴨川
知恩院
四条大宮駅
四条通
八坂神社
京福西院駅
高台寺
建仁寺
八坂神社
丹波口駅
清水寺
西大路通
方広寺
西本願寺
東本願寺
七条通
三十三間堂
JR東海道本線（琵琶湖線）
JR東海道本線（京都線）
JR東海道新幹線
京都駅
❶ 1582年5月26日、主君信長に中国への出陣を命じられた明智光秀が居城の亀山城に入る。
❷ 5月27日、愛宕（あたご）神社に参詣。翌28日には山中で連歌会を催し、光秀は「ときは今　天（あめ）が下しる　五月かな」と詠んだ。
愛宕山
鞍馬山
織田信長
亀山城
老ノ坂
山陰道
山陰本線（嵯峨野線）
本能寺
京都駅
明智光秀の推定進路
沓掛
→中国地方へ
小畑川
桂川
鴨川
❹ 6月1日深夜、光秀が1万3000の軍勢を率いて亀山城を出陣。
❺ 明智軍は中国方面への分岐点である沓掛を右折せず、京都方面へ向かう。
❻ 光秀、桂川西岸で全軍に戦闘準備をさせる。渡河後に光秀は「敵は本能寺にあり」と発したといわれる（真偽は不明）。
❼ 本能寺（ほんのうじ）の変
6月2日早朝、明智軍が本能寺を急襲。信長はしばらく交戦したのち、奥に入り自害。
明智光秀
久我路（西国街道）
横大路
勝龍寺城
❽ 山崎（やまざき）の戦い
▶P100
東海道本線（JR京都線）
宇治川
巨椋池
京都高速
凡例
明智光秀の居城、持ち城
※本能寺の変勃発前（1582年）

合戦の変化に応じ発達した武器・防具

武器の変遷 弓矢〜刀・槍〜鉄砲

鎌倉期まで、武士の鍛錬を「弓馬の道」と言ったように、戦いの基本は騎馬武者の弓矢による一騎打ちで、刀は矢が尽きた際などの補助的な武具にすぎなかった。南北朝期ごろに騎馬武者、徒歩武者入り乱れての戦いが主流になると、得物は接近戦に有利な槍や大太刀に代わっていく。大太刀は馬上から切り下す武器で、反りが深く、刀身は75〜90㎝と長大だった。

集団戦が一般化した戦国期には「一番槍」や「槍働き」という言葉があるように、槍が主力となる。鍛錬した武士が2・5m程度の槍を駆使したのに対し、接近戦に慣れていない足軽雑兵には倍以上の長さの槍をもたせ、集団で突く、叩きつけるという距離をとった戦い方をさせた。さらに距離をとれる鉄砲が登場すると、鉄砲足軽による集団戦に移行する。

刀は大太刀から武士が腰に佩く打刀に変化し、需要の高まりを受けて「数物」といわれる大量生産品が出回った。その一方で、平安〜鎌倉期に作られた名刀は大名などの贈答用となり、来歴を含めた宝物として扱われるようになっていく。

防具の変遷 大鎧〜腹巻・胴丸〜当世具足

騎射戦が主流であった平安・鎌倉期、騎乗の上級武士が着用したのが大鎧である。矢に対する防御を重視した構造となっており、大袖、鳩尾板、栴檀板などたくさんの部品が付属し、兜の吹返しも大きい。下半身を守る草摺が4枚なので行動を阻害している。防御性は高いが重く、騎馬の場合、鞍に重量を分散させるのだが、いちど落馬すると起き上がりにくく、徒歩戦には向かない。

簡便な鎧の一種である胴丸や腹巻は本来、下級武士が使用したものであるが、南北朝時代ごろに接近徒歩戦がさかんになると、動きやすさから上級武士も使用するようになった。

戦国後期に集団戦や鉄砲戦などへの戦法の変化に伴い、当世具足が増えてきた。当世とは現代風の意で、伝統的な鎧に比べ、機能性、生産性、銃弾への防御性などを考慮して工夫された鎧である。なかには西洋甲冑の影響を受けた南蛮胴などもつくられた。

「長篠合戦図屏風」にみる武器と防具

鎧
この時代、「当世具足」とよばれる機動性と防御力に優れた鎧が登場した。
鉄砲
伝来後、急速に普及したが、高価で命中率も低く、使いこなすのが難しかった。
騎馬武者
馬は貴重なので、これに乗っているのは上級の武士であった。そのため、いわゆる「騎馬隊」は存在しなかったとされる。
刀
刀は槍よりも届く範囲が狭く、威力もないことから、補助武器として考えられていた。
槍
両軍衝突後の主役。騎乗の武士が振るい、徒歩の足軽は長柄槍を振り上げて相手を叩き伏せた。
弓
古くから弓は合戦の主役で、鉄砲が登場したあとも、優れた飛距離と高い威力をもつ弓が前哨戦で活躍した。

（大坂城天守閣蔵）

第5章 豊臣秀吉の時代

豊臣政権期の情勢

一躍、時代の主役となった秀吉

時代概説

本能寺の変からわずか11日後、羽柴秀吉は明智光秀を山崎の戦いで破り、主君信長の敵討ちに成功した。これによって秀吉は、天下取りへの階段を一歩上がった。

この実績を生かして宿敵柴田勝家を賤ヶ岳の戦いで滅ぼし、織田家の勢力を手中に収めると、四国の長宗我部元親を圧倒し、九州の島津義久を降伏させ、小田原の北条家を攻め滅ぼし、伊達政宗ら東北の諸大名を屈服させ、全国を統一した。この間、わずか8年である。

秀吉は懐柔策によって敵勢力を取り込む手法を得意とし、その陽気な性格と相まって「人たらし」と評された。旧主信長にはない、柔軟な考えのもち主だったといえる。また、兵糧攻めや水攻めなど、知略を用いて力攻めを避け、損害を少なくする努力を惜しまなかった。この方針が、秀吉の急速な勢力拡大を可能にしたのである。

しかし、輝く才能をみせた英雄秀吉は、統一を果たしたころから徐々に変貌していく。実の甥であり、養嗣子とした豊臣秀次一族を皆殺しにし、朝鮮半島への無謀な力攻めを行うなど、以前の「人たらし」ぶりからは考えられない強引かつ強権的な振る舞いで、自ら豊臣政権の寿命を縮めてしまった。そして幼い実子秀頼を案じつつ、世を去るのであった。

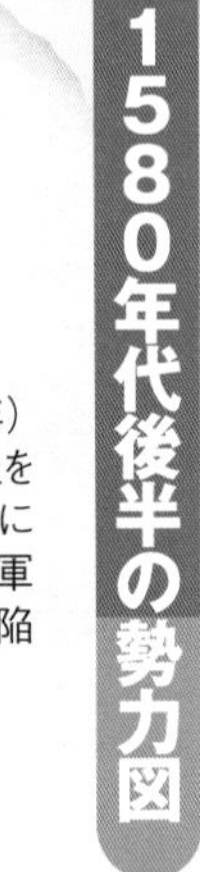

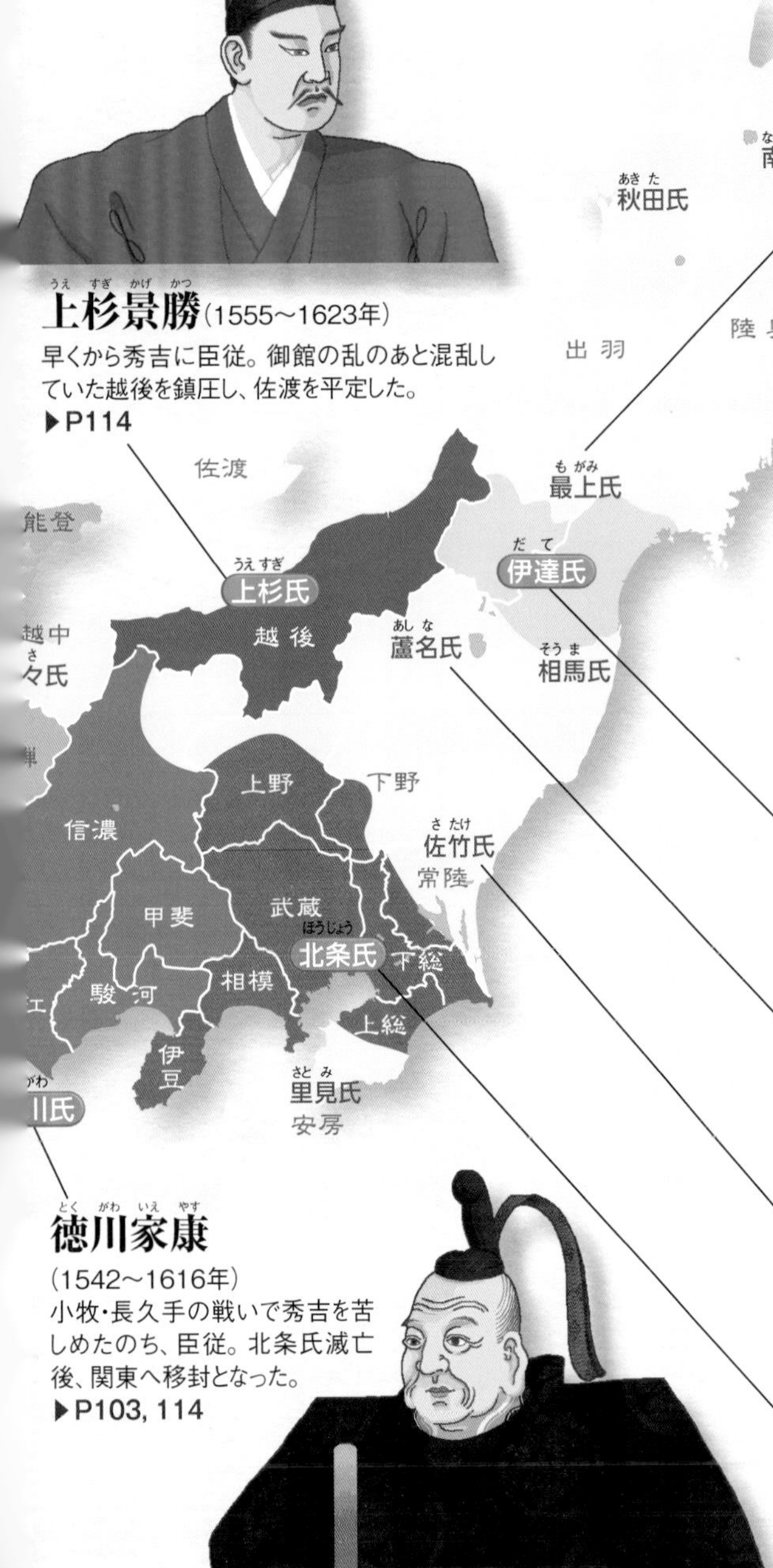

上杉景勝(1555〜1623年)
早くから秀吉に臣従。御館の乱のあと混乱していた越後を鎮圧し、佐渡を平定した。
▶P114

最上義光
(1546〜1614年)
知略によって領土を拡大。庄内地方に進出するも、上杉軍の侵攻によって失陥した。
▶P113

伊達政宗(1567〜1636年)
家督相続後、約5年で陸奥の南半分を制圧するも、関東まで進出してきた秀吉に服属した。
▶P110, 113

蘆名義広(1575〜1631年)
佐竹義重の子で、蘆名家の養子となる。摺上原の戦いで伊達政宗に敗れ、領土を失った。
▶P110

佐竹義重(1547〜1612年)
東北で勢力を伸ばす伊達政宗と戦い、人取橋の戦いでは政宗を追い詰めたが、内紛により撤退した。▶P110

徳川家康
(1542〜1616年)
小牧・長久手の戦いで秀吉を苦しめたのち、臣従。北条氏滅亡後、関東へ移封となった。
▶P103, 114

北条氏直(1562〜91年)
本能寺の変後に織田領に侵攻し、北条氏の最大支配地域となるが、秀吉の征伐を受けて滅亡した。▶P112

第1章 略年表

1582年 天正10年	**山崎の戦い** ▶P100 清洲会議 ▶P101
1583年 天正11年	**賤ヶ岳の戦い** ▶P102 大坂城の築城を開始 ▶P116
1584年 天正12年	沖田畷の戦い ▶P106 小牧・長久手の戦い ▶P103
1585年 天正13年	羽柴秀吉が紀伊を平定 長宗我部元親が四国を統一 ▶P104 **羽柴秀吉が関白に就任** 羽柴秀吉が四国を平定 ▶P105
1586年 天正14年	徳川家康が秀吉に臣従 羽柴秀吉が豊臣姓を賜る
1587年 天正15年	豊臣秀吉が九州を平定 ▶P108
1588年 天正16年	刀狩令 ▶P115
1589年 天正17年	摺上原の戦い ▶P110
1590年 天正18年	小田原攻め ▶P112 **豊臣秀吉が全国統一を完成** ▶P113 徳川家康が関東に移封
1591年 天正19年	**豊臣秀吉が諸大名に検地帳などの提出を命じる** ▶P115
1592年 文禄1年	文禄の役 ▶P118
1597年 慶長2年	慶長の役(〜1598年) ▶P120
1598年 慶長3年	五大老・五奉行を制度化 ▶P114 豊臣秀吉が病死 ▶P123

毛利輝元
(1553〜1625年)
秀吉に臣従して四国、九州征伐に参加し、領土を安堵された。新たな居城として広島城を築いた。
▶P114

豊臣(羽柴)秀吉(1537〜98年)
明智光秀、柴田勝家を討ち、織田家の勢力を継承。その後、各地を征服し、全国統一を果たした。
▶P100, 101, 102, 103, 105, 108, 112, 113, 114, 115, 116, 117, 118, 120 ,123

宇喜多秀家
(1572〜1655年)

父直家の死後、秀吉に養育される。秀吉の統一戦に従軍し、朝鮮出兵でも活躍した。
▶P114, 123

龍造寺政家
(1556〜1607年)

父隆信が沖田畷の戦いで戦死すると、島津軍の侵略を許す。その後、秀吉に旧領を安堵された。
▶P108、109

大友義統
(1558〜1605年)
耳川の戦い後、急速に衰退。秀吉に豊後を安堵されたが、朝鮮出兵で失態を犯し、改易となった。
▶P106

島津義久
(1533〜1611年)

大友氏、龍造寺氏を圧倒し、九州のほぼ全土を制圧するも、秀吉の征伐を受けて降伏した。
▶P106、108

長宗我部元親
(1539〜99年)
四国統一を果たした直後、秀吉の侵攻を受けて降伏。土佐一国のみを安堵された。
▶P104, 105

69 山崎の戦い

秀吉、「中国大返し」で敵討ちレースに勝利

本能寺の変のあと、中国地方にいた秀吉は誰よりも早く畿内に戻り、主君の敵討ちに成功した。

●山崎の戦い 1582年

本能寺の変直後の有力武将の位置

信長横死を知った秀吉が畿内への「大返し」を開始

本能寺の変で**織田信長**が討たれた1582（天正10）年6月2日、織田家の重臣たちは各方面軍を率いて全国に散っていた。そのなかで最も迅速に行動を起こしたのが、中国地方で毛利方の備中高松城を包囲していた**羽柴秀吉**である。

3日深夜に信長の死を知った秀吉は、即座に毛利家と和睦交渉を開始。城主清水宗治の切腹などの条件で講和すると、毛利軍の撤退を確認したうえで、6日夕方から畿内への強行軍を始めたのである。

並外れた高速移動で光秀を撃破

秀吉率いる3万の軍勢は、備中高松から摂津と山城の境にある山崎まで、約220㎞を8日間で走り抜けた。戦備えの大軍が1日平均27㎞以上進むという常識外れの移動速度で、のちに「**中国大返し**」とよばれた。一方、信長を討った**明智光秀**は畿内の支配権を確立しようとしたものの、かつて与力であった**細川幽斎**らの協力を得られず、孤立する。そんなところに、秀吉軍が予想をはるかに超える早さで現れたため、劣勢のまま迎え撃つことになった。

両軍が激突した**山崎の戦い**では、織田信孝、丹羽長秀らを加えた秀吉の勝利に終わった。敗れた光秀は敗走する途上で落ち武者狩りに遭い落命。こうして秀吉は主君信長の敵討ちに成功したのである。

本能寺の変後の秀吉の動き

6月 2日 早朝	本能寺の変
6月 3日 深夜	本能寺の変を知る
6月 4日	毛利家との和睦成立
6月 6日 夕方	備中高松を出発
6月 7日 夜	播磨姫路に到着（城内の金銀、兵糧を兵士に分配し、2日間休息）
6月11日 午後	摂津尼崎に到着（池田恒興らが合流）
6月12日 夜	摂津富田に到着（丹羽長秀らが合流）
6月13日 夕方	摂津山崎に到着
	山崎の戦い

本能寺の変直後の家康の決死行

本能寺の変が起こったとき、徳川家康は堺の町を見物していた。事件を知った家康は一時錯乱して信長のあとを追おうとしたが、家臣の説得を受けて領地へ帰還することにした。しかし、畿内は混乱して危険だったため、わずかな手勢とともに伊賀の山道を抜けて伊勢へ出て、そこから海路で三河へと戻った。

江戸時代になって家康が「神君」として神格化されるとこのエピソードも伝説化し、「神君伊賀越え」として知られるようになった。

キーワード　天王山

山城と摂津の国境にある標高270メートルの山。淀川の分岐点にあり、古来、水陸交通、軍事の要地であった。1582年6月、羽柴秀吉は明智光秀より早く天王山を押さえることに成功。それが勝因の一つとなり、麓で行われた山崎の戦いで光秀を破り、全国統一への道を歩み始めた。このことから、勝敗の重要な分かれ目のことを「天王山」というようになった。

70 清洲会議

信長の後継者選びは秀吉有利で決着

織田家の後継者を決める清洲会議の席上で、自分の意見をほぼ通した秀吉が、その存在感を強めた。

織田家の今後を決める清洲会議の対立構図

山崎の戦いのあと、織田家重臣が清洲城に集まり、後継者を決める会議を行った。

本能寺の変で死亡
男性
女性
— 血縁関係

お市：夫の浅井長政が死んで織田家に戻っていたが、信長没後の1582年、柴田勝家のもとに嫁ぐ。

信長

長男 信忠：家督を譲られて名目上の織田家当主となっていた。父とともに本能寺の変で死亡。

次男 信雄：伊勢・北畠家の養子になっていた。信忠の同腹であることを根拠に家督を主張した。

三男 信孝：伊勢・神戸（かんべ）家の養子になっていた。柴田勝家と手を組み、信長の後継者になろうと画策。

三法師（秀信）：このとき、わずか3歳だった。

擁立

柴田勝家
- 織田家の筆頭家老
- 清洲会議出席者の支持を得られず
  ▶ 親しかった滝川一益が欠席

対立

羽柴秀吉
- 信長の敵を討った功労者
- 丹羽長秀と池田恒興の支持を得る

清洲会議のおもな決定事項
- 信長の後継者は三法師、後見人に羽柴秀吉
- 信長の息子たちと重臣たちに領地が再分配される

大混乱の織田家中の今後を決める重要会議

本能寺の変では、**織田信長**以外に、名目上とはいえ織田家の家督を継いでいた嫡男の信忠も討たれ、名実ともに主を失った織田家は大混乱に陥った。そこで、織田家重臣たちは尾張の清洲城に集まり、今後の方針を決める「**清洲会議**」を開いた。参加者は信長の敵を討った**羽柴秀吉**、織田家第一の重臣**柴田勝家**、勝家に次ぐ重臣の**丹羽長秀**、信長の乳兄弟（信長の乳母の実子）である**池田恒興**の4人だ。

このとき、清洲には信長の次男信雄と三男信孝も赴いて互いに家督を主張した。血筋的には信忠の同母弟である信雄が有利だったが、異母弟ながら**山崎の戦い**に参戦した信孝には、勝家が後ろ盾についていて優位に立った。ところが、秀吉はどちらにもつかず、信忠の子である三法師（のちの織田秀信）を擁立する。

当時の三法師はまだ3歳の幼児だったが、当主の嫡男という絶対的な正統性に加え、信長の敵を討った秀吉の影響力は絶大だった。さらに、「人たらし」の本領を発揮した秀吉が長秀、恒興を味方につけ、後継は三法師と決まったのである。

織田家中の主導権をめぐり家臣たちが二分

家中随一の発言力を誇った勝家の主張を秀吉が退けたことで、この清洲会議は織田家中の主導権が秀吉に移ったことを示す場となった。織田家の運営も、幼い三法師を清須会議出席者の4人が補佐することになったため、実質的には秀吉の意向が反映される体制が構築されている。

当然、勝家の不満は大きかった。やがて信孝や、会議に出席できなかった滝川一益らとともに勝家派を形成し、秀吉派との対立を深めていく。織田家中には不穏な空気が流れ始め、ついには家臣同士での合戦へと発展していくのであった。

滝川一益が会議に不参加だった理由

滝川一益は関東方面軍の司令官を務める織田家の重鎮として、本来なら清洲会議に出席するはずだった。にもかかわらず欠席となった理由には、2つの説がある。

一つは、一益はこのときまだ関東から戻る途中の信濃にいて、清洲まで戻れなかったため出席できなかった、とする説。もう一つは、信長の死の隙をついた北条軍に敗れ、上野の領地を失った責任を問われて、出席を許されなかった、という説。

後者の説においては、「勝家と仲がよかった一益を出席させないことで、相対的に自分の発言力を強めようとした秀吉の陰謀」とする考えも存在する。もし一益が会議に参加していたら、その結果もかわっていたかもしれない。

丹羽長秀 (1535〜85年)　尾張出身の武将。通称五郎左衛門(ごろうざえもん)。織田信長に仕え、家老となる。安土城築城に大きな役割を果たしたほか、四国方面軍の副将に任じられた。本能寺の変後は一貫して羽柴秀吉を支持。賤ヶ岳の戦いにも出陣し、柴田勝家が籠る北ノ庄城の攻略に戦功をあげて100万石を超える大大名となった。病死したとされるが、のちの秀吉の専横を憎み自害したとする説もある。

宿敵勝家を滅ぼし秀吉が織田家を掌握

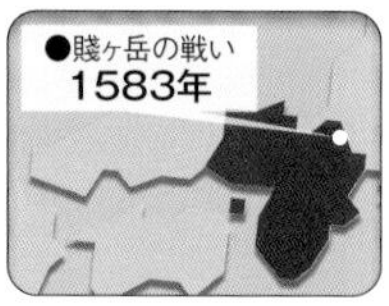

●賤ヶ岳の戦い
1583年

信長の実質的な後継者を決める賤ヶ岳の戦いは羽柴秀吉の勝利に終わり、柴田勝家は滅亡した。

秀吉得意の高速移動で柴田勝家を撃破

清洲会議ののち、織田家中は**丹羽長秀**ら**羽柴秀吉**派と、**織田信孝**、**滝川一益**ら**柴田勝家**派に分裂した。1582(天正10)年12月、秀吉は先手を打って信孝の岐阜城を開城させると、次いで伊勢の一益を攻撃した。勝家が雪で身動きがとれない隙をついた行動だが、柴田軍も2月末には越前から出陣する。

両軍は近江の賤ヶ岳付近で対峙したが、再び動き出した信孝や一益を牽制するため、秀吉はいったん大垣城に戻った。その隙をついて柴田軍の佐久間盛政が羽柴軍に奇襲をしかけると、秀吉は電光石火の勢いで翌日帰陣し、柴田軍本隊から離れていた盛政を撃破した。このときに活躍した**福島正則**、**加藤清正**ら7人は「賤ヶ岳の七本槍」と称されている。

この**賤ヶ岳の戦い**に勝利した羽柴軍は、勢いに乗って柳ヶ瀬に陣を構えていた勝家も撃破する。やむなく越前北ノ庄城に戻った勝家だが、羽柴軍の包囲を受けると、信長の妹である妻のお市とともに自害。こうして、秀吉は信長の後継者としての地位を確実なものとしたのである。

織田家の分裂と賤ヶ岳の戦い

信長死後の織田家は柴田勝家派、羽柴秀吉派に分裂。両者は主導権を賭けて賤ヶ岳の戦いで激突した。

羽柴秀吉派のおもな大名
柴田勝家派のおもな大名
❶～❻ 発生順

決戦の舞台になった賤ヶ岳周辺の現在の姿。

小谷の方

(1547～83年) 織田信長の妹で、名は市(いち)。1567年末ごろ浅井長政と政略結婚する。信長の朝倉攻めでは両端をしばった小豆袋を贈り、長政の翻意による挟撃の危機を兄に知らせたとの風聞が残る。小谷城攻めでは3人の娘(▶P65)と城を出た。本能寺の変後、柴田勝家と再婚。北ノ庄城落城時は娘たちを脱出させ、自らは勝家と自害した。

72 小牧・長久手の戦い

秀吉と家康の対決はついに決着つかず

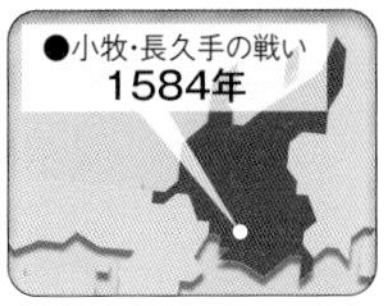

秀吉・家康の両雄が主力を率いて対峙したが、直接対決は行われず勝負はつかなかった。

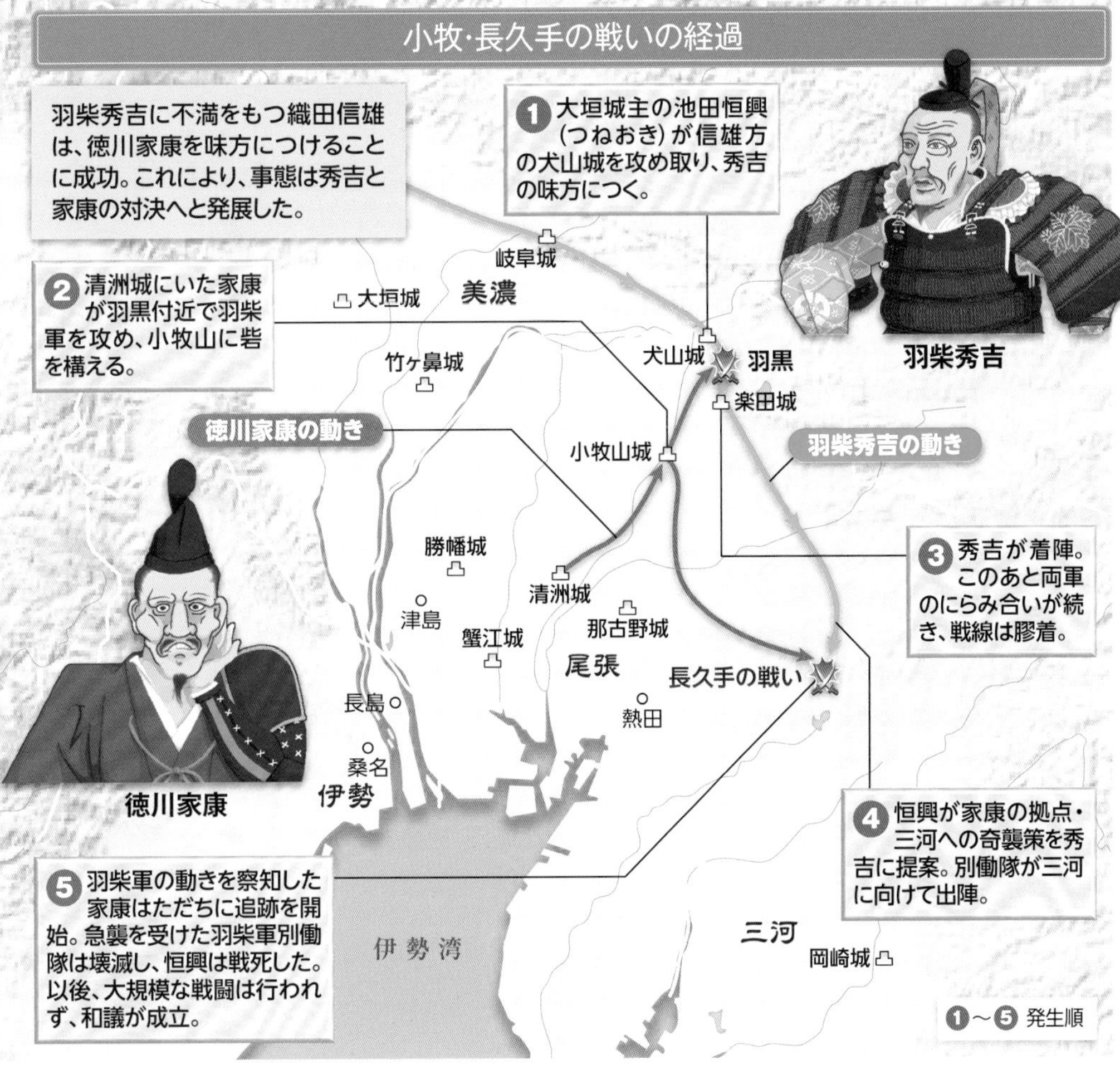

●小牧・長久手の戦い 1584年

小牧・長久手の戦いの経過

羽柴秀吉に不満をもつ織田信雄は、徳川家康を味方につけることに成功。これにより、事態は秀吉と家康の対決へと発展した。

❶大垣城主の池田恒興（つねおき）が信雄方の犬山城を攻め取り、秀吉の味方につく。

❷清洲城にいた家康が羽黒付近で羽柴軍を攻め、小牧山に砦を構える。

❸秀吉が着陣。このあと両軍のにらみ合いが続き、戦線は膠着。

❹恒興が家康の拠点・三河への奇襲策を秀吉に提案。別働隊が三河に向けて出陣。

❺羽柴軍の動きを察知した家康はただちに追跡を開始。急襲を受けた羽柴軍別働隊は壊滅し、恒興は戦死した。以後、大規模な戦闘は行われず、和議が成立。

❶～❺発生順

勢力を拡大した家康が天下統一に向かう秀吉に挑戦

柴田勝家を滅ぼした**羽柴秀吉**は、1584（天正12）年、建設中の大坂城に諸大名を招待した。自分が**織田信長**の後継者であることを宣言する意味があったが、これに信長の次男・**信雄**が反発。秀吉と断交して**徳川家康**に援助を求めた。

本能寺の変後、家康は三河、遠江に加え、旧武田領の甲斐一国、信濃半国、駿河の一部を支配したうえ、武田家遺臣の多くを配下に迎えて勢力を強化していた。そんな家康としても、急拡大する秀吉の勢いに歯止めをかけたいという意図があり、実質的には信雄を擁した家康が、秀吉に挑戦するという形での対決となった。

合戦で勝った家康だが外交では秀吉が一枚上手

緒戦は、秀吉方の**池田恒興**が尾張の犬山城を奪って優位に立った。しかし、家康は恒興の婿・森長可を羽黒付近で撃破し、**小牧山**に布陣する。戦いにあたり、家康は長宗我部元親や根来・雑賀衆に働き掛けて秀吉の背後を衝かせていた。そのために出遅れた秀吉は楽田に陣取るが、独立丘陵という戦術上の要地である小牧山を家康にとられたことは痛かった。

この状況を打破すべく、恒興は家康の本拠地・三河への攻撃を提案する。秀吉は難色を示したというが、甥の三好秀次（のちの**豊臣秀次**）を大将とする恒興、長可らの別働隊を出陣させた。だが、この動きを察知した家康は**長久手**付近で別働隊を急襲し、恒興、長可を敗死させた。

この敗戦を受け、秀吉は外交戦略に転換。信雄の領地である伊勢を攻撃したうえで講和をもち掛け、信雄との単独講和に成功する。これで戦いの大義名分を失った家康も和睦せざるを得なくなり、**小牧・長久手の戦い**は終わったのである。

家康を臣従させた秀吉の苦心

小牧・長久手の戦いのあとも、家康は秀吉に臣従しなかった。しかもこの時期、家康は秀吉に対抗するために、関東の北条家と同盟を結んだため、秀吉は東方に大きな脅威を残すことになる。

家康を臣従させようとした秀吉は、時には身内を人質に使い、たびたび働きかけた。1586（天正14）年、秀吉は、正室を失っていた家康に自身の妹・朝日姫（旭姫）を嫁がせる。朝日姫はすでに結婚していたが、離縁させて家康の正室とした。

それでも従わない家康に対し秀吉は、今度は自身の母でもある大政所を人質として家康のもとに送った。これにはとうとう家康も根負けし、大坂城におもむいて秀吉に臣従を誓ったのだった。

キーワード　天正地震

1586年1月（天正13年11月）に、中部地方を中心に起きた地震。広範囲に広がる連動地震だったとみられ、越中木船城が陥没したほか近江長浜城も液状化で倒壊した。当時、四国を平定した秀吉は小牧・長久手の戦いで敗れた徳川の再征伐を計画していた。しかし、前線基地である美濃大垣城も全壊して焼失していたため、徳川征伐をあきらめて懐柔策に転じたとされる。

土佐の英雄・元親が四国全土を制覇

土佐の長宗我部元親は国人から身をおこしてしだいに勢力を伸ばし、四国の統一を達成した。

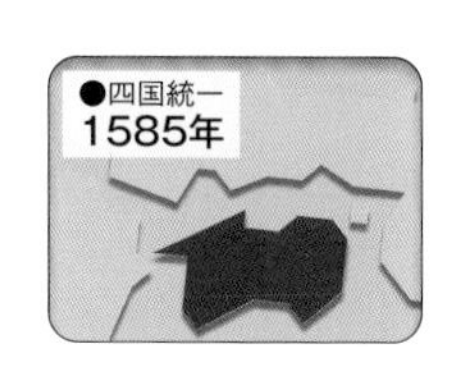
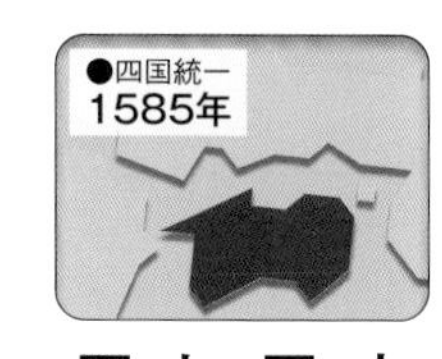

長宗我部元親

細川・三好時代から群雄割拠の時代へ

南北朝時代以降、伊予を除く四国3カ国は、管領家**細川氏**の一族が守護職を独占していた。しかし、16世紀に入って細川氏内部に家督争い(▼P20)が生じると、阿波国では旧主小笠原氏の流れをくむ三好家が台頭。中央で**三好長慶**が細川政権を倒す(▼P40)と、長慶の弟実休が阿波一国を平定し、さらに讃岐も支配した。

一方、土佐では早くも応仁・文明の乱ごろから国人衆が勢力を伸ばし、「土佐七雄(七守護)」とよばれて互いに争った。そのなかから現れた**長宗我部元親**によって、四国は統一へと向かうことになる。

長宗我部家略系図

長宗我部国親
ともに武将として有能で、元親を支えて活躍した。
元親　吉良親貞　香宗我部親泰
信親　盛親
長男。父に期待されたが、九州征伐で戦死。
四男。信親の死後、父の推薦で当主になる。
── 血縁関係

中央と対立しつつも四国統一を進めた元親

長宗我部家は16世紀初頭に一度滅亡したが、長宗我部国親が再興に成功する。1560(永禄3)年、その国親の死で家督を継いだ元親は、半農半兵の「**一領具足**」を活用し、宿敵だった安芸国虎や名門出身の一条兼定らを倒して1575(天正3)年に土佐一国を統一した。

このころ、元親の長男は**織田信長**の1字を与えられて信親と名乗るなど、長宗我部家と織田家の関係は良好だった。しかし、元親が阿波に進出した時期、この地域を支配する三好家が信長の傘下に入ったため、一転して敵対関係になってしまう。信長は三男の**信孝**や**丹羽長秀**に四国征伐を命じるが、**本能寺の変**(▼P94)で出兵は中断され、元親は窮地を脱した。当時、元親と交渉を進めていた**明智光秀**は、この四国征伐を阻止するために謀反を起こしたという説がある。

その後、元親は1582(天正10)年の**中富川の戦い**で三好一族の十河存保を破ると、その勢いで阿波、讃岐、伊予と支配地域を拡大し、1585(天正13)年にはついに四国統一を達成した。しかし同時期、中央の動乱を治めた**羽柴秀吉**が四国を次の目標に定めており、元親はその脅威にさらされることとなった。

キーワード　一領具足　長宗我部配下の半農半兵の下級武士。長宗我部元親の主戦力として躍進を支えた。武士として一領具足、すなわち一揃いの武具しか持っていなかったことが名の由来。関ヶ原の戦い後、西軍の元親は改易され、代わりに山内氏が入国すると、一部はそれに抵抗したが平定された。江戸時代には土佐藩郷士(下士)などとして取り立てられ、幕末期には彼らのなかから坂本龍馬などの志士が出た。

74 羽柴秀吉の四国平定

四国統一もつかの間 元親が秀吉に降伏

土佐を統一した長宗我部元親は、秀吉を牽制しつつ四国を統一。しかし、その年のうちに秀吉の大軍によって攻撃された。

●四国平定 1585年

お互いを牽制していた力関係に変化

本能寺の変以後、中央で勢力を固めていった**羽柴秀吉**に対し、土佐の**長宗我部元親**は**柴田勝家**や**徳川家康**、根来・雑賀衆らと連携して、秀吉を牽制しつつ四国を統一した。対する秀吉も仙石秀久らを淡路において、元親を牽制しつつ**賤ヶ岳の戦い**や**小牧・長久手の戦い**を進めた。その結果、勝家は敗死、家康は秀吉と和睦し、さらに**毛利輝元**も秀吉に臣従していたため、元親は孤立する。

そして1585(天正13)年、秀吉は紀伊・和泉の**根来・雑賀一揆**を鎮圧して元親を完全に孤立させると、6月には元親討伐の兵を四国に送り込む。このとき、秀吉は越中の**佐々成政**と対峙していたうえ、病気になったこともあって出陣せず、代わって弟の**羽柴秀長**が総大将となった。

抵抗及ばず元親が降伏 秀吉の天下平定戦が始まる

羽柴軍は総勢11万人超の大軍で、秀長の本隊は阿波へ、**宇喜多秀家**、**蜂須賀正勝(小六)**らは讃岐、**小早川隆景**率いる毛利軍は伊予へと3方向から四国に攻め入った。

迎え撃つ長宗我部軍は約4万。各地の城に兵を配置し、元親自身は四国の交通の要地である阿波の白地城に入った。ここを拠点としたゲリラ戦で羽柴軍の足を止め、長期戦にもち込むのが元親の作戦だった。

しかし、3倍近い兵力差は如何ともしがたい。長宗我部方の城は次々と落城し、戦線が突き崩されていく。追い詰められた元親は、開戦から2カ月ほどで秀吉に降伏することとなった。

戦後、元親は土佐一国だけの支配を許され、軍役の義務を課されるなど秀吉の政権に組み込まれた。土佐以外の土地は、阿波を正勝の子・蜂須賀家政に、讃岐を仙石久秀や旧主の十河存保に、伊予を小早川隆景や安国寺恵瓊に分け与えた。こうして秀吉は四国を支配下に置くことに成功したのである。

なお、秀吉はこの7月に関白に就任しており、四国攻めは朝廷の権威を得た秀吉による全国平定戦の第一歩と位置づけられている。

四国平定の経過

キーワード 根来・雑賀一揆
真言宗根来寺の僧兵根来衆と、本願寺門徒の雑賀衆が、和泉南部、紀伊北部で起こした一揆。この周辺には雑賀衆をはじめとして鉄砲技術を有する傭兵集団が存在し、石山戦争などで活躍した。羽柴秀吉は四国平定に先立つ形で1585年にこの一揆を攻撃し、壊滅させた。これは本拠地・大坂周辺の安全を確保することが目的であった。

九州の勢力均衡を崩した島津家4兄弟の快進撃

●耳川の戦い、沖田畷の戦い
1578年、1584年

薩摩、大隅、日向南部を支配する島津家は当主の義久と3人の弟たちの活躍で大友家、龍造寺家を次々に撃破し、九州のほぼ全土を制圧していった。

大友軍を耳川に追い詰めた島津軍の「釣り野伏」戦法

九州の3大勢力(▼P86)のうち、他を圧倒する力をつけ始めたのが島津家だった。その原動力となったのが、当主**島津義久**とその弟の**義弘**、**歳久**、**家久**だ。この4兄弟はそれぞれが武勇・知略に優れ、一丸となって島津家の勢力拡大に邁進する。

1577(天正5)年、義久が日向の伊東義祐を撃破すると、伊東氏と友好関係にあった豊後の**大友宗麟**は、翌1578(天正6)年に大軍を南下させる。ただし、同年7月にキリスト教に改宗した宗麟(▼P87)は海路延岡北方の務志賀(無鹿)に入る。この地にキリスト教の理想郷を建設するため前線には向かわなかったのだ。

10月、島津方は義久が鹿児島を出陣し、佐土原にいた家久は小丸川北岸にある最前線の高城に入った。この高城を数万の大友軍が包囲すると、11月11日、島津軍は少数の陽動部隊による攻撃を仕掛ける。大友軍がこれを追撃して小丸川を渡ったところで、島津軍の伏兵が一斉に攻撃して追撃軍を壊滅させた。宗麟の不在もあって、この「釣り野伏」戦法に動揺した大友軍では和睦の意見も出た。しかし翌12日、主戦派の田北鎮周が独断専行で小丸川を渡ったため、やむなく全軍もこれに続いたが、義久・義弘らが率いる島津軍本隊と背後の高城から出た家久隊に挟撃される形になり、大友軍は大敗した。島津軍の追撃を受けた大友軍は、耳川で追い詰められて壊滅状態となったため**耳川の戦い**とよばれるが、主戦場の名から高城川(小丸川)の戦いともよばれる。以後、宗麟の洗礼に対する反発などもあり、家臣団が動揺した大友家は衰退する。

地の利を生かして敵将を討つ大勝利を実現

耳川の戦いで九州3大勢力の均衡が崩れると、義久は日向一国の支配に加えて肥後方面で北上を開始。肥前の**龍造寺隆信**も大友家の所領を切り取っていった。

そんな情勢下で、龍造寺配下の有馬晴信が島津方に寝返る。1584(天正12)年、これを知った隆信が大軍を派遣すると、島津方は家久を援軍に向かわせた。

兵力で劣る島津・有馬連合軍は、島原城北の沖田畷を決戦地に選んだ。深田に細いあぜ道が通る同地で家久が仕掛けたのは、得意の釣り野伏だ。おとりを追撃してあぜ道を進んだ龍造寺軍は伏兵の一斉射撃を受けると退却する部隊と前進する後続部隊が衝突して大混乱に陥り、隆信を討ち取られる大敗を喫する。

この**沖田畷の戦い**で鮮やかに勝利した島津家は、以後、九州の大部分を制圧し、九州統一まであと一歩に迫るのであった。

「耳川合戦図屏風」(部分)。川を渡る大友軍(右)を島津軍が迎え撃つ様子が描かれている。
(相国寺蔵)

筑前
肥前
筑後
肥後
日向
薩摩
大隅

龍造寺隆信(りゅうぞうじ たかのぶ)
佐賀城

有馬晴信(ありま はるのぶ)
島原城
日野江城
沖田畷の戦い
八代
務志賀(無鹿)
人吉
耳川
耳川の戦い
高城
小丸川
佐土原城

島津義久(しまつ よしひさ)
鹿児島

1584年3月
❺ 有馬晴信の離反を知った龍造寺隆信が佐賀を出陣。海路島原半島の北岸に上陸した。

1584年3月24日
❼ 沖田畷の戦いで釣り野伏戦法をとった島津・有馬連合軍が快勝し、龍造寺隆信が討ち死にした。

龍造寺隆信に圧迫されてその配下に組み入れられていたが、島津家と通じて離反した。

1584年3月
❻ 島津家久率いる援軍が有馬晴信の日野江(ひのえ)城に到着。

1578年3月ごろ
❷ 大友軍が南下を開始。その後、キリスト教に改宗した大友宗麟は務志賀(無鹿)に入り、教会の建設などに専念した。

1578年11月
❹ 高城で大友軍と島津軍が激突。釣り野伏戦法などで勝利した島津軍が耳川で大友軍を壊滅状態にした。

1578年4月ごろ
❸ 肥後から薩摩(さつま)に侵入する大友軍別働隊が派遣されたが、人吉(ひとよし)城主・相良(さがら)氏との交渉が難航し、目的を達成することができなかった。

凡例
島津方の城
龍造寺方の城
大友方の城

九州統一目前の島津家 秀吉の大軍に降伏

大友家、龍造寺家を倒し、九州支配を進めた島津家だが、関白・豊臣秀吉の前に降伏し、九州統一の夢は破れた。

島津家の抵抗に対し秀吉自ら大軍で出陣

大友宗麟、**龍造寺隆信**を倒したことで、九州は**島津義久**によって統一されるかにみえた。これに待ったをかけたのが**豊臣秀吉**である。1585（天正13）年に関白に就任した秀吉は、朝廷から全国支配を委ねられたとして**惣無事**（全国の平和）をよびかけ、諸大名の私戦を禁じた（**惣無事令**、豊臣平和令）。島津家にもこれに従うよう命じたが、無視されたため軍勢を送り込む。ところが、1586（天正14）年に宗麟の要請で派遣した**長宗我部元親**らの軍勢は**戸次川の戦い**で惨敗した。

これを受けた秀吉は、翌1587（天正15）年、自ら総勢20万超の大軍を率いて九州に上陸。軍勢を二手に分けると、秀吉軍が西回りで、弟の**豊臣秀長**軍が東回りで南下しながら、島津家とその配下大名の軍勢を撃破していった。

島津方も抵抗したが、秀長軍との高城合戦で敗れると、義久は戦況の不利を悟って降伏した。こうして九州も秀吉の支配下に入ったが、島津家は余力を残して降伏したこともあって、薩摩、大隅、日向の一部の支配を許されている。

九州平定の経過

戸次川の戦いでの敗戦を聞いた豊臣秀吉は、自ら大軍を率いて九州に侵攻。2カ月ほどで島津家を降伏に追い込んだ。

●九州平定 1586～87年

1586年12月
❶戸次川の戦い
大友宗麟の救援要請を受け、長宗我部元親らの軍勢が到着。しかし、仙石秀久の失策によって島津軍に大敗した。

1587年3月
❷秀吉は、自らの出陣を決意し、まず弟・秀長が、続いて秀吉自身が九州に上陸した。

❸秀長の軍勢は東回りで南下し、対する島津義弘らの軍勢はあまり抵抗せず撤退を続けた。

❹秀吉の軍勢は西回りで迅速に南下していった。

1587年4月
❺高城合戦
島津方の高城を攻めた秀長軍に対して、島津義久、義弘の軍勢が総力戦を挑むが、敗れる。

1587年5月
❻泰平寺に陣を置く秀吉のもとに、頭を剃った義久が訪れ、降伏を申し入れた。

秋月種実：長年大友家に抵抗し続けてきた大名。島津家傘下として秀吉と戦うが一蹴され、降伏した。

龍造寺政家：父・隆信の死後、島津家に恭順したが、鍋島直茂に補佐されて秀吉に接近した。

大友宗麟　島津義久

長宗我部軍の推定進路　豊臣秀吉軍の推定進路　豊臣秀長軍の推定進路

長門　筑前　豊前　筑後　肥前　肥後　豊後　日向　薩摩　大隅　伊予　小倉　川内　野尻　内城

おもな勢力・武将
島津家の最大勢力範囲（推定）
❶～❻ 発生順

頭を丸めて降伏する島津義久（右）と豊臣秀吉（左）の銅像。薩摩川内市の泰平寺にある。

豊臣秀長（とよとみひでなが）

（1540～91年）　豊臣秀吉の異父弟（同父弟とする説もある）。通称小一郎（こいちろう）。秀吉に従って武将となり、以後、秀吉の片腕として活躍。四国平定では秀吉の名代となって長宗我部元親を下し、その功績で100万石の大領を与えられ大和郡山城主となった。温厚な性格で、秀吉や諸大名の信頼も厚く、豊臣政権の柱石であったが、小田原攻めのころから病に倒れ、快復することなく没した。

77 【人物列伝】鍋島直茂

龍造寺の懐刀から佐賀藩の藩祖へ

龍造寺隆信の重臣として活躍し、その死後は主家の実権を掌握。子の勝茂が佐賀藩主となり、直茂は佐賀藩の藩祖となった。

鍋島直茂の生涯

1538年 肥前佐賀郡で誕生

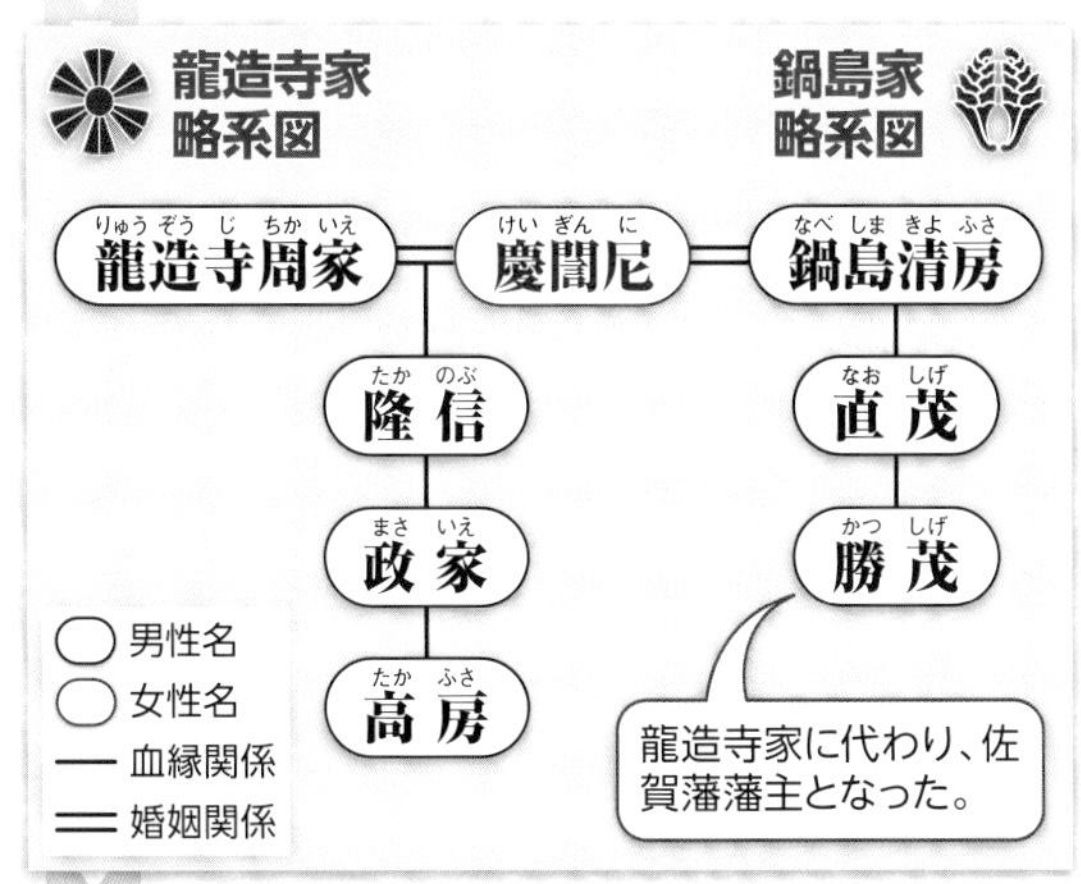

鍋島直茂の肖像画。
（公益財団法人鍋島報效会所蔵）

1551年 このころより龍造寺隆信に仕える

1556年 父・清房が慶誾尼を妻に迎える
▶ 隆信と義理の兄弟になる

1570年 今山の戦い

大軍を撃退した直茂の知勇
大友宗麟の派遣した大軍に対して、直茂は夜襲を選択。少数の兵で大友軍本陣を襲撃し、大友軍を敗走させた。

今山の戦い
筑前
佐賀城
筑後
肥前
有明海
肥後
沖田畷の戦い

1584年 沖田畷の戦いで隆信が戦死
▶ 龍造寺家の領地経営を委任される

1586~87年 豊臣秀吉の九州平定

1588年 秀吉により長崎代官に任命される
▶ 佐賀（村中）城を奪い、自らの居城とする

1592年~ 文禄・慶長の役に参加して朝鮮へ

1600年 関ヶ原の戦い

息子の失敗を帳消しに
関ヶ原の戦いへ出陣した子の勝茂は、進軍上の都合で西軍（反徳川方）に参加し、西軍は敗北した。九州に残った直茂は西軍方の諸城を攻略する活躍をみせ、改易（領地没収）を免れた。

1607年 龍造寺高房、政家が相次いで死去
▶ 子の勝茂が初代佐賀藩主となる

1618年 病死

無血の下剋上
直茂は豊臣政権のころから実質的な大名と認められており、龍造寺家の後継者がいなくなったことで鍋島家が佐賀藩主となった。

重臣として主家を支え、龍造寺家断絶で藩主に就任

龍造寺家重臣の子である**鍋島直茂**は、義兄弟の**龍造寺隆信**に仕え、1570（元亀1）年の今山の戦いで大友宗麟を撃退して家中の地位を不動のものとした。

以後、龍造寺家の支配拡大に努めたが、隆信は何かと諫言の多い直茂を遠ざけるようになる。1584（天正12）年、島津軍を警戒すべしという直茂の諫言を聞かなかった隆信が**沖田畷の戦い**で戦死すると、直茂は隆信の子・政家を補佐。しばらくは島津家に恭順を示したが、**豊臣秀吉**の九州平定に同調して旧領を回復した。

朝鮮出兵では、秀吉から直接参陣を命じられたことで領内統治の地歩を固め、関ヶ原の戦いでは嫡子**勝茂**が西軍に与したが領地没収は逃れた。その後、政家とその子高房が死んで龍造寺家が断絶すると、江戸幕府から勝茂の龍造寺家相続が認められ、幕末まで続く佐賀藩主の祖となった。

佐賀城鯱の門。龍造寺家の居城・村中城を鍋島直茂、勝茂が改修した。

佐賀化け猫騒動
鍋島家を舞台にした怪談。鍋島光茂がひょんなことから家臣の龍造寺又一郎（またいちろう）を殺した。その飼い猫が又一郎の首をくわえて家に帰ると、又一郎の母は自害。2人の怨念が乗り移った猫は化け猫になり、鍋島家を呪ったが、家臣によって退治された。鍋島家が龍造寺家に取って代わった話を題材としてアレンジが加えられ、講談などで演じられた。

奥羽の新星・伊達政宗 快進撃で東北南部を平定

●摺上原の戦い
1589年

小牧・長久手の戦いが終結したころ、東北の名門伊達家の家督を相続した18歳の政宗は、わずか5年あまりで東北一の大大名へと成長した。

若き政宗が東北地方を席巻

伊達稙宗(▼P33)の孫**輝宗**は、政略結婚で周辺諸大名と良好な関係を築き、長年争った相馬氏とも1584(天正12)年に和睦して稙宗時代の領地をほぼ回復した。しかし、同年に家督を譲った**伊達政宗**は領土拡大へと方針を一変する。

1585(天正13)年、政宗の攻撃を受けて降伏した二本松城主の畠山義継が、隙を見て輝宗を拉致する事件が起きると、輝宗自身の命により、政宗は父もろとも義継を殺害した。輝宗の死で南奥羽の外交関係が崩れると、父の弔い合戦に出た政宗は、逆に常陸の**佐竹義重**や蘆名氏、二階堂氏らに攻められ、退却を余儀なくされた(**人取橋の戦い**)。翌年には二本松城を落としたものの、以後も周辺諸大名の攻撃に苦しむ。

このころ、会津の蘆名氏は佐竹氏から迎えた養子の**義広**が家督を継いだが、古参の重臣との間で対立が起きていた。これを好機と見た政宗は蘆名氏攻略を決意。**摺上原の戦い**で蘆名氏を滅ぼすと、二階堂氏の須賀川城も落とし、一気に南奥羽の大大名へと成長したのである。

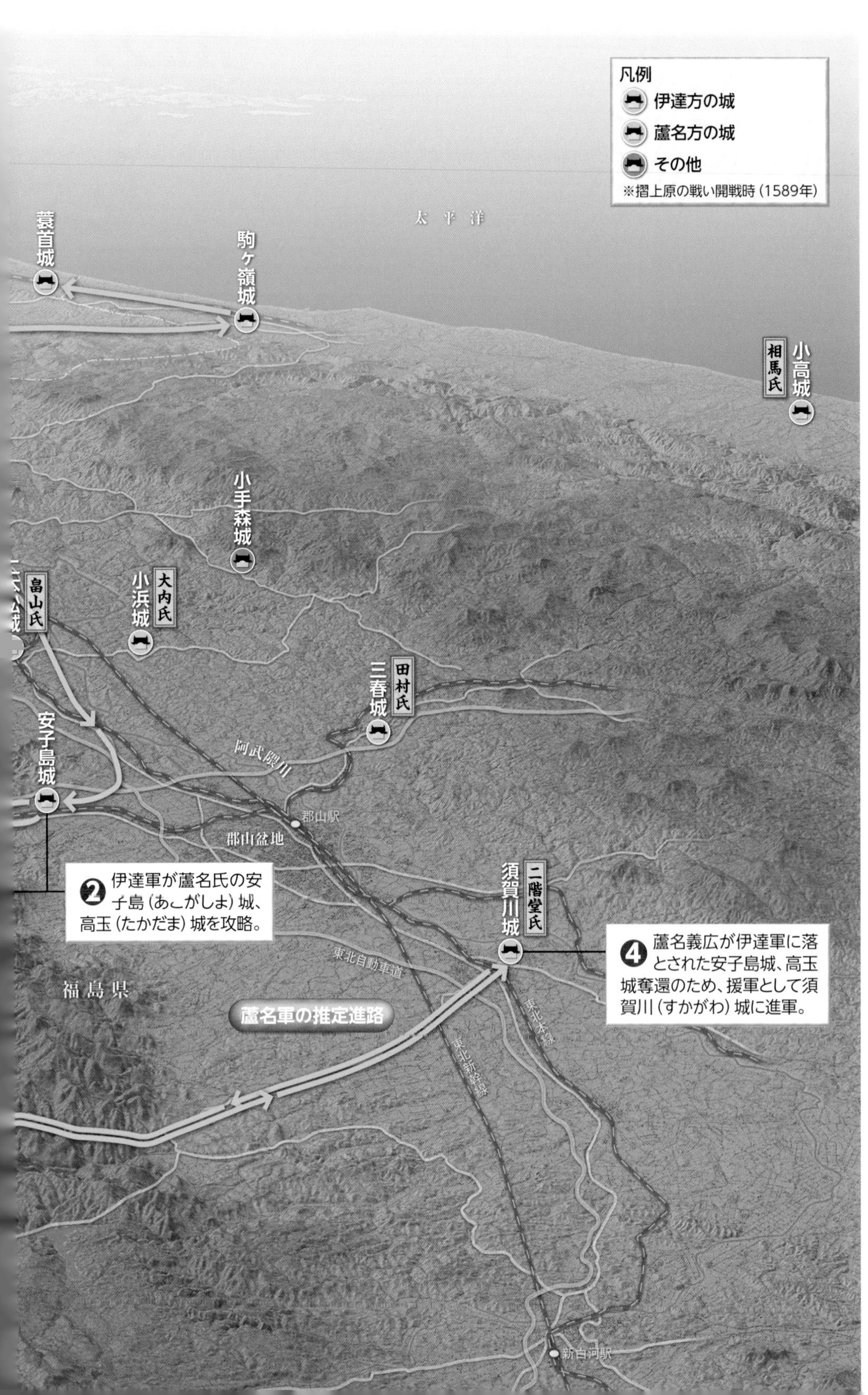

78 **伊達政宗と摺上原の戦い**

伊達政宗年表

1567年 1歳 **米沢城で誕生**

1577年 11歳 **元服し、藤次郎政宗と名乗る**
伊達家中興の祖といわれる9代政宗にあやかり、命名された。

1579年 13歳 **三春城主田村清顕の娘・愛姫（めごひめ）を正室に迎える**

1581年 15歳 **初陣を飾る**

1584年 18歳 伊達家の家督を相続

1585年 19歳 **大内定綱の小手森城を攻略**
城内にいた兵やその家族など800人以上を皆殺し（なで切り）にした。

二本松城主畠山義継に輝宗を拉致される
現場に駆けつけた政宗は、連れ去られる輝宗もろとも義継を射殺した。

二本松城を包囲

人取橋の戦い（**対佐竹義重ほか**）
二本松城の救援に来た佐竹、蘆名らの軍勢3万に対し、1万に満たない伊達軍は苦戦を強いられたが、内紛により佐竹軍が撤退し、終結。

1586年 20歳 **二本松城を攻略**

1588年 22歳 **大崎氏内紛に介入し、最上義光と対立**
義光の妹である母・保春院（義姫）の仲裁で和睦した。

摺上原の戦い（**対蘆名義広**）

1589年 23歳 **居城を米沢城から黒川城へ移す**
須賀川城を攻略
▼ **東北地方（陸奥、出羽）の約半分を支配下に置く**

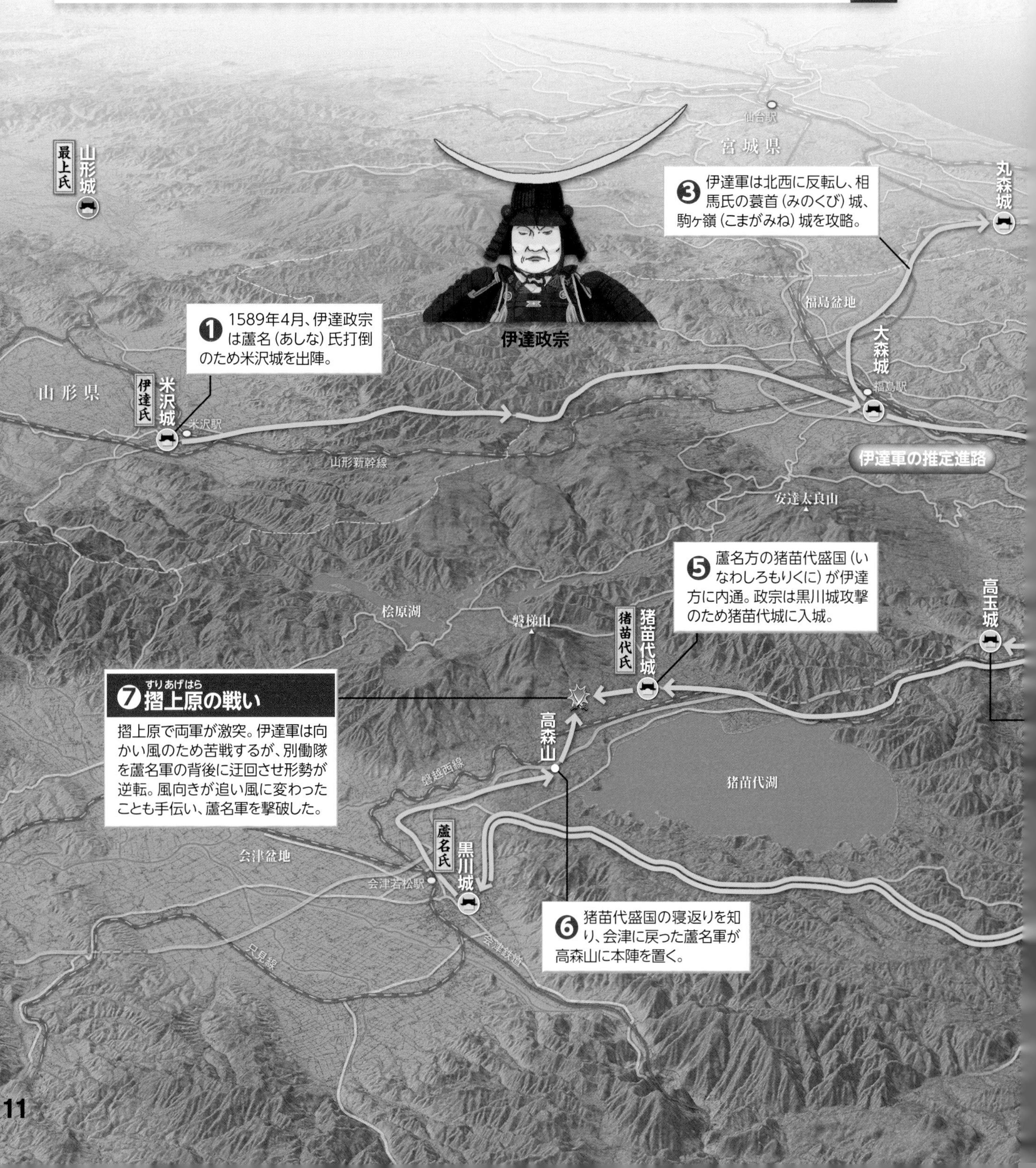

百年の繁栄に終止符 北条家が滅亡

早雲以来、関東に君臨した北条家は、秀吉の攻撃を受けついに滅亡した。

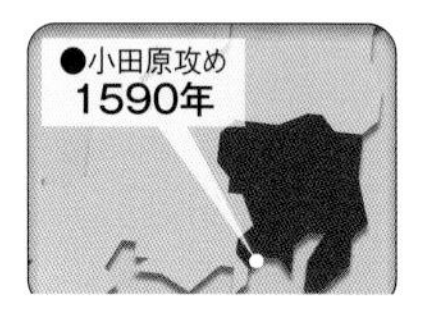

3方向からの大軍が堅城・小田原城を包囲

西日本を平定した**豊臣秀吉**は、関東にも私戦の禁止（**惣無事令**、豊臣平和令）を発した。しかし、これを無視した北条家が真田家から上野名胡桃城を奪うと、秀吉は諸大名に北条家討伐を命じた。

翌1590（天正18）年、秀吉軍は3方向から北条家の本拠地**小田原城**に迫った。北からは**上杉景勝**、**前田利家**、**真田昌幸**らが北条方の支城を落としながら南下し、西からは徳川家康らを先鋒とする本隊が東進。海では**長宗我部元親**、九鬼嘉隆らの水軍が海上封鎖と食糧輸送を担当した。

こうして20万の大軍に取り囲まれた北条方は籠城と降伏で議論を重ねたが、いわゆる「小田原評定」で結論が出ない。

籠城もむなしく北条家が5代で滅亡

最終的に、北条方は上杉謙信や武田信玄の攻撃にも耐えた籠城を選択する。しかし、農繁期には撤兵せざるを得ない半農半兵の軍勢には有効だった籠城も、兵農分離が進んだ秀吉軍には通用しない。

3カ月にわたる籠城で疲弊した北条方に、支城である武蔵八王子城や伊豆韮山城が陥落したとの報せが入ると、**北条氏政**、**氏直**父子は降伏した。氏政は自害させられ、氏直は高野山に追放されて、早雲以来5代続いた北条家は滅亡した。

なお、この小田原征伐には、秀吉の圧力で臣従した**伊達政宗**ら奥羽諸将も参陣しており、実質的にはこの戦いで秀吉の天下統一が完成している。

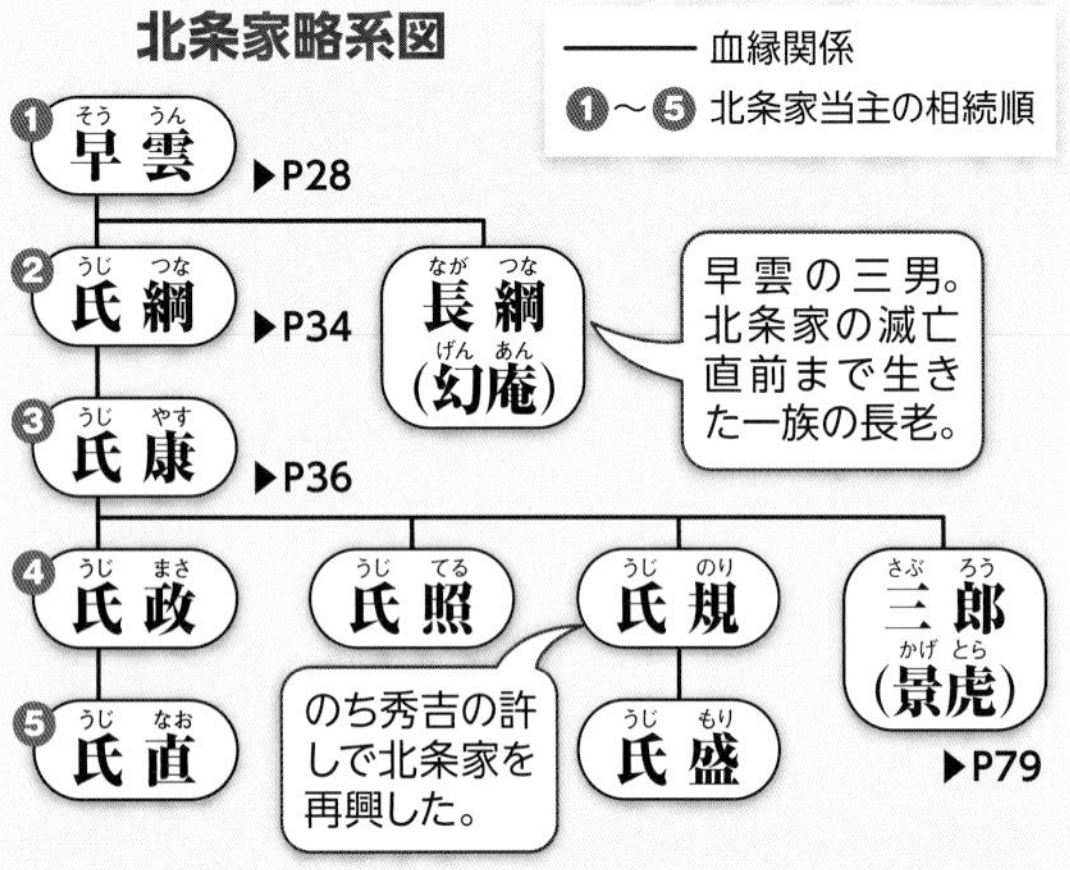

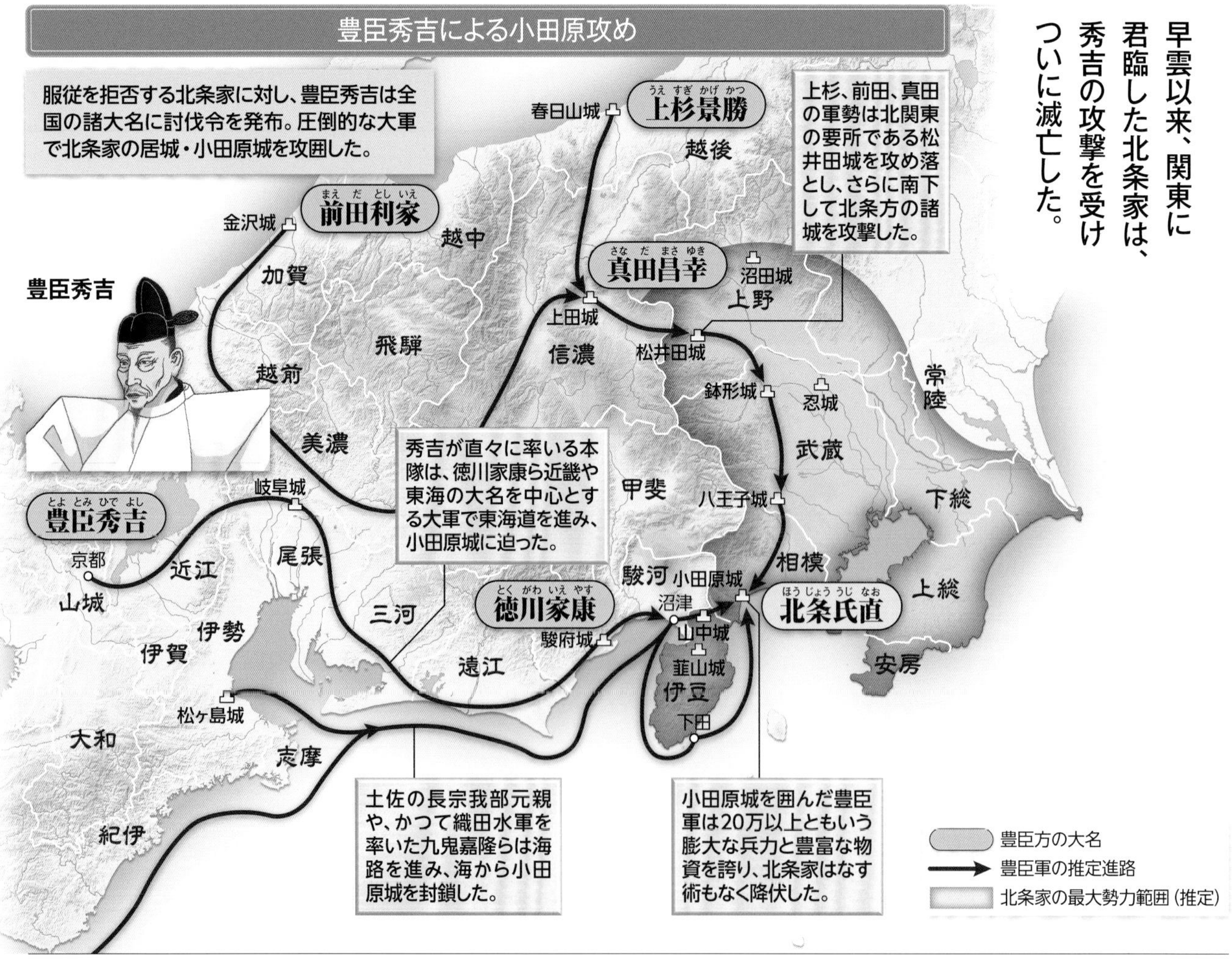

北条家略系図

—— 血縁関係
❶〜❺ 北条家当主の相続順

❶ 早雲 ▶P28
❷ 氏綱 ▶P34
長綱（幻庵）：早雲の三男。北条家の滅亡直前まで生きた一族の長老。
❸ 氏康 ▶P36
❹ 氏政
氏照
氏規：のち秀吉の許しで北条家を再興した。
三郎（景虎） ▶P79
❺ 氏直
氏盛

豊臣秀吉による小田原攻め

服従を拒否する北条家に対し、豊臣秀吉は全国の諸大名に討伐令を発布。圧倒的な大軍で北条家の居城・小田原城を攻囲した。

上杉、前田、真田の軍勢は北関東の要所である松井田城を攻め落とし、さらに南下して北条方の諸城を攻撃した。

秀吉が直々に率いる本隊は、徳川家康ら近畿や東海の大名を中心とする大軍で東海道を進み、小田原城に迫った。

土佐の長宗我部元親や、かつて織田水軍を率いた九鬼嘉隆らは海路を進み、海から小田原城を封鎖した。

小田原城を囲んだ豊臣軍は20万以上ともいう膨大な兵力と豊富な物資を誇り、北条家はなす術もなく降伏した。

豊臣秀吉　上杉景勝　前田利家　真田昌幸　徳川家康　北条氏直

春日山城　金沢城　上田城　沼田城　松井田城　鉢形城　忍城　八王子城　岐阜城　京都　小田原城　沼津　山中城　韮山城　駿府城　下田　松ヶ島城

越後　越中　加賀　上野　飛騨　信濃　越前　常陸　武蔵　美濃　甲斐　下総　尾張　近江　山城　相模　駿河　上総　伊勢　三河　伊賀　遠江　伊豆　安房　大和　志摩　紀伊

豊臣方の大名
豊臣軍の推定進路
北条家の最大勢力範囲（推定）

キーワード　忍城の戦い
忍城は現在の埼玉県行田市にあった北条家の支城。小田原征伐では城主成田氏長の従兄弟にあたる成田長親を総大将として籠城し、石田三成率いる豊臣軍の水攻めに耐えて「忍の浮き城」と言われた。北条方の支城のなかでは唯一陥落しなかったが、小田原で北条氏政・氏直父子が降伏したため開城した。

80 奥羽仕置と全国統一の完成

伊達政宗も屈服し秀吉の統一事業が完成

関東を平定した秀吉は、その勢いで東北に進出。諸大名の領地を裁定し、全国統一を完成させた。

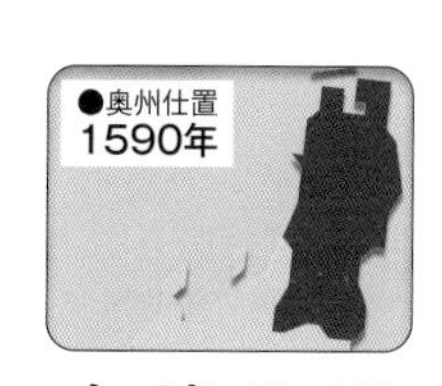

秀吉の大軍を前に東北の諸大名も屈服

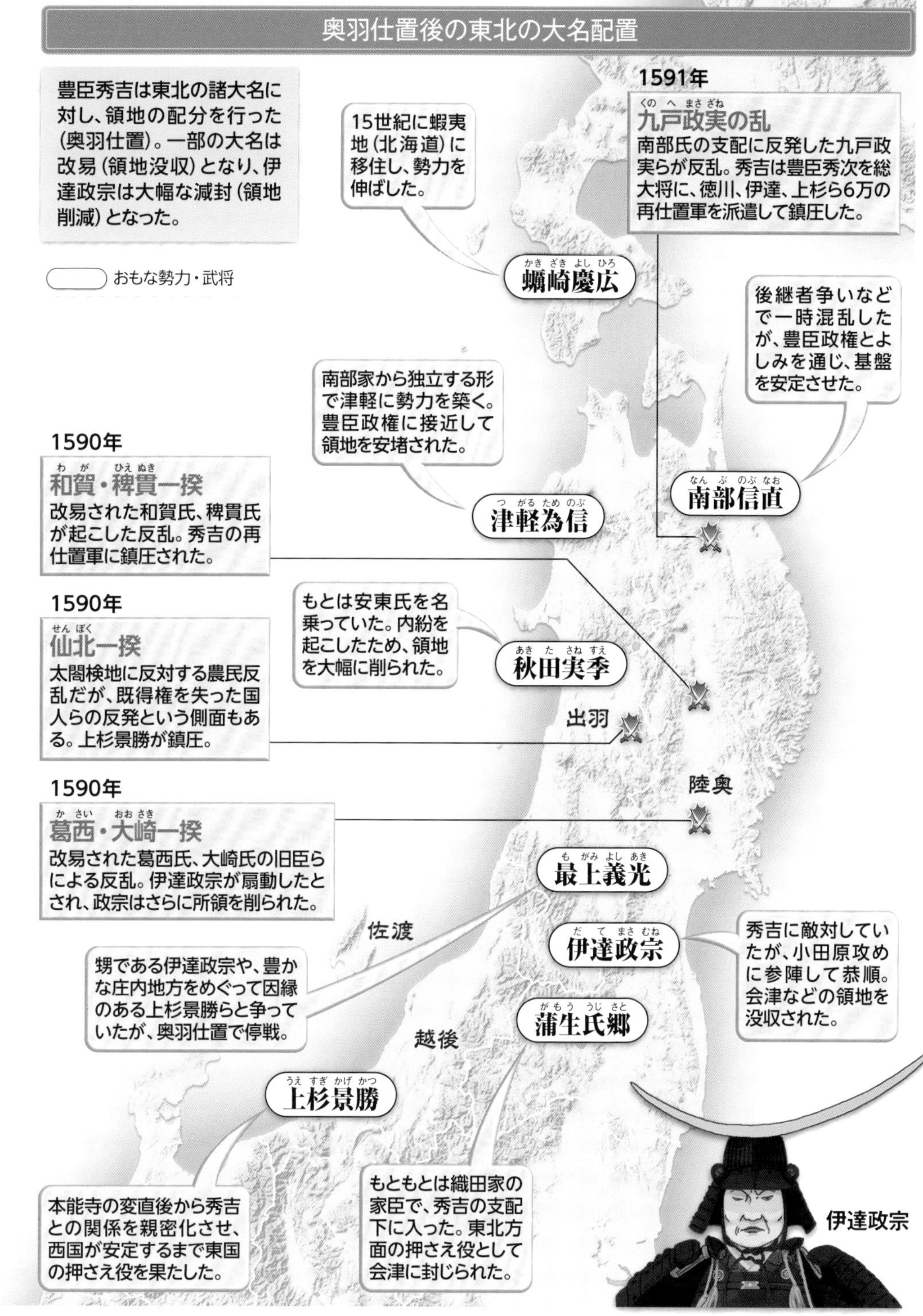

1590（天正18）年に**北条家**を滅ぼした**豊臣秀吉**は、そのまま東北地方に向かった。陸奥・出羽の諸大名を屈服させ、全国統一を完成させるためである。

この時期、東北の最大勢力は**伊達政宗**だった。当初、政宗は北条家と結んで秀吉に対抗しようとしたが、あまりの兵力差に断念し、遅ればせながら**小田原征伐**に参陣して秀吉に服従した。このとき、政宗は切腹を思わせる白装束で秀吉に恭順を示したという逸話がある。

その政宗の案内で奥羽を巡察した秀吉は、諸大名の領地を裁定する「**奥羽仕置**」を行った。その結果、小田原征伐に参陣した最上氏、相馬氏、津軽氏などは所領を安堵されたが、参陣しなかった葛西氏、大崎氏らは改易（領地没収）された。

また、秀吉の私戦禁止命令（**惣無事令**、豊臣平和令）に違反して**摺上原の戦い**（▶P110）を行い、小田原征伐にも遅れてやってきた政宗は領地を削られた。代わって会津には**蒲生氏郷**が配置され、東北諸大名への見張り役とされた。こうして秀吉は、織田信長以来の悲願だった天下統一を名実ともに完成させたのである。

ただし、その後も**葛西・大崎一揆**や和賀・稗貫一揆、仙北一揆など、奥羽仕置で入部した新領主への反発や、太閤検地に対する反抗は散発的に発生した。しかし、それも1591（天正19）年の九戸政実の乱を最後に見られなくなり、東北地方は完全に豊臣政権の支配に組み込まれた。

人物 蒲生氏郷
（1556〜95年）　近江出身の武将。初名は賦秀（やすひで）。キリスト教に入信し、洗礼名はレオン。父・賢秀（かたひで）が織田信長に臣従した際に人質となり、のち信長の娘を妻とした。信長死後は豊臣秀吉に従い、伊勢に12万石を与えられる。1590年、会津に移封となり、のち加増されて92万石の大大名となった。松坂、会津若松など、城下町の建設に手腕を発揮。茶道や和歌にも優れた器量人であった。

81 五大老と五奉行

豊臣政権を支えた10人の大名たち

●豊臣政権期
1590年代

豊臣政権では、秀吉晩年のころに五大老と五奉行の合議制ができた。

豊臣政権を代表する大大名「五大老」

豊臣政権において重要な役割を果たした10人の大名として、「五大老」「五奉行」という役職が制度化されたのは豊臣秀吉の死の直前である1598（慶長3）年だが、豊臣秀次が自害して豊臣秀頼が後継者とされた1595（文禄4）年ごろに実質的には成立していたと考えられる。

五大老とは**徳川家康**、**前田利家**、**毛利輝元**、**宇喜多秀家**、**上杉景勝**という、豊臣政権でも屈指の大領を有した有力大名のことである。1597（慶長2）年に病死した**小早川隆景**も、生前は同様の地位にあったと考えられている。

五大老は豊臣政権の最高顧問で、秀吉死後、五奉行との合議制で政権を運営することにより、まだ幼い秀頼を補佐することを期待されていた。

このような体制がつくられた背景には、自身の死後に家康が台頭するのを防ごうとする秀吉の意図があった。この時期の家康は、旧来の東海地方から関東地方に領地を移され、中央から遠ざけられていたものの、256万石を有する最大の大名として警戒すべき存在だった。

政権の実務を担当した「五奉行」

一方の五奉行は、秀吉の親族にあたる**浅野長政**を筆頭に、**石田三成**、**増田長盛**、**長束正家**、**前田玄以**という、秀吉子飼いの行政官僚で構成されていた。ここでいう「奉行」とは政務を執行する者をさし、豊臣政権には多数の奉行がいたが、なかでも特に重要な位置にいたのが五奉行であった。

五奉行はそれぞれ司法、行政、土木、財政、宗教などの各分野で活躍し、豊臣政権の行政を強力に推し進めていった。その意味で、実質的に豊臣政権を動かしていたのは五奉行であったともいえる。

このほかに**三中老**とよばれる役職があったともいわれる。五大老と五奉行の仲裁役で、古くから秀吉に仕えた生駒親正、中村一氏、堀尾吉晴がその任に就いたとされるが、実在を否定する説もある。

五大老・五奉行と豊臣政権の直轄地

秀吉は大大名「五大老」を政権の最高顧問とし、子飼いの官僚「五奉行」に行政を担当させた。

（　）五大老の大名
※小早川隆景死後に生まれた呼び名。
○ おもな直轄都市
△ おもな金銀山

五奉行		
浅野長政	甲斐甲府22万石	金銀山の管理や検地などを担当。
石田三成	近江佐和山19万石	博多や堺の奉行など、行政面で活躍。
増田長盛	大和郡山20万石	検地などの内政面で功績をあげた。
長束正家	近江水口5万石	蔵入地の管理など、財政面を担当。
前田玄以	丹波亀山5万石	京都の市政や朝廷との交渉を行った。

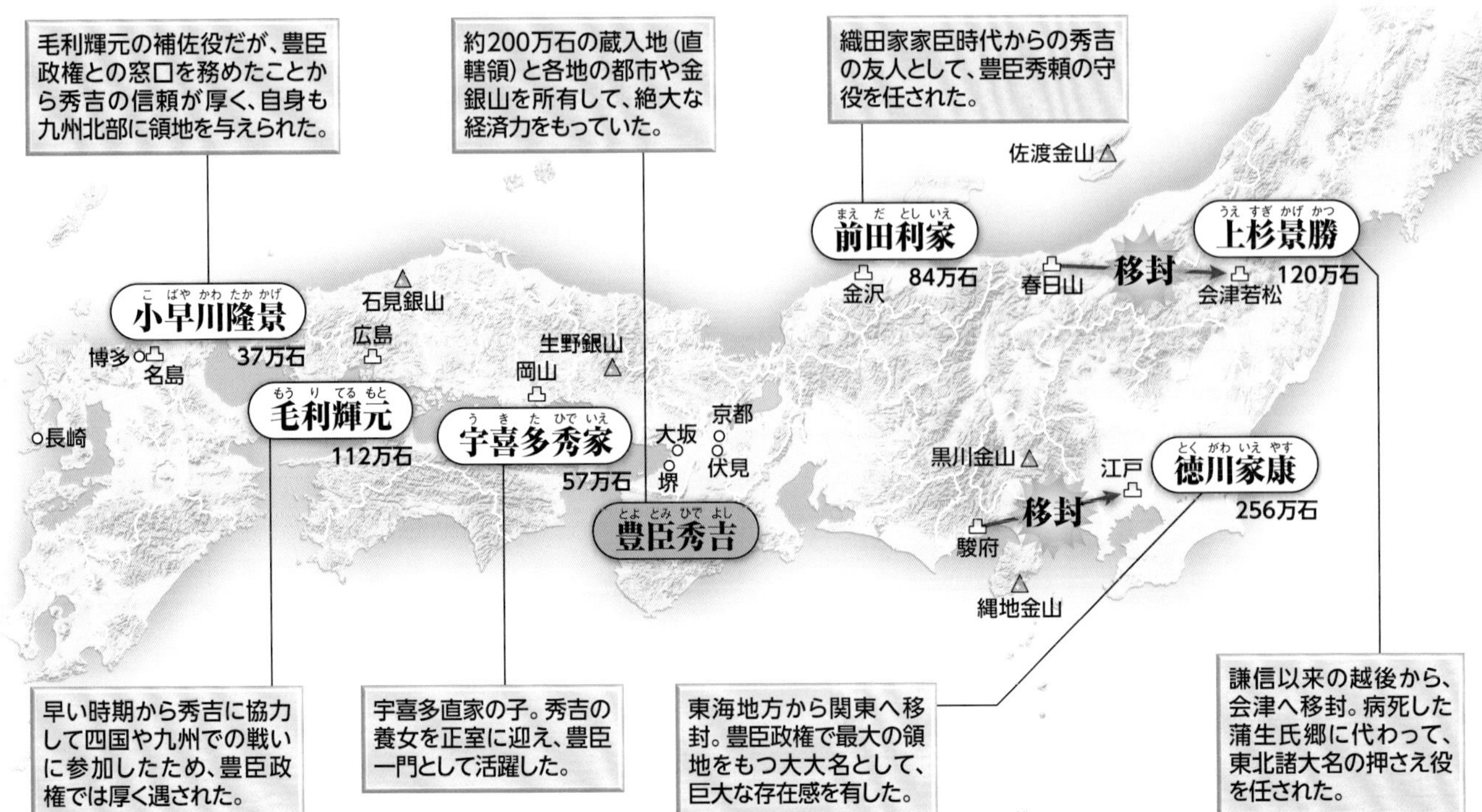

毛利輝元の補佐役だが、豊臣政権との窓口を務めたことから秀吉の信頼が厚く、自身も九州北部に領地を与えられた。
約200万石の蔵入地（直轄領）と各地の都市や金銀山を所有して、絶大な経済力をもっていた。
織田家家臣時代からの秀吉の友人として、豊臣秀頼の守役を任された。
佐渡金山
前田利家
金沢
84万石
春日山
移封
上杉景勝
会津若松
120万石
小早川隆景
石見銀山
広島
博多
名島
37万石
生野銀山
岡山
毛利輝元
長崎
112万石
宇喜多秀家
57万石
京都
大坂
伏見
堺
黒川金山
江戸
徳川家康
256万石
移封
駿府
豊臣秀吉
縄地金山
早い時期から秀吉に協力して四国や九州での戦いに参加したため、豊臣政権では厚く遇された。
宇喜多直家の子。秀吉の養女を正室に迎え、豊臣一門として活躍した。
東海地方から関東へ移封。豊臣政権で最大の領地をもつ大大名として、巨大な存在感を有した。
謙信以来の越後から、会津へ移封。病死した蒲生氏郷に代わって、東北諸大名の押さえ役を任された。

人物 千利休

（1522〜91年）　堺出身の茶人。名は与四郎（よしろう）。宗易（そうえき）、利休と号した。織田信長の茶頭（さどう）となり、本能寺の変後は豊臣秀吉に仕えた。1587年の北野大茶会では後見役を務めている。簡素で静寂な侘茶（わびちゃ）の精神を大成させ、茶道を確立した。秀吉の側近として政治面にも影響力があったが、秀吉の勘気に触れ、高値での茶器売買などを断罪されて切腹させられた。

82 太閤検地と刀狩

土地制度の整理と兵農分離を推進

秀吉は太閤検地によって あいまいな土地制度を整理し、大仏づくりを名目にした刀狩で 武士と農民を明確に分けた。

太閤検地と刀狩の目的

豊臣秀吉は大々的に検地と刀狩を行うことで、戦乱の時代を安定した平和な時代へとつくりかえようとした。

豊臣秀吉

太閤検地

田の広さと米の収穫高の調査

従来の検地：自己申告で基準もバラバラ。

太閤検地：政権主導で基準を統一し、不正を行えば家を取り潰すなど厳格に実施。

特徴

① **一地一作人の原則**
土地ごとの耕作権を検地帳に登録した1人の農民に限り、大地主が複数の土地を支配する荘園制を解体する。

② **石高制の確立**
石盛（単位面積あたりの収穫高）と田の広さから石高（土地の収穫高）を計算し、これをもとに税や軍役（大名が用意する兵の数）を決定。

刀狩

当時、農民の間であたりまえに普及していた武器を没収する

理由

建前
「没収した武器は大仏造立に利用するから、農民は幸せになれる」
「農民は畑仕事に従事することこそが幸せである」

本音
「武士と農民を区別したい」
「武力反乱を抑止したい」

▼

安定した支配体制が確立

江戸時代へ続く基礎がつくられた

太閤検地で整備された社会関係の統一基準

豊臣秀吉の代表的な政策が**太閤検地**だ。秀吉は、中国攻めを行っていた1580（天正8）年には、**織田信長**の奉公人として播磨の検地を行っており、**本能寺の変**後は信長の政策を受け継ぐ形で平定した土地の検地を進めていった。

検地はほかの**戦国大名**も行っていたが、それらは農民や国人らの自己申告による**差出検地**であり、「隠田」とよばれる未申告の田畑も多数存在した。また、計量枡や長さの基準も地域によってバラバラだったため、正確な米の生産力が把握できなかった。そこで秀吉は、枡を京枡に一本化し、長さの単位など度量衡も統一したうえで、役人を現地に派遣して縄入れ（実測）させた。さらに、「**石盛**」という単位面積あたりの収量予測も定められたため、石盛と田畑の面積を掛けることで米の生産量である「**石高**」を正確に把握できるようになった。この石高は年貢や諸大名に課す軍役の基準となったほか「何万石の大名」や「何石取りの武士」「高持百姓」「水呑百姓（無高）」など、社会関係や身分の統一基準となった。

兵農分離を徹底させ下剋上を封じた刀狩

太閤検地による石高の把握は、有力農民や土豪が中間搾取によって武士化、領主化することを防ぎ、身分の固定化によって兵農分離を推し進めた。これに対し、物理的に兵農を分離させたのが**刀狩**だ。

秀吉が、農民から武器を没収する刀狩を最初に行ったのは、**雑賀・根来一揆**を鎮圧した1585（天正13）年のこと。次いで1587（天正15）年、肥後の土豪が大規模な検地反対一揆を起こすと、翌年には全国に**刀狩令**を発布する。この際、「鋳溶かして大仏殿の釘や鎹に用いるため、来世まで功徳を受けられる」などとして農民に武器の提出を促している。

これら秀吉の政策で、半農半兵や下剋上が可能な中世的な体制は廃され、江戸時代の幕藩体制へと受け継がれていった。

江戸時代末期の検地の様子を描いた「検地絵図」。
（松本市立博物館蔵）

バテレン追放令

1587年に豊臣秀吉が発令した、キリスト教宣教師の国外退去を命じた法令。それまでキリスト教の布教を容認してきた秀吉が突如方針を転換した理由は、宣教師の人身売買やキリシタンによる仏教や神道への攻撃が原因ともいわれるが、はっきりしない。ただし、南蛮貿易の利益を求める秀吉は、南蛮船の来航は認めた。

83 大坂城

関白秀吉が築いた天下無双の城

●大坂城天守完成
1585年

関白となった秀吉は、安土城を上回る規模を誇る大坂城天守を完成させ、同時に大坂の町をつくった。

壮大な規模を誇る大坂城が完成

豊臣秀吉は全国平定と同時に、本拠地として大坂城の建設を進めた。秀吉が選んだのは、かつて**石山本願寺**があった上町台地の北端である。西には海を望み、北に淀川、東に大和川（当時）が流れる天然の要害であり、西国と京都を結ぶ要衝でもあった同地には、**織田信長**も目をつけていた。11年にわたる本願寺との**石山戦争**（▼P92）は、同地を天下統一事業の本拠地とするためだったといわれるが、信長は着工前に**本能寺の変**で倒れた。

1583（天正11）年、**賤ヶ岳の戦い**（▼P102）に勝利して信長の後継者の地位を確立した秀吉は、大坂城の築城に着手。数万人を動員した大工事で、1585（天正13）年には安土城を上回る5層9階の天守などの本丸がほぼ完成し、翌年からは本丸を囲む二の丸の工事が始まった。

築城と同時に城下町もつくられ、諸大名に屋敷を建てさせたほか、堺などの商人を移住させた。1594（文禄3）年からは町の周囲にも堀が築かれ、城下町を含む惣構が完成。1598（慶長3）年からの三の丸建設で町はさらに拡大した。

大坂・上町台地北端の年表

年	出来事
652年	**難波長柄豊碕宮が完成** 大化の改新を機に孝徳天皇が造営。「長柄豊碕」は上町台地北端のこととされる。
734年ごろ	**難波京が完成** 聖武天皇が平城京の副都として建設した。
1496年	**本願寺8世法主の蓮如が石山御坊を建設** 自身の隠居所として建立した。
1533年	**本願寺10世法主の証如が本拠地を遷す** 法華一揆に山科本願寺を焼き討ちされたため、石山の地に逃れた。以後、要塞化とともに、周囲には寺内町が栄えた。（▶P41）
1570年	**石山戦争が勃発** 本願寺11世法主の顕如と織田信長が激突。
1580年	**顕如が石山本願寺を退去**
1583年	**豊臣秀吉が大坂城築城に着手**

琵琶湖　京都　丹波　桂川　近江　山城　巨椋池　淀川　宇治川　木津川　摂津　大坂城　上町台地　大阪湾　河内　大和　大和川

秀吉当時の大坂城の様子

写真は秀吉が築いた大坂城の復元模型。ところどころに金箔が使われた豪華な城だった。

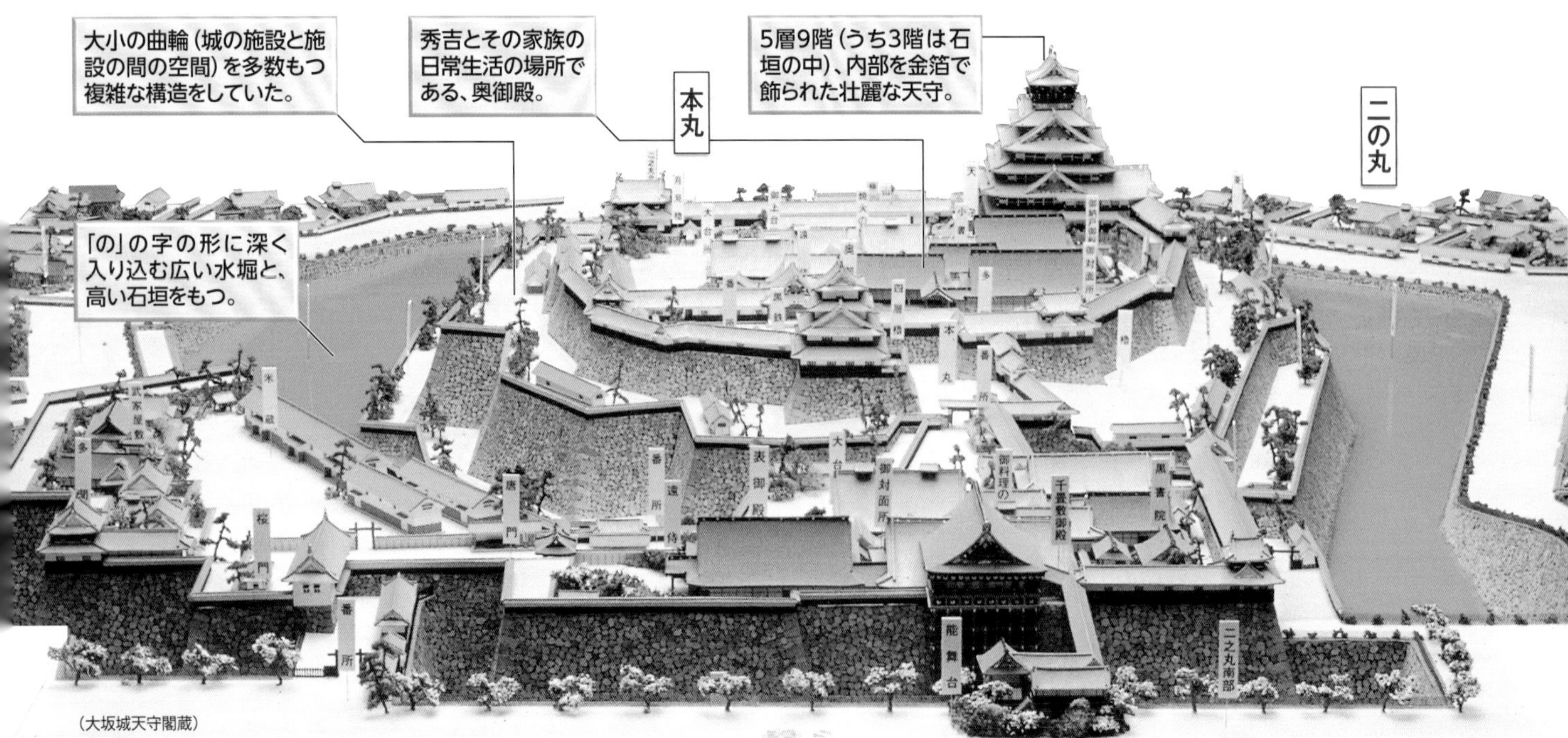

大小の曲輪（城の施設と施設の間の空間）を多数もつ複雑な構造をしていた。
秀吉とその家族の日常生活の場所である、奥御殿。
本丸
5層9階（うち3階は石垣の中）、内部を金箔で飾られた壮麗な天守。
二の丸
「の」の字の形に深く入り込む広い水堀と、高い石垣をもつ。

（大坂城天守閣蔵）

キーワード **関白**（かんぱく）

天皇を補佐して政治を行う職で、平安時代に設置された。同種の職である「摂政（せっしょう）」は、幼少の天皇の代理者として政治を行う。摂政、関白とも藤原氏（近衛・九条・二条・一条・鷹司家）によって独占されたが、唯一の例外が豊臣秀吉、秀次の2人である。また、前関白は「太閤（たいこう）」とよばれ、晩年の秀吉の尊称となった。

豊臣秀吉が行った土木・建築工事

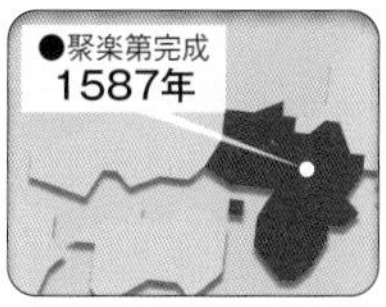

●聚楽第完成
1587年

土木・建築を使った奇策で出世した秀吉は全国統一後も壮大な工事を行った。

数々の伝説を生んだ秀吉の〝土木・建築好き〟

織田家中での出世や全国統一を進めるにあたり、**豊臣秀吉**は土木・建築工事を伴う数々の奇策を用いてきた。

備中高松城攻囲戦などで水攻めを多用したほか、美濃墨俣や**小田原征伐**の石垣山などの一夜城も有名だ。ただし、石垣山城は木を目隠しにして築城し、一気に木を伐採したことで一夜城に見せたものだ。墨俣城も短期間で築城されてはいるが、一夜で築かれたという点は信憑性に疑問符がつく。秀吉の〝土木・建築好き〟が生んだ伝説の一つとする説が有力だ。

全国統一後にも加速した秀吉の土木・建築熱

全国統一で金山や銀山を直轄地にすると、その経済力を背景に秀吉の土木・建築熱はますます高まっていく。

自らの居城としては、**大坂城**に続いて京都に絢爛豪華な**聚楽第**を建設。1588（天正16）年には後陽成天皇の聚楽第行幸が行われ、秀吉の権威は大いに高まった。さらに、隠居城として伏見城を築くが、1594（文禄3）年の伏見城竣工を機に、周辺の大規模な治水・土木工事に着手する。まず、巨椋池に流れ込んでいた宇治川の流路を変更する槇島堤や宇治川太閤堤を築いて伏見城と大坂城をつなぐ水路を確保。次いで淀川左岸にも大坂まで続く堤防道となる文禄堤を築いて陸上交通も整備した。なお、伏見城は1596（慶長1）年の慶長伏見地震で倒壊するが、ただちに2番目の伏見城が最初の城のやや北東に築かれている。

また、京都では治安維持や水害防止のために洛中を取り囲む土塁（**御土居**）を築いたほか、寺町を設けて寺社の大部分を移転させた。さらに、商売上有利な通りに面した土地が少なくなると、条坊制の南北方向に新たな通りをつくる「天正の地割（町割）」を行うなど、大規模な都市改造も行っている。

全国統一を支えた土木・治水・築城事業

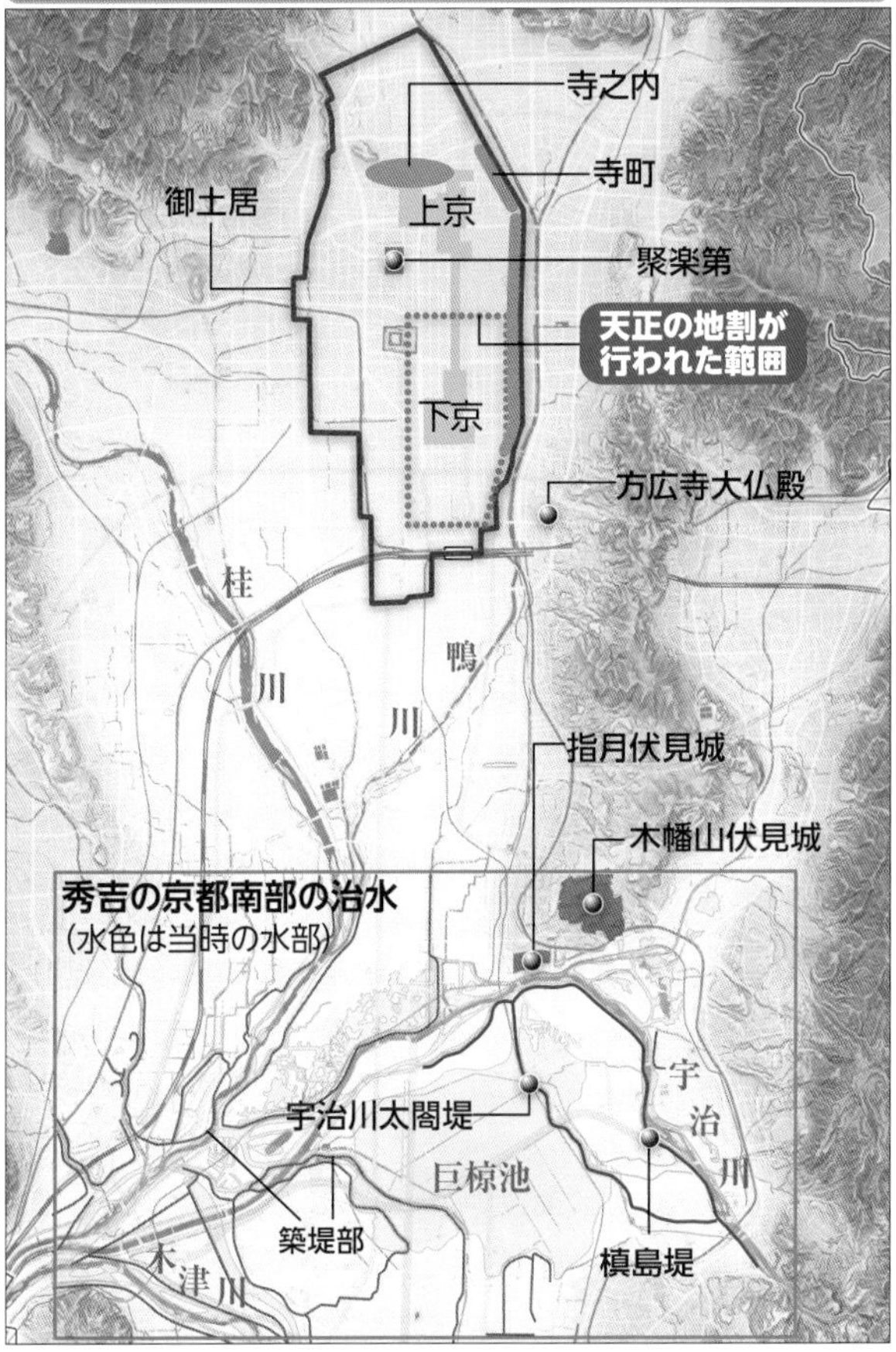

織田信長の家臣時代から、秀吉は数多くの土木・建築事業を行ってきた。

キーワード　慶長伏見地震

1596（慶長1）年閏7月13日に近畿地方で起きた地震。方広寺大仏が倒壊したほか、完成したばかりの伏見城も倒壊した。数日前には豊後地震も起きており、連動地震ともみられている。また、1605（慶長10）年12月には東海・南海・東南海連動型とされる慶長大地震も起き、広く太平洋岸で津波被害が起きた。

85 文禄の役

秀吉の野心は海を越え朝鮮半島へ侵攻開始

国内の統一を達成した秀吉は、その領土的野心を海外に向けた。日本軍は朝鮮攻撃を開始したが、思わぬ苦戦を強いられた。

秀吉が目指した東アジアの新秩序

全国を統一した**豊臣秀吉**は、朝鮮や台湾、インド・ゴアのポルトガル政庁、フィリピンのスペイン政庁などに朝貢を促す書状を出している。これには、当時衰退していた**明**に代わり、日本を中心とした東アジアの新秩序を構築する意図があったといわれている。

特に、**朝鮮**に対しては明侵攻の先導役にしようと考えていたが、互いの認識のずれから交渉は不調に終わる。すると、秀吉は1591(天正19)年に**名護屋城**を築かせ、翌年、16万の兵を朝鮮半島に渡海させたのである(**文禄の役**)。

日本軍は朝鮮半島上陸から1カ月足らずで首都の漢城を攻め落とすと、**小西行長**隊が平壌を占領。**加藤清正**隊は朝鮮の北東、明との国境まで進軍して、日本軍は朝鮮半島全土を席巻した。

しかし、各地で朝鮮の民衆が挙兵し、**李舜臣**率いる朝鮮水軍が活躍を始めると、日本軍は補給路を断たれ、困難な状況に陥った。加えて、明の援軍が到着したため、戦況は膠着。日本軍の厭戦気分は高まり、和平交渉が開始された。

名護屋城の天守台跡に立つ石碑。

加藤清正

1592年5月
❹ 数隊に分かれて進軍していた日本軍が朝鮮の首都・漢城に迫ると、朝鮮王室は逃亡。日本軍は無血入城した。

日本海

1592年4月
❷ 釜山の防備は薄く、日本軍はわずか1日で陥落させて朝鮮半島に上陸した。

日本

豊臣秀吉

京都

大坂城

秀吉は名護屋で渡海の準備をしたが、1593年8月に秀頼が誕生すると、大坂に帰ったまま戻らなかった。

名護屋城

徳川家康は名護屋に在陣するが、渡海を免除された。

1592年3月
❶ 西国の諸大名を中心とする約16万の軍勢が朝鮮半島へ出陣。

凡例
❶〜❾ 発生順

文禄の役 略年表

年	月	出来事
1591年	10月	名護屋城の築城を開始
1592年	1月	豊臣秀吉、朝鮮出兵の動員令を発す
	3月	❶諸大名の軍勢が名護屋城を出陣
	4月	❷日本軍、釜山を攻略
	4月	❸郭再祐の義兵が挙兵
	5月	❹日本軍、漢城を攻略
	6月	❺日本軍、平壌を攻略
	7月	❻閑山島海戦で日本水軍が敗北
	7月	小西行長、平壌に襲来した明軍を撃退
	7月	❼加藤清正、会寧に進出
1593年	1月	❽小西行長、平壌から撤退
	1月	❾碧蹄館の戦い
	↓	和平交渉（休戦期）
1596年	9月	条件が折り合わず、交渉決裂
1597年	2月	秀吉が動員令を発す（慶長の役）

遼東　義州　平壌　安辺　会寧　漢城　宣寧　釜山　巨済島　対馬　豆満江　鴨緑江　遼東半島　山東半島　渤海　黄海　明　朝鮮（李朝）

明軍　小西行長隊　加藤清正隊　島津義弘隊　黒田長政隊　小早川隆景隊

1593年1月
❽李如松（りじょしょう）率いる明の援軍が平壌の日本軍を攻撃。小西行長隊は漢城に撤退。

1592年7月
❼北上した加藤清正隊は、会寧に進んで朝鮮の王子2人を捕らえ、明に侵攻した。

1592年6月
❺小西行長隊が迫ると、朝鮮軍は逃亡し、無血で入城した。

小西行長

1593年1月
❾碧蹄館（へきていかん）の戦い
日本軍の先鋒・小早川隆景が明・朝鮮連合軍を撃破。明軍は平壌に撤退するが日本軍に追撃の余力はなく、以後、和平交渉が本格化。

1592年4月
❸郭再祐（かくさいゆう）率いる義兵が挙兵。以後、朝鮮南部を中心に義兵が立ち上がり、日本軍を苦しめた。

1592年7月
❻閑山島（かんざんとう）海戦
日本水軍が李舜臣（りしゅんしん）の率いる朝鮮水軍に大敗。以後、朝鮮水軍に制海権を奪われ、日本軍の補給は滞った。

朝鮮水軍が用いた亀甲船（きっこうせん）の復元模型。日本兵の侵入を防ぐため、鉄製のとげをつけたといわれる。

日本水軍の安宅船（あたけぶね）の復元模型。

（写真：佐賀県立名護屋城博物館）

禍根を残した豊臣大名の内部分裂

文禄の役において、いずれ劣らぬ活躍をみせた小西行長と加藤清正だが、2人は和平をめぐって対立を始めた。「明が降伏する」と主君秀吉に偽ってまで和平を成立させたい行長に対して、清正は秀吉の意向を無視する行為としてこれを非難。行長と同意見をもつ石田三成（いしだみつなり）は、清正の行状に関して秀吉に讒訴（ざんそ）し、秀吉の怒りに触れた清正は謹慎処分を受けてしまった。

ここにおいて、清正と行長・三成の決裂は決定的となり、両者の対立構造が関ケ原（せきがはら）の戦いを引き起こす遠因となった。

86 慶長の役

2度目の朝鮮出兵はさらなる泥沼へ

日本と明の和平交渉は決裂し、朝鮮への再出兵が始まったが、日本軍は前回以上の苦戦を強いられた。

慶長の役の経過

朝鮮半島の南部制圧を目的とした慶長の役は、明・朝鮮軍の激しい抵抗にあい、日本軍は守勢に立たされた。

1597年7月
①李舜臣(りしゅんしん)に代わって朝鮮水軍を指揮した元均(げんきん)を巨済島で破り、再上陸する。

1597年12月~98年1月
②蔚山の戦い
加藤清正が朝鮮南部の拠点として建築中だった蔚山城に、明・朝鮮連合軍が襲来。過酷な籠城戦のすえ、かろうじて退けた。

1598年10月
③泗川の戦い
8月に秀吉が病死。撤退中に明・朝鮮の大軍が来襲するも、島津義弘が少数の兵で撃退して武名をあげた。

1598年11月
④露梁津の海戦
退却中の日本軍と明・朝鮮の水軍が交戦。復帰していた李舜臣を敗死させ、日本軍は辛くも撤退した。

明・朝鮮軍の推定進路
日本軍の推定進路
①~④ 日本軍の動き

朝鮮(李朝)
平壌
漢城
全州
蔚山
釜山
海南
巨済島
対馬
壱岐
名護屋城
済州島
黄海
日本海
山東半島
日本

和平交渉は決裂し慶長の役が始まる

1593(文禄2)年に**文禄の役**が一時停戦したあと、日本と**明**によって和平交渉が行われた。しかし、大陸進出をあきらめない**豊臣秀吉**と、あくまで日本を下にみる明の意図はかみ合わない。

そこで、**小西行長**ら日本側の交渉担当者は、秀吉を怒らせないように「明が降伏した」と偽りの報告を行ったといわれる。事情は明側にとっても同じで、逆に「日本が降伏した」という偽りの報告をしている。

ところが、明の使節と対面した際に、自分の要求が相手に伝わっていないことを知った秀吉は激怒し、1597(慶長2)年に再び軍勢を朝鮮半島へ送り込んだ。これを**慶長の役**とよぶ。

文禄の役に続き、この戦いでも開戦当初は日本軍が勝利を重ねた。命令違反で指揮官を外されていた**李舜臣**のいない朝鮮水軍を巨済島での海戦で破って上陸すると、いくつかの部隊に分かれて朝鮮半島南部を侵攻した。前回と違って侵攻が南部にとどまったのは、目的が明への侵攻ではなく、和平交渉において秀吉の要求した「朝鮮南部の割譲」の実現だったからだ。

秀吉の死で撤退へ朝鮮出兵が残した問題

しかし、明・朝鮮軍が反撃に出ると再び日本軍は苦境に立たされる。ただでさえ慣れない異国での戦いであるうえ、敵の兵糧攻めや冬の厳しい寒さに苦しめられた兵士たちは戦意を喪失していく。結局、決着がつかないまま、秀吉が病死したことで日本軍は朝鮮から撤退した。

この朝鮮出兵の結果、莫大な出費ばかりで新たな領地を得られず、家中の対立まで起きたことで豊臣政権は大ダメージを受けた。同様に、明も戦費負担が崩壊過程を早めたとされ、1644年に滅亡する。また、朝鮮では日本軍による「鼻削ぎ」や陶工などの捕虜の連行が行われ、深刻な日本敵視のイメージを残した。

「朝鮮軍陣図屏風」に描かれた、蔚山(ウルサン)の戦いの様子。明・朝鮮の大軍による包囲に、加藤清正ら籠城する日本軍は苦戦した。(公益財団法人鍋島報效会所蔵)

87 【人物列伝】加藤清正

数々の逸話に彩られた秀吉子飼いの鬼将軍

幼少期から秀吉に仕え、賤ヶ岳の戦いや朝鮮出兵で活躍した加藤清正は武断派の代表的人物だった。

「賤ヶ岳七本槍」に数えられる豊臣家屈指の武断派武将

1562(永禄5)年、尾張に生まれた**加藤清正**は、幼少期から同郷の**豊臣秀吉**に仕えた。秀吉の中国攻めにも従軍し、1580(天正8)には播磨に初の知行となる120石を与えられている。**賤ヶ岳の戦い**では「賤ヶ岳七本槍」の一人に数えられる活躍で勝利に貢献した。

1588(天正16)年には、肥後半国19万5000石を与えられて熊本城主になる。**文禄の役**で第2軍の大将となった清正は、破竹の勢いで現ロシア領の兀良哈まで攻め入り、朝鮮の2王子を捕縛。鬼将軍と恐れられた。槍で虎を仕留めた逸話もこのころのことだが、実際は黒田長政とその家臣のエピソードだとされる。

一方、日本軍では**石田三成**や**小西行長**が講和締結を進めており、主戦派の清正は立場を悪化させていく。ついには三成の讒言により、1596(慶長1)年には秀吉から伏見での蟄居を命じられた。しかし、同年閏7月に**慶長伏見地震**が起きると、真っ先に伏見城に駆けつけて秀吉を助け、これによって蟄居を解かれたため「地震加藤」とよばれたという。

「築城の名人」にして「土木の神様」

慶長の役でも1万の兵を率いて渡海し、蔚山では明軍に急襲されたが、寡兵でこれに耐えた。帰国後の1599(慶長4)年には三成殺害を計画したが、**徳川家康**に諫められる。翌年の**関ヶ原の戦い**では九州での東軍主力として活躍し、肥後54万石を領した。

1601(慶長6)年には3層6階の天守を中心とした雄大な熊本城を建設。江戸城や名古屋城の普請も担当し、「築城の名人」の評価を得た。領内では治水工事や新田開発で手腕を発揮し、「土木の神様」とも称されている。その一方で、熱心な日蓮宗信者でキリシタンは弾圧した。

1611(慶長16)年には**豊臣秀頼**と家康を二条城で会見させて和平を模索するが、その帰途の船中で病死。会見で毒饅頭を食べさせられたという伝説もある。

熊本城のそばにある加藤清正像。

加藤清正の生涯

- **1562年** 尾張の刀鍛冶の子として生まれる
- **1573年** 豊臣秀吉の小姓として仕える
- **1580年** 播磨国に120石を与えられる
- **1582年** 山崎の戦いに従軍
- **1583年** 賤ヶ岳の戦いに参加
  - 「賤ヶ岳七本槍」の一人に挙げられる活躍をし、河内・山城・近江に3000石の所領を与えられた。
- **1584年** 小牧・長久手の戦いに参加
- **1586年** 九州平定に参加
  - 肥後宇土城に入るが、後詰めとして兵糧などを担当した。
- **1588年** 肥後北半国19万5000石を領有
  - ▶ 秀吉から朝鮮出兵の先兵としての役割を与えられての措置
  - 隈本城(熊本城)に入ると麦の特産化を図り、戦費調達のため呂宋(ルソン)との貿易を計画している。
- **1592年** 文禄の役に従軍
  - 小西行長に続く第2軍の大将として、鍋島氏、相良氏などとともに出陣。朝鮮の2王子を捕虜にするなど活躍した。なお、清正が凍傷の予防などのために用意した唐辛子が朝鮮半島に伝わり、清正は日本にセロリ(清正人参)を伝えた。
- **1596年** 伏見での蟄居を命じられる
  - 石田三成の讒言により秀吉に処罰されるが、慶長伏見地震の際に伏見城の秀吉を助けて許されたとされる。
- **1597年** 慶長の役に従軍
  - ▶ 蔚山の戦い
  - 清正が築いていた蔚山城の完成間近に明・朝鮮5万7000が襲来。わずか数百の手勢で連日の猛攻を退け、敵方に1万人あまりの犠牲を出させた。12日後、毛利秀元の来援により攻囲は解かれた。
- **1599年** 石田三成殺害を計画
  - ▶ 徳川家康のとりなしで中止
- **1600年** 関ヶ原の戦いに東軍(徳川)方として参戦
  - ▶ 小西行長の宇土城などを攻撃した
  - 戦後、小西領だった肥後南半国を領有し、合計54万石を領した。
- **1606年** 江戸城の普請に参加
- **1610年** 名古屋城の普請に参加
- **1611年** 二条城で徳川家康と豊臣秀頼を会見させる
  - ▶ 両者の和解を斡旋しようとしたが、肥後への帰途、病死した

熊本藩

関ヶ原の戦いでの功績によって肥後一国54万石を与えられた加藤清正が藩祖。清正の死後は嫡子・忠広が継いだが、年少であったため重臣の主導権争いによる御家騒動を防げなかった。1632年、忠広は、将軍徳川家光の弟・忠長を擁した謀反に加担したとの嫌疑を受け改易。代わって小倉城主の細川忠利が熊本に入り、幕末まで続いた。

88 【人物列伝】福島正則

悲運の晩年を送った秀吉麾下の出世頭

従兄弟である秀吉から厚く信頼された政則は豊臣恩顧の代表として江戸幕府に目をつけられた。

福島正則の生涯

福島正則

出典：ColBase（https://colbase.nich.go.jp/）

1561年 尾張の桶屋の子として生まれる

1578年 播磨三木城攻城戦で初陣
▶ 200石の禄を与えられる

1580年 播磨国に120石を与えられる

1581年 因幡鳥取城攻めに従軍

1582年 山崎の戦いに従軍

1583年 賤ヶ岳の戦いに参加

> 一番槍、一番首の働きで「賤ヶ岳七本槍」の筆頭となり、河内・近江に5000石の所領を与えられた。

1584年 小牧・長久手の戦いに参加
▶ 美濃への撤退戦で活躍

1585年 紀州根来・雑賀一揆平定に従軍
▶ 根来衆の立て籠もる和泉畠中城を落とす

> これらの功績で四国平定後に伊予に11万石を与えられ、今治城主になったとされるが、その時期については九州平定後だったとする説もある。

1587年 九州平定に参加

> 豊臣秀吉を総大将とした西回り軍の三番隊に参加し、戦後は肥後宇土で起きた検地反対一揆を平定した。

1590年 小田原征伐に参陣
▶ 先鋒として伊豆韮山城を落とす

> 正則のほかに蒲生氏郷や細川忠興らが韮山城を包囲した。

1592年 文禄の役に従軍

> 第5軍の大将として、長宗我部元親や蜂須賀家政（小六の息子）、村上水軍の一族である来島通総（くるしまみちふさ）らを従えて京畿道を攻めた。その後は兵糧搬入などにも従事した。

1595年 尾張24万石を与えられる

> 切腹させられた豊臣秀次の所領を与えられ、尾張清洲城主となる。秀吉や正則自身の故郷であり、東国への押さえの重要拠点でもある尾張を任されたことで秀吉からの信頼の厚さがうかがえる。

1598年 羽柴の名字と豊臣姓を許される

1599年 加藤清正らと石田三成暗殺未遂事件を起こす

1600年 関ヶ原の戦いに参陣
▶ 戦功により安芸・備後49万8000石を与えられる

> 関ヶ原の戦いに至る徳川家康の会津征伐にも従軍しており、石田三成挙兵の報を受けた軍議では、真っ先に三成攻撃を主張。急ぎ清洲城に戻り、本戦の前にも岐阜城などを落城させた。

1610年 名古屋城の普請に参加

1614年 大坂冬の陣
▶ 江戸留守居役を命じられる

> 豊臣恩顧の代表的な大名であることから家康が警戒し、幕府側での従軍を認めなかった。正則にとっても豊臣秀頼への攻撃は忍びなく、加担はできないまでも大坂方が大坂蔵屋敷の兵糧米を奪うのを黙認している。

1619年 改易され信濃川中島に移る
水害を受けた広島城の石垣などを修繕したところ、武家諸法度違反とされた。一度は修繕部分の破却を条件に幕府に許されたが、その後破却不十分と咎められ、所領没収となった。

1624年 川中島で死去

豊臣姓を許された「賤ヶ岳七本槍」の筆頭

福島正則は、1561（永禄4）年、桶屋の息子として尾張に生まれた。母は**豊臣秀吉**の叔母とされ、秀吉とは従兄弟の間柄になる。その縁から幼少より秀吉の小姓となり、1578（天正6）年の播磨三木城攻略戦で初陣を飾った。

以後、因幡鳥取城攻めや**山崎の戦い**に従軍したが、特に**賤ヶ岳の戦い**では一番槍の殊勲者となり、「賤ヶ岳七本槍」のほかの面々が3000石であったのに対し、正則は5000石を与えられた。以後も**小牧・長久手の戦い**や紀州根来・雑賀攻めなどで武功をあげると、四国平定後には伊予に11万石の領地を与えられている。

1590（天正18）年の**小田原征伐**では伊豆韮山城攻めの先鋒を務め、**文禄の役**では第5軍大将として**長宗我部元親**らを率いて渡海した。1595（文禄4）年、**豊臣秀次**が秀吉に自害させられると、秀次に代わって尾張24万石を拝領。さらに豊臣の姓を許された。

秀吉の没後は**徳川家康**との関係を深めた。**関ヶ原の戦い**では**宇喜多秀家**の軍勢と対峙し、戦後は安芸・備後49万8000石を与えられた。一方、**大坂の陣**では豊臣恩顧の大名であることから家康に警戒され、江戸留守居を命じられている。

家康没後、江戸幕府は豊臣系大名を排除する方針に転換。1619（元和5）年、無届で広島城を修築したことを咎められた正則は改易された。以後、信濃川中島に移され、同地で没している。

キーワード　賤ヶ岳七本槍
1583年の賤ヶ岳の戦いで戦功があった福島正則、加藤清正、加藤嘉明、平野長泰、脇坂安治、片桐且元、糟屋武則の7人。いずれも豊臣政権で重臣となり、関ヶ原の戦いで西軍に属した武則以外は、江戸幕府にも藩主や大身旗本として仕えたが、明治まで続いたのは脇坂家と平野家だけだった。

89 豊臣秀吉の死

天下人秀吉の死は豊臣政権崩壊の兆し

秀吉の晩年は失政続きで多くの禍根を後に残した。跡継ぎの秀頼はまだ幼く、情勢は不安定化していく。

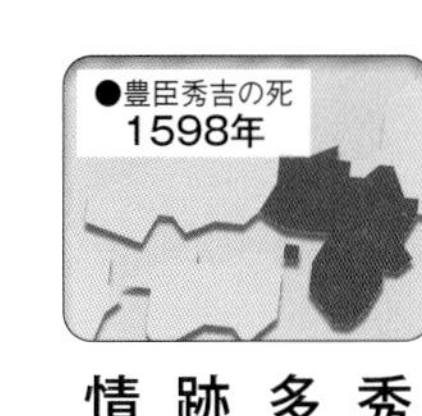

豊臣秀吉周辺の系図

実子に恵まれなかった秀吉は親族を重用し、養子や猶子を多く迎えた。

凡例：男性名／女性名／秀吉の実子／秀吉の養子・猶子／― 血縁関係／＝ 婚姻関係／--- 養子

竹阿弥＝大政所＝木下弥右衛門　浅野長勝

豊臣秀長　日秀　淀殿＝豊臣秀吉＝高台院　木下家定　浅野長政

※木下弥右衛門の子とする説もある。

豊臣秀次　鶴松　豊臣秀頼　小早川秀秋

- 豊臣秀次：秀吉の後継者として関白になるが、自害させられた。
- 鶴松：淀殿の初めての子。早死にしてしまう。
- 豊臣秀頼：唯一無事に成長した秀吉の実子で、秀吉に溺愛された。
- 小早川秀秋：小早川隆景の養子に出された。▶P135
- 浅野長政：五奉行筆頭。織田政権時代からの秀吉の家臣。

秀吉のおもな養子・猶子

- 羽柴秀勝：織田信長の四男。若くして病死した。
- 宇喜多秀家：宇喜多直家の子。長じて五大老の一人となる。
- 結城秀康：徳川家康の次男。結城家の養子に。▶P140
- 智仁親王：正親町(おおぎまち)天皇の皇子・誠仁(さねひと)親王の第6皇子。
- 伊達秀宗：伊達政宗の子。のちに伊予宇和島藩主となる。

朝鮮出兵と秀次切腹で政権内部に深刻な亀裂

織田信長の後を受けて全国を統一し、江戸時代へと続く安定した支配体制をつくった**豊臣秀吉**だが、晩年には失政も目立つようになる。その代表が**文禄・慶長の役**(朝鮮出兵)で、従軍した子飼いの大名を疲弊させたうえ、家中に深刻な内部分裂を生んだ。もう一つの失政は、自身の後継者をめぐる混乱である。

秀吉は正室である**高台院**(ねね)との間に子供が生まれず、多数いた側室との間にできた子も、すべて夭逝していた。そこで、数多くの養子や猶子(継承権をもたない養子)をとって政権を安定させようとした。なかでも、甥の**豊臣秀次**は自身の後継者として、1591(天正19)年には**関白**の地位を譲り渡している。

ところが、1593(文禄2)年に**淀殿**との間に**秀頼**が生まれると、秀吉は秀次を疎んじるようになる。ついには謀反の疑いをかけて高野山に追放したあげく、家臣や妻子もろとも秀次を切腹させた。この事件は豊臣政権内の亀裂を深めたうえ、将来秀頼を守る立場にあった豊臣一族を著しく減らす結果になった。

五大老に秀頼を託し天下人秀吉が病死

1598(慶長3)年5月、秀吉は病の床に伏した。これ以後、幼い秀頼の行く末を案じた秀吉は、自身と秀頼への忠誠を誓わせた起請文(誓約書)を諸大名にさかんに提出させている。そして親交の深い**前田利家**を秀頼の後見役とし、**五大老**に秀頼のことを託す遺書を書いて、同年8月に伏見城で没した。

秀吉没後の豊臣政権は、五大老と**五奉行**による合議制で運営されることになった。しかし、「なにわのことも　ゆめのまたゆめ」という秀吉辞世の一節のように、この合議制はごく短期間で消滅してしまうのであった。

秀次の処刑と「殺生関白」伝説

秀吉によって自害に追い込まれた秀次には、残虐行為をたびたび行ったという伝説がある。それによると、秀次は下記の行為をくり返したとされる。女人禁制の比叡山に女性を引き連れて、殺生をしてはいけない場所で鹿狩りを行った。千人斬りと称して無実の人を殺した。弓と鉄砲の稽古で民衆を的にした。このような悪行により、「殺生関白」とよばれるようになった――というのだ。

しかし、これらの多くや「殺生関白」という言葉の存在自体が信憑性に乏しく、畿内における秀吉人気の高さから、後世に秀吉の行いを正当化するために創作されたものではないかとも考えられている。

人物 **高台院**

(1549?〜1624年)　豊臣秀吉の正室。名はねね(おね)。杉原定利(さだとし)の娘で、浅野長勝の養女。1561年、秀吉に嫁ぐ。2人の間に子は生まれず、加藤清正や福島正則らを養育した。才気にあふれ、秀吉の主君・織田信長にも賞賛された。秀吉の出世とともに北政所(きたのまんどころ)と称され、強い発言力を有したといわれる。秀吉の死後、出家して京都に高台寺を建立し、その菩提を弔った。

コラム

政治に利用され発達した茶の湯

信長がつくりだした!? 戦国「茶器バブル」の真相

1568(永禄11)年に織田信長が上洛した際、松永久秀(▼P61)は名物茶入れ「九十九髪茄子」を贈ったことで敵対を許された。その後、信長に反目して包囲された久秀は、茶釜「平蜘蛛」が信長の手に渡ることを阻止するため、もろともに爆死したという。また、甲斐を攻略した滝川一益は、信長に茶入れ「珠光小茄子」を所望したが断られ、代わりの褒美が上野一国、信濃の一部の加増だったため落胆した、という逸話がある。封建領主である戦国武将が、茶器一つと領地を同価値として扱っていたのだ。

この「茶器バブル」は信長が意図的につくったともいわれている。茶器を有限な土地に代わる褒美とするため、自ら名物を狩り集めることで茶器に一国一城と同等の価値を付与したというのだ。

さらに、名物茶器の賜与に「茶会を開く権限」という付加価値も与えたとされる。当時の茶会は、四畳半などの狭い空間で主客が余人を交えずに向かい合う密談の場でもあった。そんな茶会を許すことは、「重要人物との密談で貴重な情報を得る」という、戦略上極めて重要な権利でもあったのだ。

秀吉の派手な茶の湯を経て受け継がれた侘茶

なお、上記のような閑寂のなかに美を追求する茶の湯は「侘茶」とよばれ、千利休が大成した。この町人文化であった茶の湯を変貌させたのが豊臣秀吉だ。

秀吉は、信長が茶頭とした利休らを自らの茶頭として迎えた。また、信長が所持していた名物をはじめ多くの茶器を求めて「茶器バブル」を維持している。ただし、黄金の茶室や北野大茶会に代表されるように、秀吉の茶の湯は派手だった。

もともと、乱世から全国統一に至る時代の桃山文化は、豪壮な安土城の天主に狩野永徳らの障壁画を施した城郭建築に代表される。その豪奢を競う風潮は茶の湯にも持ち込まれ、1591(天正19)年に秀吉の勘気を被った利休が切腹して以降、加速した。しかし、侘茶も利休門下の織田有楽斎や古田織部、織部の弟子の小堀遠州ら大名茶人に受け継がれ、大名茶として次代へと続いていくのであった。

茶室(如庵)と茶会の作法

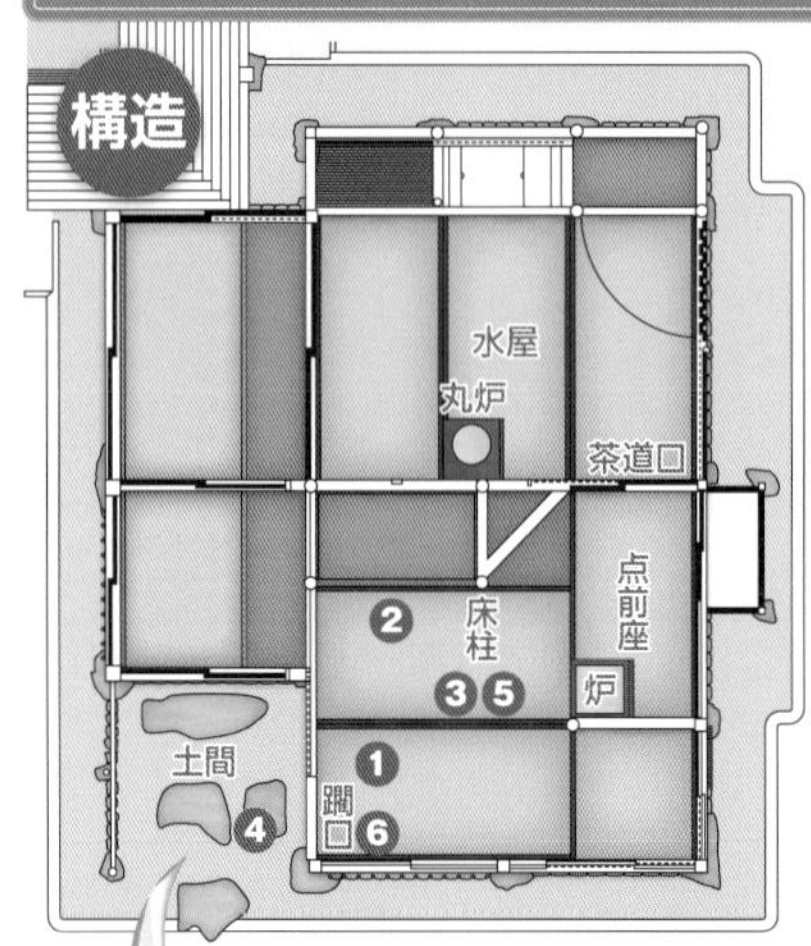

如庵(愛知県犬山市)は織田信長の弟・有楽斎(うらくさい)がつくった茶室。国宝。
(提供:名古屋鉄道株式会社)

作法

1. **待合** 茶室の外で待つ客を亭主が迎える。
2. **席入** 客が茶室に入り、床の間などを鑑賞した後に挨拶。
3. **初座** 炭をおこし、懐石料理を食べる。
4. **中立** 客は外に出て準備が整うのを待つ。
5. **後座** 再び茶室の中に入り、茶(濃茶と薄茶の2服)をいただく。
6. **退席** 亭主と客が最後の挨拶をし、退出。

おもな茶道具

茶碗 茶を飲むための器。正面があり、飲む際にはこれを避けるために回す。

黄瀬戸茶碗
(愛知県陶磁美術館所蔵)

茶入 抹茶(粉にした茶)の入れ物。茶道具のなかで最も重視された。

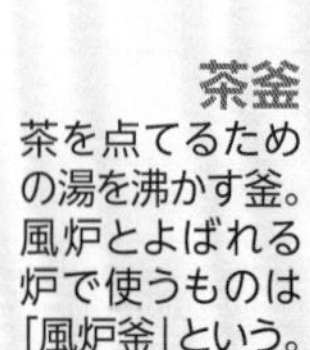

織部茶入
(愛知県陶磁美術館所蔵)

茶釜 茶を点てるための湯を沸かす釜。風炉とよばれる炉で使うものは「風炉釜」という。

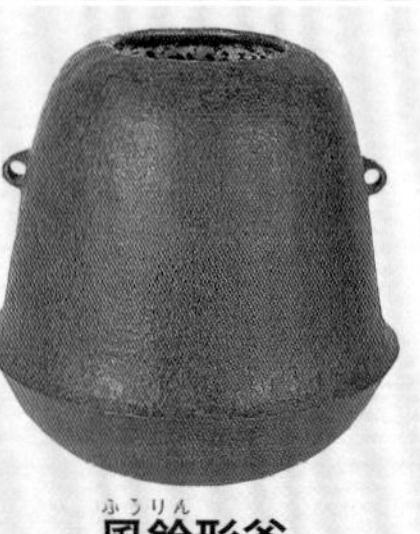

風鈴形釜
(佐野市郷土博物館蔵)

第6章 徳川幕府の成立

関ヶ原の戦い前後の情勢

関ヶ原の戦い前後の情勢

天下取りを目指し家康が始動

時代概説

絶対権力者の豊臣秀吉が幼い秀頼を残して死ぬと、再び不穏な空気が時代を包み始めた。これまで豊臣政権五大老の一人として忠誠を尽くしていた徳川家康が、その動きを活発化させたのである。後世の川柳で「鳴くまで待とうホトトギス」と評された家康は、織田信長の命で長男を自害させ、秀吉の命で故郷の三河から関東に移封させられても耐え忍んできた。そんな家康に、ついに天下取りの好機が到来したのである。

長い雌伏を経た家康は慎重だった。豊臣家中の内紛を利用して味方を増やすと、反徳川勢力を一掃するため、その筆頭だった石田三成に旗を振らせた。こうして一世一代の大勝負となった関ヶ原の戦いに勝利した家康は、ついに自らの政権、江戸幕府を樹立したのである。

その後、徳川政権の永続を望む家康は、次代以降に禍根を残さないために大坂城の秀頼を追い詰め、1615(元和1)年には豊臣家を滅亡させている。

このころ、すでに老齢だった家康は、少しでも長く生きるため、健康に細心の注意を払っていたといわれる。しかし、豊臣家を滅ぼした翌年、応仁・文明の乱以来の戦乱が収まった、いわゆる「元和偃武」を見届けるかのようにこの世を去ったのである。

1590年代後半の勢力図

最上義光(1546〜1614年)
関ヶ原の際、家康に味方して上杉軍と戦い、その功績で57万石に大幅加増された。▶P136

上杉景勝(1555〜1623年)
五大老の一人。徳川方の最上軍、伊達軍と戦い、戦後、米沢30万石へ大幅減封された。▶P130

伊達政宗(1567〜1636年)
関ヶ原の際、家康に味方して上杉軍と戦う。仙台城を築いて居城とし、仙台藩の祖となった。▶P136

佐竹義宣(1570〜1633年)
石田三成と親しく、関ヶ原では中立の立場をとるが、家康にとがめられ、秋田21万石へ減封された。▶P130

福島正則(1561〜1624年)
豊臣恩顧の大名。家康に味方することをいち早く表明し，関ヶ原での家康の勝利に大きく貢献した。▶P128, 130, 132, 149

徳川家康(1542〜1616年)
五大老の一人。関ヶ原の戦いに勝利して反徳川勢力の駆逐に成功，江戸幕府を開いた。▶P128, 130, 132, 139, 140, 141, 144, 145, 146

第1章 略年表

1599年 慶長4	前田利家が病死 ▼P128
	徳川家康が上杉景勝征伐に出陣 ▼P130
1600年 慶長5	石垣原の戦い ▼P138
	関ヶ原の戦い ▼P132
	長谷堂城の戦い ▼P136
1603年 慶長8	**徳川家康が征夷大将軍に就任** ▼P140
1605年 慶長10	徳川秀忠が2代将軍に就任
1606年 慶長11	**江戸城の増築工事を開始** ▼P141
1609年 慶長14	島津家久が琉球王国を征服 ▼P143
1611年 慶長16	徳川家康と豊臣秀頼が二条城で会見
1612年 慶長17	江戸幕府が直轄領にキリスト教の禁教令
1613年 慶長18	江戸幕府が全国にキリスト教の禁教令
1614年 慶長19	方広寺鐘銘事件 ▼P144
	大坂冬の陣 ▼P145
1615年 元和1	**大坂夏の陣** ▼P146
	一国一城令
	武家諸法度(元和令)を制定 ▼P149
1616年 元和2	徳川家康が病死

小早川秀秋(1582〜1602年)
秀吉の養子だったが、のち小早川隆景の養子となる。関ヶ原で徳川方に寝返り、勝敗を決定づけた。
▶P132, 135

毛利輝元(1553〜1625年)
五大老の一人。西軍(反徳川)の総大将として大坂城に入る。関ヶ原の戦い後、112万石から周防・長門の37万石に減封された。▶P130

前田利家(1538〜99年)
五大老の一人。豊臣秀頼の守役として家康を牽制するが、秀吉の死んだ翌年に病死。▶P128, 129

鍋島直茂
(1538〜1618年)

子の勝茂が西軍(反徳川)に味方したが、九州で徳川方として働き、本領を安堵された。
▶P138

宇喜多秀家
(1572〜1655年)
五大老の一人。関ヶ原で西軍(反徳川)主力として奮戦するが、敗れて改易となった。

黒田長政
(1568〜1623年)

秀吉の参謀だった黒田如水の子。豊臣恩顧の大名を家康に味方させるため、暗躍した。

石田三成
(1560〜1600年)

豊臣恩顧の大名。政権奪取をもくろむ家康を除くため挙兵。関ヶ原で家康相手に善戦するが、敗れた。
▶P128, 130, 132

加藤清正
(1562〜1611年)
豊臣恩顧の大名。朝鮮出兵で石田三成と対立。関ヶ原の際は、九州で西軍(反徳川)を攻撃した。
▶P128, 138, 144

隠岐 吉川氏 出雲 伯耆 因幡 但馬 細川氏 丹後 前田氏 加賀 越前 大谷氏 若狭 美濃 織田氏 石田氏 福島氏 対馬 壱岐 小早川氏 石見 長門 毛利氏 周防 安芸 備後 美作 宇喜多氏 備中 備前 播磨 丹波 山城 摂津 近江 鍋島氏 筑前 肥前 黒田氏 豊前 筑後 讃岐 淡路 豊臣氏 伊賀 尾張 池田氏 伊予 長宗我部氏 阿波 和泉 河内 大和 伊勢 加藤氏 豊後 肥後 小西氏 藤堂氏 土佐 紀伊 志摩 日向 薩摩 島津氏 大隅

小西行長
(?〜1600年)
豊臣恩顧の大名。加藤清正らと対立し、関ヶ原で西軍(反徳川)に味方する。戦後、処刑された。

島津義弘
(1535〜1619年)

関ヶ原で西軍(反徳川)に所属するが、戦わずに傍観。戦後、外交を駆使して本領を安堵された。
▶P138

長宗我部盛親
(1575〜1615年)

関ヶ原で西軍(反徳川)に味方し、戦後、改易となる。大坂の陣では豊臣秀頼に味方し、家康と戦った。
▶P132, 145, 147

豊臣秀頼
(1593〜1615年)

秀吉の跡を継いだが、関ヶ原後、家康によって一大名に転落。大坂の陣で家康と戦うが敗れ、自害した。
▶P139, 140, 144, 145, 146

※豊臣氏は、畿内のほかにも全国各地に合計約200万石の蔵入地(直轄領)をもっていた。

91 豊臣政権の分裂
家康に利用された秀吉遺臣たちの内紛

秀吉の死後、豊臣政権内の不和が深刻化すると、その裏で徳川家康が勢力拡大を画策し始めた。

秀吉死後の豊臣政権内の勢力図

武断派と文治派の対立につけ込む形で、徳川家康が勢力を伸ばしていった。

五大老筆頭 **徳川家康**

石田三成は家康が秀吉との約束を破って婚姻政策を進めていることなどから、謀反の疑いをもっていた。

家康は武断派の武将たちに絶大な影響力があった秀吉の正室高台院に接し、武断派の武将たちとの仲介を頼んだ。

敵視 / 影響力 / 懐柔

五大老・秀頼後見役 **前田利家**
3勢力の抑え役だったが、1599年死去。
▶P129

影響力 / 影響力

文治派
石田三成、前田玄以、増田長盛、長束正家、小西行長などの奉行や文官たち。

石田三成

武断派
加藤清正、福島正則、黒田長政、浅野幸長、池田輝政、細川忠興などの秀吉子飼いの武将たち。

加藤清正 **福島正則**

敵視

朝鮮出兵の際、管理・監督役の三成と、実際に戦った武将たちの間にすれ違いが多数発生し、関係が急速に悪化。

朝鮮出兵の遺恨から武断派と文治派が対立

1598(慶長3)年の**豊臣秀吉**の死後、豊臣政権は**五大老**と**五奉行**の合議制となるが、すぐに分裂が始まる。**文禄・慶長の役**(朝鮮出兵)の際の遺恨から対立していた**加藤清正**、**福島正則**らの武断派と五奉行の**石田三成**を中心とした文治派の不和が表面化したのだ。

さらに、その背後では五大老筆頭の**徳川家康**が勢力を拡大すべく策動し始める。秀吉は生前、家康など五大老・五奉行に連署させた掟を定め、大名間の無届けの婚姻などを禁止したが、家康はそれを公然と無視し、六男の松平忠輝と伊達政宗の娘との縁組みを進めた。また、秀吉の正室高台院に接触し、武断派諸将への影響力を強めようと画策したのである。

このような家康の行いに対して三成らが警戒を強めたため、豊臣政権内部は一触即発の状況となった。それでも武断派、文治派の対立が具体的な事件に発展しなかったのは、五大老の一人で秀吉の嫡子**秀頼**の守役である**前田利家**が抑え役になっていたからだ。だが、その利家も秀吉の死の翌年に病没してしまう。

内部分裂を利用し、家康が三成を追放

利家死後の1599(慶長4)年閏3月、清正ら7人の武断派大名が行動を開始した。利家の病状を見守るという名目で大坂城内の前田屋敷にいた三成を暗殺しようとしたのである。事前にこれを察知した三成は家康のいる伏見に逃れ、家康の仲介で清正らは矛を収めることになった。しかし、その代わりに三成は近江佐和山城での謹慎処分となる。

さらに同年11月には家康討伐を計画したとして五奉行の浅野長政が処分され、連座した利家の子の前田利長が家康に帰順させられた。五大老五奉行が四大老三奉行となって均衡が崩れたことで、家康は天下取りへの行動を活発化させていく。

秀吉の2人の妻と尾張閥・近江閥

秀吉の死後に表面化した豊臣政権内の派閥対立では「武断派」「文治派」という区別がされる一方で、「尾張閥」「近江閥」という区別がされることもある。

これは清正、正則など武断派の多くが秀吉と同じ尾張出身であるのに対し、三成など文治派の多くは、秀吉が織田家の家臣として台頭し始めたときに拠点とした近江の出身であることからきている。

また、秀吉の正室高台院は尾張出身であり、側室淀殿は近江出身。この2人の「秀吉の妻」の対立が豊臣政権内の派閥対立につながっていったとする見解もある。

藤堂高虎 (1556~1630年) 近江出身の武将。津藩の初代藩主。はじめは浅井長政に仕え、浅井家滅亡後は豊臣秀長、豊臣秀吉ら多くの大名に仕え、最後に徳川家康に仕えた。豊臣政権では武断派の大名として家康に接近。その後、関ヶ原の戦いでは西軍諸大名への寝返り工作を担当し、東軍の勝利に貢献した。今治城、宇和島城、伊賀上野城など多くの堅城を築城・修築しており、築城の名人としても知られる。

92 【人物列伝】前田利家
秀吉の盟友として加賀百万石の祖に

人物列伝
●生没年
1538〜1599年

若いころは信長の側近として活躍。のちには秀吉の盟友として、豊臣政権の重鎮となった利家。彼の死は政権の崩壊に拍車をかけた。

織田の勇将から豊臣の重鎮へ

尾張に生まれた**前田利家**は、若いころから**織田信長**の側近としてさまざまな合戦で活躍した。槍の名人で、通称の又左衛門から「**槍の又左**」の異名でも知られる。

1569（永禄12）年、信長の命を受けて兄の利久に代わり前田家を継いでからはさらに戦功を重ね、**柴田勝家**の北陸方面軍の一員として一向一揆と戦うなど、信長の領土拡大に貢献する。

しかし、**本能寺の変**で主君信長が倒れると、利家の運命は大きく動きだす。信長の死後に、利家の古くからの友人である**羽柴（豊臣）秀吉**と、直属の上司にあたる勝家が対立するようになったからだ。両者が激突した**賤ヶ岳の戦い**には柴田方として参加したものの、合戦の途中に離脱。結果的に秀吉の勝利に貢献する。

その後、秀吉の家臣となった利家は、加賀をはじめとする広大な領地を与えられ、加賀百万石の基礎を築く。さらに、**五大老**の一員になり、秀吉の嫡子**秀頼**の守役も任された。1599（慶長4）年、秀吉のあとを追うように病没。重鎮・利家を失った豊臣政権は急速に分裂していく。

前田利家の生涯

1538年 尾張の荒子村で誕生

前田家略系図

（凡例）〇 男性名　〇 女性名　― 血縁関係　＝ 婚姻関係　…… 養子

- 前田利昌
  - 利久 …（養子）利益
  - 利家 ＝ 芳春院
    - 利長

利益：通称は慶次郎。利久の妻の連れ子で、「かぶき者」として奇妙な振る舞いを好んだ。

利長：利家の跡を継ぎ、加賀藩主として前田家を残す。

金沢の尾山神社にある前田利家の銅像。赤母衣衆時代の利家をイメージしたもので、背には矢を防ぐ母衣をつけている。

1551年 織田信長に仕える

1559年 いさかいから信長の同朋衆を殺し、謹慎

1560年 桶狭間の戦いに無断で参加
▶ 翌年、罪を許されて帰参

1569年 兄・利久に代わって前田家を継ぐ

1577年 柴田勝家の与力として北陸方面軍に参加

1581年 能登23万石を与えられ、七尾城主に

1582年 本能寺の変で主君信長死亡

1583年 賤ヶ岳の戦い
▶ 以後、豊臣秀吉配下の大名になる

1585年 子の利長とあわせて能登・加賀・越前・越中の4カ国を領地とする

1595年 豊臣秀頼の守役となる

1596年 権大納言に任じられる

1598年 家督を利長に譲る
秀吉が病死

1599年 大坂城で病死

信長の側近中の側近として活躍
身の回りの世話をする「小姓」、親衛隊的な「馬廻り」「赤母衣衆（あかほろしゅう）」などを歴任。

信長にようやく帰参を許される
謹慎中、利家は勝手に戦いに参加し、功績をあげてみせた。だが、なかなか信長は利家を許さず、帰参を認めたのは謹慎から2年後のことだった。

上司と親友の間で苦しい決断を下す
利家にとって勝家は「親しい上司」で、秀吉は「親友」であったとされる。悩んだ利家は賤ヶ岳の戦いで戦わずに撤退し、秀吉の勝利に貢献した。

金沢城の石川門。金沢城は加賀の大名になった利家が居城とした。

芳春院 (1547〜1617年)　前田利家の正室。名はまつ。豊臣秀吉の正室である高台院（ねね）とは、夫が織田家の家臣だったころから親交があったとされる。娘の豪姫（ごうひめ）は秀吉の養女となり、のち宇喜多秀家の正室となっている。利家の死後、出家して「芳春院」の号を名乗る。子の利長が徳川家康に謀反の疑いをかけられた際には人質として家康のもとに向かい、前田家が征伐を受けるのを防いだ。

豊臣家安泰を願う石田三成が家康打倒のため挙兵

秀吉死後、天下取りへの野望をあらわにした家康に対し、秀吉の恩を忘れがたい石田三成はついに挙兵へと踏み切った。

●上杉征伐 1600年

上杉征伐を契機に天下分け目の戦いへ

1600(慶長5)年4月、大坂城にいた**徳川家康**は、会津の**上杉景勝**に謀反の疑いをかけ、上洛を促した。これに対して上杉家の重臣**直江兼続**は、家康の非を鳴らす文書(直江状)を送り返す。これに怒った家康は、諸大名を率いて上杉征伐の兵を進発させた。これは、上方を離れることで**石田三成**ら反徳川派に挙兵を促す家康の策略だったともいわれる。

その三成は、**豊臣政権**存続には家康の排除が必要だと考え、盟友の大谷吉継らと反徳川勢力を結集。**毛利輝元**を総大将とし、**宇喜多秀家**らを味方に引き入れて大坂で兵を挙げた。

この情報を受けた家康は、北関東の小山で上杉征伐軍に参加した諸大名と今後の方針を討議したとされる。このとき、**福島正則**ら武断派大名たちが三成打倒を率先して表明した。そこで家康は上杉征伐を中止し、自身に味方する諸大名をまとめ(東軍)、三成の軍勢(西軍)と対決すべく、畿内に引き返すことになった。いよいよ、天下分け目の**関ヶ原の戦い**へと、時が動き始めたのである。

凡例
東軍(徳川方)の城
西軍(反徳川)の城
上杉討伐軍の推定進路
東軍(徳川家康)の推定進路
東軍(徳川秀忠)の推定進路

金沢城 前田利長
春日山城 堀秀治
上田城 真田昌幸
長岡
若松城 上杉景勝
宇都宮城 結城秀康
小山
白河
水戸城 佐竹義宣

❼上田合戦

徳川軍の主力を率いて中山道を西進していた徳川秀忠(ひでただ。家康の三男)は、西軍加担を表明した真田昌幸(まさゆき)の上田城を攻撃。昌幸の老獪な戦術に翻弄されて釘づけとなり、関ヶ原本戦に間にあわなかった。

上杉軍は白河南方の革籠原(かわごはら)に大規模な防衛線を構築し、家康軍を待ちかまえていた。

❺小山評定

三成挙兵の報告を受けた家康が軍議を開催。福島正則、山内一豊らが三成討伐を主張したことで諸将もこれに同調したとされる。一度の軍議ですべてが決まったわけではないといった異説もある。

現在の若松城天守。蒲生氏郷(がもううじさと)が壮大な天守を築き、氏郷の死後、上杉景勝の居城となった。

93 関ヶ原の戦い① 上杉征伐と三成挙兵

❹ 約1万5000の西軍が細川幽斎の守る丹波田辺城を包囲。当主の細川忠興が主力を率いて上杉征伐に従軍していたため、城内は500あまりの兵で籠城した。
細川忠興の妻ガラシャは、石田三成の人質になることを拒否し、家臣の手を借りて自害した。
❶ 徳川家康が上杉景勝（かげかつ）征伐のため出陣。
❷ 石田三成（みつなり）が家康打倒のため挙兵。
❸ 西軍の宇喜多秀家、大谷吉継らが、家康の家臣鳥居元忠が守る伏見城を攻撃。
山内一豊（かずとよ）は、小山評定で居城の掛川城を家康のために提供すると発言。この功績で、戦後、土佐一国を与えられた。
❻ 江戸に入った家康だが、東軍諸将の動向を確かめるため、1カ月近く江戸に滞在。その間、東軍諸将には恩賞約束、西軍諸将には裏切りを誘う手紙を150通以上も書いた。
田辺城
細川幽斎
石田三成
佐和山城
毛利輝元
大坂城
京都
伏見城
大垣城
清洲城
妻籠
下諏訪
甲府
掛川城
徳川家康
江戸城
石田三成
徳川家康

上田城に籠城する真田昌幸（中央）と、子の幸村（左）を描いた錦絵。
（上田市立博物館蔵）

石田三成の挙兵と関ヶ原の戦いまでの経緯

1600年

日付	出来事
2月	上杉景勝が領内の城の改築を開始
4月	徳川家康が景勝に上洛を要請
5月3日	家康のもとに上洛を拒否する返書（直江状）が到着
6月16日	❶家康が上杉征伐のため大坂城を出陣
7月16日	石田三成の要請で、毛利輝元が西軍（反徳川）総大将として大坂城入城
7月17日	❷三成が挙兵を宣言
7月19日	❸西軍が伏見城を攻撃（8月1日陥落）
7月22日	❹西軍が田辺城を攻撃（9月13日開城）
7月25日	❺家康が小山で軍議を開き、西進を決定（小山評定）
7月26日	福島正則ら東軍諸将が小山を出発
8月5日	❻家康が江戸城に到着
8月9日	西軍が加賀で東軍（前田勢）と交戦
8月11日	三成が大垣城に入城
8月14日	東軍が清洲城に集結
8月24日	徳川秀忠が宇都宮城を出陣
9月1日	家康が江戸城を出陣
9月2日	❼徳川秀忠が上田城の真田昌幸と交戦（上田合戦）
9月9日	直江兼続が米沢城を出陣し、最上領に侵攻（長谷堂城の戦い）
9月15日	**関ヶ原の戦い**（▶P132）

家康の事前工作が的中！有利な布陣の西軍を撃破

自軍の勝利を確実なものとするため、徳川家康は入念な事前工作を行った。その結果、大軍を擁する小早川秀秋らが徳川方に寝返り、石田三成らの西軍に勝利した。

寝返り工作で決した天下分け目の決戦

徳川家康（とくがわいえやす）率いる東軍と**石田三成**（いしだみつなり）らの西軍は、古来、軍事上の要地であった**関ヶ原**（せきがはら）の地で対峙した。両軍とも兵力は約8万と拮抗していたが、西軍は各部隊が山に陣取って、盆地にいる東軍を取り囲むような布陣をしており、戦前の形勢は西軍がやや優勢であったといえる。

ところが、霧の晴れた朝に始まった戦いは、必ずしも西軍有利には進まなかった。大軍を擁する小早川（こばやかわ）、毛利（もうり）の両家が動かず、戦いに参加しようとしなかったためである。両家に対しては、戦前に家康がひそかに接触し、**小早川秀秋**（こばやかわひであき）には裏切りを、毛利家の重鎮**吉川広家**（きっかわひろいえ）には毛利軍の釘づけを要請していたのである。

だが、戦況は家康にとって理想の展開にならない。裏切りを約束した小早川軍が動こうとせず、三成ら西軍諸将の奮戦により、勝負を決することができずにいた。業を煮やした家康は小早川軍めがけて鉄砲を撃ち、裏切りを督促。驚いた秀秋は西軍への攻撃を開始し、これがきっかけとなって西軍は雪崩を打って敗走した。こうして**関ヶ原の戦い**は、家康の勝利に終わったのである。

岐阜県
徳川家康
山内一豊
有馬豊氏
浅野幸長
池田輝政
東山道
吉川広家
垂井駅
毛利秀元
安国寺恵瓊
長束正家
大垣方面
長宗我部盛親
南宮山
桃配山
相川
徳川家康

❻ 午後、なかなか寝返らない小早川秀秋の陣に徳川家康が発砲。

⓫ 戦場に取り残された島津義弘隊は正面突破を図り、福島正則隊の脇を抜けて伊勢方面へ。多大な犠牲を出しながら義弘は生還（島津の退き口）。

伊勢方面
十九女池
巡見街道
本多忠勝
関ヶ原IC
国道362号
養老町
三重県いなべ市
名神高速道路
梨木川

凡例
東軍に寝返った武将
東軍武将
西軍武将

カシミール3D

関ヶ原の戦いまでの経緯

8月11日　石田三成が大垣城に到着
8月23日　清洲城を出た福島正則が西軍方の織田秀信が籠る岐阜城を攻略。翌日赤坂に東軍が集結
9月2日　大谷吉継が関ヶ原に到着
9月7日　毛利秀元、吉川広家らが南宮山に布陣
9月14日　徳川家康が赤坂に到着
9月14日　小早川秀秋が松尾山に布陣
9月14日夜　東軍が大垣城を素通りして佐和山城に向かうとの情報を得た三成が笹尾山に移動
9月15日未明　東軍が赤坂を出陣

95 【人物列伝】井伊直政

家康の天下取りを支えた「赤備」の猛将

軍事・外交両面で活躍した井伊直政は家臣団の第一人者として家康に重用された。

井伊直政の生涯

1561年	遠江西部の井伊谷で誕生
1562年	父・直親が殺害され、諸国を放浪

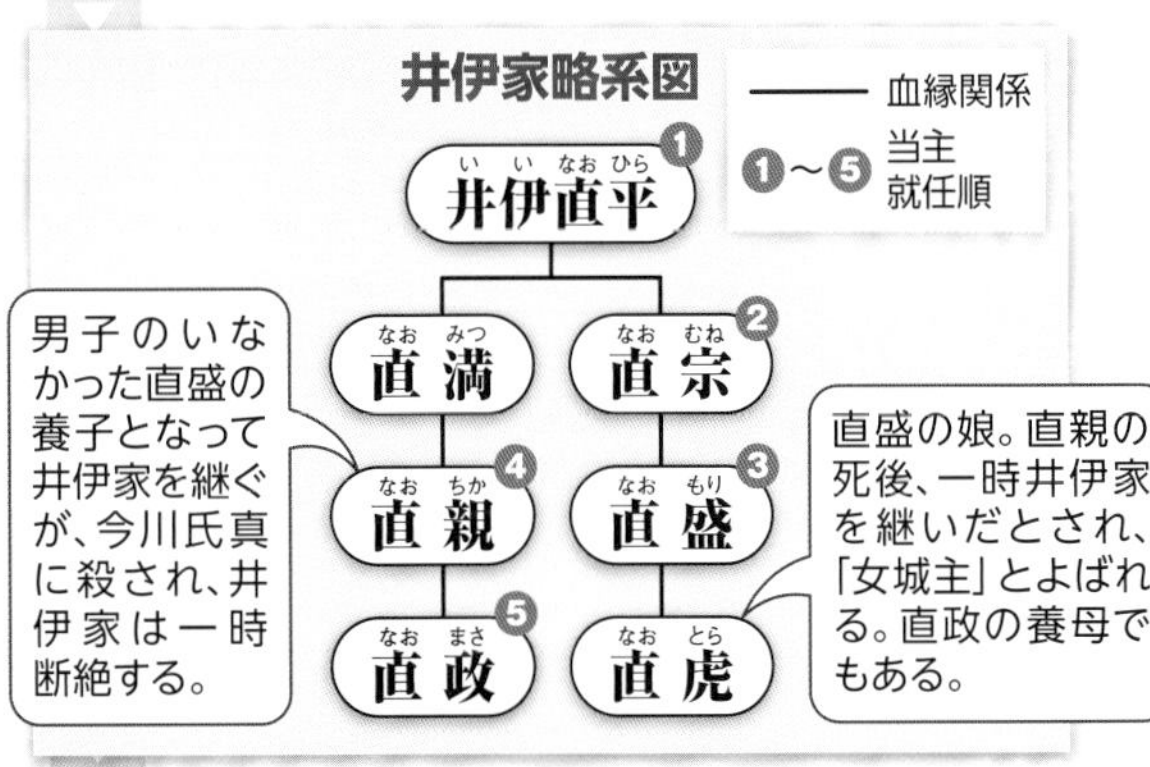

1575年	浜松城下で徳川家康に見出され、出仕
1581年	高天神城攻囲戦に参加
1582年	家康の伊賀越えに従う 甲州計略に参加 ▶ 武田旧臣を召し抱え、「井伊の赤備」とよばれるようになる 北条家との講和に尽力
1584年	小牧・長久手の戦いで先鋒を務める
1586年	豊臣秀吉に謁見
1588年	聚楽第行幸に出席 ▶ 従五位下侍従となる
1590年	小田原征伐に参戦
1591年	九戸政実の乱(▶P113)平定で先鋒を務める
1598年	箕輪城を廃して高崎城を築城
1600年	関ヶ原の戦いに参戦 ▶ 近江佐和山城18万石を与えられる
1601年	従四位下に進む
1602年	関ヶ原の戦いでの傷が悪化して死去

旧武田領への進出に際して対立した北条氏との講和成立で活躍した。

小田原征伐唯一の激戦となった戦いで、小田原城東部の篠曲輪(ささくるわ)を攻め落とした。

朝霧の中、宇喜多秀家隊と鉢合わせて先端を開いたとされる。また、「島津の退き口」で島津隊を追撃し、島津豊久を討ち取る。

直政が関ヶ原の戦いで着用したとされる朱漆塗仏二枚胴具足。(彦根城博物館蔵)

武田旧臣の赤備を受け継ぎ外交でも重要な働きを見せる

井伊家の当主・直親の嫡子として遠江西部の井伊谷に生まれた**井伊直政**は、2歳のときに直親が今川氏真に謀殺され、以後、諸国を放浪する。その後、1575(天正3)年に**徳川家康**に見出された直政は小姓として取り立てられ、旧領井伊谷2000石の領有も認められた。

若くして家康側近の有力武将となった直政は、1582(天正10)年の**本能寺の変**で家康の伊賀越えに従った。同年の甲州(旧武田領)計略では武田旧臣の多くを徳川方に招き入れた功績で、武田旧臣を主力とする軍団を任された。その際、朱色で統一した**山県昌景**(▼P38)の軍装も引き継ぎ、以後、直政の軍団は「**井伊の赤備**」とよばれるようになる。

戦場で目立つ赤備の直政軍団は、**小牧・長久手の戦い**や**小田原征伐**などで戦功をあげ、直政は家康から家臣団中最大となる上野箕輪城12万石を与えられる。**豊臣秀吉**の死後は**黒田如水**(官兵衛)・長政父子らを徳川方に引き入れるなど、外交上重要な役割を果たす。**関ヶ原の戦い**では軍監として参陣したものの、先鋒を任された**福島正則**隊の前に陣中視察と称して移動し、戦端を開いた。また、撤退する**島津義弘**を追撃して甥の豊久を討ち取るが、自らも負傷する。戦後は毛利家降伏の斡旋や島津家、長宗我部家、**真田昌幸・信繁**父子などの助命に奔走。自らは近江佐和山城18万石を与えられたが、関ヶ原での傷が悪化して没した。

井伊直虎 (?～1582) 井伊直盛の娘。出家して次郎法師と名乗ったとされる。父・直盛は桶狭間の戦いで死去。後を受けた井伊直親は井伊家家老・小野道好の讒言で今川氏真に誅殺され、次いで曽祖父の井伊直平も死んだため、1565年に井伊家の家督を継いだ。直親の子・虎松(のちの直政)の養母となって虎松を匿ったが、道好に井伊谷城を奪われるなど苦難を経験。直政を徳川家康に仕えさせたとされる。

96 【人物列伝】小早川秀秋

関ヶ原の帰趨を決した裏切り者の代名詞

人物列伝 ●生没年 1582～1602年

豊臣秀吉の従兄弟である小早川秀秋は、天下分け目の戦いで東軍勝利を決定づけた。

小早川秀秋の生涯

1582年	近江長浜で誕生	
1585年	叔父にあたる羽柴秀吉の猶子となる	
1589年	元服して羽柴俊秀と名乗り、丹波亀山10万石を領する	
1592年	従三位・権中納言に叙せられる	
1593年	豊臣秀頼が誕生 ▶ 豊臣家の継承権者から脱落	
1594年	小早川隆景の養子になる	
1595年	豊臣秀次が切腹 ▶ 連座して丹波亀山10万石を改易される 隆景が隠居 ▶ 小早川家を継いで筑前一国および筑後の一部を領する	
1597年	慶長の役 ▶ 総大将として出兵	
1598年	蔚山城の戦い ▶ 蔚山城で明の大軍に包囲された加藤清正らを救出	自ら槍を取って奮戦したが、これが総大将にあるまじき軽挙として帰国を命じられ、越前北ノ庄に移封される。
1599年	秀吉の死後、筑前・筑後の旧領を回復	
1600年	関ヶ原の戦い ▶ 戦いの半ばで東軍に寝返り、西軍方の大谷吉継隊を攻撃。東軍大勝の決定的な原因となる	戦後、宇喜多秀家の旧領であった備前・美作50万石を与えられ、岡山城に移る。
1602年	死去 ▶ 嗣子がなく、小早川家は断絶	大谷吉継の怨霊にとりつかれたとの噂が立つが、幼いころから酒を好み、重度のアルコール依存症だったことが死因といわれている。

小早川秀秋像
（高台寺蔵）

叔父・秀吉に翻弄された浮沈多き人生

豊臣秀吉の正室である**北政所**（高台院）の兄・木下家定の子として生まれた**小早川秀秋**は、幼少期に秀吉の猶子（相続権のない養子）となって羽柴秀俊と名乗り、北政所に育てられた。1589（天正17）年には7歳で丹波亀山10万石を与えられ、1592（文禄1）年には従三位・権中納言に叙せられたことで、周囲からは関白・豊臣秀次に次ぐ豊臣家の継承権者と見做されるようになった。

しかし、1593（文禄2）年に**秀頼**が生まれて継承権者の道が絶たれると、翌年、**黒田如水**（官兵衛）の仲介で**小早川隆景**の養子となる。1595（文禄4）年には秀次切腹事件に連座したとして丹波亀山10万石を没収されたが、隆景の隠居に伴い筑前30余万石の領主となる。

文禄の役参戦後、**慶長の役**では総大将として朝鮮半島に渡り、蔚山城で明軍に包囲された**加藤清正**（▼P121）を救う。その際、自ら槍をふるって13騎を討ち取ったとされるが、**石田三成**がこれを大将にあるまじき軽挙と秀吉に報告したため、越前北ノ庄15万石に減封されたという。

このとき、**徳川家康**のとりなしもあって秀吉死後に筑前の旧領を回復し、以後、家康に誼を通じた。

天下の行方を左右するも21歳の若さで世を去る

こうしたこともあり、西軍では**関ヶ原の戦い**で秀秋の寝返りを警戒していたとされる。一方の秀秋は徳川方への内通を気取られないよう、前哨戦となる**伏見城の戦い**に西軍として参戦した。しかし、本戦では先に松尾山に陣取っていた西軍方武将を追い出して布陣。徳川方との約束に従い、合戦の半ばで寝返って東軍大勝の主因をつくった。

この功績で備前・美作50万石を与えられたが、2年後、21歳の若さで病死。嗣子のない小早川家は断絶した。

小早川秀秋だけではなかった西軍方からの裏切り者

天下分け目の関ヶ原の戦いで東軍の大勝を決定づけた小早川秀秋の寝返りだが、このときに寝返ったのは秀秋だけではない。実は西軍方も秀秋の寝返りを警戒しており、大谷吉継隊は小早川軍の側面攻撃にもよく耐えていた。

しかし、秀秋の寝返りを間近で見た脇坂安治、朽木元綱、小川祐忠、赤座直保らの武将も離反したことで大谷隊はついに瓦解した。ちなみに、脇坂安治以外は事前に寝返ることを東軍方に通達していなかったとして、戦後は減封や改易となった。

人物 島左近（しまさこん）

（?～1600）　本名は清興（きよおき）。「治部少（石田三成）に　過ぎたるものが2つあり　島の左近と　佐和山の城」とうたわれた。もとは筒井順慶に仕えた勇将で、三成が所領4万石のうち1万5000石を与えて迎えたという。関ヶ原の戦いでは、前日に東軍先鋒を破り（杭瀬川の戦い）、本戦でも石田軍先鋒として黒田長政らと激突。多数の銃撃を受けながら猛進する姿で「鬼左近」と恐れられたが、戦死した。

97 関ヶ原の戦い③ 慶長出羽合戦

本戦に左右された東北地方の関ヶ原

家康転進後の東北では上杉家と最上家が激突。優勢だった上杉軍だがその後戦況は一変する。

語り草となった長谷堂城からの撤退戦

上杉征伐に向かった**徳川家康**は、山形の**最上義光**ら東北諸将にも出兵を命じていた。しかし、**石田三成**挙兵の報を受けて転進西上したため、東北諸将は諸国に戻り、上杉と所領を接する義光は孤立する。そこで義光は秋田実季と結んで上杉領である庄内の挟撃を目論んだ。しかし、これを察知した**上杉景勝**は家老の**直江兼続**を最上攻略に派遣し、庄内の部将も南下させて逆に義光を挟撃した。

数に勝る上杉軍は次々に最上方の支城を落とし、山形城防衛の最重要拠点である**長谷堂城**を取り囲んだ。しかし、周囲を深田に囲まれた小高い山の上に立つ長谷堂城の守りは固く、守将の志村高治以下約1000人が籠城し、夜襲をかけた副将・鮭延秀綱が兼続の本陣に迫るなど上杉軍は大いに手を焼く。

そうこうしているうちに、兼続のもとに**関ヶ原**での西軍敗戦の報が届いた。これで一気に攻守は逆転し、退却する兼続を最上勢が追う展開になった。自ら出陣した義光の兜に銃弾が当たるほどの激戦となったが、兼続は「かぶき者」で知られる**前田慶次**（利太）や猪苗代城主の水原親憲らとともに撤退を完了させる。のちにこの様子を聞いた家康は「あっぱれ汝は聞き及びしよりいや増しの武功の者」と兼続を褒めたたえたという。

とはいえ、西軍に与する形となった上杉家は120万石の大大名から米沢30万石に削られ、上杉から庄内を奪った最上家は、25万石から57万石に加増された。

秀忠軍を釘づけにした智将・真田昌幸

東北で上杉家と最上家が激突していたころ、信濃上田城では真田昌幸・信繁（幸村）父子が徳川秀忠と対峙していた。3万8000の兵力で迫る秀忠軍に対し、真田軍は2500あまり。そこで昌幸は少数の兵をおとりにして、城外と城下に伏兵を配する2段構えの「釣り野伏」戦法をしかけた。さらに、撤退する秀忠軍が神川を渡る際、上流に設けた堰を切って多数を溺死させている。

こうして1週間の足止めを余儀なくされた秀忠軍は、上田城を落とせないまま関ヶ原に向かったが、ついに本戦には間に合わなかったのである。

慶長出羽合戦と東北の情勢

関ヶ原の戦いに呼応するかのように、東北では上杉家、最上家に伊達家も加えた争乱が勃発していた。

最上方の城
上杉方の城
伊達方の城
上杉方が落とした城
❶〜❻ 発生順

秋田実季
❶ 徳川家康撤退後、最上義光が秋田実季と結んで庄内の挟撃を画策。
志駄義秀
酒田城
庄内地方
最上川
伊達政宗は、山形城にいる母（義光の妹）の安全を確保するため、義光の要請に応じて叔父の留守政景を援軍として派遣した。
留守（伊達）政景
岩出山城
尾浦城
下吉忠
出羽
陸奥
❸ 庄内地方の上杉方部将も南下し、義光を挟撃する。
白岩城
谷地城
伊達方（援軍）の動き
寒河江城
最上義光
畑谷城
山形城
笹谷峠
❹ 義光の退却命令を無視した畑谷城守将・江口道連（みちつら）は、上杉軍に数百の犠牲を出したのち、壮烈な自刃を遂げた。
長谷堂城
荒砥城
上山城
志村高治
北目城
上杉方の動き
伊達政宗
❻ 9月29日、関ヶ原で西軍敗北の報せが届き、10月1日から上杉軍が撤退を開始。最上軍と撤退戦を戦う。
高畑城
白石城
米沢城
徳川家康に上杉征伐の出兵を命じられた伊達政宗が上杉方から奪取した。
直江兼続
❷ 義光の動きを察知した上杉景勝が、直江兼続に出陣を命じる。
❺ 長谷堂城の副将・鮭延秀綱らが夜襲をかけるなど、上杉の大軍を攪乱。やがて伊達軍が到着して戦線は膠着した。
越後
上杉景勝
水原親憲
会津若松城
猪苗代城
堀秀治

98【人物列伝】直江兼続
主君を支え続けた義を貫く智将

上杉景勝に仕えた直江兼続は豊臣秀吉の誘いを断り、軍事・政治両面にわたって最後まで主君を支え続けた。

直江兼続の生涯

1560年 越後坂戸城下で誕生

1564年 坂戸城主長尾政景の子・顕景（のちの上杉景勝）の小姓となる？

上杉景勝との主従関係が始まる
この時期に景勝の母・仙桃院が兼続を見出して、2人の主従関係が始まったとされるが、真偽は不明。

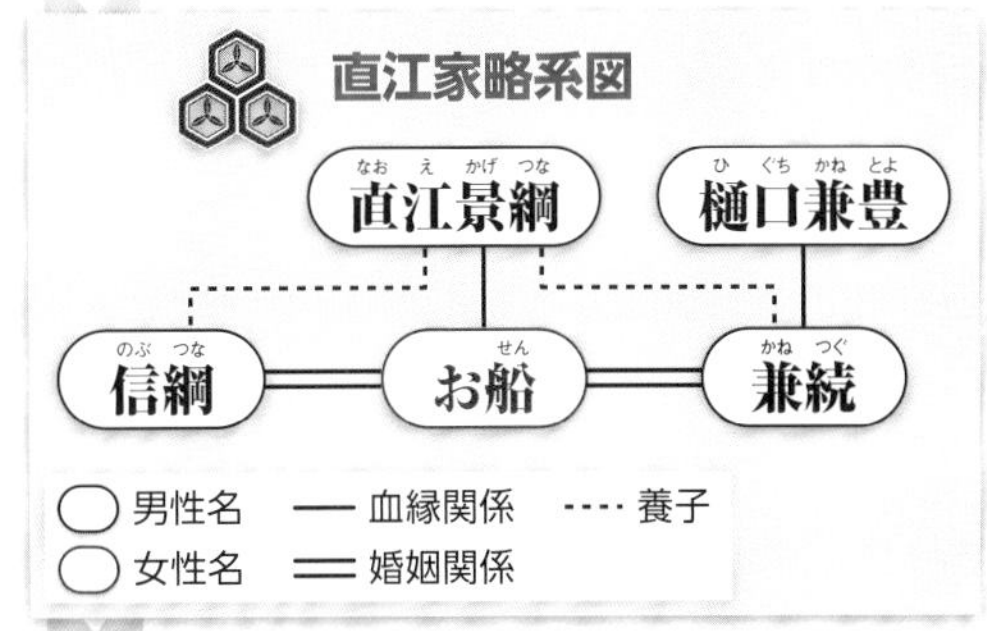

直江兼続の肖像画。（米沢市上杉博物館所蔵）

1578年 御館の乱が勃発
▶ 景勝が上杉家当主となる

1581年 直江家を継ぎ、「直江兼続」を名乗る
▶ 以後、家宰となり上杉家を取り仕切る

1583年ごろ 景勝、豊臣秀吉に接近

1588年 景勝とともに上京して秀吉に謁見

1589年 佐渡平定に従軍

1590年 小田原征伐に参戦し、八王子城を攻める

1593年 文禄の役に参戦

1597年 慶長の役に参戦

1598年 上杉家が会津120万石に移封
▶ 兼続には米沢6万石（与力分を含めると30万石）が与えられる

1600年 徳川家康に「直江状」を突きつける
関ヶ原の戦い勃発
▶ 兼続は長谷堂城の最上軍と戦う（慶長出羽合戦）

1601年 上杉家、米沢に減封

1619年 上杉家の江戸屋敷にて病死

兼続が使用したとされる兜。前立の「愛」の文字については「愛染明王」または「愛宕権現」の信仰を示しているなど、さまざまな説がある。
複製品 金小札浅葱糸威二枚胴具足（長岡市与板歴史民俗資料館所蔵）原資料・上杉神社（米沢市）所蔵

公然と家康に反抗
謀反の疑いに対する弁明後、それでも讒言を信じるのなら「是非に及ばず候（仕方なし）」と一戦の覚悟をほのめかした。

家康を感嘆させた撤退戦
長谷堂城を攻略中に西軍（反徳川）敗北の報が届き撤退。殿軍を引き受けた兼続の見事な撤退戦は、のちに家康をも感嘆させたと伝わる。

米沢藩の内政に励む
兼続は米沢藩を富ませるため、紅花など商品作物の開発や、治水工事などに取り組んだ。

公然と家康に反抗した上杉景勝の片腕

越後坂戸城主・長尾政景の家臣・樋口家に生まれた兼続は、政景の子である**上杉景勝**に小姓として仕えたとされる。**御館の乱**後、景勝の側近だった与板城主・直江信綱が急死すると、兼続は景勝の命により、信綱の未亡人・**お船**の婿養子となって直江家を継ぎ、**直江兼続**と名乗った。このころから、兼続は検地惣奉行を任されたほか、与板や上田の国衆を統括するなど、上杉家の家宰として軍事・政治の両面を取り仕切るようになる。また、新田開発や青苧の特産品化、鉱山開発などの殖産興業でも手腕を発揮した。

上杉家は豊臣政権に早くから協力的だったことで**豊臣秀吉**に重用され、兼続も秀吉側近の**石田三成**と親交を結ぶ。また、秀吉自身も兼続を高く買っており、直臣として取り立てようとしたが、兼続はこれを頑なに断ったといわれている。1598（慶長3）年に景勝は会津・庄内など120万石に加増されたが、そのうち実質30万石が兼続に与えられた。

秀吉死後は三成に加担。上杉家が**徳川家康**に謀反の疑いをかけられた際には、「**直江状**」を突きつけて公然と家康に反抗した。**関ヶ原の戦い**では西軍方として**慶長出羽合戦**を戦ったが、本戦で西軍が敗れたことで上杉家も敗北した。

戦後、上杉家は米沢30万石に減封されたが、兼続は譜代の家臣を放逐することなく家中をまとめあげ、幕末まで続く米沢藩の基礎を築いた。

直江氏 越後の名門武家であるが、戦国期の親綱の代までは明確な資料がない。親綱の子・景綱は上杉謙信（長尾景虎）に仕え上杉四天王にも数えられるほどの活躍をみせた。その後、景綱の娘を妻として婿養子になった信綱、そして兼続と代々上杉（長尾）家の家臣として重用される。しかし、兼続の子どもは早世し、養子も実家に返していたため、兼続の死後に直江家は断絶した。

99 九州の「関ヶ原」

関ヶ原の隙をつき黒田如水が九州を席巻

関ヶ原で東西両軍が激突していたころ、九州では、黒田如水が東軍として兵を挙げた。

黒田如水の挙兵と九州情勢

中津城で挙兵した如水は、西軍大名の居城を攻略しながら、薩摩の島津家攻略の目前にまで迫った。

黒田如水

❶ 黒田如水は、正規の兵ではない浪人らを集めて東軍として挙兵。

❷ 石垣原の戦い
黒田軍と大友義統軍が激突。当初、大友軍の釣り野伏戦略に苦戦したが、その後、数に勝る如水軍が圧倒した。

❸ 如水は西軍についた立花宗茂を加藤清正や鍋島直茂の軍勢とともに柳川城で挟み撃ちし、激戦のすえに降伏させた。

❹ 如水は肥後と薩摩の国境まで兵を進めたが、徳川家康と島津家の講和が成立したため戦いを終えた。

鍋島直茂：東軍として九州で活躍し、息子の勝茂が西軍に参加した罪を帳消しにした。

大友義統：大友宗麟の子。朝鮮出兵の際に秀吉の怒りを買い、改易になっており、御家の再興を目指して西軍として挙兵。

加藤清正：東軍として挙兵。当初は大友義統を打倒するために豊後に向かったが、石垣原の戦いの結果を知って引き返し、小西行長の宇土城など西軍の城を攻めた。

島津義久：関ヶ原に出陣した弟・義弘の援軍要請を断り、領国の守りを固めていた。

立花宗茂

小倉城　中津城　富来城　安岐城　石垣原の戦い　佐賀城　久留米城　柳川城　熊本城　宇土城

筑前　豊前　肥前　筑後　豊後　肥後　日向　薩摩　大隅

東軍（徳川方）のおもな勢力・武将　西軍（反徳川）のおもな勢力・武将　東軍の城　西軍の城　東軍のおもな動き　❶〜❹ 発生順

九州の情勢を決定づけた名軍師・黒田如水の活躍

竹中半兵衛（▼P59）と並んで「秀吉の両兵衛」といわれた**黒田如水**（官兵衛、孝高）は、**豊臣秀吉**による九州平定後の1587（天正15）年に豊前6郡を与えられ中津城を築いた。その2年後に家督を子の長政に譲ると、自身はなおも秀吉に従い、**文禄・慶長の役**（朝鮮出兵）にも参加している。しかし、石田三成らと対立して秀吉の許可なく帰国すると、出家して如水と号した。

その如水が動き出したのは、長政が軍勢を率いて**関ヶ原の戦い**に向かったあとだった。1600（慶長5）年9月9日、有力大名の多くが関ヶ原に出陣してなかば権力の空白状態となった九州で、如水は金銭で浪人らを集めて軍勢を形成。関ヶ原の戦いの本戦が起きた9月15日には、西軍方の毛利輝元らの支援を受けて挙兵したかつての豊後領主・**大友義統**を**石垣原の戦い**で破っている。

如水は本戦で東軍が勝利したのちも、安岐城、富来城、小倉城など西軍方大名の居城を攻略しながら筑後へ進軍。**加藤清正**、**鍋島直茂**らと柳川城を攻めて**立花宗茂**を下し、島津家攻略に向かったところで**徳川家康**の停戦命令を受けた。

如水は晩年、関ヶ原の戦いが100日続いていたら自分が天下を取っていたと漏らしたとされる。天下分け目の戦いに乗じて九州を制圧し、その勢力で中国・近畿地方を席巻して自身が天下を掌握するという野心があったといわれている。

人物 **立花宗茂**
（1569〜1642年）　大友家重臣・高橋紹運（じょううん）の子。立花道雪に見込まれ、その娘・誾千代（ぎんちよ）の婿として立花家を継いだ。豊臣秀吉の九州平定に従軍し、その活躍を評価され筑後柳川城主となる。関ヶ原の戦いで西軍（反徳川）についたため改易されるが、のち徳川秀忠に召し出され、陸奥棚倉に領地を与えられた。その後、大坂の陣の戦功により旧領のほとんどを回復。柳川藩初代藩主となった。

100 関ヶ原の戦後処理

徳川の力が強化され新たな時代が始まる

関ヶ原の戦いに勝利した家康は、戦後処理の形で諸大名の配置換えを行い、盤石な政権基盤を築いた。

逃げる三成を捕らえ西軍諸将を降伏させる

関ヶ原の戦いの翌日、**石田三成**の居城・近江佐和山城を落とした**徳川家康**は、次いで**毛利輝元**を大坂城から退去させた。一方、戦場から逃亡した三成、**小西行長**、安国寺恵瓊は各地で捕縛され、10月1日に京都の六条河原で処刑された。薩摩に潜伏していた宇喜多秀家も数年後に見つかり、八丈島に流されている。

また、九州の島津家や東北の上杉家など、各地で戦い続けていた西軍方諸大名も、関ヶ原本戦の終結を受けて東軍に降伏、あるいは講和した。

大坂城に入った家康が関ヶ原の戦後処理を開始

輝元退去後の大坂城に入った家康は、早速関ヶ原の戦後処理に着手する。

西軍に与した大名の多くが**改易**（領地没収）され、ともに約110万石以上の大名だった上杉家と毛利家は、それぞれ米沢30万石、周防・長門37万石へと大減封された。こうして、全国2000万石弱のうち空白となった約660万石の大部分は、豊臣恩顧でありながら東軍方についた大名に与えられた。ただし、尾張清洲24万石から安芸・備後49万8000石に加増された**福島正則**のように、多くは転封によって地方に移されている。一方、関東から畿内にかけての要所には徳川一門や譜代の家臣が置かれ、外様大名を地方に配して警戒する、という江戸時代の大名配置の原型ができあがった。

また、家康自身は250万石から400万石に増えたうえ、豊臣政権の財政基盤だった堺などの商業都市や佐渡、石見などの金銀山を支配下に置いた。代わって豊臣家は**蔵入地**（直轄領）を剥奪され、220万石から65万石の一大名に転落させられている。こうして家康は全国に盤石の支配体制を築いたのであった。

戦後処理で潰された大名、残された大名

家康は関ヶ原の戦いで敵対した大名たちを減封や改易に処し、その力を削っていった。

石田三成 ↓（没収）
関ヶ原より落ち延びたが捕らえられ、処刑された。

小早川秀秋 ↗（加増）
西軍から東軍に寝返り、家康の勝利に貢献。戦後は加増された。

島津義弘 →（変化なし）
西軍として出陣したものの、外交交渉により領地を安堵された。

福島正則 ↗（加増）
豊臣恩顧の福島正則は東軍先鋒として活躍し、大きく加増されるが、広島へ飛ばされた。

朽木元綱 ↘、細川忠興 ↗、前田玄以 →、大谷吉継 ↓、堀秀治 →、最上義光 ↗、伊達政宗 ↗、織田秀信 ↓、豊臣秀頼 ↘、上杉景勝 ↘、立花宗茂 ↓、毛利輝元 ↘、吉川広家 ↘、前田利長 ↗、真田信幸 ↗、鍋島直茂 →、鍋島勝茂、宇喜多秀家 ↓、真田昌幸 ↓、佐竹義宣 ↘、黒田長政 ↗、生駒一正 ↗、田中吉政 ↗、徳川家康 ↗、浅野幸長 ↗、加藤清正 ↗、小西行長 ↓、蜂須賀至鎮 ↗、藤堂高虎 ↗、脇坂安治 →、中村忠一 ↗、山内一豊 ↗、加藤嘉明 ↗、増田長盛 ↓、堀尾忠氏 ↗、長宗我部盛親 ↓、長束正家 ↓、池田輝政 ↗、関ヶ原

関ヶ原の戦い前の大名配置
●青 東軍（徳川方）
●赤 西軍（反徳川）
●紫 西軍から東軍へ寝返り
●緑 西軍から東軍へ内通

戦後の石高
↗ 加増
↘ 削減（減封）
→ 変化なし（安堵）
↓ 没収（改易）

関ヶ原と幕末動乱の皮肉なめぐり合わせ

関ヶ原の戦いで、吉川広家は主君・毛利家の所領安堵を条件に東軍に内通した。しかし、戦後にこの約束は反故にされ、毛利輝元は120万石から36万石に削られる。毛利家（長州藩）はこのときの恨みを代々受け継いだとされ、新年の会では家臣が「今年の倒幕の機は如何に？」と伺い、藩主が「時期尚早」と答える儀式があったとか、藩士は江戸に足を向けて寝るのが習わしだった、といった伝説が残されている。

約250年後の幕末動乱期、この長州藩と、同じく関ヶ原の戦いで西軍についた島津家の薩摩藩が、ともに江戸幕府を倒す2大勢力となったことは、歴史の皮肉なめぐり合わせといえるだろう。

人物 山内一豊
(1546?〜1605年)　尾張出身の武将。土佐藩の初代藩主。妻の見性院（千代）は「賢妻」として知られる。尾張の岩倉織田家に仕える家に生まれたが、幼少期に一族が離散。のちに織田信長の家臣となり、豊臣秀吉の部下として活躍、そのまま豊臣政権の小大名となった。関ヶ原の戦いにおいて東海道沿いの居城掛川城を家康に提供することを申し出て、その功績で土佐一国を与えられた。

将軍職を秀忠に譲り幕府の権威を確立

将軍となり幕府を開いた家康は、間もなく息子に地位を譲る。それは、徳川家が権力を継承する意思表示であった。

豊臣政権からの移行を示す将軍職の徳川世襲

徳川家康は関ヶ原の戦後処理を**五大老**の立場、すなわち豊臣政権の枠組みで行った。しかし、1603（慶長8）年には**征夷大将軍**の宣下を受け、以後265年続く徳川政権（**江戸幕府**）を開いた。

このとき家康が秀吉と同じ関白ではなく征夷大将軍を選んだのは、源頼朝以来の武家の棟梁（＝征夷大将軍）としての正当性を獲得し、さらに同じ官職制度のなかで**豊臣秀頼**と争うことを避け、いち早く豊臣家の支配から脱したことをアピールするためだったといわれている。

さらに、家康は2年後の1605（慶長10）年に将軍職を嫡子の**秀忠**に譲り、自らは江戸から駿府に移ってしまう。この政権移譲には、将軍職は徳川家によって世襲されるものであり、その地位がかつての主家である豊臣家に移ることはないことを諸大名に示す意味があった。自らの死後に予想される御家騒動を防止する意図もあったとされる。

ただし、以後も家康は「**大御所**」として実権を握り、徳川政権をさらに盤石なものとする施策を打ち出していった。

将軍、大御所、豊臣家の関係

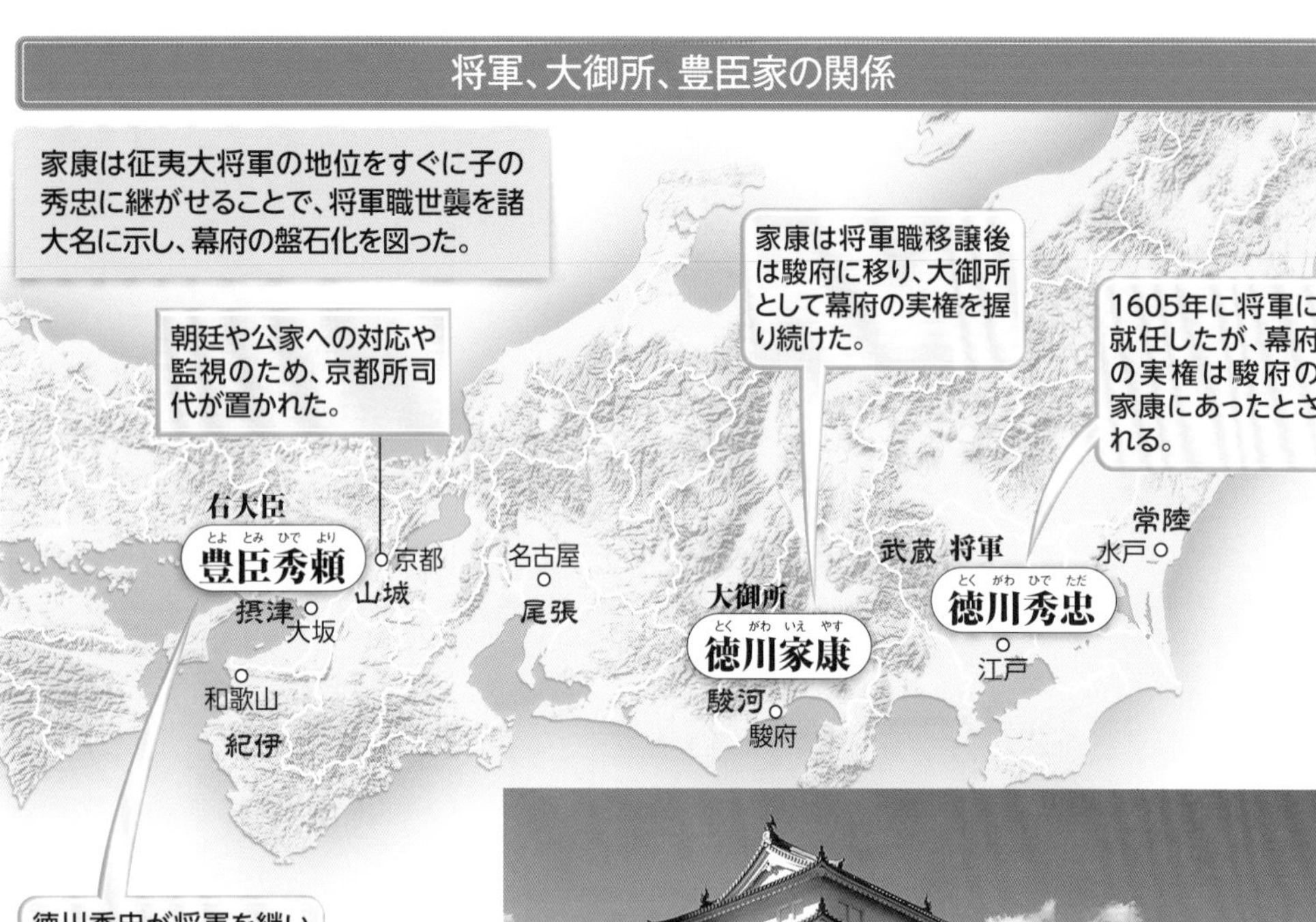

家康は征夷大将軍の地位をすぐに子の秀忠に継がせることで、将軍職世襲を諸大名に示し、幕府の盤石化を図った。
朝廷や公家への対応や監視のため、京都所司代が置かれた。
家康は将軍職移譲後は駿府に移り、大御所として幕府の実権を握り続けた。
1605年に将軍に就任したが、幕府の実権は駿府の家康にあったとされる。
右大臣
豊臣秀頼
京都
山城
摂津
大坂
和歌山
紀伊
名古屋
尾張
大御所
徳川家康
駿河
駿府
武蔵
将軍
徳川秀忠
江戸
常陸
水戸
徳川秀忠が将軍を継いだことで、名実ともに「徳川家の家臣」という地位に追いやられた。

現在の駿府城巽櫓。かつての居城・駿府城に入った家康は、全国の大名に修築を命じ（天下普請）、壮大な天守をもつ巨城につくりかえた。

徳川家康

徳川家略系図

❶～❷ 将軍就任順
―― 血縁関係

松平広忠
└ 徳川家康 ❶

- 長男 信康：1579年、武田勝頼との内通を疑われ、織田信長の命で切腹。
- 次男 秀康：羽柴家の養子となり、のち結城家の養子に。越前松平家の祖。
- 三男 秀忠 ❷：家康の跡を継ぐ。以後、この血筋が徳川宗家となった。
- 四男 忠吉：関ヶ原の戦いの傷が原因で死去。
- 五男 信吉：武田家を継ぐが、若くして病死。
- 六男 忠輝：大坂夏の陣の不手際により流罪。
- 九男 義直：尾張徳川家の祖。
- 十男 頼宣：紀伊徳川家の祖。
- 十一男 頼房：水戸徳川家の祖。

御三家
彼らの子孫が徳川一門の最高位として残り、「徳川」姓の使用が許された。徳川将軍家断絶時の継承権も付与されている。

キーワード 征夷大将軍 もとは古代に朝廷と抗争した東北地方の蝦夷（えみし）征伐のために任命された職。一時廃絶されるが、1192年の源頼朝の任命で復活して、以後は武家の棟梁として武家政権＝幕府を主宰する者の職名となり、鎌倉幕府の源氏、室町幕府の足利氏、江戸幕府の徳川氏と引き継がれた。

102 徳川家康の土木・治水事業

天下普請で完成した江戸城と江戸の町

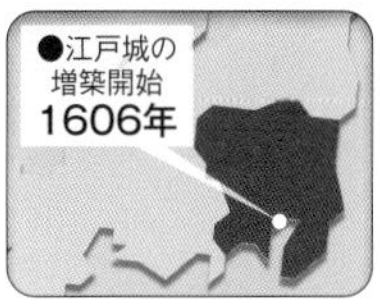

江戸幕府を開いた家康は諸大名に号令し、天下の城下町として江戸の整備を加速した。

幕府開闢以前から始まった江戸の町の整備

豊臣秀吉により**徳川家康**が関東に移封されたのは1590(天正18)年のことだった。以後、家康は江戸を本拠地と定め、城と城下町の整備を開始する。

まずは15世紀に**太田道灌**(▼P19)が築いた**江戸城**を修築・拡張すると同時に麹町や神田湯島台に家臣団の居住地を設けた。また、海から江戸城に直接物資を輸送するための**道三堀**を開くと、その周囲には最初の町人地である船町や材木町が成立している。海に近い江戸では井戸を掘っても塩分濃度の高い水しか出ないことから、**神田上水**を開設して都市の発展に欠かせない水も確保した。

さらに、家康は関東郡代(代官頭)の伊奈忠次に命じて、塩の産地である下総行徳と江戸を結ぶ小名木川を開削させた。忠次はこれ以外にも河川改修や新田開発などで関東の基盤を確立した人物で、1594(文禄3)年には江戸湾に流れていた利根川を銚子に付け替える**利根川東遷**事業にも着手。**玉川上水**の開設でも知られる子の忠治、さらには孫の忠克におよぶ伊奈家3代でこれを完成させた。

天下普請により町域が一気に拡大

1603(慶長8)年2月に家康が**征夷大将軍**になると、江戸の整備は加速。早くも翌3月には神田山を掘り崩して日比谷入江などの埋め立てが大規模に進められ、日本橋浜町から新橋に至る地域に新市街が造成された。これは1606(慶長11)年に始まる江戸城拡張のための準備で、城周辺の町を新市街に移転させることで土地を確保したのだ。

これら江戸城や江戸の町の工事は、関ヶ原の戦い以降に徳川家の支配下に入った外様大名が石高に応じて担当した。「**天下普請**」あるいは「**御手伝普請**」とよばれるこの役務は、江戸の町の整備だけではなく駿府城や名古屋城、全国の河川工事などでも課され、その費用負担は江戸時代を通じて諸大名の財政に大きなダメージを与えた。

●江戸城の増築開始 1606年

17世紀前半の江戸の町

1603年、江戸に幕府を開いた家康は、江戸城や江戸の町の本格的な整備に着手した。

江戸城
1606年に本格的な増改築が始まる。同年本丸が完成し、翌年天守が完成した。

日比谷入江
1603年、神田山(現在の駿河台あたり)を切り崩し、入江の埋め立てを行った。

寛永寺 浅草寺 不忍池 神田上水 神田明神 神田川 小石川門 牛込門 水道橋 筋違橋門 駿河台 浅草橋門 米蔵 隅田川 神田 市谷門 竹橋門 平河門 玉川上水 番町 千鳥ヶ淵 道三堀 常盤橋門 四谷門 本丸 大手門 日本橋 和田倉門 小名木川 半蔵門 西の丸 呉服橋門 八丁堀舟入 赤坂門 桜田門 鍛冶橋門 霊岸島 日比谷門 数寄屋橋門 山下門 虎ノ門 幸橋門 溜池 家康入城前の海岸線 18世紀～幕末ごろの海岸線 麻布 増上寺

武家地 町人地 寺社地 田畑 その他・不明

利根川東遷事業

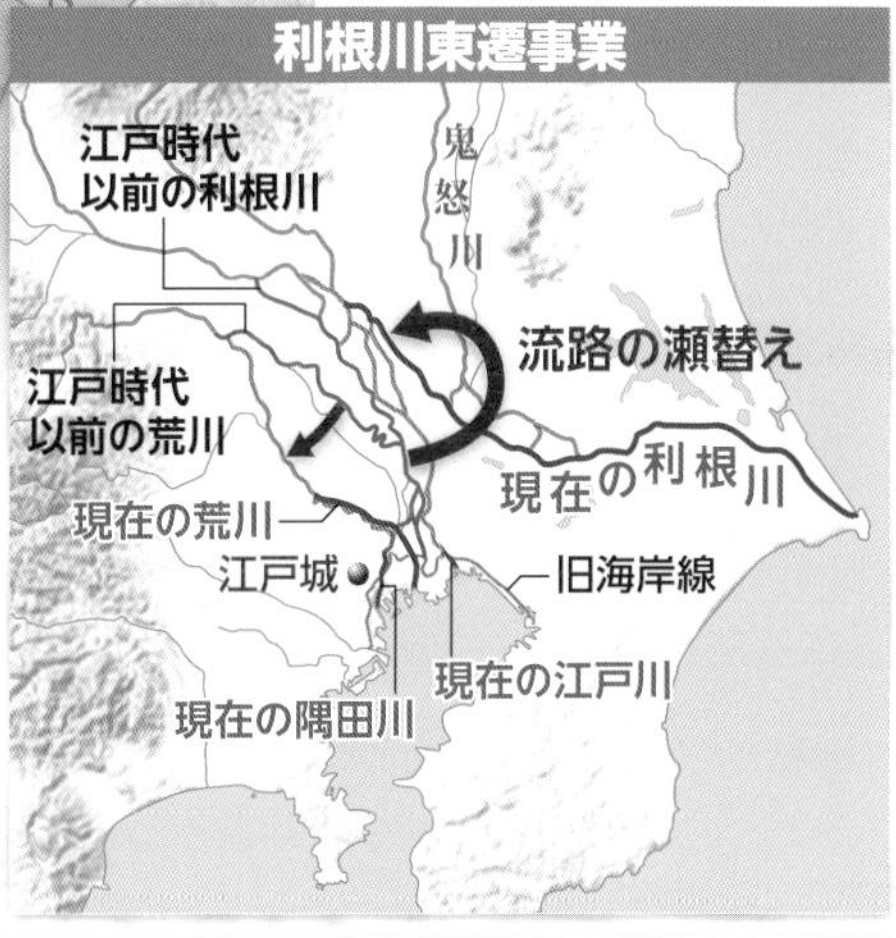

江戸時代以前の利根川 鬼怒川 流路の瀬替え 江戸時代以前の荒川 現在の利根川 現在の荒川 江戸城 旧海岸線 現在の江戸川 現在の隅田川

五街道

東海道、中山道、甲州道中、奥州道中、日光道中の5つの街道のこと。1601年に江戸と各地を結ぶ陸上交通路として整備され始め、1604年に日本橋がその起点と定められた。これらの街道には1里ごとに一里塚が設けられ、一定間隔ごとに宿場が用意された。また、幕府によって50カ所ほどの関所が置かれ、鉄砲の持ち込みと人質であった大名妻女の江戸からの帰国(入鉄砲に出女)が警戒された。

103 江戸幕府の外交政策

東アジアを勇躍した慶長期の日本人たち

実質的な日本の為政者となった徳川家康は、東南アジアなどとの外交・貿易を進めた。

ポルトガル・スペインに代わりオランダ・イギリスが台頭

関ヶ原での勝利後、**徳川家康**は日本の実質的な為政者として外交にも着手する。その基本方針は、キリスト教は禁じるが貿易は奨励するというものだった。

家康は、1600（慶長5）年に漂着したオランダ船リーフデ号の乗組員であるイギリス人の**ウイリアム・アダムス**（三浦按針）とオランダ人の**ヤン・ヨーステン**（耶揚子）を外交顧問に取り立てる。以後、貿易相手としてはキリスト教の布教を貿易の条件とするポルトガル・スペインに代わって、貿易のみを求める**プロテスタント**（新教）のオランダ・イギリスとの距離を急速に縮めていった。さらに、家康の死後にはこの両国間の貿易競争に勝利したオランダが日本との貿易を独占することになる。

家康が奨励した朱印船貿易の隆盛

一方、家康は東アジア各地に外交書簡を送り、幕府が発行した**朱印状**を携えた**朱印船**には特別の便宜を図るよう求めた。こうして奨励された日本人商人らによる朱印船貿易はさかんになり、主要な輸出品となった銀の輸出額は、世界の銀産出額の3分の1に達した。また、東南アジア各地に居住する日本人が**日本町**を形成する例も多く、**山田長政**のようにアユタヤ朝の王室に重用される者もいた。

しかし、家康死後の幕府は、やがて貿易利益の独占を図るべく、日本人の海外渡航を制限し、いわゆる「**鎖国**」の状態が形成されていく。

西洋人たちが手を焼いた日本からの輸出品

江戸時代初期の注目すべき輸出品として「サムライ」がある。植民地獲得やライバル国との戦いで兵士を求めたオランダなどが、太平の世の到来で活躍の場を失った浪人を傭兵として雇ったのだ。

戦国乱世を生き抜いた日本人傭兵の戦闘能力は極めて高かった。しかし、不満があるとすぐに反乱を起こすなど扱いにくい存在でもあり、しだいに忌避されるようになる。なお、アユタヤ日本町の指導者・山田長政は、シャム王国に雇われた傭兵隊の統率者でもあった。

東アジア各地に渡航した朱印船

徳川家康が朱印状の発行を始めた1604年から1635年までの間に、合計356隻の朱印船が各地に渡航した。

朱印船の累計渡航隻数
- 1隻
- 2隻
- 3〜10隻未満
- 10〜50隻未満
- 50〜80隻未満

東シナ海
毘耶宇（ビヤウ）［現 澎湖島］ 1隻
東京（トンキン）の37隻を含む。
安南（アンナン）［現 ベトナム］ 51隻
西洋（せいよう）［現 マカオ］ 18隻
高砂（たかさご）［現 台湾］ 36隻
暹羅（シャム）［現 タイ］ 56隻
交趾（コーチ）［現 ベトナム中部］ 73隻
現在のフエにあたる順化（ソンハ）、ホイアン近郊の迦知安（カチアン）を含む。
ルソン島
呂宋（ルソン）［現 マニラ］ 54隻
南シナ海
太平洋
柬埔寨（カンボジア）［現 カンボジア］ 44隻
6隻 占城（チャンパ）［現 ベトナム南部］
7隻 太泥（パタニ）［現 パタニ］
2隻 密西耶（ミサイヤ）［現 ビサヤ諸島］
ミンダナオ島
このほかに「田弾」「信州」という場所に2隻ずつ朱印船が渡航しているが、現在のどこに比定されるかは特定されていない。
マラッカ海峡
スマトラ島
1隻 摩利伽（マリカ）［現 マラッカ］
汶萊（ブルネイ）［現 ブルネイ］ 2隻
セレベス海
カリマンタン島（ボルネオ島）
ハルマヘラ島
1隻 摩陸（マロク）［現 モルッカ諸島］
マルク（モルッカ）諸島
スラウェシ島（セレベス島）
ジャワ海
バンダ海
ニューギニア島
インド洋
ジャワ島
オーストラリア

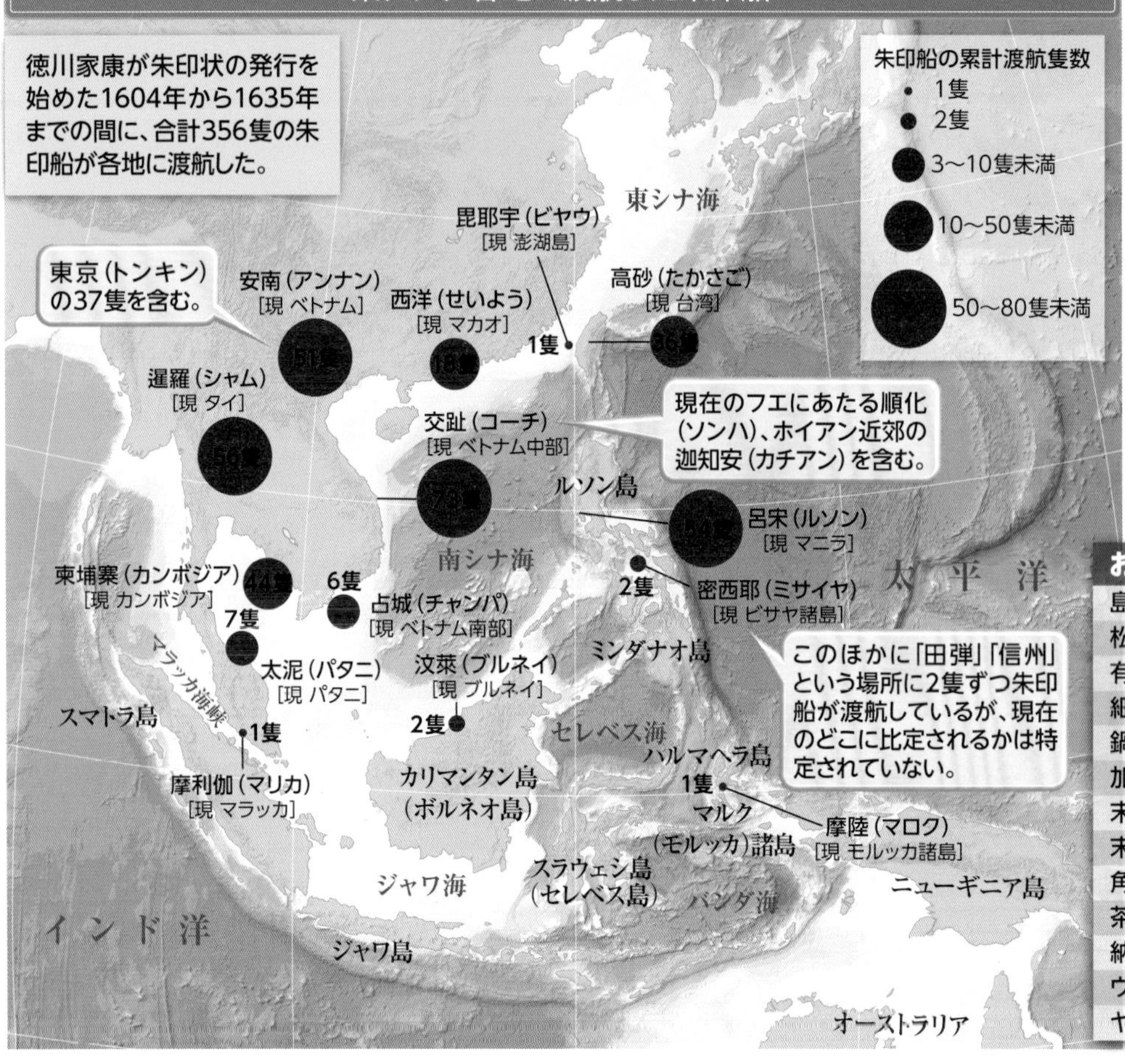

おもな朱印状交付者	
島津家久	薩摩藩主
松浦鎮信	平戸藩主
有馬晴信	日野江藩主
細川忠興	小倉藩主
鍋島勝茂	佐賀藩主
加藤清正	熊本藩主
末次平蔵	長崎商人
末吉孫左衛門	摂津商人
角倉了以	京都商人
茶屋四郎次郎	京都商人
納屋助左衛門	堺商人
ウイリアム・アダムス	イギリス人
ヤン・ヨーステン	オランダ人

三浦按針（1564〜1620年） 本名はウイリアム・アダムス。リーフデ号の水先案内人として漂着し、ヤン・ヨーステンとともに徳川家康の外交顧問となり、家康に数学や幾何学も教えた。日本橋付近の屋敷のほか、相模三浦に知行地を与えられ、その三浦を姓に、水先案内を意味する按針を名として三浦按針と名乗った。伊豆でイギリス型帆船を建造したほか、朱印船主にもなっている。

104 薩摩藩の琉球出兵
幕府の許可を得た島津家が琉球を制圧

●薩摩藩の琉球出兵 1609年

家康は日明国交のため島津家は貿易利権のため、沖縄の琉球王国を武力で制圧した。

徳川家康の懸念材料だった明との国交回復問題

徳川家康にとって外交上の懸案の一つが、**豊臣秀吉**の**朝鮮出兵**によって断絶されていた**明**との国交回復だった。

そこで家康は、明の朝貢国だった**琉球王国**を介して関係改善を図ろうとする。折しも、1602(慶長7)年に陸奥の伊達領に琉球人が漂着しており、翌年、彼らを琉球に送り届けることで対明外交の足掛かりを築こうとした。ところが、琉球は家康が要求した答礼使の派遣を拒否したため、日琉間の新たな外交問題となってしまう。

島津軍の侵攻を受けた琉球が1カ月足らずで降伏

この琉球王国との「来聘問題」は、**薩摩藩**の**島津家**を介して交渉がもたれた。当時の薩摩藩は秀吉による九州平定や朝鮮出兵、大規模な内戦となった1599(慶長4)年の「庄内の乱」など戦乱が続いていたうえ、江戸幕府の命によるたび重なる**御手伝普請**などで困窮しており、藩主の**島津家久**(忠恒)は、琉球に対する領土拡張と対明貿易利権の独占による財政難の打開を狙っていた。

そこで、家久は家康に琉球出兵を願い出て許可されると、1609(慶長14)年、約3000の兵力で沖縄本島に上陸する。対する琉球王国は戦意に乏しく、島津軍は1カ月足らずで王城である**首里城**を占拠し、琉球王**尚寧**を降伏させて捕虜とした。

この功績に対して家康が琉球の支配を認めると、家久は王国領であった**奄美大島**など約12万石を薩摩藩の直轄地としたほか、琉球王国に対する徴税権も手に入れている。さらに、以降は奉行を送り込んで国王を監督し、いわゆる鎖国体制が完成したのちも琉球を介した中国との貿易で利益を確保した。

一方、家康は尚寧に日明国交回復の斡旋を依頼したが、これは明側の頑なな拒否にあって失敗している。

薩摩藩の琉球出兵ルート

薩摩(さつま)藩は3000の軍勢を琉球(りゅうきゅう)王国に送り込み、1カ月足らずで制圧に成功した。

薩摩
鹿児島 1609年3月4日
薩摩藩の出兵ルート
種子島
屋久島
吐噶喇列島 3月10日
奄美大島
徳之島
沖永良部島
与論島
運天港 3月25日
沖縄島
久米島
那覇 4月1日
首里 4月3日
琉球王国
太平洋
東シナ海
与那国島
宮古島
石垣島

与論島以北は薩摩藩の直轄地として割譲された。

琉球側は戦意に乏しく、薩摩藩はほとんど抵抗を受けずに制圧に成功した。

琉球王国略年表

1429年	尚巴志が琉球王国を建国
1477年	尚真、即位。中央集権化を進める
	▶ 琉球王国の最盛期到来
15世紀中ごろ	東南アジア諸国との中継貿易がさかんに
16世紀末	豊臣秀吉が朝鮮出兵の際に服属を求めるが拒否
1606年	薩摩藩主島津家久、徳川家康に琉球出兵を許可される
1609年	薩摩藩が琉球王国を軍事制圧
1611年	薩摩藩、検地を実施し、国王・尚氏の所領を8万9086石と定める

1992年に再建された首里城正殿と守礼門(右下)だが、2019年の火災で正殿などが全焼した。

人物 島津家久(忠恒)

(1576〜1638年) 初代薩摩藩主。島津義弘の子。豊臣政権下では父とともに文禄・慶長の役(朝鮮出兵)に参加し、功をたてる。関ヶ原の戦い後、西軍(反徳川)についた父の弁護に努め、家康から領国を安堵され鹿児島城(鶴丸城)を築いた。1606年には家康より「家」の字を与えられ、家久と改名。1609年、幕府の許可を得て琉球王国に侵入、これを支配した。

豊臣家と徳川家がついに全面戦争へ

当初、家康は豊臣家に対して融和姿勢をとっていたが、両者の関係はしだいに悪化。ついに全面戦争へと向かう。

●方広寺鐘銘事件
1614年

大坂の陣に至るまでの経緯

徳川家と豊臣家の決裂は方広寺鐘銘事件をきっかけに決定的なものとなり、大坂の陣での全面戦争へ突入していく。

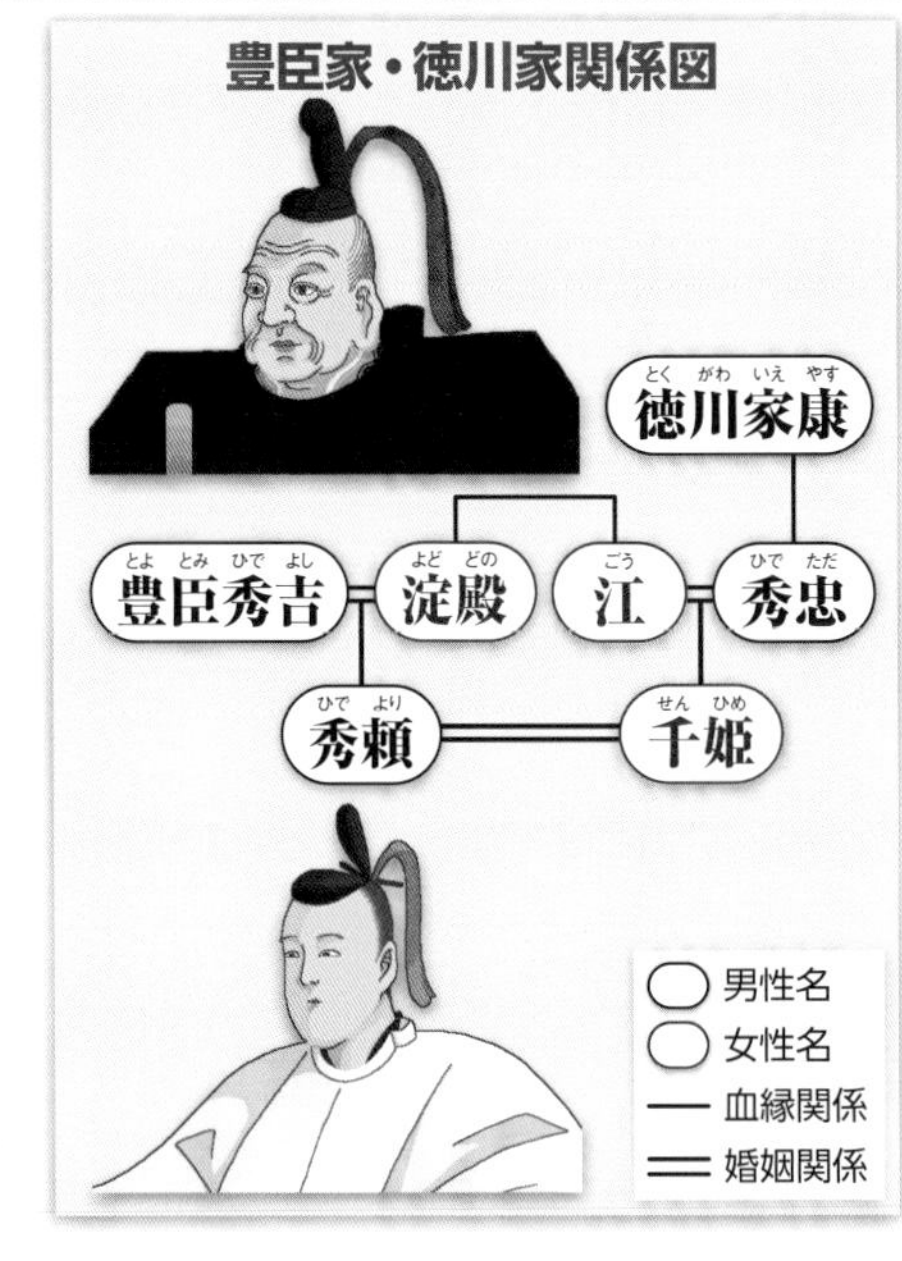

1598年 豊臣秀吉死去
▶ 6歳の秀頼が家督を継ぐ

1600年 関ヶ原の戦い
▶ 戦後処理で豊臣家が一大名に転落

1603年 徳川家康、征夷大将軍に就任
▶ 江戸に幕府を開く
徳川秀忠の娘・千姫が秀頼に嫁ぐ

1605年 秀忠が2代将軍に就任
▶ 政権が徳川家の世襲であることを示す
淀殿、家康と秀頼との会見を拒否

1609年 家康の勧めで豊臣家が方広寺の再建に着手

このころ家康は、豊臣家に残る秀吉の莫大な遺産を減らすため、秀吉供養の名目で豊臣家にさかんに寺社の建立や再建を勧めていた。

1611年 家康と秀頼の会見が実現

1611～14年 豊臣恩顧の大名が相次いで死去

大名	豊臣家との関係	没年
浅野長政	秀吉の親族、五奉行筆頭	1611年 死去
堀尾吉晴	信長時代からの古参家臣	1611年 死去
加藤清正	子飼い家臣の代表格	1611年 死去
浅野幸長	長政の子	1613年 死去
前田利長	秀頼の守役・利家の子	1614年 死去

1614年 方広寺鐘銘事件
▶ 片桐且元が家康と和解交渉を行うが、豊臣家は合戦の準備を開始

家康が豊臣家攻撃のため言い掛かりをつけたという説と、銘文は豊臣家が意図的につくったとする説がある。

大坂冬の陣、勃発！ ▶P145

大坂の陣を決定づけた方広寺鐘銘事件

関ヶ原の戦い後、**徳川家康**は豊臣家に対して融和姿勢をとっていた。まだ豊臣恩顧の大名が多くいるうえ、かつての主家を滅ぼすことに対する信義上の問題もあるからだ。そこで、豊臣家を一大名として幕藩体制に取り込もうと考え、1603(慶長8)年には**豊臣秀吉**との約束どおり、**豊臣秀頼**と**徳川秀忠**の娘である千姫との婚儀を成立させている。

さらに、1605(慶長10)年には秀頼に会見を申し込むが、秀頼の母である**淀殿**の反対で実現しなかった。両者が会見したのは1611(慶長16)年のことで、このときも淀殿は反対したが、**加藤清正**らの斡旋により京都二条城で実現した。この会見で秀頼に将としての資質を見た家康は危機感を覚え、徳川政権安泰のために豊臣家討滅を決意したといわれる。

そして1614(慶長19)年、**方広寺鐘銘事件**が起きる。家康の勧めもあり、秀頼は**天正地震**(▼P103)で崩壊したままになっていた方広寺大仏殿を再建していた。その梵鐘に「国家安康」「君臣豊楽」の文字が刻まれていることに対し、家康側近の僧・**金地院(以心)崇伝**が「家康の名を分断し、豊臣を君として楽しむという意味だ」と主張して豊臣家を糾弾したのだ。事件を受けた家康は、豊臣家に対して国替えか、淀殿あるいは秀頼に人質としての江戸下向を迫った。この無理難題で追い詰められた豊臣家は、ついに挙兵を決意したのである。

人物 **金地院崇伝**

(1569～1633年)　臨済宗の僧。名門武家の一色氏一門として生まれるが、父の死後に出家。1608年徳川家康に招かれて駿府に赴き、外交文書の書記役を務める。以後、家康の側近として幕府の政治・外交に深く関わり、方広寺鐘銘事件、武家諸法度など諸法度の制定、キリスト教禁教令などに関与。僧でありながら、政治に大きな影響力をもったことから「黒衣の宰相」と称された。

106 大坂冬の陣

堅城・大坂城に籠り善戦する豊臣軍

豊臣方に大名の参軍がないまま徳川軍が大坂城を包囲。しかし、真田幸村ら浪人衆の活躍は徳川軍をてこずらせた。

大坂冬の陣の布陣図

冬の陣の布陣の様子を描いた「大坂冬陣備立之図」。図の左側が北にあたる。

真田丸
真田幸村が大坂城の弱点とされる東南端に築いた砦で、徳川方の攻撃を再三にわたって跳ね返した。

大坂城

家康の本陣

（名古屋市蓬左文庫蔵）

徳川家と豊臣家がついに直接対決

方広寺鐘銘事件ののち、対徳川挙兵を決めた**豊臣家**は全国にいる豊臣恩顧の大名に加勢を求めた。しかし、諸大名は**徳川家**の威勢を畏れ、**福島正則**や加藤嘉明といった秀吉子飼いの大名でさえ、この求めに積極的に応じていない。

その一方で、大坂城には当時急増していた浪人たちが駆けつけ、その数は約10万にふくれ上がっていた。彼らの多くは**関ヶ原の戦い**で西軍方についたことで自家、あるいは主家が取り潰されており、徳川家への復讐の機会を狙っていた。なかでも、**真田昌幸**の子の**幸村**（信繁）、**長宗我部元親**の子の**盛親**、**後藤基次**（又兵衛）、**毛利勝永**、**明石全登**は「五人衆」とよばれ、大坂方の主力となった。

1614（慶長19）年11月、徳川方は20万近い大軍で大坂城を取り囲み、攻撃を開始する。しかし、**豊臣秀吉**が築いた大坂城の守りは堅く、浪人衆の活躍もあって苦戦した。特に幸村の活躍は目覚ましく、大坂城東南端に築いた出城（真田丸）を拠点に、攻め寄せる徳川方の軍勢を次々に打ち破っている。

両軍とも攻め手に欠けいったん和議が成立

守りの堅い大坂城を前に戦局が長引くと、長期戦を不利とみた家康は和議を模索。大砲による波状攻撃で**秀頼**の母・**淀殿**らの恐怖心をあおったうえで和議をもち掛けた。対する大坂方も兵糧や弾薬が不足し始めていたため、数度の折衝を重ね、両軍は12月に和議を結ぶ。

この和議に基づき、家康は大坂城の二の丸、三の丸を破却し、すべての堀を埋め立てるなど徹底的にその防衛能力を無力化した。この結果、堅固な大坂城は丸裸同然になってしまったのである。

淀殿を震え上がらせた西洋の最新兵器

大坂の陣が起きた当時、徳川家康はキリスト教の布教を貿易の条件としない、新教国オランダを貿易相手として優遇し始めていた。石見銀山など日本産の銀を求めるオランダに対し、家康がオランダに求めたのは西洋の最新兵器だった。これに応じたオランダ東インド会社は、オランダ製のカノン砲や、1588年のアルマダの海戦でスペイン無敵艦隊を破る原動力となったイギリス製のカルバリン砲を調達して、日本に持ち込んだ。

家康は、大坂冬の陣の直前になってようやく手元に届き始めたこれらの大砲を大坂城攻撃に投入。国産の大砲では不可能な500m超の遠距離砲撃が天守を直撃すると、恐怖に駆られた淀殿は家康の目論見どおり和議に応じたのである。

本多正純（ほんだまさずみ）　(1565～1637年)　三河出身の武将。徳川家康の参謀だった本多正信の子。徳川秀忠の側近となった父に代わり、家康の側近となって権勢をふるい、大坂冬の陣での堀の埋め立て、家康の葬儀や日光東照宮の造営などを指揮。1619年に宇都宮15万5000石の藩主となるが、幕臣や将軍秀忠に疎まれ、1622年に失脚。蟄居先の出羽横手で病没した。

浪人衆の奮戦むなしく大坂城が落城

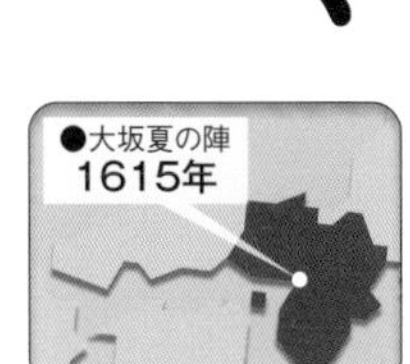

大坂冬の陣の講和はわずか4カ月で破れた。再び大坂城に攻め寄せた徳川軍に対し、浪人衆はめざましい活躍を見せるが、力及ばず、豊臣家は大坂城とともに滅んだ。

追い詰められた豊臣家 大坂城とともに滅亡

大坂冬の陣では講和を結んだ**徳川家**と**豊臣家**だったが、関係はすぐに悪化する。そして、国替えと浪人衆の放逐を迫る徳川家康の要求を豊臣家が拒否すると、再び戦になった。**大坂夏の陣**である。

しかし、冬の陣で強固な防御力を誇った**大坂城**は、講和後に堀を埋められ裸城になっていた。そこで、籠城戦は不可能と判断した大坂方は積極的に打って出る。一方、1615(慶長20)年5月5日、**家康**は京都を進発するが、その際「3日分の兵糧でよい」と命じたとされる。

大坂方の士気はすこぶる高かったが、15万の兵力を誇る徳川軍を抑えられず、6日には道明寺方面の戦闘で**後藤基次**らが戦死する。7日の天王寺・岡山での戦いでは、**真田幸村**(信繁)、**毛利勝永**らの隊が奮闘。特に幸村は家康本陣にあと一歩まで迫ったが討ち死にした。

これで大坂方は総崩れとなり、夕方には大坂城に火の手があがる。翌8日、炎上する大坂城内で**豊臣秀頼**が**淀殿**らと自害して豊臣家は滅亡。家康の読みどおり、夏の陣は短期で決着したのである。

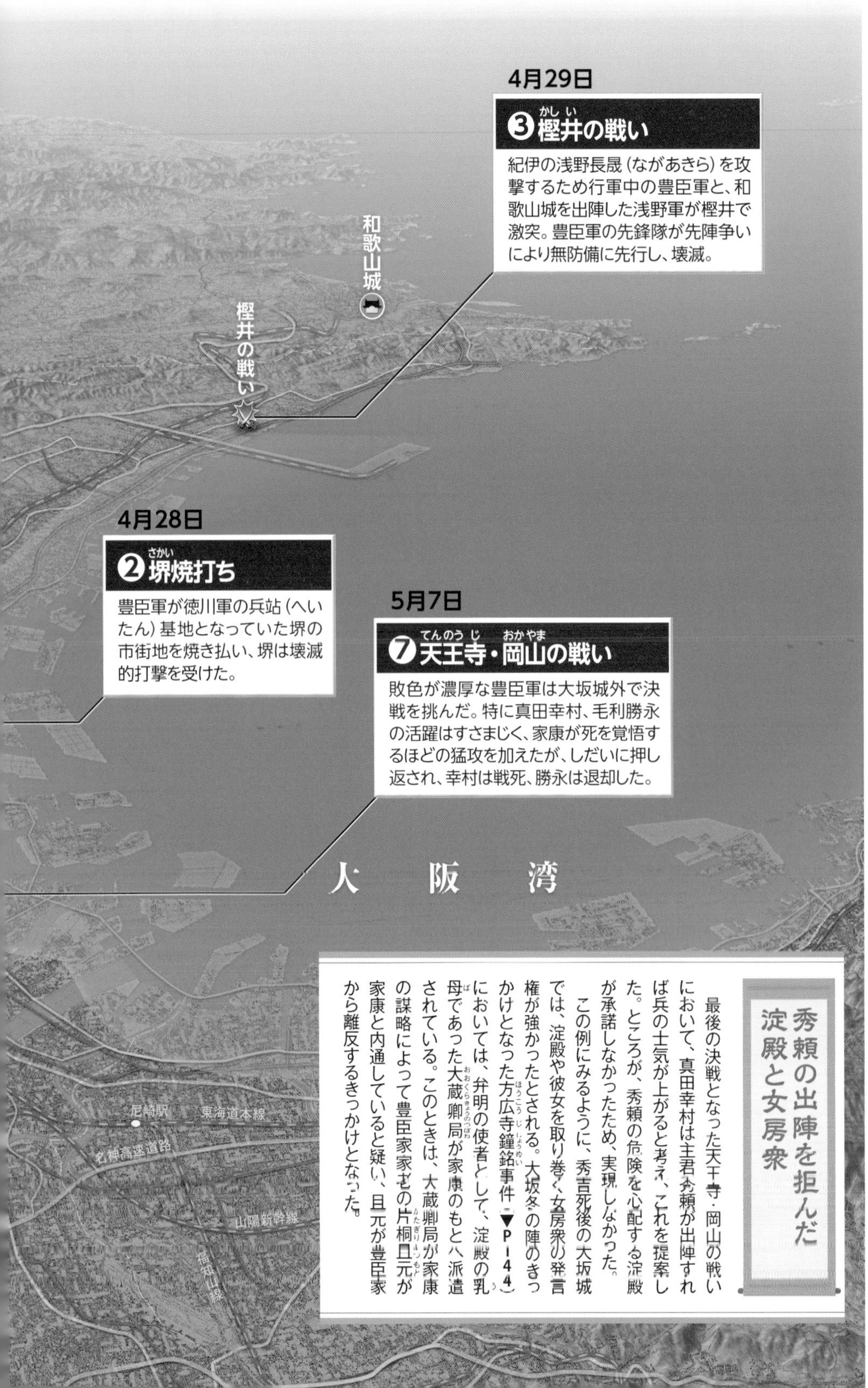

4月29日
❸樫井の戦い
紀伊の浅野長晟(ながあきら)を攻撃するため行軍中の豊臣軍と、和歌山城を出陣した浅野軍が樫井で激突。豊臣軍の先鋒隊が先陣争いにより無防備に先行し、壊滅。

和歌山城
樫井の戦い

4月28日
❷堺焼打ち
豊臣軍が徳川軍の兵站(へいたん)基地となっていた堺の市街地を焼き払い、堺は壊滅的打撃を受けた。

5月7日
❼天王寺・岡山の戦い
敗色が濃厚な豊臣軍は大坂城外で決戦を挑んだ。特に真田幸村、毛利勝永の活躍はすさまじく、家康が死を覚悟するほどの猛攻を加えたが、しだいに押し返され、幸村は戦死、勝永は退却した。

大阪湾

尼崎駅
東海道本線
名神高速道路
山陽新幹線
福知山線

秀頼の出陣を拒んだ淀殿と女房衆

最後の決戦となった天王寺・岡山の戦いにおいて、真田幸村は主君秀頼が出陣すれば兵の士気が上がると考え、これを提案した。ところが、秀頼の危険を心配する淀殿が承諾しなかったため、実現しなかった。

この例にみるように、秀吉死後の大坂城では、淀殿や彼女を取り巻く女房衆の発言権が強かったとされる。大坂冬の陣のきっかけとなった方広寺鐘銘事件(▶P144)においては、弁明の使者として、淀殿の乳母であった大蔵卿局が家康のもとへ派遣されている。このときは、大蔵卿局が家康の謀略によって豊臣家家老の片桐且元が家康と内通していると疑い、且元が豊臣家から離反するきっかけとなった。

豊臣方のおもな人物

□一族 □家臣 □浪人衆　※年齢は1615年時点の数え年。

人物	年齢	解説
豊臣秀頼（とよとみひでより）	23歳	秀吉の次男。秀吉の死後、6歳で豊臣政権を継承するが、関ヶ原の戦い後に一大名に転落。大坂城落城の際に自害した。
淀殿（よどどの）	49歳	秀頼の母。父は浅井長政、母は信長の妹お市（▶P65）。秀吉の側室となって寵愛を受け、秀頼の母として権勢を振るった。秀頼とともに自害。
千姫（せんひめ）	19歳	秀頼の正室。徳川秀忠の娘。病床にあった秀吉の願いで、婚約。秀吉の死後、7歳のとき秀頼に嫁ぐ。落城の際に脱出した。
大野治長（おおのはるなが）	不明	淀殿の乳母・大蔵卿局（おおくらきょうのつぼね）の子。淀殿の信任を受け、指導的役割を果たす。秀頼母子の助命嘆願をするが叶わず、自害。
大野治房（おおのはるふさ）	不明	治長の弟。樫井の戦いで主力を率いるなど、各地を転戦。落城時に秀頼の子・国松（くにまつ）を守って脱出するが捕らえられ、斬首。
木村重成（きむらしげなり）	21歳？24歳？	秀頼の乳母・宮内卿局（くないきょうのつぼね）の子で、幼少時から秀頼に仕える。冬の陣で和議の使者となり、その態度を賞賛された。若江で戦死。
薄田兼相（すすきだかねすけ）	不明	秀吉、秀頼に仕える。豪勇で知られたが、冬の陣では遊郭に行っていた間に敵の攻撃を受け、砦を失う。道明寺の戦いで奮戦し、戦死した。
三好政康（みよしまさやす）	不明	三好三人衆（▶P61）の一人。秀吉、秀頼に仕え、戦死を遂げたとされる。立川文庫「真田十勇士」の三好清海（せいかい）入道のモデル。
長宗我部盛親（ちょうそかべもりちか）	41歳	土佐国主だったが、関ヶ原で西軍につき改易。八尾の戦いで幕府軍先鋒の藤堂軍に大損害を与える。落城後脱出するが、捕らえられ斬首。
毛利勝永（もうりかつなが）	不明	父・勝信は小倉6万石の大名だったが、関ヶ原で西軍につき改易。天王寺の戦いでは家康本陣に突入するなど活躍するが、落城に際して自害。
明石全登（あかしてるずみ）	不明	通称、掃部（かもん）。キリシタン。宇喜多秀家（▶P84）の重臣として活躍するが、関ヶ原後は没落。落城後に脱出したとされるが、消息は不明。
後藤基次（ごとうもとつぐ）	46歳？56歳？	通称、又兵衛（またべえ）。黒田如水に仕えたが、子の長政と不和になり放浪。家康に破格の条件で誘われるが、大坂方についた。道明寺で戦死。
真田幸村（さなだゆきむら）	49歳	父・昌幸とともに関ヶ原で西軍につき、戦後九度山に幽閉。冬の陣、夏の陣を通して活躍し、「日本一」と称された。天王寺で戦死。（▶P148）
塙直之（ばんなおゆき）	49歳	通称、団右衛門（だんえもん）。豊臣譜代の加藤嘉明に仕えたが、関ヶ原後に浪人。冬の陣の夜討ちで武名をあげた。樫井で戦死。
大谷吉治（おおたによしはる）	35歳	大谷吉継（よしつぐ）の子。関ヶ原では父とともに西軍主力として奮戦するが敗れ、その後は各地を放浪した。天王寺で戦死。
細川興秋（ほそかわおきあき）	32歳？	細川忠興（▶P63）の次男。弟の忠利（ただとし。初代熊本藩主）が跡継ぎとなったことに不満を抱き、出奔。落城後、父の命令で自害した。

5月6日

❹ 道明寺（どうみょうじ）の戦い

大和から大坂城に迫る徳川軍迎撃のため出発した後藤基次の先鋒隊が徳川軍に遭遇。約10倍の兵力差にもかかわらず奮戦するが、力尽きて壊滅。基次も討ち死にした。

▼

先鋒隊の壊滅後、豊臣軍本隊がようやく戦場に到着し、徳川軍と交戦。真田幸村は3000の兵で伊達軍1万を退けたのち、退却した。

❺ 八尾（やお）の戦い

八尾に進んだ長宗我部盛親の軍勢が、徳川軍先鋒の藤堂軍と激突。壊滅的打撃を与えるが、若江での味方軍の敗戦を聞き、退却。

❻ 若江（わかえ）の戦い

若江に進んだ木村重成の軍勢が、徳川軍先鋒の井伊軍と激突。重成は力戦するが討ち死にを遂げ、壊滅した。

4月26日

❶ 大和郡山城（やまとこおりやま）の戦い

大野治房が徳川方の筒井定慶（じょうけい）の守る大和郡山城を攻撃。定慶は城を捨てて逃亡した。

5月8日

❽ 大坂城落城

徳川軍が大坂城内に突入し、天守が炎上。秀頼と淀殿は自害し、豊臣家は滅亡した。

108【人物列伝】真田幸村

戦国最後の合戦で武名をあげた名将

人物列伝
●生没年
1567～1615年

父譲りの戦術と統率力で2度にわたり徳川軍に煮え湯を飲ませた幸村は最後まで家康を追い詰めた。

家康に死を覚悟させた「日本一の兵」

真田幸村（信繁）は、武田家家臣・**真田昌幸**の次男として生まれた。武田家滅亡後、父は織田、徳川と主君を変えるが、1585（天正13）年、家康が真田家の沼田領を北条家に与えようとしたため反発。信濃上田城で徳川軍を打ち破った第1次上田合戦には父や兄・信之とともに幸村も参戦している。その後、昌幸が豊臣家に臣従すると幸村は**豊臣秀吉**の近侍となって大谷吉継の娘を妻とした。

1600（慶長5）年、家康の上杉征伐軍に父、兄とともに従軍するが、**石田三成**挙兵の報に接すると、下野犬伏で兄は東軍、父と幸村は西軍に分かれた。**関ヶ原の戦い**では第2次上田合戦で**徳川秀忠**軍を足止めしたが、本戦で西軍が敗れたため紀伊の九度山に幽閉された。

1614（慶長19）年、**豊臣秀頼**の要請で大坂城に入ると、**大坂冬の陣**では真田丸を築いて徳川軍に打撃を与える。翌年の**大坂夏の陣**では果敢な本陣突撃で家康に死を覚悟させたが、最後は討ち取られた。その戦いぶりは、徳川方諸将から「真田、日本一の兵」と称賛された。

真田幸村の生涯

1567年 甲斐の躑躅ヶ崎で誕生

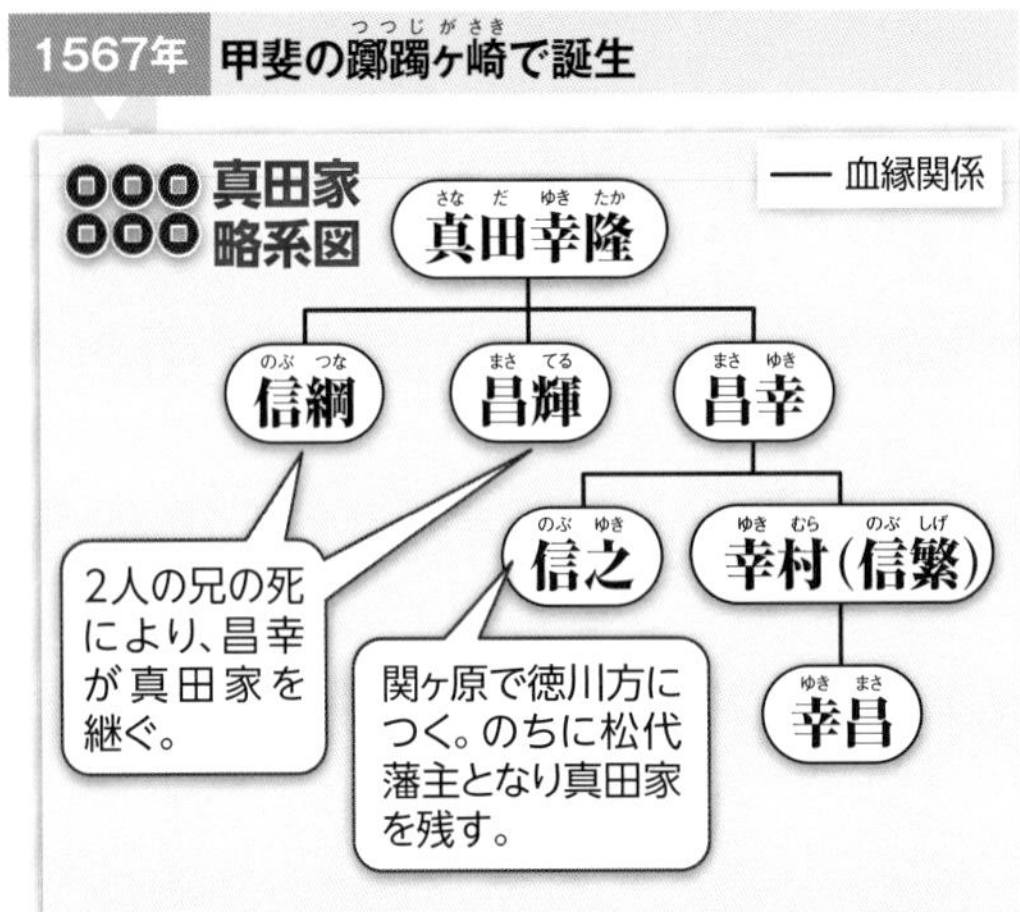

1582年 武田家滅亡

本能寺の変勃発

1583年 父・昌幸、上田城築城を開始

1585年 第1次上田合戦

▶ 兵力2000の真田軍が、地の利を生かして約8000の徳川軍に圧勝した

1594年 豊臣姓を許される

秀吉に気に入られる
人質として豊臣家に送られた幸村は、秀吉におおいに気に入られたといわれる。

1600年 関ヶ原の戦い

▶ 父・昌幸とともに第2次上田合戦を戦い、徳川秀忠の軍勢を釘づけにする ▶P130

▶ 西軍敗北後、兄・信之のとりなしで助命され、紀伊の九度山へ流罪となる

1611年 父・昌幸、病死

秀頼に味方し大坂城に入城
豊臣家が浪人を戦力として募集すると、幸村はこれに応えて九度山を脱出し、旧家臣とともに大坂城へ入った。

1614年 大坂冬の陣に豊臣方として参戦

▶ 真田丸を拠点に徳川軍を撃ち破る

1615年 大坂夏の陣で討ち死に

家康を追い詰めた最後の突撃
幸村は家康の本陣に向けて3度の突撃を行った。特に最後の突撃は、家康が後退せざるを得ないほどすさまじかった。

日本海
上田城
信濃
摂津
大坂の陣
九度山
紀伊
太平洋

真田家の象徴だった六連銭（六文銭）の旗。（上田市立博物館蔵）

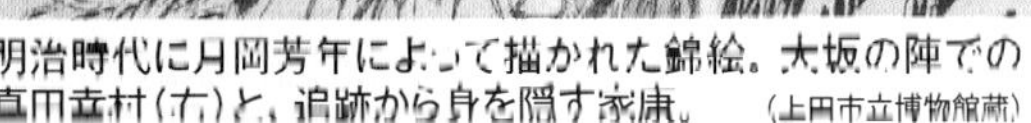

明治時代に月岡芳年によって描かれた錦絵。大坂の陣での真田幸村（右）と、追跡から身を隠す家康。（上田市立博物館蔵）

人物 **真田信之**

（1566～1658年） 初代松代藩主。真田昌幸の長男。初名信幸。1582年、徳川家康の人質となり、のち家康の重臣本多忠勝（ただかつ）の娘をめとる。関ヶ原の戦いでは東軍（徳川方）につき、父・昌幸、弟・幸村と敵味方に分かれた。戦後、父と弟の助命嘆願をして許され、父の所領を与えられている。1622年、松代に移封となり、明治初期まで続いた松代藩の基礎を築いた。

109 太平の時代へ

戦乱の時代が終結 260余年の太平へ

豊臣家を滅ぼした徳川政権は矢継ぎ早に大名統制策を発布。強固な幕藩体制を築き、265年もの長期支配を実現した。

江戸幕府による厳しい大名統制

1615（慶長20）年に**大坂夏の陣**で豊臣家が滅亡すると、これを機に徳川家康は元号を「元和」へと変更させた。「**元和偃武**」といわれる太平の世の到来だ。この太平は、強大な徳川将軍家による厳しい大名統制によって幕末まで続く。

まず家康は、同年中に大名に本城以外の支城を破却させる**一国一城令**や、大名統制の基本法である**武家諸法度**（**元和令**）を制定。家康死去後の1617（元和3）年には、2代将軍**徳川秀忠**が大名、公家、寺社に領地の確認文書である**領知宛行状**を出し、土地所有者としての自らの地位を明示した。また、諸大名を**親藩**（徳川一門）、**譜代**（三河以来の家臣）、**外様**（関ヶ原の戦い前後に臣従した大名）に分類。関ヶ原の戦後処理（▼P139）でつくり上げた、外様大名を地方に配して警戒する態勢を強化した。続く3代将軍**徳川家光**は、武家諸法度を改定（**寛永令**）して**参勤交代**を制度化した。

これらの統制策のもと、外様を中心とした多くの大名が改易（領地没収）や減封（領地削減）に処されている。

朝廷や諸外国の締めつけも強化

江戸幕府による統制は諸大名のみならず、朝廷や外国にも及んだ。1613（慶長18）年には**公家衆法度**、1615（元和1）年に武家諸法度とともに**禁中並公家諸法度**を制定し、天皇や公家の行動を厳しく規制。諸外国に対しては、日本との貿易を清とオランダの2国のみに許可し、禁教と貿易統制を目的とした、いわゆる「鎖国」体制を築いた。

こうした厳しい統制政策により支配力を強めた江戸幕府は、開闢から265年におよぶ長期政権を実現したのである。

江戸幕府の武家統制

江戸幕府は諸大名や朝廷を厳しく統制することで、強固な政治基盤を築いた。

徳川幕府の大名統制

政策	内容
武家諸法度	大名の守るべき法。城郭修築禁止や儀礼規定などを含み、違反者は厳罰に処せられた。
参勤交代	大名を定期的に江戸に参勤させた制度。江戸と国元1年交代が原則。
一国一城令	一つの国ごとに一つの城しか許されず、居城以外はすべて破却させられた。
御手伝普請	城の建設や治水工事などの土木工事を大名の自費で行うことが課せられた。
軍役	大名は石高に応じて一定数の兵馬を常備し、将軍の命令で出陣する義務を負った。

改易された有力大名

出羽
山形
陸奥
会津若松
下野
宇都宮
江戸
京都
大坂
広島
安芸
熊本
肥後

最上義俊　57万石
出羽で活躍した戦国大名最上義光の孫。家臣との対立をとがめられ、1622年に改易された。

加藤明成　40万石
秀吉子飼いの大名・加藤嘉明の子。1643年に改易されたが、理由は対立した家臣を殺害したためなど諸説ある。

本多正純　15万5000石
家康と秀忠の側近として活躍。同僚と衝突し、1622年に失脚、改易された。

福島正則　49万8000石
秀吉子飼いの大名。1619年、幕府に無断で広島城を修理したことをとがめられ、改易された。

加藤忠広　54万石
秀吉子飼いの大名・加藤清正の子。1632年に改易されたが、理由は不明。

繁栄する江戸の町を描いた「江戸図屏風」の日本橋周辺の様子。
（国立歴史民俗博物館所蔵）

コラム

「砦」から「天守閣」へ変化した城の役割

軍事的意味合いから築かれた中世城郭

中世の城郭は多くの場合、居館と別に、純粋な軍事拠点として、攻め難く守り易い点から急峻な山に築かれた。

頂上付近を削平した本丸を最終拠点として、そこから麓に向かっておもに尾根伝いに、二の丸、三の丸といった区画（曲輪、郭）を配するのが一般的であった。尾根筋を通って敵が侵攻できないように、尾根を人工的に削った堀切を設けたり、斜面には敵の横移動を妨げるため、山頂付近から下に向かって竪堀を幾筋も設けたりした。

下の写真（上）は、岐阜県郡上市にあった篠脇城の復元模型で、下総千葉氏一族の東胤行が13世紀前半の承久の乱の戦功により鎌倉幕府から加領され西遷、4代目の東氏村の時に築かれた。この城と城主が有名なのは、本丸の周りに三十余本と、ほかに例のない多数の竪堀をもつこと、9代目の東常縁が古今和歌集の奥義を飯尾宗祇に授けたのを始まりとする「古今伝授」による（▶P63）。

政治・経済・軍事の拠点となった近世城郭

山上に築かれた中世の城郭は、急峻な斜面という利点もあるが、地形的な制約から曲輪を相互支援できるように配置するのが難しく、戦国後期以降、動員兵力の増加や鉄砲の登場などにより、落城までの期間が短くなっていった。

こうした戦術の変化への対応が、大和の多聞城や近江の安土城から始まる天守（天守閣）、大規模な石垣、土塁、幅や深さが十分な堀を出現させ、特に防御力の大きな水堀をつくるため、山城から平山城、平城へと形態が移っていった。

平野の台地などに築かれるようになった近世の城郭は、軍事拠点であると同時に、大名の領国支配の拠点として、政治的、経済的意義も重視された。おもに交通の要衝に築城されたのはそのためである。また、軍事施設だけでなく、大名、上級武士の居館や政庁を含む構成にかかわり、巨大な天守の存在と相まって、統治権力のシンボルとして、周囲の城下町を睥睨することとなったのである。

城の構造と意義の変化

堀切
本丸
二の丸
竪堀

美濃篠脇城の復元模型。敵の侵入を防ぐための竪堀（たてぼり）がいくつも設けられている。

写真：岐阜県博物館

中世の山城

守るのに有利な高い山に築かれた、天然の地形を利用した城。軍事基地の意味合いが強く、大名の居館は城とは別に麓にあることが多い。

戦術の変化と経済の発展により役に立たなくなり、消滅へ。

近世の平城

平地に築かれた城。おもに交通の要所に築かれ、周辺には城下町が発達している。軍事面より政治・経済的な意味が大きい。

戦国時代後期から江戸時代にかけて急速に増加。

大坂夏の陣後に再建された大坂城の復元模型。城代や旗本の屋敷、蔵屋敷などが並ぶ。（大阪城天守閣蔵）

戦国人物補遺

本書の中であまり紹介できなかった戦国時代の人物をセレクトしました。（50音順）

浅野長政（あさのながまさ）
1547～1611年

尾張の安井家に生まれ、織田信長の弓衆だった浅野長勝の婿養子となる。信長麾下の木下藤吉郎（豊臣秀吉）に仕え、各地を転戦したほか蔵米の管理など奉行を任された。秀吉の晩年に五奉行の一人に任じられる。秀吉死後は隠居していたが、関ヶ原の戦いでは徳川秀忠軍に属し、常陸国に5万石を与えられた。

石川数正（いしかわかずまさ）
1533～1593年

1549（天文18）年、竹千代時代の徳川家康が今川家の人質になった時から随行し、伊賀越えにも従った家康の側近中の側近。桶狭間の戦い後に織田信長との同盟締結も主導し、小牧・長久手の戦いでも戦功をあげた。しかし、その直後に突如居城の岡崎城を出奔して豊臣秀吉に臣従した。

石川五右衛門（いしかわごえもん）
1558～1594年

遠江出身と伝わる盗賊の頭目。京都で窃盗をくり返していたが捕縛され、1594（文禄3）年、京都三条河原で釜茹での刑に処された。江戸時代の浄瑠璃や歌舞伎では、豊臣政権に反発する義賊として描かれ、有名になった。

出雲阿国（いずものおくに）
？～？年

歌舞伎の創始者とされる女性。出雲大社の巫女だったといわれるが詳細は不明。1600（慶長5）年に出雲出身の「クニ」という女性が宮中で「ややこ踊」とよばれる少女の小歌踊りを披露したとの記録がある。1603（慶長8）年春ごろからは、男装して「かぶき者」に扮し、茶屋の女性のもとに通うというストーリー性をもった踊りを創始。「阿国歌舞伎」とよばれて京都で大人気となった。

伊勢貞親（いせさだちか）
1417～1473年

室町幕府政所執事。将軍足利義政の養父であったため幕政に絶大な影響力をもち、将軍継嗣問題では義政が養嗣子とした義視を除こうと讒言。ついには義視殺害を企てたが、失敗して京都を追われた。しかし、貞親に厚い信頼を寄せる義政が1467（応仁1）年に幕政に復帰させたため、義政・義視の対立は激化。義視が東軍方を出奔して西軍に寝返るきっかけにもなった。

織田有楽斎（おだうらくさい）
1547～1622年

織田信長の弟。武将で、千利休が認めた茶人でもあった。本能寺の変後は豊臣秀吉に臣従したが、その死後は徳川家康に接近し、関ヶ原の戦いでも東軍についた。その後は徳川方と結びながら、姪にあたる淀殿とその子・豊臣秀頼を補佐。大坂の陣では和議の斡旋に努めたが、大坂城内の主戦派に押し切られ、夏の陣を前に城から退去した。江戸の邸宅跡は有楽町として名が残っている。

大谷吉継（おおたによしつぐ）
1559～1600年

豊臣秀吉に近侍し、賤ヶ岳の戦いや小田原征伐で軍功があった。また、九州平定では石田三成とともに兵站奉行を務めたほか、出羽の検地を担当するなど実務面でも重用され、敦賀5万石を領す。文禄・慶長の役では三成とともに軍監として渡海。秀吉没後は徳川家康に接近し、上杉征伐に従軍するつもりだったが、三成に懇願され、敗戦覚悟で西軍についた。関ヶ原の戦いでは寝返った小早川秀秋らに側面を急襲され戦死した。

大野治長（おおのはるなが）
1569～1615年

母が淀殿の乳母であった関係から豊臣家に仕えた。1599（慶長4）年には徳川家康暗殺の謀議に加担したとして下総に流されるが、関ヶ原の戦いで東軍方について赦免された。戦後は豊臣家に復帰。淀殿・豊臣秀頼からの信任が厚く、淀殿との醜聞も噂された。大坂城内で主導的な立場にあったが、主戦論を抑えきれず大坂の陣が勃発。落城直前には淀殿と秀頼の助命嘆願のため、秀頼の妻で家康の孫である千姫を城外に脱出させたが、願いはかなわず、秀頼に殉じた。

奥平信昌（おくだいらのぶまさ）
1555～1615年

父の代から徳川家康に仕え、姉川の戦いで初陣。一時期武田信玄に出仕するが、信玄没後に徳川に帰順。長篠の戦いでは長篠城主として籠城戦を戦って勝利に貢献し、織田信長から一字を与えられ、初名の定昌から信昌に改名した。関ヶ原の戦い後、京都所司代となって京都潜伏中の安国寺恵瓊を捕らえた。これらの功績により美濃加納10万石を与えられた。

北畠具教（きたばたけとものり）
1528～1576年

伊勢の国司として北伊勢の赤堀氏を滅ぼすなど勢力を拡大したが、1569（永禄12）年に織田信長の侵攻を受けて和睦。その条件として信長の次男・信雄を自身の嫡子・具房の養嗣子とし、1575（天正3）年に家督を信雄に譲って隠居した。しかし、武田信玄と通じたとの風聞があり、翌年、信長に謀殺され北畠家は滅んだ。和歌に通じ、兵法を塚原卜伝に学んだ文武両道の武将だった。

京極高次（きょうごくたかつぐ）
1563～1609年

幼少期は浅井家の人質として過ごし、浅井家滅亡後は織田信長に臣従。本能寺の変後、明智光秀に味方して豊臣秀吉に追われたが、高次の妹が秀吉の側室になったことで許された。以後は九州平定、小田原征伐などに参戦して加増されたが、秀吉死後は徳川家康に接近。関ヶ原の戦いでは大津城で籠城戦を戦い、若狭約9万石を与えられた。妻は浅井三姉妹の次女の初。

見性院（けんしょういん）
1557～1617年

山内一豊の妻。浅井家家臣若宮氏の娘で本名は千代、あるいはまつ。夫の一豊が名馬を求めた際、持参金から黄金10枚を用立てた。これにより、一豊は馬揃えで織田信長の目にとまり、出世の糸口を掴んだとされる。また、石田三成挙兵の際は大坂から上杉征伐途上の一豊に状況を伝え、三成の人質になるならば自決する覚悟なので心置きなく戦うように、とことづけたとされる。

小西行長（こにしゆきなが）
？～1600年

堺の商人の出とされるが、前半生は判然としない。早くからキリシタンに改宗。はじめ宇喜多直家に仕え、その後豊臣秀吉に臣従。瀬戸内海の塩飽から堺までの船舶を監督する舟奉行に任じられた。九州平定と肥後一揆鎮圧の功績で肥後半国24万石を領す。文禄・慶長の役では先陣を務め、明の沈惟敬と和平交渉を行った。関ヶ原の戦いで破れ、処刑された。

はっとりまさなり 服部正成 （はんぞう 半蔵）
1542～1596年

徳川家康の部将。伊賀国出身だが、父・保長の代に松平家に仕えた。初陣となった1557(弘治3)年の三河宇土城攻めでは伊賀者60～70人を率いて夜襲を成功させ、家康に称賛された。以後、家康の主要な戦いで伊賀者を率いて活躍。特に家康の伊賀越えでは先導役を務め、家康を無事に三河に送り届けた。江戸城麹町口門の近くに屋敷を与えられたため、同門は半蔵門と呼ばれるようになった。

はやしひでさだ 林 秀貞
1513～1580年

信秀時代からの織田家宿老。一時、織田信長の弟・信行(信勝)に与するが、尾張統一後は信長に従い、公家や諸大名との折衝など外交面で手腕を発揮した。しかし、1580(天正8)年、突如として信長から追放され、同年中に死去した。

ほそかわ 細川ガラシャ （たま 玉）
1563～1600年

明智光秀の次女で細川忠興の妻。本能寺の変後、謀反人の娘として丹後で幽閉されるが、その後許されて大坂の細川邸に移る。忠興が高山右近から聞いたキリスト教の教義に関心を持ち、忠興の九州平定出陣中に大坂の教会を訪問。以後も侍女を通じて教義を学び続け、ガラシャの名で洗礼を受けた。関ヶ原の戦いでは石田三成から人質になることを強要されたため、家臣に命じて自らの命を絶たせた。

ぼりとものぶ 母里友信
1556～1615年

黒田孝高、長政に仕えた勇将。福岡の民謡・黒田節の一節「酒は飲め飲め飲むならば 日の本一のこの槍を 飲みとる程に飲むならば これぞまことの黒田武士」は、酒豪の友信が飲みくらべに勝ち、福島正則から名槍「日本号」を譲り受けた逸話がもとになったとされる。

ほりひでまさ 堀 秀政
1553～1590年

美濃斎藤家に仕えたがのちに織田信長に臣従。雑賀一向一揆攻めや天正伊賀の乱に参陣したほか、蔵入地管理や信長への取次役として政治面でも活躍した。本能寺の変後は豊臣秀吉に仕え、山崎の戦いや賤ヶ岳の戦いなどで戦功があった。近江佐和山城や越前北庄城など要地を任されたが、小田原征伐の陣中で病死した。

ほんいんぼうさんさ 本因坊 算砂
1558～1623年

京都寂光寺の開祖日淵の甥。堺の仙也に碁を学び、囲碁・将棋の名手として織田信長、豊臣秀吉、徳川家康に仕えた。信長から名人と称えられたことが「名人」の呼称の始まりとされる。寂光寺の塔頭本因坊に住んだことから本因坊算砂と名乗り、数多くの名手を輩出する本因坊家の祖となった。江戸幕府では碁所・将棋所に任じられている。

ほんだただかつ 本多忠勝
1548～1610年

13歳になった1560(永禄3)年、桶狭間の戦いで徳川家康が大高城への兵糧搬入に成功した戦で初陣を飾る。以後、姉川、長篠などで抜群の武功をあげ、「徳川四天王」の一人に数えられた。小牧・長久手の戦いの際、数万の豊臣軍に300の手勢で立ち向かおうとした話は有名。娘婿は真田昌幸の長男・信之。

まえだけいじ 前田慶次 （けいじろう 慶次郎）
1533～1606年

名は利益、利太など。滝川一益の甥で、前田利家の兄・利久の婿養子になったとされる。織田信長、利家に仕えたのち、直江兼続の斡旋で上杉景勝に仕えた。利家を騙して真冬に水風呂に入れた、戦場で利家の影武者を務めた際、最前線で「我こそは前田利家の影武者なるぞ」と名乗りを上げて敵味方を唖然とさせた、など奇行の逸話が残り、後世の小説などで「かぶき者」として有名になった。

まえだげんい 前田玄以
1539～1602年

出自は美濃の僧ともいわれる。織田信忠に仕え、本能寺の変ではその嫡男の三法師を託され、尾張に逃れた。豊臣政権下では京都奉行として庶政を担当し、丹波亀山5万石を領した。豊臣秀吉から五奉行の一人に任じられ、関ヶ原の戦いでは西軍に与したが、裏では徳川家康と通じていたとされ、所領を安堵された。

みやもとむさし 宮本武蔵
1584～1645年

播磨あるいは美作出身の剣豪で、二天一流の流祖。13歳から28～29歳ごろまでに60回あまりの他流試合を行い、一度も負けなかったという。伝説化された佐々木小次郎との対決もこのころとされる。30歳以降は剣術の研究に努めたが、小倉藩に出仕して島原の乱に従軍した。その後は熊本藩主細川忠利の客分となり、『兵法三十五箇条』や『五輪書』を著した。水墨画の名人でもある。

もりらんまる 森 蘭丸
1565～1582年

織田信長に仕えた美濃金山城主・森可成の三男。その才気で幼少期より信長に寵愛され、奏者として常に近侍した。本能寺の変でも信長とともに奮戦し、弟の坊丸、力丸とともに討ち死にした。

やぎゅうむねよし 柳生宗厳
1527～1606年

大和出身の武将で、幼少より剣術に優れ、上泉信綱の新陰流を学んで柳生新陰流の流祖となる。三好長慶、筒井順慶、松永久秀と主君を変えたが、久秀死後は故郷の柳生谷に隠棲して柳生新陰流の研究に努めた。1594(文禄3)年には徳川家康に招請され、五男の宗矩とともに武技を披露し、家康から入門の誓紙を得た。

やまもとかんすけ 山本勘助
1500～1561年

はじめ中国の大内義隆に仕えたとも、駿河の今川義元に仕えたともいわれる。その後、武田信玄に臣従。軍師として重用されたが、1561(永禄4)年の第4次川中島の戦いで「啄木鳥戦法」を提言。これが失敗に終わったため壮絶な討ち死にを果たした。武田流兵法の祖ともいわれる。

ゆうきひでやす 結城秀康
1574～1607年

徳川家康の次男。小牧・長久手の戦い後に豊臣秀吉の養子となるが、その後、下総結城氏の養子となって10万1000石を与えられる。関ヶ原の戦いでは下野宇都宮に陣して上杉景勝の西上を阻止。その功績で越前68万石に加増されたが、その後病を得て34歳で病死した。

よどどの 淀殿
1567～1615年

織田信長の妹・市と浅井長政の間に生まれた長女で、幼名は茶々。豊臣秀吉の側室となって淀城に住むが、1593(文禄2)年に豊臣秀頼を生むと、秀頼とともに伏見城西の丸に移った。秀吉の死後、遺命により秀頼と大坂城に入り、豊臣家当主の生母として権勢を振るう。徳川家康に臣従することを頑なに拒否し、大坂の陣で秀頼とともに自害した。

ろっかくよしかた 六角義賢 （じょうてい 承禎）
1521～1598年

南近江の戦国大名。将軍足利義輝を奉じて京都の三好長慶と戦い、義輝の二条城入城を実現させるなど、中央政界に関与した。その後、家督を子の義弼に譲り、出家して承禎と名乗る。1563(永禄6)年、重臣後藤賢豊の人望を妬んだ義弼が賢豊父子を謀殺する観音寺騒動が起きると、人心が離れ六角氏は衰退。織田信長の上洛軍が迫ると甲賀に落ち延び、以後勢力回復は叶わなかった。

近衛前久（このえさきひさ）
1536～1612年

1554（天文23）年に関白に就任。将軍足利義輝は義兄にあたる。1559（永禄2）年に上洛した上杉謙信と誼を通じ、関白現職のまま越後に下向して謙信の関東平定を援助しようとしたが、叶わず帰京した。上洛した足利義昭と対立して京を追われるが、織田信長が義昭を追放すると帰京し、本願寺と信長の和睦を斡旋するなど信長に協力した。本能寺の変が起きると失意から出家して竜山と号した。

後陽成天皇（ごようぜいてんのう）
1571～1617年

第107代天皇。1588（天正16）年に豊臣秀吉の奏請を受けて聚楽第に行幸した。関ヶ原の戦いで丹後田辺城の細川幽斎が西軍に包囲された際、幽斎が継承する「古今伝授」の断絶を恐れ、勅使を派遣して講和させた。

酒井忠次（さかいただつぐ）
1527～1596年

「徳川四天王」の筆頭格。徳川家康の今川人質時代から仕えた最古参の譜代家臣のひとりで、西三河の旗頭である石川数正ともに東三河の旗頭だった忠次は両家老ともよばれた。姉川、三方ヶ原、長篠、伊賀越え、小牧・長久手と、家康の主要な戦にはすべて参戦して重要な役割を果たした。

佐竹義重（さたけよししげ）
1547～1612年

常陸国の戦国大名。北条氏政と関東を争ったほか、陸奥南部に侵入して伊達政宗とも戦った。豊臣秀吉には早くから接近し、小田原征伐にも参戦して領土を安堵された。関ヶ原の戦いでは家督を譲った子の義宣がひそかに西軍に加担したため改易の危機に陥ったが、義重が徳川家康に赦免を嘆願し、出羽久保田（秋田）移封で許され大名家としての存続を成功させた。

佐々成政（さっさなりまさ）
1536～1588年

黒母衣衆として織田信長に仕え、柴田勝家の与力として朝倉氏討伐や越前一向一揆平定などで戦功があった。信長死後は勝家に味方して賤ヶ岳で羽柴（豊臣）秀吉と戦い、小牧・長久手の戦いでも徳川家康に味方した。しかし、家康が秀吉と講和したため成政も降伏し、以後は秀吉に臣従。九州平定後に肥後一国を与えられたが、直後に起きた検地反対一揆の責任を問われ、切腹させられた。

水原親憲（すいばらちかのり）
（常陸介）（ひたちのすけ）
1546～1616年

上杉謙信・景勝に仕えた武将で、越後水原城代に任じられて本姓の大関から改姓。のちに杉原に改める。慶長出羽合戦で直江兼続の撤退戦を支えるなど、多くの武功を立てた。豪放磊落な逸話が多く、大坂冬の陣で徳川秀忠から感状を受けた際、その場で感状を開いて読み上げ、子どもの石合戦のようなたやすい合戦だった、と言い放ったという。

陶 晴賢（すえはるかた）
1521～1555年

大内義隆の重臣。毛利元就を救う吉田郡山城の戦いや尼子征伐などで勇名をはせたが、奢侈に耽る義隆と対立するようになり、1551（天文20）年、クーデターを起こして義隆を自害させた。翌年、義隆の甥で大友宗麟の弟・義長を大内家当主に据えて実権を握る。1555（弘治1）年、反晴賢の態度を鮮明にした元就を討つべく安芸広島に進軍したが、厳島の戦いに敗れて敗死した。

鈴木孫一（すずきまごいち）
（雑賀孫一）（さいかまごいち）
?～?年

紀州雑賀衆の指導者で、石山合戦では鉄砲衆を率いて織田信長と戦った。その後、豊臣秀吉の紀州征伐では秀吉について対立する雑賀の土豪を討ち、小田原征伐や朝鮮出兵にも参戦。関ヶ原では西軍につくが、のちに水戸藩の家老になったともいわれる。

塚原卜伝（つかはらぼくでん）
1489～1571年

常陸国鹿島神宮の神職卜部家に生まれた。幼少より剣術を好み、父から卜部家伝来の鹿島中古流を、養子に入った塚原家で天真正伝神道流を学び、「一つの太刀」の奥義を体得して新当流を起こした。以後、多数の門人を率いて諸国で武者修行を行い、山本勘助や北畠具教、将軍足利義輝らに剣術を教えた。生涯に真剣勝負19回、戦場への出陣37回を数えたが、一度も敗れず、矢傷以外に手傷を負うことはなかったという。

津田宗及（つだそうぎゅう）
?～1591年

堺の会合衆で、千利休、今井宗久とともに三宗匠と称された茶人。上洛した織田信長が堺に2万貫の矢銭を要求した際には、反対派を説得した。特に茶器の目利きは当代随一で、利休、宗久とともに信長、豊臣秀吉の茶頭を務めた。

天海（てんかい）
1536～1643年

徳川家康、秀忠、家光の3代に仕えた天台宗の僧侶。以心崇伝と並んで幕政に影響力をもった。出自を含めて前半生には不明な点も多く、後世には密かに落ち延びた明智光秀ではないかとの俗説も登場した。家康の葬儀の導師となったほか、日光東照宮建立を主導。上野に東叡山寛永寺を開いたことでも知られる。

鳥居強右衛門（とりいすねえもん）
1540～1575年

徳川家康に仕えた長篠城主・奥平信昌の家臣。武田勝頼が長篠城を包囲した際、密使として家康、織田信長に援軍を求めた。帰城する際に武田軍に捕まり、「援軍は来ないと城内に伝えよ」と命じられるが、大声で援軍が近いことを知らせたため、激怒した武田方に磔刑に処された。

鳥居元忠（とりいもとただ）
1539～1600年

今川家人質時代から徳川家康に仕えた譜代家臣。姉川の戦い以来、数々の戦で武功を挙げたが、三方ヶ原の戦いで足を負傷し、以後片足が不自由になったとされる。関ヶ原の戦いでは家康から伏見城の守将を命じられ、西軍の総攻撃により壮絶な戦死を遂げた。

納屋助左衛門（なやすけざえもん）
（呂宋助左衛門）（るそんすけざえもん）
1565～?年

堺の貿易商。1594（文禄3）年、フィリピン北部のルソンから持ち帰った珍品を豊臣秀吉に献上。特に呂宋壺は茶器として珍重され、諸大名が高値で求めたため、巨利を得た。しかし、奢侈を極めた生活が秀吉の勘気に触れ、邸宅没収となるが、事前に察知した助左衛門は邸宅を堺の大安寺に寄進してルソンに脱出。その後、カンボジアで豪商になったとされる。秀吉の勘気に触れたのは、現地では呂宋壺がただの日用品（便器とも）だったことが知られたためともいわれる。

蜂須賀正勝（はちすかまさかつ）
（小六）（ころく）
1526～1586年

初名は小六。はじめ斎藤道三に仕えたが、その後織田信長に仕えて桶狭間の戦いに参戦。美濃攻略戦では木下藤吉郎（豊臣秀吉）の直臣として墨俣城築城などで活躍。以後、秀吉の謀臣として金ヶ崎撤退戦や姉川、小谷城、中国征伐、賤ヶ岳など、重要な戦いに参加。四国平定中に病を得て大坂で病死した。

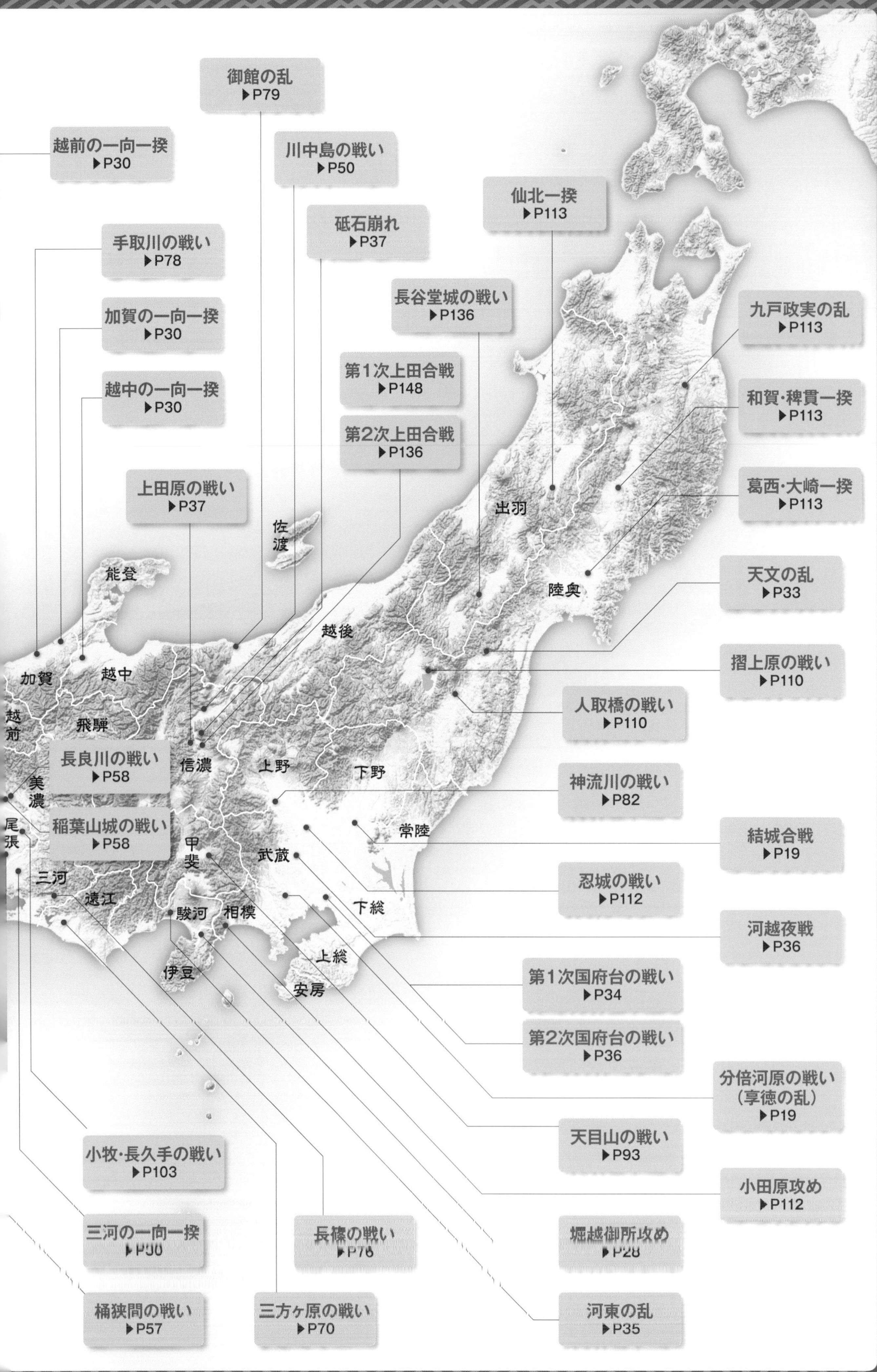
御館の乱 ▶P79
越前の一向一揆 ▶P30
川中島の戦い ▶P50
仙北一揆 ▶P113
砥石崩れ ▶P37
手取川の戦い ▶P78
長谷堂城の戦い ▶P136
九戸政実の乱 ▶P113
加賀の一向一揆 ▶P30
第1次上田合戦 ▶P148
和賀・稗貫一揆 ▶P113
越中の一向一揆 ▶P30
第2次上田合戦 ▶P136
葛西・大崎一揆 ▶P113
上田原の戦い ▶P37
出羽
佐渡
能登
陸奥
天文の乱 ▶P33
越後
摺上原の戦い ▶P110
加賀
越中
人取橋の戦い ▶P110
越前
飛騨
長良川の戦い ▶P58
信濃
上野
下野
神流川の戦い ▶P82
美濃
尾張
稲葉山城の戦い ▶P58
常陸
結城合戦 ▶P19
甲斐
武蔵
忍城の戦い ▶P112
三河
遠江
駿河
相模
下総
河越夜戦 ▶P36
上総
伊豆
安房
第1次国府台の戦い ▶P34
第2次国府台の戦い ▶P36
分倍河原の戦い（享徳の乱） ▶P19
天目山の戦い ▶P93
小牧・長久手の戦い ▶P103
小田原攻め ▶P112
三河の一向一揆 ▶P30
長篠の戦い ▶P76
堀越御所攻め ▶P28
桶狭間の戦い ▶P57
三方ヶ原の戦い ▶P70
河東の乱 ▶P35

合戦・動乱MAP

日本全国を一覧できる、本文とリンクしたインデックスMAPです。

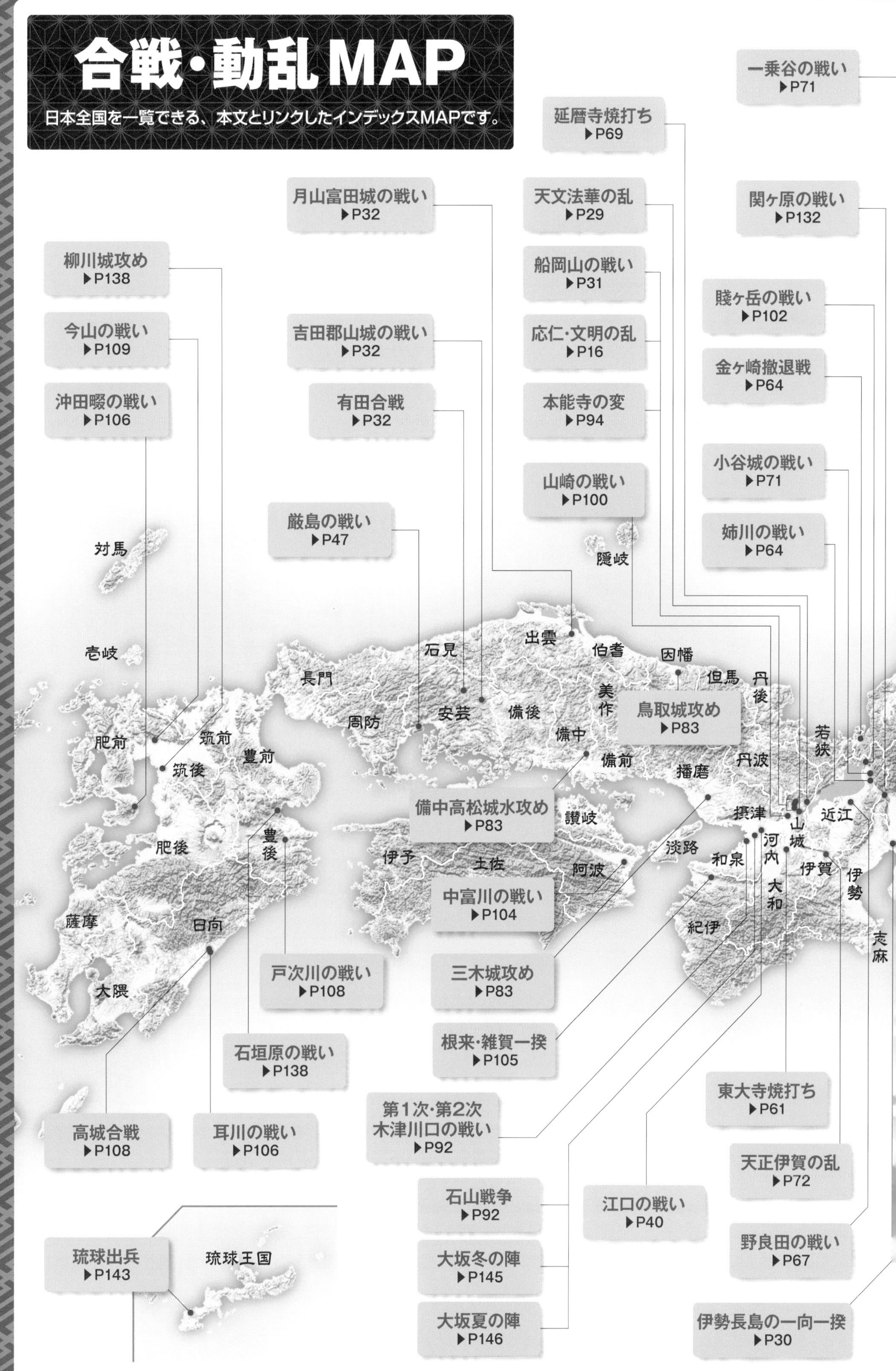

た行

な行

は行

か行

さ行

用語索引

本書に登場するおもな事項や
人名、地名などを50音順に配列しました。
なお、複数箇所に登場する項目については、
おもな説明があるページを挙げています。

■写真協力
愛知県陶磁美術館、会津若松市、厳島神社、上杉神社（米沢市）、上田市立博物館、有楽苑、大阪城天守閣、大津市、近江八幡市、岡崎市、岡山市、岡山城天守閣、沖縄観光コンベンションビューロー、金沢市、唐津市、岐阜県博物館、岐阜市、京都大学附属図書館、高台寺、神戸市立博物館、国立国会図書館、国立歴史民俗博物館、堺市博物館、佐賀県立観光連盟、佐賀県立名護屋城博物館、佐野市郷土博物館、滋賀県立安土城考古博物館、静岡県観光協会、相国寺、承天閣美術館、真宗大谷派難波別院、禅幢寺、泰平寺、武田神社、田辺城資料館、種子島開発総合センター、種子島時邦、タルイピアセンター、富田林市観光協会、長岡市与板歴史民俗資料館、長野県立歴史館、長浜城歴史博物館、名古屋鉄道株式会社、名古屋市蓬左文庫、鍋島報效会、彦根城博物館、姫路市立城郭研究室、広島県、びわこビジターズビューロー、福井県観光連盟、福井市立郷土歴史博物館、福厳寺、北杜市、舞鶴市、松本市立博物館、三木市、毛利博物館、柳川古文書館、柳川市観光協会、米沢市上杉博物館
DNPアートコミュニケーションズ、kazu1226/PIXTA、Skipinof/PIXTA

■参考資料
『国史大辞典』（吉川弘文館）
『詳説日本史研究 改訂版』（山川出版社）
『新体系日本史1 国家史』（山川出版社）
『図表で見る江戸・東京の世界』（江戸東京博物館）
『戦国合戦絵屏風集成 第五巻』（中央公論社）
『戦国武将合戦事典』（吉川弘文館）
『日本大百科全書』（小学館）
『標準日本史地図』（吉川弘文館）

P16、50、64、94、110、130、132、146の鳥観図は、3D地図ソフト「カシミール3D」を使用して作成しました。

本書の内容についてのお問合せは、
小学館クリエイティブ（[illegible]）まで
ご連絡ください。

■監修　東京都歴史教育研究会
太田尾智之
豊田基裕
細川貴之

■編集制作
イラスト　かわの香苗
本文デザイン
イグシナッツ
地図図版制作・DTP
竹内直美
高橋俊浩
校正　高梨恵一
編集・執筆
小学館クリエイティブ
田邊忠彦

本書は、SEIBIDO MOOK『一冊でわかるイラストでわかる図解戦国史』（2009年初版発行）の内容を2021年6月時点の情報にもとづき修正・再構成し、表紙を変更したものです。

新版 一冊でわかるイラストでわかる図解戦国史

編　者　成美堂出版編集部
発行者　深見公子
発行所　成美堂出版
〒162-8445　東京都新宿区新小川町1-7
電話(03)5206-8151　FAX(03)5206-8159
印　刷　大日本印刷株式会社

ISBN978-4-415-33011-2
落丁・乱丁などの不良本はお取り替えします
定価はカバーに表示してあります